# 社会福祉士国家試験
# 精神保健福祉士国家試験

## 過去問
## 一問一答+α

### 共通科目編

ⓥ 一般社団法人日本ソーシャルワーク教育学校連盟／監修

## 2022

中央法規

# 監修のことば

　社会福祉士国家試験は，2021年（令和3年）までに33回，また精神保健福祉士国家試験は，23回実施されています。ソーシャルワーカーへの時代の要請も高まり，資格取得への熱意をもつ多くの方々が，国家試験に挑まれています。

　そうしたなか，一般社団法人日本ソーシャルワーク教育学校連盟では，試験問題が公表された1991年（平成3年）の第3回社会福祉士国家試験から，各養成校の先生方にご尽力いただき『社会福祉士国家試験解説集』を刊行して以来，受験生の皆様にお役に立つべくさまざまな書籍を刊行してきました。

　2021年（令和3年）の5月には『社会福祉士国家試験過去問解説集　2022』および『精神保健福祉士国家試験過去問解説集　2022』を刊行しました。これらの書籍は，問題から解答にいたるまでの考え方の道筋を丁寧に学び学習を深められるため，数ある類書のなかでも多くの受験生から高い評価を得ています。

　この実績を踏まえ，受験生のさらなる効率的・効果的な学習に寄与するため，本書『2022社会福祉士・精神保健福祉士国家試験過去問　一問一答＋α　共通科目編』は，過去10年分の国家試験の出題から厳選した問題を一問一答形式に編集しました。さらに次のような工夫により，効率的・効果的な学習，さらには学習の達成度の把握ができるように配慮しています。

① 　第24回から第33回まで過去10年分の国家試験問題を選択肢ごとに一問一答形式にし，「社会福祉士国家試験出題基準および精神保健福祉士国家試験出題基準」を参考にして並べ替えています。
② 　即答力アップにつながるように，解説は簡潔にまとめています。
③ 　法令の改正や統計の更新等，最新の内容を盛り込むよう努めています。
④ 　知識の確認・再確認ができるように，キーワードや「整理しておこう！」などを充実させています。

　限られた時間のなかで広範な出題範囲を学ぶことは容易ではありませんが，本書が採用した編集方式と解説が，両国家試験に臨む方々にとって有用な参考書となり，資格取得の一助になることを願っています。

2021年7月

一般社団法人日本ソーシャルワーク教育学校連盟会長

白澤　政和

# 目 次

2022 社会福祉士 精神保健福祉士 国家試験過去問 一問一答＋α 〔共通科目編〕

監修のことば

本書の特徴

● 人体の構造と機能及び疾病 …………………………………… 001

● 心理学理論と心理的支援 ……………………………………… 049

● 社会理論と社会システム ……………………………………… 101

● 現代社会と福祉 ………………………………………………… 151

● 地域福祉の理論と方法 ………………………………………… 229

● 福祉行財政と福祉計画 ………………………………………… 287

● 社会保障 ………………………………………………………… 341

● 障害者に対する支援と障害者自立支援制度 ………………… 381

● 低所得者に対する支援と生活保護制度 ……………………… 429

● 保健医療サービス ……………………………………………… 471

● 権利擁護と成年後見制度 ……………………………………… 513

---

2022社会福祉士国家試験過去問 一問一答＋α 〔専門科目編〕

● 社会調査の基礎
● 相談援助の基盤と専門職
● 相談援助の理論と方法
● 福祉サービスの組織と経営

● 高齢者に対する支援と介護保険制度
● 児童や家庭に対する支援と児童・家庭福祉制度
● 就労支援サービス
● 更生保護制度

# 本書の特徴

## 本書のつくり

　本書は，第24回から第33回の社会福祉士国家試験（過去10年分）の出題から問題を厳選して選択肢ごとに一問一答形式にし，「社会福祉士国家試験出題基準」を参考に並べ替えて編集した問題集です。左のページに問題を，右のページに解答・解説を掲載し，見開きで展開しています。

　第22回の試験より「誤っているもの（適切でないもの）」を選ぶという出題はなくなり，5つの選択肢のなかから「正しいもの（適切なもの）」を1つ選ぶという出題となりました（第25回からは2つ選ぶという出題もみられます）。本書では，正しい（適切な）選択肢の数を増やすために，一定数の誤っている（適切でない）選択肢について，正しい（適切な）ものとなるように修正を加えています。

　また，事例問題に関しては，一問一答形式にそぐわないため，収載しておりません。

## 過去問の出題傾向・頻度を把握

　問題は，できる限り国家試験の過去問を忠実に収載しています。国家試験では「何について」「どのように」問われることが多いか，その傾向や頻度を把握することができます。

　ただし，問題によっては，次回の国家試験に対応するために必要だと思われる，法令の改正や統計の更新などを踏まえた最小限の変更を加えています。

## 試験の即答力を養う

　解説は，○×を導くポイントを簡潔明瞭にまとめています。国家試験では，選択肢の内容を読み取る「読解力」に加え，1つの選択肢を20秒ほどで判断していく「即答力」が求められています。過去問の問題と簡潔明瞭な解説からなる一問一答形式だからこそ，その「即答力」を養うことができます。

## ＋α で知識の蓄積と確認

　確認しておきたい重要語句の定義や周辺知識の情報を，欄外の「キーワード」「整理しておこう！」でわかりやすくまとめています。頻出問題や重要だと思われる問題には一目でわかるようにしています。さまざまな"＋α"が知識の蓄積と確認をサポートします。

## 基礎学習から直前対策まで

　繰り返し解くことによって，苦手な分野の克服にもつながります。基礎学習から試験直前まで，広くご活用ください。

## 問題

第24回から第33回の国家試験の問題を選択肢ごとに一問一答形式にして収載しています。

## 出題基準

「社会福祉士国家試験出題基準」を参考にして，問題を並べ替えています。

## 出題実績

第何回試験の何番の問題として出題されたかを示しています。問題に修正を加えたもの，法令の改正や統計の更新などを踏まえ出題当初の問題を見直したものに「改変」と明記しています。

## 重要問題

頻出問題や重要だと思われる問題は色で強調されています。

## チェックボックス

間違えた問題，自信のない問題などに☑することで，繰り返し解く際の参考とすることができます。

---

### 日常生活と心の健康

#### ストレスとストレッサー

##### ●ストレッサー

□□ **123** 32回12
日常の些細ないらだちごとが積み重なっても，健康を損なうようなストレスは生じない。

□□ **124** 32回12改変
ストレッサーを制御できるという信念は，ストレスの緩和につながる。

□□ **125** 32回12
アパシーとは，ストレス状態が続いても，それに対処できている状態のことである。

□□ **126** 32回12
ハーディネスとは，ストレスに直面しても健康を損なうことが少ない性格特性である。

##### ●コーピング

□□ **127** 32回12
コーピングとは，ストレスの原因となる出来事のことである。

□□ **128** 31回12
試験の結果が悪かったので，気晴らしのため休日に友人と遊びに出掛けた。これは，問題焦点型コーピングである。

---

**整理しておこう！**

**ソーシャルサポート**

ストレスを予防・緩和する資源として，ソーシャルサポートがある。ソーシャルサポートとは「その人を取り巻く重要な他者から得られるさまざまな援助」と定義される。ソーシャルサポートは，その機能的な面から表のように4つに分類されている。

# 本書の特徴

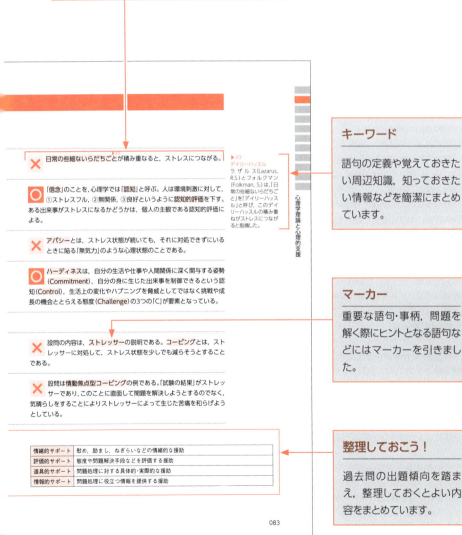

**解答・解説**
左ページの問題に対して○・×で解答を示し、その解答に至るポイントを解説として簡潔にまとめています。付属の赤シートで○・×を隠しながら、問題を解くことができます。

**キーワード**
語句の定義や覚えておきたい周辺知識、知っておきたい情報などを簡潔にまとめています。

**マーカー**
重要な語句・事柄、問題を解く際にヒントとなる語句などにはマーカーを引きました。

**整理しておこう！**
過去問の出題傾向を踏まえ、整理しておくとよい内容をまとめています。

# 参考文献

一般社団法人日本社会福祉士養成校協会編『社会福祉士国家試験過去問解説集』各年版, 中央法規出版, 2011〜2016年

一般社団法人日本ソーシャルワーク教育学校連盟編『社会福祉士国家試験過去問解説集』各年版, 中央法規出版, 2017〜2021年

社会福祉士養成講座編集委員会編『新・社会福祉士養成講座』中央法規出版, 2013〜2019年
　①人体の構造と機能及び疾病 (第3版)
　②心理学理論と心理的支援 (第3版)
　③社会理論と社会システム (第3版)
　④現代社会と福祉 (第4版)
　⑤社会調査の基礎 (第3版)
　⑥相談援助の基盤と専門職 (第3版)
　⑦相談援助の理論と方法Ⅰ (第3版)
　⑧相談援助の理論と方法Ⅱ (第3版)
　⑨地域福祉の理論と方法 (第3版)
　⑩福祉行財政と福祉計画 (第5版)
　⑪福祉サービスの組織と経営 (第5版)
　⑫社会保障 (第6版)
　⑬高齢者に対する支援と介護保険制度 (第6版)
　⑭障害者に対する支援と障害者自立支援制度 (第6版)
　⑮児童や家庭に対する支援と児童・家庭福祉制度 (第7版)
　⑯低所得者に対する支援と生活保護制度 (第5版)
　⑰保健医療サービス (第5版)
　⑱就労支援サービス (第4版)
　⑲権利擁護と成年後見制度 (第4版)
　⑳更生保護制度 (第4版)
　㉑資料編 (第10版)

社会福祉士・精神保健福祉士国家試験受験ワークブック編集委員会編『社会福祉士・精神保健福祉士国家試験受験ワークブック2022 (共通科目編)』中央法規出版, 2021年

社会福祉士国家試験受験ワークブック編集委員会編『社会福祉士国家試験受験ワークブック2022 (専門科目編)』中央法規出版, 2021年

社会福祉法人大阪ボランティア協会編『福祉小六法2021』中央法規出版, 2020年

厚生労働省編『厚生労働白書』各年版
厚生労働統計協会編『国民の福祉と介護の動向』各年版
厚生労働統計協会編『国民衛生の動向』各年版
厚生労働統計協会編『保険と年金の動向』各年版

人体の構造と
機能及び疾病

# 人の成長・発達

## 身体及び精神の成長・発達

**1**
33回1

生後2か月では，寝返りが打てる。

**2**
29回1

身体の標準的な成長・発達において身長が出生時の約2倍になるのは，2歳前後である。

**3**
29回1

身体の標準的な成長・発達において体重が出生時の約2倍になるのは，出生後3～4か月である。

**4**
29回1

身体の標準的な成長・発達において器官が形成され始めるのは，受精後24週以降である。

**5**
29回1改変

身体の標準的な成長・発達においてリンパ系組織が成長のピークとなるのは，思春期初期である。

**6**
33回1改変

思春期には，第二次性徴が出現する。

**7**
30回1

身体の標準的な成長と発達において首がすわるのは，生後2か月までである。

**8**
30回1

身体の標準的な成長と発達において座位保持ができるのは，生後3か月までである。

**9**
30回1

身体の標準的な成長と発達において一人で歩くことができるのは，生後18か月までである。

✕ 寝返りを打てるようになるのは，生後5 ～ 6か月である。生後2か月の乳児は，視力がはっきりし始め，あやしたときに笑う，笑顔になる，音が鳴った方向を見る，「あー」「うー」などの喃語を話し始める。

✕ 身長が出生時の約2倍になるのは，3歳の終わりから4歳頃である。出生時の身長は，おおよそ50cmで，性差は男児がやや大きい。

○ 生後3 ～ 4か月には平均値で出生体重の約2倍となる。乳児期では，体重増加が著しく，生後3 ～ 4か月で約2倍，1歳で約3倍となる。

✕ 器官形成は受精後8週目までに始まる。受精卵の着床から第8週までの時期を胎芽期といい，器官の原基が発生・分化し，四肢や顔など体の輪郭，呼吸器，循環器などの器官が形成され始める。

○ リンパ系組織が成長のピークを迎えるのは，思春期初期(12 ～ 13歳頃)であり，その後低下し成人期を迎える。

○ 第二次性徴とは，思春期(男子11 ～ 14歳頃，女子9 ～ 12歳頃)に生じ，性ホルモンの活発な分泌により生殖能力を獲得することである。

✕ 首(頸)がすわるのは生後3 ～ 5か月である。この頃には重力に逆らって首がすわり，腹臥位で腕を支えにしたり，手で足を握ったりするようになる。

✕ 生後5か月頃から支えられて座るようになる。おすわりには，腰を支えると座れる(5か月)から，背を丸くして両手をついて座る(6か月)，背を伸ばして手を離して座る(7か月)，座ったままで身体をねじって横や後ろの物が取れる(8か月)まであるが，個人差がある。

○ 生後18か月(1歳6か月)までに，一人で歩くことができるようになる。歩き始めは1歳までが50％，14か月(1歳2か月)までが75％，18か月までが90％を占める。

人体の構造と機能及び疾病

003

□
□ **10** 29回1　身体の標準的な成長・発達において乳歯は，生えそろうと32本になる。

□
□ **11** 28回1　乳幼児期にみられる標準的な発達の特徴として，2歳前後では，2語文を言い始める。

□
□ **12** 31回1改変　エリクソン(Erikson, E.)の発達段階に関する理論にいう「アイデンティティ」が発達課題となる年齢は15歳頃である。

□
□ **13** 33回1　青年期の終わりは，身体の成長が最も著しい時期である。

□
□ **14** 33回1　20歳頃には，生殖器系の成長が最も著しくなる。

□
□ **15** 33回1　老年期には，収縮期血圧が上昇する。

## 老化

□
□ **16** 25回2　加齢による聴力の低下は，低い音(低周波領域)から始まる。

□
□ **17** 29回2　加齢に伴い肺活量は維持される。

✕ 生後6 ～ 7か月頃に最初の乳歯が出現し，1歳頃に8本前後，2歳半から3歳までには20本生えそろう。5 ～ 6歳頃になると乳歯は抜け始め，永久歯に代わり，20歳前後で第三大臼歯が生えると計32本生えそろう。

〇 2歳前後で2語文を使い始め，言葉のもつコミュニケーションのはたらきを知り，「これは何？」というものの名前を尋ねる第一質問期に入る。(関連キーワード▶1参照)

▶1
第二質問期
3歳頃になり，「どうして？ なぜ？」と尋ねる時期。

〇 15歳頃の発達課題は，同一性の獲得である。「自分が何者であるのか」に自分なりの答えを見つけることを，アイデンティティ（自己同一性）の確立といい，「自分が何者で何をしたいか分からない」などの悩みを抱えて苦しんでいる状態を同一性拡散という。

✕ 身体（身長，体重，骨格，筋肉，内臓など）の発育は，乳幼児期と思春期が最も著しい。

✕ スキャモンの発達曲線によると「生殖系（睾丸，卵巣，子宮など）」の器官は，第二次性徴が始まる思春期に急激に成長する。

〇 加齢により動脈硬化が進んだ場合，徐々に血管の弾力性が失われ，末梢血管の収縮や拡張も鈍くなり，水分不足等により流れづらい血液となるため，拡張期血圧は大きく変化しないが，収縮期血圧が高くなる傾向がある。

▶2
収縮期血圧
心臓が血液を拍出するために収縮・弛緩（しかん）する際に動脈にかかる圧力のうち，最も強いものをいう。血圧を左右する主な要因は，①心拍出量，②末梢（まっしょう）血管の抵抗，③循環する血液量，④血液の粘度，⑤動脈の弾力などである。

✕ 加齢による聴力の低下は，高い音（周波数の高い音）から徐々に始まる。成人に聴こえる正常音域は，30 ～ 20,000Hz であるが，高齢者は250 ～ 8,000Hz に低下する。

✕ 肺全体の容量は年齢の影響を受けないが，加齢に伴う肋軟骨への石灰沈着・胸壁の支持組織の線維化・呼吸関連の筋力低下などが原因となり，肺の伸縮性が低下し，肺活量の減少がみられる。

人体の構造と機能及び疾病

| | 18 29回2改変 | 加齢に伴い体重に占める水分の割合は減少する。 |

| | 19 32回2改変 | 高齢者の体全体の水分量は，若年者より少ない。 |

| | 20 32回2 | 高齢者は喉の渇きを感じやすいため，脱水になりにくい。 |

| | 21 32回2改変 | 高齢者の1日の水分摂取量は，若年者より少ない。 |

| | 22 32回2 | 高齢者による降圧利尿薬の服用は，脱水の原因にならない。 |

| | 23 32回2 | 高齢者は，腎臓による水の再吸収能力が低下している。 |

# 心身機能と身体構造の概要

## 各器官等の構造と機能

### ●血液

| | 24 27回1 | アルブミンは酸素の運搬にかかわる。 |

⭕ 加齢に伴い脂肪が増加し，筋肉量，臓器の細胞内液が減少する。脂肪は水分貯蔵ができず，水分の最大保有臓器である筋肉の減少，基礎代謝に関与する細胞内液の減少による水分生成の減少から，体重に占める水分の割合は減少する。

⭕ 設問のとおり。高齢者の身体は，細胞内や筋肉など体液を貯める機能をもつ組織が減少し，細胞の水分を蓄える能力も低下した状態である。

❌ 加齢や認知症により喉の渇きを感じにくくなるため，水分摂取量の低下につながり，脱水になりやすい。

▶3
**水分摂取量の低下**
①細胞内水分量の減少，②代謝水の産生低下，③水分摂取量の減少などにより，高齢者は脱水状態となりやすい。

⭕ 口渇の感じにくさ，失禁の心配や排泄行動のわずらわしさから，高齢者自身が水分摂取を控える傾向にある。また，咀嚼や嚥下機能の低下や食欲の減退により食事量も減るため，1日の水分摂取量は若年者より少ない。

❌ 降圧利尿薬は体液量を減らすことで心臓への負荷を下げる目的で使用される。そのため，過剰な服用は脱水の原因となる。

⭕ 老化により腎臓の糸球体等の数が減少し，腎臓での水の再吸収能力が低下する。そのため，多くの水分を摂取しても，薄い尿として体外に排出される割合が増える。

❌ 酸素の運搬にかかわるのは，血液中の赤血球に含まれるヘモグロビンである。アルブミンは，肝臓で生合成され，栄養素として各組織にアミノ酸を供給する。(関連キーワード▶5参照)

▶4
**血液**
血液は，血漿（約55％）と血球（約45％）から組成されている。血漿はその大部分が水であるが，それ以外に無機塩類（ナトリウムイオン，カリウムイオン，カルシウムイオンなど）と，有機物からなる。

▶5
**赤血球とヘモグロビン**
赤血球数，ヘモグロビンの濃度は，貧血の指標として重要である。

## ●呼吸器

**25**
27回1
横隔膜は呼吸にかかわる。

**26**
32回1
横隔膜は，消化管の蠕動に関わる。

**27**
30回2改変
右肺は3つの肺葉からなる。

## ●骨格

**28**
30回2
頸椎は12個の骨で構成される。

## ●消化器

**29**
27回1改変
気管は食道の前方に位置する。

**30**
30回2
大腸は空腸と回腸に分けられる。

**31**
28回2
吐血とは，気道から口腔を経て血液を排出することである。

○ 設問のとおり。横隔膜が吸気時に収縮すると（前下方に向かって下がる），胸膜腔の内圧が低下するため，肺が膨らむ。呼気時に弛緩すると，胸膜腔の内圧が上昇するため，肺から空気が出ていく。主として横隔膜の収縮によって行われる呼吸を腹式呼吸，肋間筋の収縮によって行われる呼吸を胸式呼吸という。 (関連キーワード▶6参照)

✕ 横隔膜は，呼吸に関わる。横隔膜は，胸腔と腹腔を隔てる薄い筋肉の膜である。横隔膜は緩んだ状態では肺のほうに向かってドーム状に膨らんでいるが，収縮すると腹腔側に下がり，胸腔を広げるはたらきをする。

○ 設問のとおり。右肺は上・中・下葉の3つの肺葉からなる。肺は胸郭の内腔，すなわち胸腔の大部分を占める半円錐状の器官で，左肺と右肺よりなり，臓側胸膜が入り込んだ深い切れ込みがあり，肺葉に分かれる。右肺は上葉・中葉・下葉の3葉に，左は上葉と下葉の2葉に分かれている。

✕ 頸椎は7個の骨からなる。脊柱は脊椎動物の体軸となる主要な骨格で，脊髄を保護し，頭を支え，下部で骨盤と連結する。上下に連結する32 ～ 34個の椎骨及び椎間板からなる。椎骨は頸椎7個，胸椎12個，腰椎5個，仙椎5個，及び尾椎3 ～ 5個に分けられる。

○ 気管は，食道の前方に位置する。呼吸器は，外鼻から始まり，鼻腔，咽頭，喉頭，気管と続く。気管への入り口である喉頭には喉頭蓋というふたがある。このふたは普段は開いているが，食べ物や飲み物を飲み込む（嚥下）ときには反射的に閉じて，気道に物が入る（誤嚥）のを防ぐ。

✕ 大腸は盲腸，結腸，直腸に分けられる。大腸は小腸より太く直径約5 ～ 8cm で，長さは150 ～ 170cm の管状臓器である。

✕ 吐血とは，食道から口腔を通じて血液（血液成分）を排出することで，肉眼で確認できる血液成分の嘔吐をいう。通常は，食道から胃又は十二指腸に出血源が存在することが多い。 (関連キーワード▶8参照)

---

▶6
外呼吸と内呼吸
呼吸は，外呼吸と内呼吸からなる。外呼吸では，外気から酸素を取り込み，二酸化炭素を血液中から体外に排出する。内呼吸では，体の末梢組織で酸素と二酸化炭素とのガス交換を行う。

▶7
嚥下
①食塊を口腔から咽頭へ送る口腔相，②反射的な運動により食塊が咽頭を通過し食道へと向かう咽頭相，③食道に入った食塊が食道壁の蠕動運動により胃へと送られる食道相の3相に分けられる。

▶8
喀血（かっけつ）
肺や気管支を出血源とする。通常は，咳など呼吸器症状を伴い，泡沫が混じった鮮血であることが多い。

人体の構造及び機能及び疾病

009

**32**
32回1
腸管は，口側より，空腸，回腸，十二指腸，大腸の順序である。

**33**
32回3改変
唾液には，消化酵素が含まれている。

**34**
32回3
胃粘膜からは，強アルカリ性の消化液が分泌される。

**35**
32回3
膵臓には，内分泌腺と外分泌腺がある。

**36**
32回3改変
小腸は，水分を吸収する。

**37**
32回3
胆汁は，胆のうで作られる。

## ●循環器

**38**
29回3
冠状動脈は大動脈起始部より分岐する。

**39**
29回3
右心房と右心室の間の弁を僧帽弁という。

**40**
33回2
肺と右心房をつなぐのは，肺静脈である。

**✕** 腸管を口から肛門までの一本の筒と考えた場合，口側から，口腔，咽頭，食道，胃，小腸(十二指腸，空腸，回腸)，大腸(盲腸，上行結腸，横行結腸，下行結腸，S状結腸)，直腸，肛門の順序である。

**◯** 唾液には，アミラーゼという消化酵素が含まれており，この酵素のはたらきで炭水化物はマルトース(麦芽糖)まで分解される。

**✕** 胃粘膜からは，強酸性の胃液が分泌される。胃液には，粘液，ペプシン，塩酸が含まれている。粘液は，胃自身を保護し，ペプシンはタンパク分解酵素であり，塩酸は強い酸性をもち殺菌作用がある。

**◯** 膵臓は，内分泌腺(内分泌部)と外分泌腺(外分泌部)からなる。膵臓の大部分は，膵液を出す外分泌部からなるが，その間に内分泌部が存在する。内分泌部はランゲルハンス島という組織であり，血糖を上げるグルカゴンと血糖を下げるインスリンを分泌する。

**◯** 設問のとおり。消化管には，1日当たり8000 ～ 10000mL の水分が流れ込むといわれている。その大部分は小腸で吸収され，一部が大腸で吸収される。

**✕** 胆汁は肝臓で作られ胆のうに貯められる。胆のうは，胆汁を一時的に貯め，水分を吸収し濃縮させる。胆のうからの胆のう管と肝臓からの肝管が合流して総胆管となり，総胆管から胆汁が十二指腸に注がれ，脂肪吸収を助ける。

**◯** 設問のとおり。心筋は大動脈の起始部(大動脈弁の左半月弁と右半月弁の基部から1cm ほど)から出ている左右2本の冠状動脈(左冠状動脈・右冠状動脈)により栄養を受ける。

**✕** 右心房と右心室の間の弁は三尖弁である。右房室弁は3枚の弁尖で構成されており，房室弁の先端は紐状の腱索が乳頭筋につながる。左房室弁は2枚の弁尖からなる二尖弁であり僧帽弁ともいわれる。

**✕** 全身から還ってきた血液は，右心房を経由し，右心室から，肺動脈を通って，肺に送られる。心臓から血液を送り出す血管は動脈，心臓に戻っていく血液が通る血管は静脈である。

**41** 33回2 左心房と左心室の間には，大動脈弁がある。

**42** 33回2 血液は，左心室から大動脈へと流れる。

**43** 33回2改変 上大静脈と下大静脈は，右心房に開口する。

**44** 33回2 血液は，大動脈から肺に流れる。

**45** 24回2 心臓から末梢に向かって血液を送り出す血管を動脈といい，静脈血は流れない。

**46** 30回2 頸動脈は体表から触知できる。

## ●支持運動器官

**47** 27回1 平滑筋は随意的に収縮できる。

## ●内分泌器官

**48** 32回1 副甲状腺ホルモンは，カリウム代謝をつかさどる。

✕ 肺から動脈血となって戻ってきた血液は，左心房から僧帽弁を通過して左心室に流れる。

○ 動脈血は，左心室から大動脈弁を通り，全身に血液を送り出す大動脈に流れる。

○ 上半身の体循環を終えた静脈血が心臓に戻る際に流れる血管を上大静脈，下半身の体循環を終えた静脈血は下大静脈といい，ともに右心房に開口する。

✕ 左心房から動脈血を全身に送る血管が大動脈である。全身から戻ってきた静脈血が，肺でのガス交換のために右心室から肺に流れる際に通る血管は肺動脈である。（関連キーワード▶9参照）

✕ 肺動脈の場合，動脈血ではなく静脈血が流れる。全身の循環システムは，体循環と肺循環がある。肺循環では，右心室より肺動脈を通じて静脈血を肺に送り，肺でガス交換が行われて動脈血となった血液を肺静脈にて左心房に戻す。（関連キーワード▶10参照）

○ 頸動脈は体表から触知できる。総頸動脈の下半部は胸鎖乳突筋(きょうさにゅうとっきん)に覆われているが，上半部では甲状軟骨の外後方にその拍動をふれることができる。

✕ 平滑筋は，随意的に収縮できない。筋組織は，骨格筋，心筋，平滑筋の3種類に分けられる。骨格筋は，運動神経の支配を受け，随意に収縮させたり弛緩(しかん)させたりできる。心筋と平滑筋は，運動神経との結合がないため，随意に動かすことはできない。（関連キーワード▶11参照）

✕ 副甲状腺ホルモンは，血中カルシウム濃度の維持をつかさどっている。内分泌系は，神経系や免疫系と併せて，体の状態を一定に保つはたらき（ホメオスタシスの維持）を担っている。標的の臓器に情報を伝達するために，内分泌から出る物質（情報伝達物質）をホルモンと呼ぶ。

▶9
血管と血液
動脈:心臓から肺を含む身体各部に血液を送り出す血管。
静脈:肺を含む身体各部から心臓に血液を送り戻す血管。
動脈血:酸素が多く二酸化炭素が少ない血液。
静脈血:二酸化炭素が多く酸素が少ない血液。

▶10
体循環
体循環では，左心室より大動脈を通じて動脈血を全身の臓器に送り，ガス交換が行われて静脈血となった血液を大静脈を通じて右心房に戻す。

▶11
横紋筋
骨格筋と心筋は，筋繊維の中に縞模様があるため，横紋筋とも呼ばれる。

人体の構造と機能及び疾病

## ●神経系

**49**
31回2

副交感神経は，消化管の運動を亢進する。

**50**
31回2

脊髄神経は，中枢神経である。

**51**
26回2

対麻痺とは，左右両側の下肢の麻痺である。

## ●脳

**52**
31回2

脳幹は，上部から延髄・中脳・橋の順で並んでいる。

**53**
31回2

大脳の側頭葉は，視覚に関わる。

**54**
32回1

視覚は，後頭葉を中枢とする。

## ●耳

**55**
31回2

三半規管は，外耳と中耳の境目に位置する。

○ 「自律神経」は内臓・知覚・分泌などの調整を主な役割とし，エネルギーを発散し，活動的な状態にする「交感神経」と，エネルギーを蓄え，消化を促して体を休息させる「副交感神経」に分かれる。

✕ 脊髄神経は，末梢神経に含まれる。

○ 設問のとおり。運動麻痺とは，自らの意志にて収縮できる横紋筋である骨格筋が，随意的に収縮することができなくなった状態をいう。単麻痺(一肢の麻痺)，対麻痺(両下肢の麻痺)，片麻痺(身体の半身の麻痺)，四肢麻痺(両上下肢の麻痺)に分類される。

✕ 脳幹は，上部から順に中脳・橋・延髄の順に並んでいる。生命維持の中心的な役割を担っており，呼吸，運動，体温，血液の循環などを調節している。

✕ 大脳の表層に近い部位の大脳新皮質は体からの刺激を受け止め，思考・判断・運動などの指令を行う。部位ごとの主な役割として，前頭葉には運動性言語野や運動を指示する運動野，頭頂葉には体が感じた刺激が届く体性感覚野，側頭葉には言葉の理解に必要な感覚性言語野，後頭葉には視覚からの情報を受け止める視覚野などがある。

○ 大脳は場所ごとに担う機能が異なり，これを脳の機能局在と呼ぶ。大脳を前頭葉・頭頂葉・側頭葉・後頭葉の四つに分けた場合，前頭葉は意思や思考，遂行機能，頭頂葉は体性感覚や認知機能を，側頭葉は聴覚や言語の処理を，後頭葉はほぼ全域で視覚を担う。

✕ 三半規管は内耳の前庭につながり，前庭と合わせて身体の平衡感覚を担う器官である。

人体の構造と機能及び疾病

# 国際生活機能分類（ICF）の基本的考え方と概要

## 国際障害分類（ICIDH）から国際生活機能分類（ICF）への変遷

**56**
30回3
世界保健機関（WHO）が国際疾病分類である ICIDH を策定した。

**57**
28回3
国際生活機能分類（ICF）では，対象は，障害のある人に限られる。

## 心身機能と身体構造，活動，参加の概念

**58**
27回2
国際生活機能分類（ICF）における参加とは，生活・人生場面へのかかわりのことである。

**59**
31回3
国際生活機能分類（ICF）における生活機能とは，心身機能，身体構造及び活動の三つから構成される。

**60**
31回3
国際生活機能分類（ICF）における活動は，能力と実行状況で評価される。

**61**
31回3
国際生活機能分類（ICF）における参加制約とは，個人が活動を行うときに生じる難しさのことである。

**✕** WHO は1980年に国際障害分類（ICIDH）を提起した。WHO は広義の健康に関するすべての分野における共通言語を設定するために複数の国際分類を開発している。最も歴史の古いものは国際疾病分類（ICD）であり，現在は第11版が公表されている。

**✕** 障害のある人だけでなく，すべての人を対象としている。ICF は，従来の ICIDH が身体機能の障害による生活機能の障害（社会的不利）を分類するという考え方が中心であったのに対し，全体的な健康状態を把握する。

**◯** 設問のとおり。参加とは，生活・人生場面へのかかわりのことである。これに対し，活動とは，課題や行為の個人による遂行のことである。活動と参加の領域は単一のリストで示されており，すべての生活や人生の領域をカバーしている。これは，領域ごとに活動と参加を区別することが困難だからである。

**✕** 生活機能は，心身機能・身体構造，活動及び参加の三つから構成される。

**◯** 活動と参加は，2つの構成概念（能力と実行状況）によって評価される。

**✕** 参加制約とは，個人が何らかの生活や人生場面に関わるときに経験する難しさのことである。個人が活動を行うときに生じる難しさは，活動制限である。

人体の構造と機能及び疾病

## 環境因子と個人因子の概念

**62**
27回2
国際生活機能分類(ICF)における背景因子の構成要素は，心身機能と身体構造，活動と参加である。

**63**
31回3
国際生活機能分類(ICF)における個人因子には，促進因子と阻害因子がある。

## 健康状態と生活機能低下の概念

**64**
28回3
国際生活機能分類(ICF)では，健康状況とは，課題や行為の個人による遂行のことである。

# 健康の捉え方

### ●健康の概念

**65**
30回3
世界保健機関(WHO)が行ったアルマ・アタ宣言では，プライマリヘルスケアの重要性が示された。

**66**
30回3
世界保健機関(WHO)がリハビリテーションという言葉を初めて用いた。

**67**
30回3
世界保健機関(WHO)は憲章前文の中で，健康とは，身体的，精神的，社会的，政治的に良好な状態であると定義した。

✗ 背景因子の構成要素は，環境因子と個人因子である。

✗ 促進因子と阻害因子があるのは環境因子である。促進因子は，生活機能が改善し，障害が軽減するような因子である。阻害因子は，生活機能が制限され，障害を生み出すような因子である。なお，個人因子は，健康状態や健康状況以外の個人の人生や生活の特別な背景である。

✗ 健康状況（健康状態）とは，健康領域内における生活機能の水準のことである。ICFでは，全体的な健康状況を把握することを目的としている。

○ 設問のとおり。WHOは，1975年にプライマリヘルスケア[12]という言葉を使い始め，ユニセフとともに国際会議の開催を提案した。1977年には「2000年までにすべての人々に健康を」と提案し，1978年のアルマ・アタ宣言に至った。

✗ リハビリテーションとはそもそも，人が人としてふさわしくない状態に置かれたときに，再びふさわしい状態に戻すことを示しており，WHOが定義する以前から使われている言葉である。

✗ 政治的に良好な状態であることは，定義に含まれていない。WHO憲章（1946年）では，「健康とは身体的，精神的，社会的にも完全に良好な状態であり，単に疾患あるいは病弱が存在しないことではない」と定義されている。

▶12
プライマリヘルスケア
1978年に世界保健機関（WHO）と国連児童基金（UNICEF）主催の第1回プライマリヘルスケアに関する国際会議で採択されたアルマ・アタ宣言で示された。プライマリヘルスケアは，すべての人にとって健康を基本的な人権として認め，その達成の過程において住民の主体的な参加や自己決定権を保障する理念である。このため保健専門職と住民の間の双方向のヘルスケアを提唱しており，地域住民の自助自立のため自分たちのなかから活動家を選び育てるという視点が加えられている。

| | 68 30回3 | 世界保健機関（WHO）が健康寿命とは，健康上の問題で制限されることなく仕事ができる期間と定義した。 |

| | 69 31回4 | WHO が提唱したヘルスプロモーションは，ヘルシンキ宣言において定義された。 |

| | 70 32回5 | WHO が採択したアルマ・アタ宣言では，先進国と開発途上国間における人々の健康状態の不平等について言及している。 |

| | 71 32回5改変 | WHO が採択したアルマ・アタ宣言では，政府の責任について言及している。 |

| | 72 32回5 | WHO が採択したアルマ・アタ宣言では，自己決定権についての言及はない。 |

| | 73 32回5 | WHO が採択したアルマ・アタ宣言では，保健ニーズに対応する第一義的責任は，専門職個人にあると言及している。 |

| | 74 32回5改変 | WHO が採択したアルマ・アタ宣言では，地域，国家，その他の利用可能な資源の活用について言及している。 |

| | 75 33回3 | WHO は，健康を身体的，精神的，社会的，スピリチュアルに良好な状態と定義した。 |

## ●人口統計

| | 76 33回4改変 | 近年において，がんは死因の第1位となっている。 |

❌ **健康寿命**とは，人の寿命において「健康上の問題で日常生活が制限されることなく生活できる期間」と定義されている。この定義は，2000年にWHOが公表している。健康寿命は，平均寿命から介護（自立した生活ができない）期間を引いた数である。

❌ WHOが提唱した**ヘルスプロモーション**は，1978年の「ヘルスプロモーションに関するオタワ憲章」にて採択された。

⭕ 設問のとおり。WHOは「健康の最大の敵は貧困である」と主張しており，先進国と開発途上国間の**健康格差是正**について強調している。

⭕ 設問のとおり。公衆衛生活動の基本である**プライマリヘルスケア**の活動原則には，「国，地域社会が責任をもって行うべきであること」という責任性があげられている。

❌ ヘルスケアの推進には，住民参加，住民の自己決定が重視されており，「自助と自決の精神に則ること」という**自主性**を求めている。

❌ 保健ニーズに対応する第一義的責任は，国，地域社会が負うことが示されている。保健専門職のみがヘルスケアに関与し責任を負うものではない。

⭕ **社会資源**の有効活用が示されている。プライマリヘルスケアの活動原則では，地域，国家，その他の「連携を重視し，社会資源を有効に利用すること」が強調されている。

❌ WHOの健康の定義に，スピリチュアルという言葉は，**含まれていない**。1946年にWHO憲章は，「健康とは身体的，精神的，社会的にも完全な良好な状態であり，単に疾患あるいは病弱が存在しないことではない」と定義している（ほかにもいくつかの日本語訳がある）。

⭕ 日本の**人口動態統計**での人口10万人当たりの死因別死亡率をみると，1981年（昭和56年）以降一貫して，**悪性新生物が第1位**（2019年（令和元年）の死亡総数に占める割合，27.3%）である。

## ●健康づくり対策

**77**
31回4
「健康日本21（第二次）」の基本的方向は，平均寿命の延伸である。

**78**
33回3
「健康日本21」は，一次予防を重視している。

**79**
33回3改変
健康増進法は，生活習慣病対策を含む。

**80**
33回3
健康増進は，一次予防には該当しない。

**81**
33回3
健康寿命とは，平均寿命を超えて生存している期間をいう。

**82**
28回4改変
8020運動は，乳幼児を対象とする。

**83**
31回4
一次予防とは，疾病の悪化を予防することである。

022

**✕** 「健康日本21（第二次）」の基本的方向は，①健康寿命の延伸と健康格差の縮小，②生活習慣病の発症予防と重症化予防の徹底（NCDの予防），③社会生活を営むために必要な機能の維持及び向上，④健康を支え，守るための社会環境の整備，⑤栄養・食生活，身体活動・運動，休養，飲酒，喫煙及び歯・口腔の健康に関する生活習慣及び社会環境の改善の5つである。

**◯** 「21世紀における国民健康づくり運動（健康日本21）」（2000年（平成12年））の基本方針は，「一次予防の重視，健康づくり支援のための環境整備，目標の設定と評価，多様な関係者による連携のとれた効果的な運動の推進」とされている。

**◯** 健康増進法は，生活習慣病の対策にふれられている健康日本21を推進するために制定された法律である。したがって，生活習慣病対策を含んでいる。

**✕** 1955年にクラーク（Clark, G.）とリーベル（Leavell, H.R.）が提案した予防の3段階によれば，一次予防は健康増進と発症予防，二次予防は疾病の早期発見と早期治療，三次予防は再発予防，疾病の悪化の予防及びリハビリテーションである。

**✕** 2000年にWHOが定義したものによれば，人の寿命において「健康上の問題で日常生活が制限されることなく生活できる期間」である。平均寿命は，0歳の平均余命であり，全年齢の死亡状況を集約したものである。

**◯** 設問のとおり。乳幼児も対象となる。厚生省（現・厚生労働省）は1989年（平成元年）に，国民の歯の健康づくりを推進していく一環として，生涯を通じた保有歯に重点をおいた「8020（ハチマル・ニイマル）運動」を提唱した。これは，80歳で20本以上の歯を保つことを目標としたものである。（関連キーワード▶13参照）

▶13
歯科口腔保健の推進に関する法律
8020運動推進の流れを経て，2011年（平成23年）に同法が成立し，その基本理念の1つとして，乳幼児期から高齢期までの歯科口腔保健の推進が示されている。

**✕** リーベル（レベル）とクラークは，疾病の予防について，一次予防，二次予防，三次予防に分けることを提案している。このうち，一次予防とは，健康増進と疾病を予防することである。なお，二次予防は，疾病の早期発見と早期治療，三次予防は，再発予防，疾病の悪化予防，リハビリテーションである。

| □ □ | **84**<br>31回4 | 日本の特定健康診査は，メタボリックシンドロームに着目した健康診査である。 |

| □ □ | **85**<br>28回4 | 特定保健指導の目的は，健康診査の受診勧奨である。 |

# 疾病と障害の概要

## 疾病の概要

### ●悪性腫瘍

| □ □ | **86**<br>33回4 | がんと食生活は関係がない。 |

| □ □ | **87**<br>33回4 | 早期発見を目的とするがん検診は，がんの一次予防である。 |

| □ □ | **88**<br>33回4 | 近年の傾向として，胃がんの「死亡率」は低下している。 |

| □ □ | **89**<br>33回4 | がんの治療は，手術療法に限られる。 |

### ●脳血管疾患

| □ □ | **90**<br>27回4 | 多発性脳梗塞は，アルツハイマー型認知症に特異的な病態である。 |

○ 日本の**特定健康診査**[14]は，メタボリックシンドロームに着目して，内臓脂肪を減少させることにより個々の諸病態の改善や発症リスクの低減を図ることを目的としている。実施主体は，保険者，対象年齢は40歳以上の被保険者及びその扶養者である。

✕ 特定保健指導の目的は生活習慣病発症リスクの程度に応じ**生活習慣を見直すための支援**である[15]。特定健康診査の結果から，生活習慣病の発症リスクが高く，生活習慣の改善による生活習慣病の予防効果が多く期待できる対象に対して行われる。

✕ 食生活と胃がん及び大腸がんの発症など，消化器系のがんの発症と食生活との関係が指摘されている。

✕ 早期発見を目的とするがん検診は，**二次予防**である。一次予防は，健康増進と発症予防を目的とした対策を指す。

○ 部位別にみた**悪性新生物**の死亡率では，胃がんは男女とも**減少傾向**にある。これに対して，大腸，結腸，食道は大幅な減少には至っていない。

✕ がんの治療は，抗がん剤による**化学療法**，**手術療法**，**放射線療法**があり，部位（がんの種類を含む），進行度，健康状態などによって治療方法が検討される。

✕ アルツハイマー型認知症は脳実質の変性による**変性性認知症**であり，多発性脳梗塞はアルツハイマー型認知症に特異的な病態ではない。(関連キーワード▶16参照)

▶14
**特定健康診査**
生活習慣病のリスクに応じて保健指導対象者の選定及び階層化を行う。結果により健康の保持に努める必要がある対象には特定保健指導の実施が義務づけられている。

▶15
**特定保健指導**
現在，生活習慣病のリスクのない場合は「情報提供」，リスクが少ない場合は「動機づけ支援」，よりリスクが高い場合は「積極的支援」を実施する。特に「動機づけ支援」と「積極的支援」を特定保健指導と呼ぶ。

▶16
**アルツハイマー型認知症と多発性脳梗塞**
アルツハイマー型認知症では，大脳皮質や海馬を中心に多数の老人斑や神経原線維変化がみられる。多発性脳梗塞は，大脳深部や橋など脳幹の穿通枝領域に起こる直径15mm未満の小さな病変であるラクナ梗塞が多発する。

人体の構造と機能及び疾病

025

**91**
27回4
多発性脳梗塞では，嚥下障害はない。

**92**
27回4
多発性脳梗塞では，情動失禁はない。

**93**
31回5
高血圧の合併症に脳血管障害がある。

**94**
31回6
脳性麻痺は，身体障害者福祉法の肢体不自由の原因疾患に含まれない。

## ●生活習慣病

**95**
31回5
血液透析の導入の原因の第1位は，高血圧性腎硬化症である。

**96**
29回5改変
発症に生活習慣の関与が強いのは，1型糖尿病よりも2型糖尿病である。

**97**
31回5
高血圧の診断基準は，収縮期（最高）血圧160mmHg以上あるいは拡張期（最低）血圧90mmHg以上である。

**98**
31回5改変
本態性高血圧（一次性高血圧）は，高血圧全体の約90％を占める。

**99**
31回5
続発性高血圧（二次性高血圧）の原因の第1位は，内分泌性高血圧である。

✗ 多発性脳梗塞では，脳血管性認知症やパーキンソン症候群を呈することが多く，脳血管性認知症の症状である嚥下障害や構音障害などの偽性球麻痺がみられる。また，血管障害部位に対応した機能が低下するため，認知機能がまだら状に低下するまだら認知症が特徴的にみられる。
(関連キーワード▶17参照)

✗ 多発性脳梗塞では脳血管性認知症の症状である情動失禁がみられる▶18場合がある。

◯ 脳血管障害の最大の危険因子は高血圧である。脳血管障害は，脳出血と脳梗塞の2つに大きく分類され，さらに脳出血は脳内出血，クモ膜下出血，脳梗塞は脳血栓症，脳塞栓症，ラクナ梗塞に分類される。

✗ 脳性麻痺は肢体不自由の原因疾患に含まれる。肢体不自由の原因として脳性麻痺，脳外傷性後遺症，脳血管疾患など脳性疾患が多くを占めている。

✗ 血液透析の導入原因の第1位は，糖尿病性腎症である。高血圧はさまざまな臓器で障害発症の原因となるが，腎臓に対する障害を高血圧性腎硬化症と呼ぶ。

◯ 設問のとおり。糖尿病は，主に膵臓のランゲルハンス島β細胞の破壊によりインスリン分泌が著しく障害される1型糖尿病と，インスリン分泌低下と作用不足が混在した2型糖尿病に分けられる。

✗ 日本高血圧学会によれば，収縮期血圧（最高血圧）が140mmHg 以上又は拡張期血圧（最低血圧）90mmHg の場合を高血圧症と診断する。

◯ 日本の本態性高血圧（一次性高血圧）は全体の約90％を占める。高血圧の大部分（約90％）は，明らかな原因を特定できない「本態性高血圧（一次性高血圧）」，残り約10％が何らかの原因疾患に起因する「続発性高血圧（二次性高血圧）▶19」である。

✗ 続発性高血圧（二次性高血圧）のなかでも特に多いのは腎実質性高血圧であり，高血圧全体の2〜5％を占めるといわれている。

▶17
**脳血管性パーキンソニズム**
パーキンソン症候群とは，パーキンソン病以外でパーキンソン病と同様の症状を起こすことである。多発性脳梗塞によって生じる脳血管性パーキンソニズムでは，パーキンソン病で特徴的にみられる安静時振戦が，ほとんどみられない。

▶18
**情動失禁（感情失禁）**
感情が不安定となり，ささいな刺激で泣いたり，笑ったり，怒ったりすること。

▶19
**続発性高血圧**
二次性高血圧ともいう。腎疾患，内分泌疾患などの血圧上昇の原因が特定できる高血圧のことをいう。

人体の構造と機能及び疾病

| | | |
|---|---|---|
| ☐ | **100** 31回6 | 糖尿病の合併症は，視覚障害の原因疾患に含まれない。 |
| ☐ | **101** 29回5 | アルコール摂取量は，メタボリックシンドロームの診断基準に含まれる。 |
| ☐ | **102** 29回5 | 生活習慣病の発症に，遺伝要因は関与しない。 |
| ☐ | **103** 29回5 | 喫煙は，膀胱がんの危険因子の一つである。 |
| ☐ | **104** 29回5 | 身体活動レベルの増大は，生活習慣病の発症リスクを上げる。 |

## ●感染症

| | | |
|---|---|---|
| ☐ | **105** 28回6 | 腸管出血性大腸菌 O-157の感染予防には，食品の加熱処理が有効である。 |
| ☐ | **106** 29回4 | 疥癬の他者への感染を予防するために，患者の使用した食器の消毒を行う。 |
| ☐ | **107** 29回4 | 結核は，空気中に浮遊する病原菌を吸入することで感染する。 |
| ☐ | **108** 29回4 | ヒト免疫不全ウィルス（HIV）は，水や食べ物を通して感染する。 |
| ☐ | **109** 33回5 | 後天性免疫不全症候群による免疫機能障害は，内部障害に該当しない。 |

| | | |
|---|---|---|
| ✗ | 視覚障害をきたす眼疾患には糖尿病性網膜症があり，糖尿病の合併症である。 | ▶20 糖尿病性網膜症 網膜の血管に異常をきたし視力の低下を引き起こす。慢性型は高齢者に多く，進行すると硝子体出血，網膜剥離を引き起こす。一方，急性型は若年層に多く，進行すると硝子体出血，増殖性網膜症，網膜剥離を引き起こし失明する。 |
| ✗ | アルコール摂取量は，メタボリックシンドロームの診断基準に含まれない。 | |
| ✗ | 生活習慣病の発症には，遺伝要因も関与する。生活習慣病とは，生活習慣が発症要因に深く関与している疾患の総称である。 | |
| ○ | 喫煙は，口腔・喉頭・気管・気管支・肺・咽頭・食道・胃・肝臓・膵臓・膀胱などのがん，その他，循環器疾患，呼吸器疾患，早産・死産・低出生体重などの妊娠・出産への影響がある。 | ▶21 メタボリックシンドローム 未病（病気に向かう状態）の1つで，内臓脂肪型肥満（内臓肥満・腹部肥満）に血清脂質異常，血圧高値，高血糖のうち2つ以上を合併した状態をいう。 |
| ✗ | 身体活動レベルの増大は，生活習慣病の発症リスクを下げる。 | ▶22 身体活動レベル 1日当たりの総エネルギー消費量を1日当たりの基礎代謝量で割った指標をいう。 |
| ○ | 食品の十分な加熱（75℃で1分間以上）が感染予防に有効である。その他，予防は，調理者の手指，調理器具の衛生の保持が推奨されている。（関連キーワード▶23参照） | ▶23 腸管出血性大腸菌による食中毒 主に食物（生食用の牛肉など）や水などが原因とされ，下痢，嘔吐，腹痛，血便などの症状が現れる。大腸菌が増殖する際に産生された毒素（ベロ毒素）により，溶血性尿毒症候群を合併し死に至る場合がある。 |
| ✗ | 疥癬の原因となる疥癬虫（ヒゼンダニ）は乾燥に弱く，体温以下の低温度で活動が低下する。また熱にも弱く50℃，10分で死滅するため，使用食器は通常の洗浄と乾燥，若しくは熱湯で処理する場合が多い。 | |
| ○ | 結核は結核菌の浮遊する空気を吸い込むことで感染する。空気感染であるため肺結核が最も多いが，ほかに腎結核，皮膚結核，腸結核，脊椎カリエスなどがある。 | |
| ✗ | ヒト免疫不全ウイルス（HIV）の感染経路は，性行為による性的感染，血液や血液製剤による血液感染，母子感染の3つであり，飲食物，飛沫，日常接触による感染の報告例はない。 | |
| ✗ | 身体障害者福祉法における内部障害に該当する。後天性免疫不全症候群は，ヒト免疫不全ウイルス（HIV）により免疫機能が低下した結果，日和見感染や悪性腫瘍などの全身症状が現れた状態をいう。 | ▶24 内部障害 呼吸，循環，血液，消化・吸収，排泄（はいせつ），免疫機能など人間の生命維持活動にかかる重要な生理的機能障害である。 |

☐ **110** デング熱は，蚊を介して感染する。
☐ 29回4改変

☐ **111** C型肝炎ウイルスの感染予防には，ワクチンが実用化されている。
☐ 29回4

## ●骨・関節疾患

☐ **112** 大腿骨頸部骨折は，寝たきりを引き起こしやすい。
☐ 28回2改変

☐ **113** 脊髄損傷では，排尿障害が起こりやすい。
☐ 30回5

---

**整 理 し て お こ う ！**

## 感染症の予防及び感染症の患者に対する医療に関する法律（感染症法）

　従来の感染症対策は，1897年（明治30年）制定の伝染病予防法により行われてきたが，この間の医学の進歩，衛生水準の向上，健康・衛生意識の向上，国際交流の活発化，新興感染症・再興感染症の出現など，めざましい環境の変化に対応するため，感染症法が1998年（平成10年）に成立，翌年施行された（伝染病予防法，性病予防法，後天性免疫不全症候群の予防に関する法律は廃止）。

　法の施行後も，重症急性呼吸器症候群（SARS）の発生を想定した，緊急時における取組みの強化，動物由来の感染症を予防するための，従来までの一定の動物の禁輸又は検疫の制度に加え，輸入される動物の種類，数量等の情報を衛生証明書とともに事前に届け出る制度の創設（2003年（平成15年）改正），生物テロや事故等による感染に対する対策の強化，結核対策の感染症法への移行（結核予防法は2007年（平成19年）3月31日をもって廃止），感染症の類型の見直し（2006年（平成18年）改正），「新型インフルエンザ等感染症」という新たな類型の創設（2008年（平成20年）改正）など，所要の改正が行われている。

◯ デング熱は蚊によって媒介される感染症である。流行地域は熱帯，亜熱帯地域に広く分布しており，蚊の刺咬(しこう)による人への感染力は極めて強い。

✕ C型肝炎ウイルスに対するワクチンは，現在，開発中であり実用化されていない。C型肝炎ウイルスは遺伝子が容易に変異することから，免疫機構を利用したワクチン生成が困難とされている。

◯ 寝たきりの原因となるのは，大腿骨頸部骨折が多い。大腿骨頸部骨折は足のつけ根の股関節部の骨折であり，安静臥床で治療を行うと痛みが取れるまで時間を要し，廃用を防ぐため，受傷後手術を行うことが多い。

◯ 設問のとおり。脊髄は脳幹から腰の下部まで伸びている中枢神経である。例えば，排尿障害のうち反射性尿失禁は，脊髄損傷や脳損傷などにより，脳による排尿のコントロールができなくなり，膀胱に尿が溜まると，尿意なく反射的に膀胱が収縮し尿を排出することにより起こる。

| 1類感染症 | エボラ出血熱，クリミア・コンゴ出血熱，痘そう，南米出血熱，ペスト，マールブルグ病，ラッサ熱 |
|---|---|
| 2類感染症 | 急性灰白髄炎，結核，ジフテリア，重症急性呼吸器症候群(SARS)，中東呼吸器症候群(MERS)，鳥インフルエンザ(H5N1，H7N9) |
| 3類感染症 | コレラ，細菌性赤痢，腸管出血性大腸菌感染症，腸チフス，パラチフス |
| 4類感染症 | E型肝炎，A型肝炎，黄熱，Q熱，狂犬病，炭疽，鳥インフルエンザ(H5N1，H7N9を除く)，ボツリヌス症，マラリア，野兎病 など |
| 5類感染症 | インフルエンザ(鳥インフルエンザ及び新型インフルエンザ等感染症を除く)，ウイルス性肝炎(E型肝炎及びA型肝炎を除く)，クリプトスポリジウム症，後天性免疫不全症候群 など |
| 新型インフルエンザ等感染症 | 新型インフルエンザ，再興型インフルエンザ，新型コロナウイルス，再興型コロナウイルス |
| 指定感染症 | 1〜3類感染症及び新型インフルエンザ，新型コロナウイルス等感染症に準じた対応の必要性が生じた感染症。1年間に限定して指定。 |
| 新感染症 | 既知の感染症と病状等が明らかに異なり，その感染力や罹患した場合の病状の重篤性から判断して危険性が極めて高い感染症。個別に応急対応。 |

## ●高齢者に多い疾患

☐ **114** 28回5
高齢者にみられるフレイル（虚弱）は，慢性疾患の終末期の状態である。

☐ **115** 28回5改変
高齢者にみられる感音難聴では，高い音から聞こえにくくなる。

☐ **116** 28回5
高齢者にみられる変形性膝関節症は，廃用症候群に属する。

☐ **117** 28回5
高齢者にみられる皮膚の湿潤は，褥瘡の発症リスクとなる。

☐ **118** 30回4
栄養過多は，褥瘡の発生要因になる。

☐ **119** 28回2
踵骨部の褥瘡は，仰臥位で起こる。

☐ **120** 30回7
廃用症候群では，関節拘縮は起こりにくい。

☐ **121** 30回7改変
廃用症候群では，筋の萎縮が起こりやすい。

☐ **122** 30回7
廃用症候群は，高齢者では起こりにくい。

**✕** フレイル（虚弱）とは，健常な状態と要介護状態の中間の状態を示す（日本老年医学会が提唱）。特に75歳以上の高齢者の多くは，その中間的な状態（フレイル）を経て要介護状態に陥る。

**◯** 感音難聴のうち高齢者に多くみられるのは老人性難聴であり，高い音から聞こえにくくなる。症状は，特に高周波数（高い音）の音を聞く聴力の低下からはじまり，両耳とも難聴が進行することが多い。

**✕** 変形性膝関節症は，長年の使用や繰り返される負担による加齢に伴う関節軟骨の減少による症状で，廃用症候群には属さない。

**◯** 設問のとおり。褥瘡は寝たきりなどによって体位変換が不十分となることで持続的な皮膚への圧迫から血流の障害が起こり，組織の壊死が起こった状態である。皮膚のびらんや潰瘍などをきたす。

**✕** 褥瘡は，体力や身体機能の低下により，寝返りの回数が減り，体位変換が不十分な場合に，骨の突出部などを覆う皮膚や筋肉に持続的な圧迫が加わり，血流障害が生じ，組織の壊死が起きた状態をいう。褥瘡発症のリスクには，低栄養状態や皮膚の浸潤，介助時の摩擦などがある。

**◯** 設問のとおり。踵骨は，かかととの部分の骨である。仰臥位で長期間寝たきりの状態でいると，踵骨の外側がつねに圧迫された状態となり，血液障害が起こり，褥瘡ができやすくなる。

**✕** 長期間の安静により身体を使わないため，関節拘縮の可能性は高まる。廃用症候群とは，病気や外傷の治療のため長期間ベッド上で安静にしていた，災害後の避難所等であまり動かない時期が続いていたなど，主に身体機能を使わないことによって筋肉や関節などが萎縮・拘縮することである。

**◯** 設問のとおり。長期間の安静により身体を使わないため，筋肉も1週間に1割以上の速度で萎縮する。

**✕** 廃用症候群は，生理的老化のある状態に加え，長期間の安静により発生するため，高齢者によくみられる状態である。

---

人体の構造と機能及び疾病

▶25
**フレイルの基準**
フリード（Fried, L.P.）らによると①体重減少，②疲労感，③身体活動性の低下，④筋力低下，⑤歩行速度の低下のうち3項目が該当すればフレイルの状態とされている。

▶26
**老人性難聴**
原因の多くは，内耳蝸牛（かぎゅう）・コルチ器の有毛細胞の変性や聴覚中枢に至る神経細胞の減少によって生じる老化による機能低下症である。

▶27
**廃用症候群**
過度の安静や長期臥床などにより，生理的機能が減弱し，その結果生じる一連の症候である。症状の例として，骨格筋や骨の萎縮，関節拘縮，静脈血栓，肺梗塞，認知症化などがある。

▶28
**褥瘡**
体重などによる皮膚への圧迫から血行障害が起こり，結果として皮膚のびらんや潰瘍をきたすことをいう。体位によって好発部位が異なる。予防には，定期的な体位変換や低栄養状態の改善などにより局所の血行障害を起こさないことと，皮膚の保湿と清潔を保つことが重要である。治療には，保存的療法と外科的療法が症状に応じて選択される。

▶29
**仰臥位時の褥瘡の好発部位**
仙骨部，踵骨部，後頭部，肩甲骨部，肋骨角部，脊柱（背骨），肘部である。

033

| | 123 30回7 | 廃用症候群では，起立性低血圧が起こりやすい。 |

# 障害の概要

## ● 平衡機能障害

| | 124 27回5 | 平衡機能障害における起立や歩行の障害は，下肢の筋力低下が原因である。 |

## ● 認知症

| | 125 29回6改変 | レビー小体型認知症の幻覚症状の中では幻視が最も多い。 |

| | 126 29回6 | レビー小体型認知症の臨床診断に用いる中核的特徴にパーキンソン症状がある。 |

| | 127 29回6 | レビー小体型認知症は，米国人によって提唱された疾患である。 |

---

整 理 し て お こ う ！

### アルツハイマー型認知症と脳血管性認知症の比較

　認知症には，大きく分けて，アルツハイマー型認知症と脳血管性認知症がある。アルツハイマー型認知症は，脳全体の細胞が徐々に死んでいくため，脳が萎縮していく病気で，いつの間にかもの忘れが始まり徐々に進行していく。予防や根治的な治療の方法は見つかっていない。一方，脳血管性認知症は，脳出血，脳梗塞，動脈硬化などが原因で脳の神経細胞が死ぬために起こる認知症である。

　わが国の認知症の原因としては，1990年 (平成2年) 頃を境に，それ以前では脳血管性認知症が多く，それ以降ではアルツハイマー型認知症が多くなっている。

○ 長期間の安静により身体を使わないため筋肉が萎縮し，座位から立位になった場合に，全身の血管を収縮させながら，心臓が脳に十分な血流を送ることが難しくなり，**起立性低血圧**が起こりやすくなる。

× 平衡機能障害は，体のバランスを調整する**脳幹**の**前庭神経核の障害**であり，平衡機能障害における起立や歩行障害の原因は，下肢筋力の低下によるものではない。

○ 設問のとおり。レビー小体型認知症[▶30]の幻覚症状の中では**幻視**が最も多い。

○ 設問のとおり。レビー小体型認知症の臨床診断基準では，中核的特徴として，①認知機能（注意，集中）の変動，②繰り返し出現する具体的な幻視，③誘因のない**パーキンソニズム**[▶31]が示されている。

× 日本人の小阪憲司らによって発見・提唱された。

▶30
**レビー小体型認知症**
レビー小体という異常なたんぱくが大脳皮質や脳幹に沈着して起こる。

▶31
**パーキンソニズム（パーキンソン症状）**
安静時振戦，筋強剛，無動，姿勢反射障害など，パーキンソン病によくみられる症状。パーキンソン病以外の疾患でも発現する。

| | アルツハイマー型認知症 | 脳血管性認知症 |
|---|---|---|
| 年齢 | 70歳以上に多い | 60歳以降 |
| 性別 | 女性に多い | 男性に多い |
| 発症・経過 | 徐々に発症，進行性に悪化 | 急性に発症，階段状に悪化 |
| 症状 | 全般的な認知症<br>失語，失行，失認 | 比較的軽度，まだら認知症<br>情動失禁，片麻痺，知覚障害 |
| 診断 | 脳の萎縮(海馬・側頭葉) | 脳血管障害(梗塞巣の多発) |
| 予防 | 原因不明だが，非社交的，内向的性格はリスク要因となるので，積極的な社会参加に努める，さまざまなことに興味をもつなど，脳に刺激を与える生活を心がける | 生活習慣病の予防が脳血管性認知症の予防にもつながる。高血圧や糖尿病など脳血管障害の基礎疾患の早期発見・早期治療 |

人体の構造と機能及び疾病

|   | 128 | レビー小体は主に脊髄に蓄積する。 |
|---|---|---|
|   | 29回6 | |

|   | 129 | レビー小体型認知症は，前頭側頭型認知症とも呼ばれる。 |
|---|---|---|
|   | 29回6 | |

|   | 130 | 脳血管性認知症の特徴的な症状として，パーキンソン症状があげられる。 |
|---|---|---|
|   | 32回6 | |

|   | 131 | 脳血管性認知症の特徴的な症状として，まだら認知症があげられる。 |
|---|---|---|
|   | 32回6 | |

|   | 132 | 脳血管性認知症の特徴的な症状として，幻視があげられる。 |
|---|---|---|
|   | 32回6 | |

|   | 133 | 脳血管性認知症の特徴的な症状として，感情失禁があげられる。 |
|---|---|---|
|   | 32回6 | |

|   | 134 | 脳血管性認知症の特徴的な症状として，常同行動があげられる。 |
|---|---|---|
|   | 32回6 | |

## ●高次脳機能障害

|   | 135 | 遂行機能障害は，高次脳機能障害に含まれる。 |
|---|---|---|
|   | 31回6 | |

× 大脳皮質や脳幹にレビー小体が蓄積する。

× 前頭側頭型認知症（大脳の前頭葉と側頭葉が萎縮する）とは異なる。近年，若年性認知症の原因疾患として着目されるピック病が代表的な前頭側頭型認知症である。

× パーキンソン症状が特徴的なのは，脳血管性認知症ではなく変性性認知症のうち，レビー小体型認知症である。レビー小体型認知症は，レビー小体という異常なたんぱく質が大脳皮質など中枢神経系に広汎に現れることで起きる認知症である。初期段階では，幻想や妄想などの神経症状とパーキンソン症状，REM睡眠行動障害などが認められる。

○ 脳血管性認知症に特徴的な症状である。脳血管性認知症は，脳梗塞など脳血管障害が原因で起こる。梗塞を起こすたびに認知機能が段階的に悪化することが多く，特徴的症状としてまだら認知症や感情失禁（情動失禁）などがみられる。

× 幻視が特徴的なのは，レビー小体型認知症である。レビー小体型認知症の特徴的な症状は，初期段階では，幻想や妄想などの神経症状とパーキンソン症状，REM睡眠行動障害などが認められる。

○ 感情失禁は，脳血管性認知症に特徴的な症状である。また，感情失禁は，感情が不安定で，進行に伴い些細な刺激で泣いたり笑ったりするなどの特徴を示す。このことから，感情を抑制する機能部位に梗塞が起こりやすいと考えられている。

× 常同行動が特徴的なのは，前頭側頭型認知症である。原因は不明であるが，大脳の前頭葉・側頭葉に萎縮がみられる。初老期（40～60歳代）に発症することが多く，その代表がピック病である。

○ 厚生労働省の事業として平成13年から開始された高次脳機能障害支援モデル事業で示された診断基準では，遂行機能障害が含まれている。

▶32
ピック病
脳の前頭葉から側頭葉にかけて大脳萎縮がみられる疾患で，初老期に多い。頭頂葉と側頭葉後部に病変がみられる後方型認知症であるアルツハイマー型認知症に対し，ピック病は前方型認知症と呼ばれている。

▶33
まだら認知症
認知機能の障害にむらがある状態のこと。例えば，記銘力の障害はみられるものの，日常的な判断力や専門知識は保たれているなどの特徴がある。

▶34
遂行機能障害
特徴として，仕事の優先順位がつけられない，仕事のやり方が途中で変わる，行動の計画が立てられない，仕事を効率よく処理できない，仕事がなぜ成就できなかったかを認識することができないなどの症状がみられる。

**136** 27回5 外傷性脳損傷は，高次脳機能障害の原因の一つである。

**137** 33回5 外傷性脳損傷による注意力の低下は，高次脳機能障害の症状の一つである。

**138** 27回5 失行は，リハビリテーションの対象にならない。

**139** 30回5改変 遺伝性の脊髄小脳変性症では，歩行障害が起こりうる。

## ●精神障害

**140** 27回6改変 統合失調症の診断では，妄想や幻覚は，陽性症状である。

**141** 30回6 精神疾患の診断・統計マニュアル（DSM-5）において，「観念奔逸」は「統合失調症」と診断するための5つの症状に含まれている。

**142** 30回6 精神疾患の診断・統計マニュアル（DSM-5）において，「強迫行為」は「統合失調症」と診断するための5つの症状に含まれている。

**143** 30回6 精神疾患の診断・統計マニュアル（DSM-5）において，「抑うつ気分」は「統合失調症」と診断するための5つの症状に含まれている。

**144** 30回6 精神疾患の診断・統計マニュアル（DSM-5）において，「不眠または過眠」は「統合失調症」と診断するための5つの症状に含まれている。

**145** 30回6 精神疾患の診断・統計マニュアル（DSM-5）において，「まとまりのない発語」は「統合失調症」と診断するための5つの症状に含まれている。

〇 高次脳機能障害は、脳の器質的な損傷によって発症するものをいい、頭部外傷などの**外傷性脳損傷**は原因の1つである。そのほか、脳梗塞・脳出血などの脳血管疾患、脳炎など脳の炎症性疾患、てんかんなどの発作性疾患などがある。

〇 高次脳機能障害は、脳血管疾患のほか、頭部外傷などの外傷性脳損傷によっても引き起こされる。

✕ 高次脳機能障害の症状の1つに含まれる**失行**[▶35]は、リハビリテーションの対象である。

〇 設問のとおり。**脊髄小脳変性症**は、いずれの原因でも運動失調症状をきたす。歩行時のふらつきである歩行障害はその代表的な症状である。

〇 設問のとおり。統合失調症の**陽性症状**[▶36]は、①**妄想**、②**幻覚**、③まとまりのない会話（頻繁な脱線又は滅裂）、④ひどくまとまりのない、又は緊張病性の行動などである。一方、**陰性症状は意欲や自発性の低下**、ひきこもり、表情や感情の動きの欠如などの症状である。

✕ **観念奔逸**は、双極Ⅰ型障害の躁病エピソード又は双極Ⅱ型障害の軽躁病エピソードの1つである。

✕ **強迫行為**は、強迫症／強迫性障害のエピソードの1つである。

✕ **抑うつ気分**は、双極Ⅰ型障害、双極Ⅱ型障害の抑うつエピソード又はうつ病[▶37]／大うつ病性障害、持続性抑うつ障害（気分変調症）等のエピソードの1つである。

✕ **不眠又は過眠**は、双極Ⅰ型障害、双極Ⅱ型障害の抑うつエピソード又はうつ病／大うつ病性障害、持続性抑うつ障害（気分変調症）等のエピソードの1つである。

〇 まとまりのない発語（例：頻繁な脱線又は滅裂）は、「**統合失調症**」と診断するための症状にあてはまる。

---

▶35
**失行**
運動障害（運動麻痺、失調、不随意運動など）が存在せず、実行しようとする意志があるにもかかわらず、正しい動作を行えないことをいう。運動失行（肢節運動失行、観念運動失行）、観念（意図）失行、構成失行、着衣失行がある。

▶36
**統合失調症**
幻覚、妄想、意欲の低下などを症状とする、思春期から青年期に発症し、慢性・進行性の精神障害。

▶37
**うつ病の経過**
一般的に前駆期・極期・回復期の3段階がある。①前駆期は、心身の活力が低下し日常の普通の行為が徐々に困難になるため焦りや自責の念が増し、いらいら感や不安が募る。本人が初期のうつ症状と認識していることは少なく治療が遅れることが多い。②極期（急性期）は、具体的な心身症状が現れる時期で、うつ病であるとの認識がなされて治療につながる。③回復期では、治療によるうつ状態の改善と再発を繰り返しながら徐々に回復していく。

人体の構造と機能及び疾病

039

| | | |
|---|---|---|
| ☐ ☐ | **146**<br>31回7 | 精神疾患の診断・統計マニュアル（DSM-5）における「神経性やせ症／神経性無食欲症」の診断基準では，「過食を生じるタイプもある」とされている。 |

## ●その他

| | | |
|---|---|---|
| ☐ ☐ | **147**<br>27回5改変 | 咀嚼（そしゃく）や嚥下機能の障害は，身体障害者福祉法による内部障害に含まれない。 |

| | | |
|---|---|---|
| ☐ ☐ | **148**<br>31回6 | 白血病による免疫機能障害は，身体障害者福祉法の内部障害に含まれる。 |

| | | |
|---|---|---|
| ☐ ☐ | **149**<br>33回5 | 難病の患者に対する医療等に関する法律で定められた指定難病患者の全てに，身体障害者手帳が交付される。 |

| | | |
|---|---|---|
| ☐ ☐ | **150**<br>33回5 | 一つの疾患から，複数の身体機能の障害を来すことはない。 |

| | | |
|---|---|---|
| ☐ ☐ | **151**<br>33回5 | 糖尿病による視覚障害では，身体障害者手帳を取得できない。 |

| | | |
|---|---|---|
| ☐ ☐ | **152**<br>30回4 | 甲状腺機能低下症は，浮腫の原因となる。 |

| | | |
|---|---|---|
| ☐ ☐ | **153**<br>30回4 | 葉酸が不足すると，味覚障害が生じる。 |

○ DSM-5診断基準の下位分類には，摂食制限型と過食・排出型の2型が分類されている。過食を生じるタイプは過食・排出型であり，過食と自己誘発性嘔吐や緩下剤などの使用による強制的な排出行動を行う。

○ 設問のとおり。なお，身体障害者福祉法施行規則の別表第5号「身体障害者障害程度等級表」において，咀嚼・嚥下機能の障害は「音声機能，言語機能又はそしゃく機能の障害」として，3級又は4級の等級が定められている。（関連キーワード▶38参照）

✕ 身体障害者福祉法における内部障害には，白血病による免疫機能障害は含まれない。

✕ 指定難病患者の全てに，身体障害者手帳が交付されるわけではない。難病患者等のうち，身体障害者福祉法で規定する障害がある場合は，身体障害者手帳が交付され，障害福祉サービスを利用できる。

✕ 一つの疾患から複数の身体機能の障害を来すことがある。脳性麻痺を例にとると，程度の差があるが骨格筋の緊張や不随意運動，粗大運動・微細運動の困難性，感覚，知覚，認知，コミュニケーション，行動などの機能障害など数多くの重複障害をもつ。

✕ 視覚障害の原因となる疾患について，身体障害者福祉法では規定されていない。糖尿病など疾患の結果としての障害の程度や生活動作の支障などにより身体障害者手帳の対象として認定された場合，身体障害者手帳を取得できる。

○ 設問のとおり。甲状腺機能低下症では，全身の新陳代謝が低下するため，精神機能の低下（眠気，記憶障害，抑うつ，無気力など），皮膚の乾燥，脱毛，むくみ，体重増加，声のかすれ，消化管運動の低下（便秘），心臓機能の低下（徐脈傾向），寒がり，疲労感などが生じる。

✕ 葉酸やビタミン $B_{12}$ の不足は DNA 合成を阻害するため，巨赤芽球性貧血の原因になる。なお，味覚障害の主な原因に，低亜鉛血症が挙げられる。

▶38
身体障害者福祉法における内部障害
①心臓機能障害，②腎臓機能障害，③呼吸器機能障害，④膀胱・直腸機能障害，⑤小腸機能障害，⑥ヒト免疫不全ウイルスによる免疫機能障害，⑦肝臓機能障害の7つが定められている。

人体の構造と機能及び疾病

| | 154<br>30回5 | デュシェンヌ型筋ジストロフィーでは，呼吸困難が初発症状である。 |

| | 155<br>30回5 | 筋萎縮性側索硬化症（ALS）は，運動失調を主体とする変性疾患である。 |

| | 156<br>30回5 | 分娩時の高酸素血症は，脳性麻痺の原因となる。 |

| | 157<br>31回6改変 | 先天性の疾患は，聴覚障害の原因疾患に含まれる。 |

## 精神疾患の診断・統計マニュアル（DSM）の概要

| | 158<br>29回7 | 精神疾患の診断・統計マニュアル（DSM-5）を作成したのは世界保健機関（WHO）である。 |

| | 159<br>29回7 | 精神疾患の診断・統計マニュアル（DSM-5）では，精神障害を内因性，心因性という名称で分類している。 |

| | 160<br>29回7改変 | 精神疾患の診断・統計マニュアル（DSM-5）では，身体疾患の診断基準は掲載していない。 |

| | 161<br>29回7 | 精神疾患の診断・統計マニュアル（DSM-5）では，多軸診断システムを用いている。 |

| | 162<br>29回7 | 精神疾患の診断・統計マニュアル（DSM-5）では，操作的診断基準によって診断する。 |

**✕** 呼吸困難は末期の症状である。デュシェンヌ型筋ジストロフィーは，X染色体上のジストロフィン遺伝子が原因であり，通常は男のみに，多くは3歳以内に発症する。筋力の低下は近位筋に強く起こり，下肢帯より始まる。

**✕** 筋萎縮性側索硬化症（ALS）は，30歳以降の発症が大部分である疾患で，運動神経である脊髄前根の萎縮が起こり，四肢骨格筋が筋力低下し，ついで麻痺をきたす進行性の疾患である。

**✕** 分娩時の低酸素血症は，脳性麻痺の原因となる。高濃度酸素吸入による酸素中毒に特に注意が必要なのは，未熟児の療養においてである。

**◯** 聴覚障害の原因疾患に先天性の疾患は含まれる。先天性難聴では母語（出生後最初に獲得する言語体系）の獲得・発達の阻害，母語獲得後の後天性難聴では発症以前の日常生活の継続が困難になるなどの特徴がある。

**✕** 作成したのは，アメリカ精神医学会である。

**✕** 精神障害を外因性疾患，内因性疾患，心因性疾患の3分類に分けて考えるのは，DSM-Ⅱ以前である。DSM-Ⅲより，病因ではなく症状から診断を行うカテゴリー診断の考え方が用いられるようになった。

**◯** DSM-5[▶39]は，精神疾患の診断基準を掲載している。身体疾患の診断基準は掲載されておらず，身体疾患の診断には用いない。

**✕** DSM-5は，多軸診断システムではなく，多元的診断を用いている。

**◯** 設問のとおり。DSM-5では，操作的診断基準が用いられている。

▶39
DSM-5（精神疾患の診断・統計マニュアル第5版）
アメリカ精神医学会（APA）が策定した「精神疾患の診断・統計マニュアル」の最新改訂版。2013年5月18日公開。

人体の構造と機能及び疾病

| | 163 33回6 | DSM-5において，自閉スペクトラム症（ASD）と診断するための症状には「同一性への固執」が含まれる。 |
| --- | --- | --- |

| | 164 33回6 | DSM-5において自閉スペクトラム症（ASD）と診断するための症状には「精神運動制止」が含まれる。 |
| --- | --- | --- |

| | 165 33回6 | DSM-5において自閉スペクトラム症（ASD）と診断するための症状には「陰性症状」が含まれる。 |
| --- | --- | --- |

| | 166 33回6 | DSM-5において自閉スペクトラム症（ASD）と診断するための症状には「気分の高揚」が含まれる。 |
| --- | --- | --- |

| | 167 33回6 | DSM-5において自閉スペクトラム症（ASD）と診断するための症状には「幻覚」が含まれる。 |
| --- | --- | --- |

## リハビリテーションの概要

| | 168 32回7 | 内部障害は，リハビリテーションの対象とはならない。 |
| --- | --- | --- |

| | 169 27回7 | 包括的リハビリテーションには，薬物療法が含まれる。 |
| --- | --- | --- |

| | 170 30回7 | 廃用症候群は，急性期リハビリテーションで離床を早期から行うことで起こりやすい。 |
| --- | --- | --- |

| | 171 32回7改変 | がんは，リハビリテーションの対象となる。 |
| --- | --- | --- |

◯ DSM-5による診断は，本質的特徴である①社会的コミュニケーション及び相互関係における持続的障害，②限定された反復する行動・興味・活動，の二つを基盤として行われ，②に「同一性への固執」があげられている。

✕ 精神運動制止は，主にDSM-5診断基準の抑うつエピソードに記載される症状である。

✕ 陰性症状は，統合失調症の診断基準▶40に記載されている症状の一つである。

✕ 気分の高揚は，主にDSM-5の双極性障害にある躁病エピソードの診断基準に該当する。

✕ 幻覚は，主に統合失調症の陽性症状としてDSM-5診断基準にあげられている。

▶40
**統合失調症の診断基準**
①妄想，②幻覚，③まとまりのない会話，④ひどくまとまりのない又は緊張病性の行動，⑤陰性症状のうち2つ以上（そのうち1つは①～③）が1か月間程度ほとんどいつも存在するとされている。

✕ リハビリテーションの対象となる疾病・障害には，内部障害が含まれる。内部障害者に共通する状況として，安静・臥床により容易に廃用を生じ，廃用によりさらに内臓の機能低下を起こしやすいという特徴がある。そのため，運動療法，薬物療法，患者教育，カウンセリングなどを組み合わせた「包括的リハビリテーション」を多職種が連携して行う。

◯ 設問のとおり。包括的リハビリテーションは，医学的な評価や適切な運動処方と運動療法，薬物療法，食事療法，患者教育，カウンセリングなどをセットにした包括的なプログラムに基づいて行われる。

✕ 廃用症候群は，疾患や外傷の治療のためベッド上で過度に安静にすることで生じる。そのため，急性期リハビリテーション▶41として早期から離床を促すことは，廃用症候群の予防に有効である。

◯ 設問のとおり。リハビリテーションの対象を疾患の面からみると，整形外科疾患，脳卒中，神経疾患，心臓疾患，呼吸器疾患，視覚障害，聴覚障害，精神障害，認知症，腫瘍（がん）など多岐にわたり，近年では，糖尿病，肥満，脂質異常症，高血圧，腎不全なども対象となっている。

▶41
**急性期リハビリテーション**
急性期においては，特に廃用症候群の予防が重要となる。手足を正しい位置に固定する「良肢位保持」，上・下肢の関節を動かし関節拘縮の予防や関節可動域の維持・増大を図る「関節可動域訓練」，褥瘡予防のための「体位変換」などを行う。さらに，ベッドをギャッチアップさせ上半身を起こした姿勢を保持する「座位耐性訓練」，起立した姿勢を維持するための「立位耐性訓練」，その他，「歩行訓練」なども開始する。

人体の構造と機能及び疾病

**172**
32回7
脳卒中のリハビリテーションは，急性期，回復期，生活期(維持期)に分けられる。

**173**
32回7
リハビリテーションは，機能回復訓練に限定される。

**174**
32回7
リハビリテーションを担う職種には，言語聴覚士が含まれる。

**175**
33回7
リハビリテーションに関しては，学校教育では行われない。

**176**
33回7
リハビリテーションに関しては，急性期治療を終えてから開始される。

**177**
33回7改変
リハビリテーションには，補装具の処方による代償的・適応的アプローチが含まれる。

**178**
33回7
リハビリテーションは，介護保険制度によるサービスとしては提供されない。

**179**
33回7
リハビリテーションには，将来的な筋力低下が予想される場合の予防的アプローチが含まれる。

046

⭕ 脳卒中のリハビリテーションは，急性期，回復期，生活期(維持期)に分けられ，さまざまな手法によって運動機能や日常生活動作の改善，合併症予防，環境調整が図られる。急性期は脳卒中発病直後から離床まで，回復期は離床後から退院まで，生活期は退院後の日常生活の時期である。

❌ リハビリテーションでは，身体をもとどおりにするための機能回復訓練のみにとどまらず，身体の健全な部分の能力や適切な補助具などを用いて実用面での能力を向上させたり，住宅の改装や手すりの設置など生活環境の改善，さまざまな人的支援サービスを利用などして，対象者の人間らしく生きる権利を回復していく過程をも含んでいる。

⭕ 設問のとおり。リハビリテーションの大きな特徴は，さまざまな専門職がチームを組んで患者の治療にあたることである。言語聴覚士は，言語や聴覚に障害をもつ人の言語訓練を行う。その他，必要に応じて，嚥下機能の改善や食道発声訓練なども行う。

❌ 学校教育の領域においても行われる。リハビリテーションの四つの側面(医学的・教育的・職業的・社会的)における教育的リハビリテーションは，主に障害児の教育に関するもので教育を受ける機会均等の立場を尊重するものである。

❌ 急性期治療の終了を待たずに開始される。急性期リハビリテーションは集中治療室に入院中の発症早期から開始されるもので，安静によって引き起こされる二次的合併症(廃用症候群)の予防に重点がおかれている。

⭕ リハビリテーションには，身体をもとどおりにするための機能回復訓練のみにとどまらず，補装具などによる代償的・適応的アプローチも含まれる。

❌ 介護保険制度によるサービスとしても提供されている。高齢障害者では介護保険制度を利用して，各種サービスの利用が可能である。

⭕ 長期間による安静や臥床による「廃用」と呼ばれる筋力低下に対して予防的アプローチが含まれる。

心理学理論と
心理的支援

# 人の心理学的理解

## 心と脳

### ●脳の構造と機能

**1** 29回8
前頭葉は，計画，判断，評価，創造などの高次精神活動に関係する。

**2** 29回8
前頭葉は，身体位置の空間的認識に関係する。

**3** 29回8
前頭葉は，聞こえた音を識別する聴覚機能に関係する。

**4** 29回8改変
後頭葉は，視覚と眼球運動に関係する。

**5** 29回8
前頭葉は，情動調節や記憶形成に関係する。

**6** 25回8改変
一般的な睡眠経過では入眠時にノンレム睡眠がみられ，次にレム睡眠が出現する。

## 情動・情緒

### ●気分

**7** 29回9
気分が生起した原因は曖昧である。

**8** 29回9
気分は，はっきりした生理的な反応を伴う。

**9** 29回9
気分は，急激に生起し数秒間で消失する。

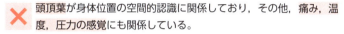

| | |
|---|---|
| ○ | 前頭葉は実行機能を司り，脳全体の「司令塔」や「オーケストラの指揮者」にたとえられる。 |
| × | 頭頂葉が身体位置の空間的認識に関係しており，その他，痛み，温度，圧力の感覚にも関係している。 |
| × | 側頭葉が聞こえた音を識別する聴覚機能に関係している。 |
| ○ | 後頭葉に眼球運動と視覚機能に関係する視覚中枢があり，色や形の視覚情報の処理に関係している。 |
| × | 扁桃核が情動(喜怒哀楽)の調整とそれに伴う身体反応(心拍，血圧，筋肉の緊張等)の生起に関係している。また，海馬が記憶形成に関係しており，一時的に記憶を保管する部位である。 |
| ○ | ノンレム睡眠，レム睡眠というパターンが一晩の睡眠(6〜8時間)で4〜5回繰り返される。ただし，身体が非常に疲れている場合などは，いきなりレム睡眠状態に入ってしまうこともある。 |
| ○ | 気分が生起した原因を厳密に特定することは難しい。外的刺激が原因の場合もあれば，気質や性格が原因の場合もある。 |
| × | 気分は多くの場合，はっきりした生理的な反応を伴うことはない。そう快な気分のときに汗をかくとは限らないし，抑うつ的な気分のときに筋肉が緊張するとは限らない。 |
| × | 気分は，多くの場合に穏やかに生起し，持続的である。 |

▶1
前頭葉
ヒトの意欲にも関係しており，いわゆる「ヒトらしさ」を生み出す脳の部位である。

▶2
ノンレム睡眠・レム睡眠
一般に，ノンレム(non-REM)睡眠時は，脳は休息状態にあり，血圧は下がり呼吸や脈拍も穏やかになる。レム(REM:rapid eye movement)睡眠中に夢を見る。レム睡眠時，脳は覚醒状態に近く，筋肉は弛緩している。

心理学理論と心理的支援

| □ **10** 29回9 □ | 気分の典型例は怒りである。 |

| □ **11** 29回9改変 □ | 情動は，表情にはっきりと表れやすい。 |

## 欲求・動機づけと行動

### ●マズローの欲求階層説

| □ **12** 33回8 □ | マズロー（Maslow, A.）の理論によると，階層の最下位の欲求は，人間関係を求める欲求である。 |

| □ **13** 33回8改変 □ | マズロー（Maslow, A.）の理論によると，階層の最上位の欲求は，自己実現の欲求である。 |

| □ **14** 33回8 □ | マズロー（Maslow, A.）の理論によると，階層の下から3番目の欲求は，多くのものを得たいという所有の欲求である。 |

| □ **15** 33回8 □ | マズロー（Maslow, A.）の理論によると，自己実現の欲求は，成長欲求（成長動機）といわれる。 |

| □ **16** 26回8改変 □ | 音楽家は音楽を作り，画家は絵を描くように，人間は自分のなり得るものになりたいという欲求をもつ。マズロー（Maslow, A.）は，これを自己実現の欲求と呼んでいる。 |

---

### 整 理 し て お こ う ！

### マズローの欲求階層説

マズロー（Maslow, A.）は，人間の動機（欲求）が①生理的欲求，②安全と安定の欲求，③所属と愛情の欲求，④自尊と承認の欲求，⑤自己実現の欲求の5つの階層（ピラミッド型）からなると考えた（欲求階層説）。欲求は低次なものが充足されるに従って高次なものが出現するとしている。なお，低次の欲求がすべて満たされなくともより高次な欲求は生じ得るとされる。

この階層は，次の2つの水準によって整理される。

**一次的欲求と二次的欲求**

食事や排泄，睡眠などを求める人間の生存に不可欠な「生理的欲求」は**一次的欲求**といわれるのに対し，心理的あるいは社会的な欲求である「安全と安定の欲求」から「自己実現の欲求」は**二次的欲求**といわれる。

気分の典型例は，そう快（高揚）と抑うつ（落ち込み）である。

▶3
気分
気分は「波」にたとえられ，アップ（そう快や高揚）とダウン（抑うつや落ち込み）がある。

○ 情動は急激に生起して，表情の動きにも強く影響する。

× 階層の最下位の欲求は，**生理的欲求**である。例えば，睡眠や食事，排泄に対する欲求などを指す。

▶4
生理的欲求
人間が生きていくために不可欠な欲求であることから一次的欲求とも呼ばれる。

○ 設問のとおり。**自己実現の欲求**は，自分のもっている能力を活かして自分らしさを発揮したいという欲求を指す。

× 階層の下から3番目の欲求は，**所属・愛情の欲求**である。社会や集団に属し，家族や友人など人から愛されたいという欲求を指す。

○ **自己実現の欲求**を**成長欲求**，生理的欲求から自尊と承認の欲求までを**欠乏欲求**と呼んだ。

○ **自己実現の欲求**は，あるべき自分になりたいと願い，自分のもつ才能や能力，可能性を最大限に引き出し実現しようとする欲求のことである。

---

**欠乏欲求と成長欲求**

「生理的欲求」から「自尊と承認の欲求」までは，何かが欠けることにより欲求不満状態となることから**欠乏欲求**といわれるのに対し，「自己実現の欲求」は，自己充足的であることから**成長欲求**といわれる。

心理学理論と心理的支援

| | 17<br>26回8 | マズロー（Maslow, A.）によれば，承認又は自尊心の欲求が満たされれば人は安堵感を覚え，その後に不安や不満，又は新たな欲求が生じることはない。 |

| | 18<br>33回8 | マズロー（Maslow, A.）の理論によると，各階層の欲求は，より上位の階層の欲求が充足すると生じる。 |

## ●社会的動機づけ

| | 19<br>28回8 | 達成動機の高い人は，高い目標を設定し，困難な課題に果敢に挑戦しようとする。 |

| | 20<br>28回8改変 | 達成動機の高い人は，自分が下した決定に対する責任を重視する。 |

## ●内発的動機づけと外発的動機づけ

| | 21<br>31回8改変 | 人前で楽器を演奏することが楽しくて，駅前での演奏活動を毎週続けた。これは，内発的動機づけによる行動である。 |

| | 22<br>31回8 | おこづかいをもらえることが嬉しくて，玄関の掃除を毎日行った。これは，内発的動機づけによる行動である。 |

| | 23<br>31回8 | 出席するたびにシールをもらえることが楽しくて，ラジオ体操に毎朝通った。これは，内発的動機づけによる行動である。 |

| | 24<br>31回8 | 絵を描くことが楽しくて，時間を忘れて取り組んだ。これは，内発的動機づけによる行動である。 |

| | 25<br>31回8 | 成功すれば課長に昇進できると言われ，熱心に仕事に取り組んだ。これは，内発的動機づけによる行動である。 |

✗ 承認（自尊）の欲求が満たされると，さらに最も高次である自己実現の欲求が生まれるとした。マズローは，人間は常に欲求に向かって成長するものであり，自己実現に向かうように動機づけられていると特徴づけた。

✗ 各階層の欲求は，より下位の階層の欲求が満たされると生じる。

○ 達成動機の高い人の特性として，目標とする課題が困難なこと，自分が課題をどれくらい成し遂げたかを知ろうとし，もっている才能を使って自尊心を高めようとすることなどがあげられる。

▶5 達成動機
アメリカの心理学者マレー（Murray, H.A.）が生み出した概念であり，やり遂げるのが難しい目標を立て，努力を重ねて何とか成し遂げようとする欲求や，達成したときの満足感を得ようとする傾向をいう。

○ 達成動機の高い人が課題に失敗した場合は，自分の努力不足などを失敗の要因として考えるため，責任を重視する特徴をもつ。

○ 人前で楽器を演奏することで外部からは報酬を受け取っていない。外部に左右されずに自分自身の内部から湧き起こることで意欲が高まっているため，内発的動機づけによる行動である。

▶6 内発的動機づけと外発的動機づけ
動機づけには，自分の心のなかの興味などから行動を起こし満足感を得ることを目的とした「内発的動機づけ」と，周りから与えられるような外的な報酬を得ることを目的とした「外発的動機づけ」がある。

✗ おこづかいは，外部から受け取る報酬であり，それを得ることで玄関の掃除を毎日行う意欲が高まっているため，外発的動機づけによる行動である。

✗ シールをもらえることは，外部から受け取る報酬に相当し，それを得ることでラジオ体操に毎朝通う意欲が高まっているため，外発的動機づけによる行動である。

○ 絵を描くことで外部から報酬も罰も受け取っていない。外部に左右されずに自分自身の内部から湧き起こることで意欲が高まっているため，内発的動機づけによる行動である。

✗ 昇進できると言われることは，外部から受け取る報酬に相当し，それを得ることで仕事に取り組む意欲が高まっているため，外発的動機づけによる行動である。

## ●原因帰属

**26**
30回8
試験に失敗したときに生じる,「勉強不足に原因がある」という原因帰属は内的帰属にあたる。

**27**
30回8
試験に失敗したときに生じる,「問題が難しかったことに原因がある」という原因帰属は内的帰属にあたる。

**28**
30回8改変
試験に失敗したときに生じる,「自分の能力不足に原因がある」という原因帰属は内的帰属にあたる。

# 感覚・知覚・認知

**29**
31回9改変
目という感覚器官によって光を感じ取る場合,この刺激を適刺激という。

**30**
33回9
二つの異なる刺激の明るさや大きさなどの物理的特性の違いを区別することができる最小の差異を,刺激閾という。

**31**
33回9
明るい場所から暗い場所に移動した際,徐々に見えるようになる現象を,視覚の明順応という。

**32**
29回10
明るい場所から暗い場所に移動すると,目が慣れるのに時間がかかる。これを明順応という。

**33**
33回9
外界の刺激を時間的・空間的に意味のあるまとまりとして知覚する働きを,知覚の体制化という。

**34**
31回9
形として知覚される部分を地,背景となる部分を図という。

**35**
29回10改変
コップの飲み口を斜め上から見ても丸く見える。これを形の恒常性という。

| | | |
|---|---|---|
| ○ | 勉強不足は, 自分の行為の結果であり, 内的帰属にあたる。 | ▶7<br>内的帰属<br>結果に対して, 自分自身や自分の行為や自分にまつわることを原因とすること。 |
| × | 試験の問題が難しいのは, 試験を作成した他者の行為の結果であり, 外的帰属にあたる。 | ▶8<br>外的帰属<br>結果に対して, 自分以外の他者自身や他者の行為や他者にまつわることを原因とすること。 |
| ○ | 自分の能力不足は, 自分自身にまつわることであり, 内的帰属にあたる。 | |
| ○ | 感覚器官が感じ取ることができる刺激を適刺激と呼ぶ。目ならば光や色や大きさであり, 耳ならば音であり, 鼻ならばにおいである。 | ▶9<br>適刺激<br>適刺激とは, 目や耳などその感覚器に反応を起こさせるのに適した刺激のことを指す。 |
| × | 二つの異なる刺激の明るさや大きさなどの物理的特性の違いを区別することができる最小の差異は, 弁別閾という。 | |
| × | 明るい場所から暗い場所に移動した際, 徐々に見えるようになる現象は, 暗順応と呼ばれる。(関連キーワード▶10参照) | ▶10<br>順応<br>感覚器官がある一定の刺激に持続的にさらされたまま時間が経つと, 感覚の強度, 質, あるいは明瞭さなどが変化すること。 |
| × | 設問は暗順応の説明である。明るさに目が慣れることに関しては,「明るい場所→暗い場所=暗順応」「暗い場所→明るい場所=明順応」の2つがある。 | |
| ○ | 知覚の体制化の典型的な例として,「図と地」がある。意味のあるまとまった形として知覚される部分を「図」, 背景として見える部分を「地」と呼ぶ。 | |
| × | 形として知覚される部分を図といい, 背景となる部分を地という。(関連キーワード▶11参照) | ▶11<br>群化<br>知覚には図が互いにまとまりをつくる作用があり, 群化と呼ばれる。例えば, 夜空の星はばらばらに位置しているが, まとまって星座として知覚されることを指す。 |
| ○ | 知覚の恒常性には, 形, 大きさ, 明るさ, 色等がある。 | |

| 36 31回9 | 大きさの恒常性とは，網膜に映し出されたとおりに大きさを知覚することである。 |

| 37 29回10 | 中空にある月より地平線に近い月の方が大きく見える。これは錯視による。 |

| 38 33回9改変 | 水平線に近い月の方が中空にある月より大きく見える現象を，月の錯視という。 |

| 39 31回9 | 体制化における閉合の要因は，錯視の一つである。 |

| 40 29回10 | 電光掲示板の文字が動いているように見える。これは近接の要因による。 |

| 41 31回9 | 仮現運動は，知覚的補完の一つである。 |

| 42 29回10 | 風景を眺めていると奥行きを感じる。これは知覚的体制化による。 |

| 43 33回9 | 個人の欲求や意図とは関係なく，ある特定の刺激だけを自動的に抽出して知覚することを，選択的注意という。 |

## 学習・記憶・思考

### ●学習

| 44 30回9 | いたずらをしている子どものゲーム機を取り上げたら，いたずらをやめた。これは，オペラント条件づけにおける，正の強化である。 |

| 45 30回9 | 宿題をやってくるたびに褒めていたら，宿題を忘れずにやってくるようになった。これは，オペラント条件づけにおける，正の強化である。 |

**✕** 大きさの恒常性とは，網膜に映し出された大きさとは異なる大きさを知覚することである。道路標識は10m 前と8m 前で見た場合では，網膜に映し出された大きさは異なるはずだが，同じ(恒常性)大きさに見える。

**◯** 月の錯視と呼ばれる現象である。地平線や水平線の近くにある月や太陽は大きく見える。

**◯** 設問のとおり。知覚された対象の性質が物理的な刺激の性質と異なることを錯覚といい，特に視覚の錯覚を錯視という。

**✕** 錯視は目の錯覚のことで，実際にはない大きさ，長さ，色，形，動きが見えることである。体制化とは，実際にある刺激をまとまりとして知覚することで，目の錯覚ではない。

**✕** 設問は仮現運動の説明である。変化する静止画を連続して呈示すると，動画のように運動して見える。

**◯** 知覚的補完は，実際に提示された情報と情報の間の「物理的には存在しない情報」を補完して見えたり聞こえたりすることで，仮現運動や主観的輪郭も含まれる。

**✕** 設問はバークリー (Berkeley, G.)が唱えた奥行き知覚の説明である。写真やテレビ画像等の平面を見ても，奥行き知覚が生じて立体に見える。

**✕** 選択的注意とは，多くの刺激からある特定の刺激だけに選択的にあるいは意図的に注意を向けることを指す。

**✕** 刺激除去(ゲーム機を取り上げる)による行動(いたずら)の減少・消失は，負の罰である。

**◯** 強化とは行動が増大することであり，刺激提示(褒める)による行動(宿題を忘れずにやる)の増大は，正の強化である。

▶12
**体制化**
「群化」や「プレグナンツの法則」とも呼ばれる。体制化には「近接」「類同」「閉合」などいくつか3要因がある。

▶13
**仮現運動**
パラパラ漫画やアニメーションのように，連続提示された静止画と静止画の間の情報を知覚的に補完することで動画に見えること。

▶14
**負の罰**
行動すると刺激が除去され，その行動の頻度が減少すること。

▶15
**正の強化**
行動すると刺激が提示され，その行動の頻度が増加すること。

心理学理論と心理的支援

059

| 46 30回9改変 | 授業中，勝手に話をしていた生徒を叱ったら，私語がなくなった。これは，オペラント条件づけにおける，正の罰である。 |

| 47 30回9 | デイサービスで嫌な思いをした高齢者が，デイサービスを休むようになった。これは，オペラント条件づけにおける，正の強化である。 |

| 48 30回9 | 好きな曲が流れているテレビCMの商品に好感を持つようになった。これは，オペラント条件づけにおける，正の強化である。 |

| 49 32回8 | 同じ大きな音が繰り返されるにつれて，驚愕反応が小さくなったのは，馴化による行動である。 |

| 50 32回8 | 乳児に新しいおもちゃを見せたら，古いおもちゃよりも長く注視したのは，馴化による行動である。 |

| 51 32回8 | うまくできたら褒めることで，ピアノの練習に取り組むようになったのは，馴化による行動である。 |

| 52 32回8 | 食あたりした後に，その食べ物を見るだけで吐き気がするようになったのは，馴化による行動である。 |

| 53 29回13 | 観察者はお手本（モデル）となる他者の行動を観察することで，新しい行動を獲得したり，既存の行動パターンを修正する。これを系統的脱感作法という。 |

| 54 30回10改変 | 試行錯誤とは，問題解決のための方法を一つひとつ試して，成功する手法を探していく思考方法である。 |

○ 刺激提示(叱る)による行動(私語)の減少・消失は，正の罰である。

× 刺激提示(高齢者に嫌な思いをさせること)による行動の減少・消失は，正の罰である。

× 設問は，レスポンデント条件づけ▶16の具体例である。この条件づけでは刺激提示(好きな曲とCM)により反射的な行動(CMの商品に好感を持つ)が増大する。

○ 同じ大きな音を繰り返し聞いているうちに，最初はびっくりした反応を示したが，次第に音に慣れてきて驚愕反応が減少した，という馴化の例である。（関連キーワード▶17参照）

× 設問は，乳児の新奇選好の例である。乳児には新しい刺激をより好んで注視する(じっと見つめる)という行動特徴がある。一方，成人には慣れた刺激を好んで見る既知選好があり，乳児の視覚の特徴と異なることがわかっている。（関連キーワード▶18参照）

× 設問は，学習におけるオペラント条件づけ▶19の正の強化の例である。設問の例は，刺激提示(褒める)によって望ましい行動(ピアノの練習に取り組む)が増大したので，これを正の強化という。

× 設問は，学習におけるレスポンデント条件づけの一種である。設問の例は，刺激に嫌悪刺激(食あたり)が用いられており，この刺激によりネガティブな情動(吐き気)が条件づけされたといえる。これを食物嫌悪学習と呼ぶ。

× 設問はモデリング▶20(観察学習ともいう)に関する記述である。セラピストが望ましい行動をモデルとして行いそれをクライアントが観察することで，適応的な行動を獲得したり，不適切な行動を消去する方法である。

○ 生物が問題に直面してすでに学習された方法だけでは解決できない場合，さまざまな方法を一つひとつ試していくうちに解決に至ることを試行錯誤ないし試行錯誤学習と呼び，ソーンダイク(Thorndike, E.L.)が提唱した。

▶16
レスポンデント(古典的)条件づけ
パブロフ(Pavlov, I.P.)のイヌの実験が有名。イヌにベルを鳴らしてから餌を与えることを繰り返すと，ベルを鳴らしただけで唾液が出ることを観察した。

▶17
脱馴化
同じ音に慣れた後，別の刺激(例えば別の音など)を提示した際，反応が回復する場合(例えば，新しい別の音を聞いて再び驚くなど)を脱馴化と呼ぶ。

▶18
選好注視法
乳児の視覚について調べたファンツ(Fantz, R.L.)の実験(選好注視法)から，乳児は無地よりも柄のある模様を好み，なかでも人の顔をよく注視することが示された。この結果は，乳児には特定の形のパターンを好んで見る生得的選好があることを指している。

▶19
オペラント(道具的)条件づけ
スキナー(Skinner, B.F.)のネズミの実験が有名。ネズミが実験装置の箱の中のレバーを押すと餌が出ることを学習するとレバーを押す回数が増えることを観察した。

▶20
モデリング
バンデューラ(Bandura, A.)が提唱した考え方で，自分が直接経験しなくてもモデルとなる他者の行動を観察するだけでモデルと同じような行動を学習することを指す。

**55**
32回8改変
まぶたにストローで空気を吹き付けると，思わずまばたきしたのは，反射による行動である。

## ●記憶

**56**
29回11
「3-2-5-4-1」という5個の数字を聞き，「3-2-5-4-1」と反復する。これはエピソード記憶の例である。

**57**
31回10改変
作動記憶とは，覚えた数個の数字を逆唱するときに用いられる記憶である。

**58**
32回11
作動記憶の機能は，加齢による影響が顕著にみられる。

**59**
29回11改変
「12×21」という数字の掛け算を暗算で行う。これはワーキングメモリーの例である。

**60**
29回11
愛知県の県庁所在地は，名古屋市である。これはエピソード記憶の例である。

**61**
31回10
意味記憶とは，「日本の都道府県の数は47である」というような，一般的な知識に関する記憶である。

**62**
32回11
意味記憶の機能は，加齢による影響が顕著にみられる。

**63**
31回10
感覚記憶とは，自転車に乗ったり楽器を演奏したりするときの技能に関する記憶である。

**64**
29回11
幼少期に習得したピアノの曲を，大人になっても弾くことができる。これはエピソード記憶の例である。

**65**
29回11
昨晩，近くのファーストフード店でハンバーグカレーを食べた。これはエピソード記憶の例である。

⭕ 反射とは，特定の刺激に対して身体の一部が自動的に反応すること
を指す。設問の例は，瞬目反射と呼ばれ，眼球やまぶたへの刺激
でまばたきが起こる反射である。（関連キーワード▶21参照）

❌ 設問は数唱という聴覚性短期記憶を確かめる方法についての説明で
ある。

⭕ 作動記憶は作業記憶やワーキングメモリーとも呼ばれ，一時的な情
報の処理のために短期的に覚えることで，数十秒しか保持されない
記憶である。

⭕ 作動記憶の機能は，加齢による影響が顕著にみられる。作動記憶は，
ワーキングメモリーとも呼ばれる。

⭕ 暗算を行うときには，ワーキングメモリーを駆使する。ワーキング
メモリーは必要な情報を一時的に保持して処理をする機能のことで
ある。

❌ 設問は意味記憶の例である。意味記憶はいわゆる知識であり，「1年
は365日である」がその例である。

⭕ 意味記憶とは，「フランスの首都はパリである」など，誰もが知って
いる一般的な知識についての記憶である。

❌ 意味記憶の機能は，加齢による影響がほとんどみられない。意味記
憶とは「知識」の記憶である。

❌ 設問は手続き記憶の例である。感覚記憶とは，視覚や嗅覚等の刺激
が感覚器官に入って生じ，数秒程度しか保持されない記憶のことを
いう。

❌ 設問は手続き記憶の例である。手続き記憶はいわゆる技能の修得で
あり，「久しぶりにスキーに出かけたが，体が覚えていた」がその例
である。

⭕ エピソード記憶は自分の身に起きた出来事を覚えていることであ
る。「新婚旅行でスペインのバルセロナに行った」がその例である。

▶21
原始反射
乳児には吸てつ反射
（口に入ったものをリ
ズムよく吸う）や把握
反射（手のひらにもの
が触れると握ろうとす
る）などがあることが
知られており，これら
は原始（新生児）反射と
呼ばれる。生まれもっ
て備わった機能（生得
的）で，生きていくた
めに必要な運動であ
り，自分で身体を動か
すことができるように
なると消失する。

▶22
数唱
ウェクスラー式知能検
査ではワーキングメモ
リー指標を確かめる方
法の1つとして採用さ
れている。数唱は2種
類あり，「3-2-5-4-1」
という5個の数字を聞
き，「3-2-5-4-1」と反
復する方法を順唱と呼
び，逆から「1-4-5-2-3」
と唱える方法を逆唱と
呼ぶ。

▶23
ワーキングメモリー
「作動記憶」や「作業記
憶」と呼ばれる。

▶24
感覚記憶
感覚記憶の中でも視
覚情報による記憶を
「視覚記憶」（アイコ
ニックメモリー；アイコ
ン）という。

心理学理論と心理的支援

整理しておこう！

## 学習理論

学習とは，経験に基づいて生ずる比較的に永続的な行動の変容（新しい行動の獲得と既存の行動の消去）をいう。

学習により，人はさまざまな問題に対して，より効果的，効率的に対処できるようになるが，望ましい行動ばかりが学習されるわけではなく，望ましくない行動が学習されることもある。

代表的な理論や内容，そして人名については押さえておこう。

| 主な学習の理論 | 主な内容 | 主な研究者 |
|---|---|---|
| レスポンデント条件づけ（古典的条件づけ） | 経験によって刺激と反射の新しい結びつき（条件反射）が形成される。 | パブロフ ガスリー ワトソン |
| オペラント条件づけ（道具的条件づけ） | 自発的な行動に対し強化刺激（報酬や罰）が与えられることによって行動が促進されたり，抑制されたりする。 | スキナー ハル |
| 試行錯誤学習 | 問題解決のために試行と失敗を重ねながら，満足な行動だけが残るようになる。 | ソーンダイク |
| 洞察学習 | 問題解決には目標と手段の関係の洞察や解決の見通しがはたらいているとし，認知的な問題解決は突然のひらめきにより成立する。 | ケーラー |
| 模倣学習 | 学習者がモデルの行動を模倣することにより，直接強化を受ける。 | ミラー ダラード |
| 観察学習 | 学習者は自ら体験することなく，モデルの行動やその行動による結果を観察することにより学習を成立させる。 | バンデューラ |

064

# 記憶

## 記憶の過程

記憶はその保持される時間の長さによって，感覚記憶・短期記憶・長期記憶の3種類に分類される。

| | |
|---|---|
| 感覚記憶 | 符号化される前の意味のない感覚情報が，極めて短時間(聴覚で約5秒，視覚で約1秒)保持される記憶である。 |
| 短期記憶 | 感覚情報が符号化され，短期間(約15〜30秒)保持される記憶である。記憶できる範囲は7±2(例として，5〜9桁の数字など)。 |
| 長期記憶 | 膨大な容量をもつ永続的な記憶である。 |

## 短期記憶と作動記憶

短期記憶は記憶の保持される「時間の長さ」と「容量」による分類だが，その「機能面」に注目した概念が作動記憶(ワーキングメモリー)である。

| | |
|---|---|
| 作動記憶 | 短期記憶(保持)と同時に，計算のような認知的作業を含めた記憶である(例：繰り上がりの数を一時的に保持しながら同時に計算が行われる繰り上がりのある暗算)。 |

## 長期記憶

長期記憶は思い出す際の「想起しているという意識の有無」によって，宣言的(陳述)記憶(意識─有)と非宣言的(非陳述)記憶(意識─無)に分けられる。さらに，宣言的記憶は「文脈の有無」によって，エピソード記憶(文脈─有)と意味記憶(文脈─無)に分けられる。非宣言的記憶には手続き記憶，プライミング，条件づけなどがある。

| | | | |
|---|---|---|---|
| 長期記憶 | 宣言的記憶<br>(顕在記憶) | エピソード記憶 | 「いつ」「どこで」「何を」といった個人的な出来事(エピソード)についての記憶である。 |
| | | 意味記憶 | 一般的な知識のことである。 |
| | 非宣言的記憶<br>(潜在記憶) | 手続き記憶 | 物ごとを行うときの手続きについての記憶(例：自転車の乗り方などの技能に関する記憶)である。 |
| | | プライミング | 先行刺激が，後続刺激の認知などに影響を与える現象のこと(例：乗り物の本を見せながら「空を飛ぶものは？」と聞くと，「鳥」よりも「飛行機」と答える可能性が高くなるようなこと)である。 |
| | | 条件づけ | 条件反射(例：パブロフのイヌ)のことである。 |

## その他の記憶

| | |
|---|---|
| 自伝的記憶 | 個人史の記憶である。エピソード記憶の一種として考えることもできるが，アイデンティティと強く関係している点，それが生き方のガイドになる点などで区別がされている。 |
| 展望的記憶 | 未来のある時点で実行するべき行為を覚えておくという記憶である。 |

| 66 31回10 | エピソード記憶とは,「明日の3時に友人と会う」というような,将来の予定や約束に関する記憶である。 |

| 67 32回11 | エピソード記憶の機能は,加齢による影響がほとんどみられない。 |

| 68 31回10 | 展望的記憶とは,「いつ」,「どこで」,「何をしたか」というような,個人の経験に関する記憶である。 |

## 知能・創造性

### ●知能

| 69 30回10 | 拡散的思考とは,問題解決の際に,一つの解答を探索しようとする思考方法である。 |

| 70 30回10 | 成人用知能検査であるWAISは,フランスのビネー(Binet, A.)によって開発された。 |

| 71 31回13 | WAISでは,抑うつの程度を測定する。 |

| 72 33回13改変 | 10歳の子どもに知能検査を実施することになり,本人が了解したので,WISC-Ⅳを実施した。 |

| 73 33回13 | WISC-Ⅳの結果,四つの指標得点間のばらつきが大きかったので,全検査IQ(FSIQ)の数値だけで全知的能力を代表するとは解釈しなかった。 |

| 74 30回10 | 知能指数(IQ)は,知能検査から得られる生活年齢と暦年齢の比によって計算される。 |

✕ 設問は，展望的記憶の説明である。展望的記憶とは，未来に行うことに関する記憶のことである。

✕ エピソード記憶の機能は，加齢による影響がみられる。エピソード記憶とは「昨日の夕食はカレーライスでした」というような「出来事」の記憶である。

✕ 「いつ」，「どこで」，「何をしたか」というような，個人の経験に関する記憶はエピソード記憶である。 (関連キーワード▶25参照)

▶25
**自伝的記憶**
エピソード記憶の一種で，個人の生活歴の中で，個人にとって深い意味をもち，アイデンティティと密接にかかわる記憶のこと。

✕ 設問は収束的思考の説明である。問題解決の際に，さまざまな情報を論理的につなげて特定の解決に至るような思考方法のことである。

✕ WAISは「成人用ウェクスラー式知能検査(Wechsler Adult Intelligence Scale)」の略称で，ウェクスラー (Wechsler,D.)がつくった知能検査である。 (関連キーワード▶26参照)

▶26
**ビネー版知能検査**
ビネーにより開発された知能検査は「ビネー版知能検査」と呼ばれ，田中寛一がその日本版を開発し，「田中・ビネー知能検査」として現在使用されている。

✕ WAIS(ウェクスラー成人知能検査)は，ウェクスラー (Wechsler, D.)が開発した個別式知能検査である。

▶27
**WAIS**
全体的な認知能力(IQ)だけでなく，被検査者の得意，不得意などの認知特性についてさまざまな側面から知ることができる。成人用(16歳0か月～90歳11か月)はWAIS(ウェイス)，低年齢児用(2歳6か月～7歳3か月)はWPPSI(ウィプシ)，児童用(5歳0か月～16歳11か月)はWISC(ウィスク)と，年齢によって分かれている。

◯ 子どもの知能検査の代表はWISC-Ⅳ(Wechsler Intelligence Scale for Children-Fourth Edition:ウェクスラー式知能検査児童用第4版)であり，適用年齢は5歳0か月から16歳11か月までである。

◯ 設問のとおり。四つの指標とは，言語理解指標(VCI)，知覚推理指標(PRI)，ワーキングメモリ指標(WMI)，処理速度指標(PSI)であり，さらに下位検査がある。指標と下位検査の結果のばらつきが大きい場合は，発達障害の可能性を検討する。

✕ 知能指数(IQ)は精神年齢と暦年齢(生活年齢とも呼ぶ)の比に100をかけて計算される。

| □ □ | **75**<br>30回10 | 結晶性知能とは，過去の学習や経験を適用して得られた判断力や習慣のことである。 |
|---|---|---|

| □ □ | **76**<br>32回11改変 | 結晶性知能は，加齢による影響があまりみられない。 |
|---|---|---|

| □ □ | **77**<br>32回11 | 流動性知能は，加齢による影響がほとんどみられない。 |
|---|---|---|

## 人格・性格

| □ □ | **78**<br>27回9 | 特性論では，体格や価値に基づく生活様式などの違いでカテゴリー化し，特性をとらえる。 |
|---|---|---|

| □ □ | **79**<br>32回9 | クレッチマー（Kretschmer, E.）は，特性論に基づき，体格と気質の関係を示した。 |
|---|---|---|

| □ □ | **80**<br>32回9 | オールポート（Allport, G.）は，パーソナリティの特性を生物学的特性と個人的特性の二つに分けた。 |
|---|---|---|

| □ □ | **81**<br>32回9改変 | キャッテル（Cattell, R.）は，パーソナリティを因子分析により説明した。 |
|---|---|---|

| □ □ | **82**<br>32回9 | 5因子モデル（ビッグファイブ）では，外向性，内向性，神経症傾向，開放性，協調性の5つの特性が示されている。 |
|---|---|---|

| □ □ | **83**<br>32回9 | ユング（Jung, C.）は，外向型と内向型の二つの類型を示した。 |
|---|---|---|

○ 対となる知能の概念として流動性知能があり，結晶性知能が役に立たないような新しい状況や環境に適応するときに使われる能力で，柔軟さや臨機応変さなどの能力が含まれる。

○ 結晶性知能とは，スキルや知識，経験といった蓄積された知恵である。

✕ 流動性知能は，加齢による影響がみられる。流動性知能とは，臨機応変に状況に適応するときに発揮される知能である。

✕ 設問は類型論に関する記述である。類型論は体格と気質，価値観に基づいた生活様式とパーソナリティとの関係を見出した理論である。

✕ クレッチマーが提唱したのは類型論である。クレッチマーは，当時の3大精神病（統合失調症，躁うつ病，てんかん）に特有の体型があると考え，体型と気質（生まれもった性質）の関連に注目した。▶28

✕ オールポートは，人の特性を共通特性と個人的特性の二つに分けた。共通特性はすべての人がもっている特性であり，個人的特性はその個人だけがもっている特性を指している。（関連キーワード▶29参照）

○ キャッテルは観察が可能な表面的特性と観察が不可能な根源的特性からパーソナリティを明らかにしようとし，支配性や繊細さなど16因子（パーソナリティの特性）を定めた。（関連キーワード▶30参照）

✕ 5因子モデル（ビッグファイブ）▶31は，外向性，神経症傾向，開放性，協調性，誠実性の5つであり，内向性は含まれない。

○ ユングは，パーソナリティを外向型と内向型の二つに分類した。▶32 興味や関心が自分の周囲や外の世界に向かいやすい人を外向型，反対に自分の内面に向かいやすい人を内向型とした。

▶28
クレッチマーの分類
細長型と分裂気質（控えめ，神経質など），肥満型と躁うつ気質（温厚，気が弱いなど），闘士型と粘着気質（がんこ，几帳面など）との間に関連があるとされている。

▶29
心誌
共通特性を測定して他者と比較し，これらをもとに個人のパーソナリティの特性を表す心誌（サイコグラフともいい，個人の特徴を一目でわかるようにしたもの）を作成した。

▶30
因子分析
統計の手法の1つで，質問項目に共通して関連している因子を見つける方法のことを指す。

▶31
ビッグファイブ
人間がもつさまざまなパーソナリティは5つの因子（要素）で記述できるという考え方であり，パーソナリティを特性（要素）に分け，その組み合わせで個性を理解しようとする特性論の1つである。

▶32
内向型と外向型
ユング（Jung, C.）は，心の中のエネルギーの向かう方向で性格傾向が異なると考えた。内向型は，自分の意志や判断を大事にし，控えめでじっくり考える傾向がある一方，実行力に乏しく社会的なことへの興味が少ないとされている。外向型は社交的で世話好きなど行動的だが，熱しやすく冷めやすい面をもつ。

心理学理論と心理的支援

# 集団

**84**
30回11改変
社会的促進とは，他者の存在によって作業の効率が向上することをいう。

**85**
25回10
社会的手抜きとは，集団で課題に取り組み，それぞれの人がどのくらい努力したかが目立たない状況だと，一人当たりの遂行量や努力が低下する現象をいう。

**86**
30回11
ピグマリオン効果とは，集団において多数派の意見や期待に合わせて，個人の意見や行動が変化することをいう。

**87**
33回10改変
相手に能力があると期待すると，実際に期待どおりになっていくことを，ピグマリオン効果という。

**88**
33回10
初対面の人の職業によって，一定のイメージを抱いてしまうことを，同調という。

---

### 整理しておこう！

## パーソナリティの類型論と特性論

**類型論**…パーソナリティの違いを，一定の原理（例えば，体型）に基づいて分類するもの。

**代表的な類型論**

| 人　　物 | 原　　理 | 類　　型 |
|---|---|---|
| クレッチマー | 体型 | 肥満型／細長型／闘士型 |
| シェルドン | 体型 | 内胚葉型／中胚葉型／外胚葉型 |
| ユング | 心的エネルギー | 外向型／内向型 |
| シュプランガー | 価値観 | 論理型／経済型／審美型／宗教型／権力（政治）型／社会型 |

⭕ それとは反対に，集団で作業を行うと「自分一人が手抜きをしてもいいだろう」と個人が考えて集団の作業効率が低下する概念を社会的手抜きと呼ぶ。（関連キーワード▶33参照）

⭕ 社会的手抜きとは，集団での取組みで「自分一人くらい手を抜いても大丈夫だろう」と考える人が現れ，その結果一人当たりの遂行量や努力が低下する現象のことである。

❌ 設問は同調の説明である。個人は集団や社会内の多数派の意見や期待に合わせる。

⭕ ピグマリオン効果は，期待だけすれば期待どおりになるというわけではなく，その期待をもった者のはたらきかけが変化することで，受け取る側の認識や行動が変化することによって起こると考えられる。

❌ 初対面の人の職業によって，一定のイメージを抱いてしまうことにはステレオタイプが影響していると考えられる。

▶33
**社会的促進・社会的抑制**
社会的促進とは，一人で作業するよりもほかの人と一緒に作業しているとき，作業効率が向上することをいう。社会的抑制とは，経験が少なく不得意な作業などにおいて，周囲で見ている人がいると，個人の作業成績が低下することをいう。

▶34
**ピグマリオン効果**
「ローゼンタール効果」や「教師期待効果」とも呼ばれ，相手に期待することで，相手もその期待に応え，結果的に期待が達成されるという概念。

▶35
**ステレオタイプ**
ある集団が典型的にもつ特徴を指し，その集団の全員にその特徴が当てはまると考えてしまう認知的バイアスの1つである。

心理学理論と心理的支援

---

**特性論**…パーソナリティはいくつかの特性（例えば，神経質／抑うつ性／劣等感／客観性／攻撃性など）の組み合わせであるとした上で，パーソナリティの違いを，それぞれの特性の量が違うと考えるもの。

**代表的な特性論**

| 人　物 | 特　性　論 |
|---|---|
| オールポート | ・すべての人に共通する「共通特性」とその人固有の「個人的特性」に分けた。<br>・テストで測定した特性をグラフ化し，プロフィールを描き出す「心誌（サイコグラフ）」を考案した。 |
| キャッテル | ・因子分析により16の特性因子を抽出した。 |
| ギルフォード | ・10因子（性格特性）があることを明らかにした。<br>・後にわが国で12因子に修正され，矢田部ギルフォード性格検査（YGPI）が作成された。 |

＊1980年代以降，「ビッグファイブ（5因子モデル）」という5つの特性でパーソナリティを説明できるのではないかという考え方が注目されてきている。

071

| | 89 33回10 | 集団の多数の人が同じ意見を主張すると，自分の意見を多数派の意見に合わせて変えてしまうことを，ステレオタイプという。 |
|---|---|---|

| | 90 33回10 | 頻繁に接触する人に対して，好意を持ちやすくなることを，単純接触効果という。 |
|---|---|---|

| | 91 33回10改変 | 外見が良いことによって，能力や性格など他の特性も高評価を下しやすくなることを，ハロー効果という。 |
|---|---|---|

| | 92 30回11改変 | 社会的ジレンマとは，集団的な討議を行うことによって，より安全志向な結論が得られやすくなることをいう。 |
|---|---|---|

| | 93 30回11 | コーシャス・シフトとは，集団のメンバーの多くが個人的利益を追求した行動をとることで，集団全体にとって不利益な結果となることをいう。 |
|---|---|---|

| | 94 30回11 | 傍観者効果とは，緊急的な援助を必要とする場面であっても，周囲に多くの人がいることによって，援助行動が抑制されることをいう。 |
|---|---|---|

# 適応

## ●適応機制

| | 95 31回11改変 | 飛行機事故の確率を調べたら低かったので安心した。これを知性化という。 |
|---|---|---|

| | 96 29回12 | 合理化とは，自分がとった葛藤を伴う言動について，一見もっともらしい理由づけをすることをいう。 |
|---|---|---|

| | 97 29回12改変 | 退行とは，現在の発達段階より下の発達段階に逆戻りして，未熟な言動を行うことをいう。 |
|---|---|---|

| | 98 29回12 | 反動形成とは，社会から承認されそうもない欲求を，社会から承認されるものに置き換えて充足させることをいう。 |
|---|---|---|

| × | 集団の多数の人が同じ意見を主張すると，自分の意見を多数派の意見に合わせて変えてしまうことを，同調という。（関連キーワード▶36参照） |

▶36
集団の同調率
アッシュ（Asch,S.E.）は，簡単な課題であっても集団のなかで故意に自分以外の皆が誤答をすると，自分も同じ誤答をしてしまうという実験を行った。

| ○ | 設問のとおり。社会心理学者のザイアンス（Zajonc, R. B.）によって報告された現象である。 |

| ○ | 設問のとおり。対象者がある側面で望ましい特徴（あるいは，望ましくない特徴）をもっていると，その評価を対象者の全体評価にまで広げてしまうことである。 |

| × | 設問はコーシャス・シフトの説明である。その反対に，集団討議が極端な意見や危険志向を増大させるという概念をリスキー・シフトと呼ぶ。（関連キーワード▶37参照） |

▶37
集団思考
集団の凝集性が高ければ高いほど，集団思考は生じやすい。集団思考とは，集団が話し合いで意思決定を行う場合，集団の結束の強さが却ってマイナスに作用して，非合理的な結果を導いてしまう傾向をいう。

| × | 設問は社会的ジレンマの説明である。コーシャス・シフトとは，集団討議することが安全志向を増大させるということである。 |

| ○ | 傍観者効果とは，緊急事件が発生した場合，一人が目撃したときよりも集団で目撃したときのほうが，皆が「自分以外の誰かが助けるだろう」と考え，援助行動をとらないことである。 |

| ○ | 知性化とは，受け入れがたい感情や思考や欲求等をくつがえすような正当な内容の知識により，心理的な平穏さを取り戻すことである。 |

▶38
知性化
知性化とは，不安などの情緒的な問題を知性的に考えたり論じたりすることで覆い隠すことを指す。

| ○ | 合理化とは，自分の態度や行動，感情に対して認めがたい何らかの理由があるのを隠して，社会的に望ましい理由を当てはめて正当化することである。 |

▶39
合理化
合理化とは，正当な内容の知識ではなく，いわば「へ理屈」でごまかすことである。

| ○ | 退行は基本的な適応機制で，一般的に「赤ちゃん返り」や「子ども返り」などと呼ばれる現象がこれにあたる。 |

▶40
退行
退行とは，それまでに発達した状態が，現在よりも以前あるいは発達初期の思考や行動の水準に戻ることを指す。

| × | 設問は昇華に関する記述である。昇華は，満たされない心のエネルギーが抑え込まれることなく効率よく社会的に認められる形で使われる適応機制であるといえる。 |

| | |
|---|---|
| **99** 29回12 | 退行とは，苦痛な感情や社会から承認されそうもない欲求を，意識の中から閉め出す無意識的な心理作用のことをいう。 |

| | |
|---|---|
| **100** 31回11 | 失敗した体験は苦痛なので意識から締め出した。これを昇華という。 |

| | |
|---|---|
| **101** 29回12 | 昇華とは，ある対象に対して持っていた本来の欲求や本心とは反対の言動をとることをいう。 |

| | |
|---|---|
| **102** 31回11 | 苦手な人に対していつもより過剰に優しくした。これを投影という。 |

| | |
|---|---|
| **103** 31回11 | 父から叱られ腹が立ったので弟に八つ当たりした。これを置き換えという。 |

## 整理しておこう！

### 適応機制（防衛機制）

　**適応機制**とは，人が欲求不満の状態になったとき，本来の欲求や目標を放棄したり置き換えるなどの操作をして，不快な緊張感を解消しようと努力する心のからくりをいう。この際，人は無意識的，非合理的に解決方法を探っている。

　適応機制には，成熟（健全）したものから病的段階に至るものまでがある。成熟した適応には，ユーモア，禁圧，予期，昇華などが，神経症的適応には，抑圧，置き換え，反動形成，知性化などが，未熟な適応には，受け身的―攻勢，投影，退行，行動化，解離などが，精神病的適応には，否認，妄想，現実歪曲などがある。

　防衛機制という表現もあり，これは自我を破局から守るための手段であるが，現実に対する適切な認識に基づいた機制として機能している限りにおいては，適応上極めて重要な役割を果たしていることとなり，むしろ適応機制としてとらえることができる。また，自分がおかれている状況を的確に把握できず，問題の解決にならないような不適切な機制にいつまでも固執したり，特定の機制にのみ過度に依存ばかりしていると，自我の主体性が損なわれ，ひいては病的症状を呈することにもなりかねない。

　適応機制の分類や名称については，学派によってさまざまなものがあるが，代表的なものをまとめておきたい。

**✕** 設問は抑圧に関する記述である。抑圧は最も基本的な適応機制といえる。あるつらい体験をした。その後，その体験に関する記憶があいまいになったなどは，この例である。

**▶41**
**抑圧**
抑圧とは，苦痛な感情や衝動，記憶を抑え込み，無意識化して思い出せないようにする心のはたらきである。

**✕** 設問は抑圧の例である。抑圧とは，受け入れがたい感情や思考や欲求等を，意識ではなく無意識に追いやることである。

**✕** 設問は反動形成に関する記述である。自分の嫌いな人に対して「嫌い」という気持ちを認めるのは良心がとがめるため，無意識のうちに過度に愛想よく振る舞うなどは，この例である。

**▶42**
**反動形成**
反動形成とは，ある欲求が行動に現れることを防ぐために，自分の感情や欲求とは正反対の態度や行動をとることを指す。

**✕** 設問は反動形成の例である。反動形成とは，無意識に抑圧されている感情や思考や欲求等を，意識的に全く逆の感情や思考や欲求等として表すことである。（関連キーワード▶43参照）

**▶43**
**投影**
投影とは，自分自身が認めたくなくて無意識下に抑圧している感情や思考や欲求等を，他者のものとしてしまうことである。

**●** 置き換えとは，いわゆる「人への八つ当たり」のことで，不快な体験を生じさせた対象（当事者）ではなく，別の対象（第三者）に怒りや悲しみ等を向けることである。

| 抑　　圧 | 自ら容認しがたいような欲求や衝動，体験などを意識にのぼらせないようにするメカニズム。これらは無意識的に行われるが，抑圧された内容は心理的緊張の原因となったり，日常生活でのあやまち行為や夢などに現れることもある。 |
|---|---|
| 合 理 化 | 自分の失敗や欠点などを都合のいい理由づけをすることで自分の立場を正当化し，失敗感や劣等感から逃れようとすること。 |
| 同 一 視<br>（同一化） | 対象の望ましい属性を，あたかも自分自身のものであるかのようにみなし，同様の行動などをすることによって，満足や安定を得ようとすること。 |
| 投　　影<br>（投射） | 同一視と逆で，自分でも認めがたい自らの欲求，衝動，弱点などを他者のなかに見出し，それを指摘したり非難したりすることによって，不安を解消しようとすること。 |
| 反動形成 | 抑圧された欲求や願望とは正反対の傾向をもつ行動や態度をとろうとするメカニズム。過度に親切であったり，丁寧であったりすることの背後に，憎悪や敵意が現れることへの不安があることもある。 |
| 逃　　避 | 不安や緊張，葛藤などをもたらすような状況を回避することによって，一時的に自分を守ろうとすること。実際とはかけ離れた空想や白昼夢の世界で欲求を満足させようとしたり，疾病への逃避などもこれに含まれる。 |
| 置き換え | ある対象に向けられていた感情や態度が，別の代理の対象に向けて表現されること。会社の上司に対する不満や敵意を，上司にそのままぶつけるのではなく，自分の部下に当たったりすることなどである。 |
| 補　　償 | スポーツが苦手な子どもが，勉強で努力してよい成績をとるといったように，別の面で人より優越することで自分の弱点や劣等感を補おうとすること。現実や他人を無視した補償は「過剰補償」となる。 |
| 昇　　華 | 社会的に認められない欲求や衝動が生じたとき，芸術やスポーツといったように，社会的・文化的に承認される高次な価値を実現することによって満足させようとすること。 |

|  | **104**<br>31回11 | 攻撃衝動を解消するためにボクシングを始めた。これを補償という。 |

# 人の成長・発達と心理

## 発達の概念

### ●発達段階

|  | **105**<br>30回12 | ピアジェ（Piaget, J.）の認知発達理論では，体積や量の保存の概念は，感覚運動期に獲得される。 |

|  | **106**<br>30回12 | ピアジェ（Piaget, J.）の認知発達理論では，自己中心的な思考は，形式的操作期の特徴である。 |

|  | **107**<br>30回12改変 | ピアジェ（Piaget, J.）の認知発達理論では，抽象的な論理的思考は，形式的操作期に発達する。 |

|  | **108**<br>30回12 | ピアジェ（Piaget, J.）の認知発達理論では，可逆的な操作は，具体的操作期に可能となる。 |

|  | **109**<br>30回12 | ピアジェ（Piaget, J.）の認知発達理論では，対象の永続性は，形式的操作期に獲得される。 |

### ●アタッチメント（愛着理論）

|  | **110**<br>32回10改変 | 乳幼児期の愛着の形成により獲得される内的ワーキングモデルは，後の対人関係パターンに影響する。 |

|  | **111**<br>32回10 | ストレンジ・シチュエーション法では，虐待など不適切な養育と関係のある愛着のタイプを見いだすことは難しい。 |

✕ 設問は昇華の例である。**昇華**とは，攻撃性や性的な衝動等という社
会から許容されない心理を，スポーツや芸術等の社会的に認められ
ている活動に向けることである。（関連キーワード▶44参照）

▶44
**補償**
補償とは，自分の苦手
なことをほかのことで
補うことである。

---

✕ 保存の概念が獲得されるのは**具体的操作期**(7 ～ 12歳頃)である。
数や重さ，体積や量は，形や位置などの見た目が変わっても一定で
あるということを**保存の概念**という。

✕ 自己中心的な思考は**前操作期**(2 ～ 7歳頃)の特徴である。この時期
は自分の視点だけから物事をとらえる傾向があり，まだ他者が自分
とは違った考え方や見方をすることが理解できない。

〇 **形式的操作期**になると，**抽象的な思考**が可能になり大人の思考に近
づき，具体的な物や場面が目の前になくても言語などで物事を考え
ることができるようになる。

〇 **可逆的な操作**とは，対象を操作した後，元に戻せば同じになるとい
うときの操作を考えられることを指す。可逆的な操作が可能となる
ことは，**保存の概念**が獲得されることと関連している。

▶45
**愛着**
愛着とは，乳幼児が，
生命がおびやかされる
ような状況で，安全を
得るために母親からの
庇護を得る行動をとっ
たり，母親との持続的
な結びつきを求めたり
することである。

✕ 対象の永続性は**感覚運動期**(0 ～ 2歳頃)に獲得される。**対象の永続
性**とは，目の前にない物でもこの世に存在することがわかるという
概念のことである。

▶46
**ストレンジ・シチュエー
ション法**
エインズワース
(Ainsworth, M.D.S.)
が用いた母子関係に
ついての観察法であ
る。実験的に，母子分
離が生じる場面，子ど
もと見知らぬ人とが出
会う場面をつくり出し，
その様子を観察するこ
とで，子どもの愛着を
4つのタイプに分類し
た。

〇 愛着は内在化され，その後の対人関係に影響を及ぼすとされている。
この内在化されたものを内的ワーキングモデルと呼ぶ。

✕ **ストレンジ・シチュエーション法**により，虐待などの不適切な養育
を見いだすことができる。

---

心理学理論と心理的支援

077

**112**
32回10
愛着のタイプに影響を及ぼす要因には，養育者の子どもに対する養育態度だけでなく，子ども自身の気質もある。

**113**
32回10
子どもの後追い行動は，愛着の形成を妨げる要因になる。

---

整理しておこう！

## 発達段階と発達課題

　発達理論は，それぞれの説によって段階区分の名称は多少の差異もあるが，主な理論の要点をまとめたものが右の表である。表中にあるピアジェ（Piaget, J.），フロイト（Freud, S.），エリクソン（Erikson, E.）の3者の説は特に覚えておきたい段階説といえる。

　まず，ピアジェの発達段階説であるが，同化と調節によるシェマ（schema）の形成によって認知や思考が発達するととらえた。シェマとは，形式・図式・図解という意味であるが，この場合は，外界の認知や行動の際の一定の構造様式としている。また，発達する個人を積極的なものとしてとらえ，発達を構造の修正や再組織化を含む広範囲なプロセスとしたが，発達段階間の移行のメカニズムの説明がないとの批判もある。

　次に，フロイトの発達段階説は，リビドー（libido）という性的エネルギーに基づく欲求の充足の仕方で親子の愛情関係やしつけをとらえた。しかし，リビドーのみに中心をおいた発達観には社会性や思考力などの視点が不足しており，全体的な自我の発達とはみられにくいとの指摘もある。

　最後に，エリクソンの発達段階説は，前述のフロイトの発達理論を社会的・対人関係の視点から，幅広くとらえ直したものである。ライフサイクルという概念から，8段階に分けた発達段階では，一段階進むごとに心理社会的危機に直面し，危機の解決が次段階の発達課題にも影響するとされる。社会的な期待を含んだ対人関係を視点に据えた発達課題として，現在，大いに活用されている。

**◯** 愛着のタイプに影響を及ぼす要因として，**子ども自身の気質，早産や子どもの障害，母親のパーソナリティ，母親自身の養育者との関係，夫婦関係などがある。**

**✕** 後追い行動は愛着の形成過程でみられるものである。乳幼児にとって母子分離は安全をおびやかされる状況であり，子どもは安全を求めて母親を後追いする。

心理学理論と心理的支援

| 年齢 | 一般発達理論 | 重要対人関係範囲 | ピアジェ説 | フロイト説 | エリクソン説 |
|---|---|---|---|---|---|
| 0<br>1 | 【乳児期】<br>・依存<br>・接触 | 母親的人物・養育者 | 【感覚運動期】<br>・言語・記号なし<br>・循環運動<br>・対象永続性 | 【口唇期】 | 【乳児期】<br>(信頼―不信) |
| | 【自立期】<br>・生活習慣の取得 | 基本的家族 | | 【肛門期】 | 【幼児期前期】<br>(自律―羞恥・疑惑) |
| 3<br>4<br>5 | 【遊戯期】<br>・同一視<br>・性役割取得期<br>・第一次反抗期 | 近隣・幼稚園・保育所など | 【前操作期】<br>・象徴遊び<br>・延滞模倣<br>・自己中心性<br>・直感思考 | 【男根期】<br>・エディプス<br>・超自我形成 | 【幼児期後期】<br>(積極性―罪悪感) |
| 6<br>7 | 【適応期・学齢期】<br>・メタ認知<br>・知的拡大<br>・脱自己中心性<br>・可逆性 | 学校・仲間集団・外集団指導性モデル | 【具体的操作期】<br>・脱自己中心性<br>・保存概念<br>・具体的状況でのみ論理的思考が可能 | 【潜伏期】 | 【児童期】<br>(勤勉性―劣等感) |
| 11<br>12<br>13<br>16 | 【青年期】<br>・第二次反抗期<br>・自我探究<br>・心理的離乳<br>・自己意識をもつ<br>・独立心 | 競争・協力相手 | 【形式的操作期】<br>・抽象的な論理思考が可能 | 【思春期】 | 【青年期】<br>(同一性―同一性拡散) |
| | | | | 【性器期】 | |
| 20 | 【成人期】 | 分業と共同の過程 | | | 【成人前期(成年期初期)】<br>(親密―孤独) |
| 30 | 【成熟期】 | 人類・わが種族 | | | 【中年期(成年期中期)】<br>(生殖性―停滞) |
| 65 | | | | | 【老年期(成年期後期)】<br>(自我統合―絶望) |

| | |
|---|---|
| □ **114** □ 32回10 | 乳幼児期の子どもの愛着対象は，母親に限定されている。 |

## ●遺伝と環境

| | |
|---|---|
| □ **115** □ 28回12 | 成熟優位説では，学習を成立させるために必要なレディネスを重視する。 |

| | |
|---|---|
| □ **116** □ 28回12 | 環境優位説では，周囲への働きかけや環境及び出生前の経験を重視する。 |

| | |
|---|---|
| □ **117** □ 28回12改変 | 輻輳説（ふくそうせつ）では，発達は遺伝的要因と環境的要因の足し算的な影響によるとした。 |

## ●発達障害

| | |
|---|---|
| □ **118** □ 33回11 | 限局性学習症（SLD）は，全般的な知的発達に遅れが認められる。 |

| | |
|---|---|
| □ **119** □ 33回11 | 自閉スペクトラム症（ASD）は，通常，6歳以降に発症する。 |

| | |
|---|---|
| □ **120** □ 33回11 | 自閉スペクトラム症（ASD）は，知的障害を伴わないのが特徴である。 |

| | |
|---|---|
| □ **121** □ 33回11 | 自閉スペクトラム症（ASD）と注意欠如・多動症（ADHD）の両方が併存することがある。 |

| | |
|---|---|
| □ **122** □ 33回11改変 | 注意欠如・多動症（ADHD）は，女児よりも男児の方が有病率が高い。 |

愛着対象は第一養育者である。そのため、母親に限定されず、父親や祖父母などの場合もある。

⭕ 人間の成熟（発達）は、環境とは関係なく、遺伝的・生得的なレディネスにより、「そのとき」が来ると自然に発現する行動等により規定される。

▶47
**レディネス**
レディネスとは、ヒトが生まれつき備えている学習の準備状態のことである。

❌ 環境優位説は学習優位説や経験説とも呼ばれ、出生後の環境や学習・経験を重視する。

 輻輳説は、さまざまな要因の足し算的な影響を考慮する。

 SLDは、全般的な知的発達に遅れはないものの、読み、書き、聞き取り、会話、推論など学習にかかわる能力の障害と定義される。

❌ ASDは、遺伝的な影響も大きいことが示唆されるため、明確な発症時期があるわけではない。ただし、周囲の人がその症状に気づきやすい時期（好発年齢）は、1～3歳頃の乳幼児期が多い。

❌ ASDの当事者は、同時に別の発達障害や精神障害を併発していることも多い。知的障害（DSM-5では知的発達症と呼ばれる）はその中でも最も多く併発しているといわれる。

⭕ ASDの当事者の約3～4割がADHDを併発しているといわれ、併発症状の中では比較的高い割合を占める。

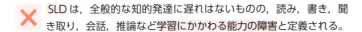 これまでの疫学的調査から、ADHDの有病率は、男児の方が高いことが示されている。

▶48
**ADHD**
12歳未満から、家庭や学校、職場など複数の場面で持続して不注意、多動性、衝動性を2つ以上伴い、それが社会、学業、職業的機能を損なわせている、又はその質を低下させているなどの基準で診断される。

心理学理論と心理的支援

# 日常生活と心の健康

## ストレスとストレッサー

### ●ストレッサー

**123**
32回12
日常の些細ないらだちごとが積み重なっても，健康を損なうようなストレスは生じない。

**124**
32回12改変
ストレッサーを制御できるという信念は，ストレスの緩和につながる。

**125**
32回12
アパシーとは，ストレス状態が続いても，それに対処できている状態のことである。

**126**
32回12
ハーディネスとは，ストレスに直面しても健康を損なうことが少ない性格特性である。

### ●コーピング

**127**
32回12
コーピングとは，ストレスの原因となる出来事のことである。

**128**
31回12
試験の結果が悪かったので，気晴らしのため休日に友人と遊びに出掛けた。これは，問題焦点型コーピングである。

---

### 整理しておこう！

#### ソーシャルサポート

　ストレスを予防・緩和する資源として，**ソーシャルサポート**がある。ソーシャルサポートとは「その人を取り巻く重要な他者から得られるさまざまな援助」と定義される。ソーシャルサポートは，その機能的な面から表のように4つに分類されている。

× 日常の些細ないらだちごとが積み重なると，ストレスにつながる。

▶49
デイリーハッスル
ラザルス(Lazarus, R.S.)とフォルクマン(Folkman, S.)は，「日常の些細ないらだちごと」を「デイリーハッスル」と呼び，このデイリーハッスルの積み重ねがストレスにつながると指摘した。

○ 「信念」のことを，心理学では「認知」と呼ぶ。人は環境刺激に対して，①ストレスフル，②無関係，③良好というように認知的評価を下す。ある出来事がストレスになるかどうかは，個人の主観である認知的評価による。

× アパシーとは，ストレス状態が続いても，それに対処できずにいるときに陥る「無気力」のような心理状態のことである。

○ ハーディネスは，自分の生活や仕事や人間関係に深く関与する姿勢(Commitment)，自分の身に生じた出来事を制御できるという認知(Control)，生活上の変化やハプニングを脅威としてではなく挑戦や成長の機会ととらえる態度(Challenge)の3つの「C」が要素となっている。

× 設問の内容は，ストレッサーの説明である。コーピングとは，ストレッサーに対処して，ストレス状態を少しでも減らそうとすることである。

× 設問は情動焦点型コーピングの例である。「試験の結果」がストレッサーであり，このことに直面して問題を解決しようとするのでなく，気晴らしをすることによりストレッサーによって生じた苦痛を和らげようとしている。

| 情緒的サポート | 慰め，励まし，ねぎらいなどの情緒的な援助 |
|---|---|
| 評価的サポート | 態度や問題解決手段などを評価する援助 |
| 道具的サポート | 問題処理に対する具体的・実際的な援助 |
| 情報的サポート | 問題処理に役立つ情報を提供する援助 |

083

|   | 129 <br> 31回12 | 食事介助がうまくいかず落ち込んだが，先輩職員に具体的な方法を教えてもらった。これは，情動焦点型コーピングである。 |

|   | 130 <br> 31回12改変 | 事例検討会で発表することになったが，うまくできるか心配になったので深呼吸をした。これは，情動焦点型コーピングである。 |

|   | 131 <br> 31回12 | 残業が続き自分一人ではどうにもならなくなったので，上司に仕事の配分の見直しを依頼して調整してもらった。これは，情動焦点型コーピングである。 |

|   | 132 <br> 31回12 | 利用者との面接がうまくいかなかったので，新しいスキルを身につけるため研修会に参加した。これは，問題焦点型コーピングである。 |

## ●ストレス症状

|   | 133 <br> 30回13 | バーンアウトは，対人援助職に生じることは少ない。 |

|   | 134 <br> 30回13 | バーンアウトでは，極度の身体的疲労は示すが，情緒的問題は少ない。 |

|   | 135 <br> 30回13 | バーンアウトは，個人の能力やスキル不足が主な原因であり，職場環境の影響は小さい。 |

|   | 136 <br> 32回13 | バーンアウトでは，理解と発話の両面での失語症状が生じる。 |

|   | 137 <br> 32回13 | バーンアウトでは，人を人と思わなくなる気持ちが生じる。 |

✗ 設問は問題焦点型コーピングの例である。「食事介助」がストレッサーであり、「落ち込んだ」という反応がストレスである。「先輩職員に具体的な方法を教えてもらう」方法をとり、ストレッサーを取り除こうとしている。

◯ 「事例検討会での発表」がストレッサーであり、「うまくできるか心配になった」がストレスである。「深呼吸をした」というコーピングは、情動焦点型コーピングである。

✗ 設問は問題焦点型コーピングの例である。「残業が続いている」ことがストレッサーであり、このことを受けて「上司に仕事の配分の見直しを依頼して調整してもらった」というコーピングは、具体的に問題を解決するための方法である。

◯ 「利用者との面接」がストレッサーであり、それに対して、「新しいスキルを身につけるため研修会に参加」して直接ストレッサーに対処している。

✗ バーンアウトは、フロイデンバーガー（Freudenberger, H.J.）の提唱した症候群で、医療や福祉、教育などの対人援助業務に従事している人に生じやすいとされている。

✗ バーンアウトでは極度の身体的疲労とともに、情緒的問題も生じる。マスラック（Maslach, C.）による「極度の身体疲労と感情の枯渇を示す症候群」という定義が引用されることが多い。

✗ バーンアウトに至る要因としては、個人的要因と環境的要因がある。個人の能力やスキル不足を原因ととらえがちだが、環境の影響はそれ以上に大きい。

✗ ストレスによって発声ができなくなるという失声症状がみられることもあるが、バーンアウトの症状として必ず生じるものではなく、失語症の症状としてみられる理解や発話障害とも異なるものである。

◯ マスラック（Maslach, C.）が開発したMBI（Maslach Burnout Inventory）では、バーンアウトは、情緒的消耗感、脱人格化、個人的達成感の喪失の3つからなると定義される。

▶50
情緒的消耗感
相手の気持ちや立場を推測し、尊重して、仕事をしていく対人援助業務は、多大なエネルギーを必要とするので、熱心な人ほど情緒的に消耗してしまう。

| | 138 32回13 | バーンアウトでは，近時記憶の著しい低下が生じる。 |

| | 139 32回13 | バーンアウトでは，視覚的な幻覚が頻繁に生じる。 |

| | 140 30回13改変 | バーンアウトでは，他者との関係を弱めようとする傾向が生じる。 |

| | 141 33回12 | 心的外傷後ストレス障害(PTSD)は，自然災害によっても引き起こされる。 |

| | 142 33回12 | 心的外傷後ストレス障害(PTSD)は，心的外傷体験後1か月程度で自然に回復することもある。 |

| | 143 33回12 | フラッシュバックとは，心的外傷体験に関する出来事を昇華することである。 |

| | 144 25回13改変 | 心的外傷によるトラウマ反応は，出現の様相についての個人差が大きい。 |

| | 145 33回12改変 | 回避症状とは，心的外傷体験に関する刺激を持続的に避けようとすることである。 |

| | 146 33回12改変 | 過覚醒とは，心的外傷体験の後，過剰な驚愕反応を示すことである。 |

# 心理的支援の方法と実際

## 心理検査の概要

### ●心理検査

| | 147 31回13 | MMPIでは，単語理解のような言語性の知能を測定する。 |

✕ 近時記憶の著しい低下に特徴づけられるのはアルツハイマー型認知症である。

✕ 視覚的な幻覚(幻視)は認知症の1つであるレビー小体型認知症で多くみられ，認知機能の動揺(日内変動)やパーキンソン症状と並ぶ中核症状の1つである。

⭕ バーンアウトに陥り，脱人格化の状態となると，他者との関係を弱めようとすることがある。

⭕ PTSDは，自然災害や事故，犯罪などによって引き起こされる。[51]

✕ PTSDは，深刻な心的外傷体験後にPTSDの4つの症状が1か月以上持続的に現れ，苦痛と生活上の支障がある場合に診断される。

✕ フラッシュバックとは，心的外傷体験に関する出来事を再体験する症状である。[52]

⭕ 個人の性格傾向，外傷体験の種類やとらえ方などによって，症状やその出現の強さなどが違う。

⭕ 例えば，深刻な心的外傷体験を想起させるような場所や行動を避けるほか，その体験について考えたり話したりすることを避けようとすることが挙げられる。

⭕ 過覚醒とは，神経の昂りや不眠などの症状である。慢性過覚醒症状とも呼ばれ，過剰な警戒心が生まれ，物音などの少しの刺激に対しても過剰な驚愕反応を示す。

✕ MMPI(ミネソタ多面式人格検査目録)は，ミネソタ大学のハサウェイ(Hathaway, S.R.)とマッキンレー(McKinley, J.C.)が開発した質問紙法による性格検査である。[53]

▶51
心的外傷後ストレス障害(PTSD)
一般的には，外傷的な出来事の直後に，フラッシュバック(再体験)，回避症状，認知と感情の否定的変化，過覚醒などの症状が現れ，これらの症状が1か月以上続き，通常の社会生活が送れないときにPTSDと診断される。

▶52
フラッシュバック
これは無意識的・侵入的想起とも呼ばれ，深刻な心的外傷体験が，本人の意識していないときに(無意識的)，繰り返し(反復的)，否が応でも(侵入的)，生々しく思い出される(想起)というものである。フラッシュバックの代表例が悪夢である。

▶53
MMPI
550問の質問項目で構成され，被検査者は「当てはまる」か「当てはまらない」かを判断して答える。性格特徴をいろいろな面から総合的(多面的)に知ることができる。

心理学理論と心理的支援

| | 148<br>33回13 | 投影法による性格検査を実施することになったので，矢田部ギルフォード（YG）性格検査を実施した。 |

| | 149<br>27回12 | 内田クレペリン精神検査は，積木構成課題結果の心的活動の調和・均衡の様態から，種々の場面で適切な行動を示すことができるかどうかについて見立てる。 |

| | 150<br>31回13 | CMIでは，視覚認知機能を測定する。 |

| | 151<br>31回13 | PFスタディでは，欲求不満場面での反応を測定する。 |

| | 152<br>33回13 | 特別支援学級への入級を検討したい子どもの知能検査を学校から依頼されたので，ロールシャッハテストを実施した。 |

| | 153<br>31回13 | TATでは，インクの染みを用いた知覚統合力を測定する。 |

| | 154<br>33回13 | 改訂長谷川式簡易知能評価スケールの結果がカットオフポイントを下回ったので，発達障害の可能性を考えた。 |

## 整理しておこう！

### 矢田部ギルフォード性格検査（YGPI）

　YGPIは，パーソナリティ（人格）を測定するための心理検査で，特性論に基づく質問紙が用いられる。①神経質，②抑うつ性，③劣等感，④客観性，⑤回帰性，⑥協調性，⑦思考的外向，⑧支配性，⑨社会的外向，⑩のんきさ，⑪一般的活動性，⑫攻撃性の12の尺度で構成される。検査の結果から，次の5つの類型に分類することができる。

✕ 矢田部ギルフォード（YG）性格検査は，紙面の質問項目に「はい」や「いいえ」などで回答する質問紙法の性格検査である。

▶54
YG性格検査の質問項目
120の質問項目は，12の尺度（性格特性）から成っており，A（平均型），B（不安定・不適応・積極型），C（安定・適応・消極型），D（安定・積極型），E（不安定・不適応・消極型）の5つの系統値の強弱から性格を判断する。

✕ 内田クレペリン精神検査は，足し算の作業量（正解率や速度）の変化から性格や適性を知る。

✕ CMI（CMI健康調査票）は，ブロードマン（Brodman, K.）らによって開発された質問紙法の1つで，患者の身体面及び精神面の自覚症状の把握を目的とした検査である。

○ PFスタディ（絵画欲求不満検査）は，ローゼンツァイク（Rosenzweig, S.）によって考案された投影法による性格検査の1つである。

▶55
PFスタディ
被検査者は，日常生活でよく経験する欲求不満場面が描かれた絵を見て，その絵の登場人物が答える反応を予測し，吹き出しに書いたセリフによって，欲求不満の状態や攻撃性の傾向（方向と型）を知ることができる。

✕ ロールシャッハテストは，「インクの染みが何に見えるか」を通して，防衛機制のはたらきなどの深層心理を把握するための投影法の人格検査である。

✕ 設問はロールシャッハテストの説明である。TAT（絵画統覚検査，主題統覚検査）は，マレー（Murray, H.A.）らによって発表された投影法による性格検査の1つである。

▶56
TAT
被検査者は絵画を見て自由に物語をつくる。絵の解釈を通して性格傾向をとらえようとするもので，抑圧された欲求などを知ることができる。

✕ 改訂長谷川式簡易知能評価スケール（HDS-R）は，高齢者の中から認知症をスクリーニングするために開発されたものである。見当識，計算力，注意力，記銘力，再生などが正常に機能しているかを調べ，30点満点中20点を切ると「認知症の疑いがある」とみなす。（関連キーワード▶57参照）

▶57
カットオフポイント
心理検査において，正常とみなされる範囲を区切る値。

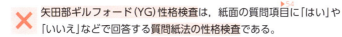

### YGPIの5つの類型

| | |
|---|---|
| A型 | 平均型 |
| B型 | 情緒不安定，社会的不適応，外向的 |
| C型 | 情緒安定，社会的適応，内向的 |
| D型 | 情緒安定，社会的適応又は平均，外向的 |
| E型 | 情緒不安定，社会的不適応又は平均，内向的 |

# カウンセリングの概念と範囲

## ●カウンセリングの目的，対象，方法

**155**
28回13
「あなたはご長男ですか？」は，開かれた質問である。

**156**
28回13
「あなたは，結婚についてどのように感じておられますか？」は，開かれた質問である。

## ●来談者中心療法

**157**
29回14
カウンセラーの「進路選択の相談であれば，隣町にあるキャリア支援センターに行かれたらどうでしょうか。そこでは就職先の紹介のほかに，相談にも乗ってくれますよ」という発言は，来談者中心療法における「受容」の応答として適切である。

**158**
29回14
カウンセラーの「あなたご自身が体験され苦痛を感じたいくつかの話をお聴きし，私は今あなたが辛い思いをされているのが分かります」という発言は，来談者中心療法における「受容」の応答として適切である。

**159**
29回14
カウンセラーの「自分探しであちこち旅をされていますが，もうそろそろどこかで落ち着かれた方が良いのではないかと私は思います」という発言は，来談者中心療法における「受容」の応答として適切である。

**160**
30回14
来談者中心カウンセリングでは，クライエントが事実と違うことを発言した場合，その都度修正しながら話を聞いていく。

# カウンセリングとソーシャルワークの関係

**161**
24回13
ひきこもり支援においては，適切な子育てを学ぶ親教育と親の怒りのコントロールを学ぶアンガー・マネジメントを行うことが重要とされる。

× 「はい」と答えられる閉ざされた質問である。閉ざされた質問とは，「はい」「いいえ」ないし明確な1つの答えがある質問のことである。
(関連キーワード▶58参照)

▶58
開かれた質問・閉ざされた質問
アイビィ(Ivey, A.)のマイクロカウンセリングの基本的かかわり技法である。

○ 開かれた質問とは，答えが1つに定まらない自由な応答のできる質問のことである。

× 設問は，クライエントが利用できそうな社会資源の活用に関する情報を伝える発言であり，道具的・情報的サポートにあたり，「受容」の応答として適切でない。 (関連キーワード▶59参照)

▶59
来談者中心療法
来談者中心療法を行うセラピストは，クライエントに対して「無条件の絶対的肯定」「あたたかい共感的理解」「治療者自身の純粋性(一致性)」という3条件で臨む。

○ 設問は，「受容」の応答として適切である。それまでのクライエントの発言内容を要約したうえで，クライエントの感情をありのまま受け止め，それを伝えている。

▶60
受容
来談者中心療法を提唱したロジャーズ(Rogers, C.R.)によれば，「受容」はクライエントを一人の人間として尊重し，ありのままを認め，受け入れようとする態度を指す。

× 設問の発言は，クライエントの発言を要約したうえで，カウンセラーが自分自身の考えを伝え，助言を行い，今後のクライエントの進むべき方向性を伝えており，「受容」の応答として適切でない。

× 設問は認知行動療法についての説明である。物事のとらえ方(認知)のくせやゆがみが問題行動を起こしていると考え，その人のもつ考え方や信念を修正する療法である。

▶61
アンガー・マネジメント
怒りをコントロールして自己統制を維持することを目的とする。教育現場における子どもたちの感情教育や，犯罪や非行などの不適応行動を起こしたクライエントへの援助方法として用いられることが多い。

× ひきこもり支援の方法は，ほとんどの場合，親(家族)からの相談に始まり，家族への相談，本人への個人治療，集団適応支援という流れで行われることが多い。したがって支援は設問の内容だけでない。(関連キーワード▶61参照)

|☐☐ 162 24回13| 犯罪被害者支援においては，性を意識した意識覚醒訓練と自己主張訓練などの集団療法を行うことが重要とされる。|

# 心理療法の概要と実際（心理専門職を含む。）

## ●精神分析

|☐☐ 163 30回14改変| 精神分析療法では，クライエントの変わりたくないという理由を深く掘り下げていくことが行動変容につながると考える。|

## ●行動療法

|☐☐ 164 31回14| クライエントが即興的にドラマを演じ，自発性や創造性を高める。これは，行動療法に基づく技法である。|

|☐☐ 165 31回14| 問題が起きなかった例外的な状況に関心を向けることで，クライエントの問題解決能力を向上させる。これは，行動療法に基づく技法である。|

|☐☐ 166 31回14| 自由連想法を使用し，クライエントの無意識の葛藤を明らかにする。これは，行動療法に基づく技法である。|

|☐☐ 167 31回14| 不安喚起場面に繰り返し曝すことで，クライエントの不安感を低減させる。これは，行動療法に基づく技法である。|

|☐☐ 168 29回13| クライエントは，個別に作成された不安階層表を基に，リラックスした状態下で不安の誘発度の最も低い刺激から徐々に刺激が増やされ，段階的に不安を克服していく。これを系統的脱感作法という。|

✗ 設問の内容は，女性の社会や家庭に対する不適応に対して用いられるフェミニスト・カウンセリングの技法である。

○ クライエントの変わりたくないという思いは**抵抗**と呼ばれ，無意識のうちに症状が改善するのを拒み，治療の進行に反対する現象を指す。抵抗はクライエントの過去の状況を理解する上で重要な手がかりとなるため，抵抗を克服することが治療の流れで重要になる。
（関連キーワード▶62参照）

✗ 設問はサイコドラマに関する記述である。**サイコドラマはモレノ**(Moreno, J.L.)によって創始されたグループ療法の1つで，**心理劇**とも呼ばれる。

✗ 設問はブリーフ・サイコセラピーに関する記述である。**ブリーフ・サイコセラピー**とは，解決のゴールを設定し短期間で問題解決を目指そうとする心理療法である。

✗ 設問は**精神分析**に関する記述である。**無意識**に隠された本能や欲求を知るため，思いついたことを思いつくままに語る**自由連想法**という技法を用いた。

○ 設問は行動療法の中でも**曝露療法**についての説明である。曝露療法は**エクスポージャー法**とも呼ばれ，不安や恐怖感を低減させることを目的として考案されたものである。

○ **系統的脱感作法**は不安や恐怖を感じているときに，リラックスした状態を強く起こさせることで不安や恐怖を抑える方法である。

▶62
**動機づけ面接**
クライエントの変わりたい方向性を引き出し，変化させるために必要なことを一緒に考えながら，そのための行動を起こせるように援助する面接法。

▶63
**サイコドラマ**
うまく言葉にできない思いや考えを即興的な劇を演じることで表現することによって，参加した個人個人が自己理解を深め，問題解決を目指す心理療法。

▶64
**ブリーフ・サイコセラピー**
エリクソン(Erickson, M.H.)やヘイリー(Haley, J.D.)によってアメリカを中心に発展した療法で，解決のためのモデルがいくつかある。

▶65
**精神分析**
精神分析は19世紀末にフロイト(Freud, S.)によって創始された。フロイトは，人の心の中には意識・無意識・前意識（意識しようとすれば意識できる部分）があるとし，大部分は無意識で成り立っていると考えた。

▶66
**曝露療法**
不安や恐怖感を引き起こす刺激に実際に直面する（曝(さら)す）ことで徐々に不安を和らげていく技法。

▶67
**系統的脱感作法**
ウォルピ(Wolpe, J.)によって考案され，不安や恐怖の治療法として用いられており，行動療法のなかでも主要な技法とされる。

心理学理論と心理的支援

**169**
29回13
自分や周囲に対して過度に否定的で，挫折感に浸っている不安やうつなどの気分障害のクライエントに対して，考え方や感じ方を肯定的な方向に変化させていく。これを系統的脱感作法という。

**170**
30回14
社会生活技能訓練（SST）では，ロールプレイなどの技法を用い，対人関係で必要なスキル習得を図る。

## ●認知行動療法

**171**
32回14改変
認知行動療法は，自動思考を修正することを目的としている。

**172**
30回14
認知行動療法では，クライエントの発言を修正せず全面的に受容することが，クライエントの行動変容を引き起こすと考える。

**173**
33回14
認知行動療法では，セラピストは，クライエントが独力で問題解決できるように，クライエントとの共同作業はしない。

**174**
33回14
認知行動療法では，他者の行動観察を通して行動の変容をもたらすモデリングが含まれる。

**175**
33回14
認知行動療法では，クライエントは，セッション場面以外で練習課題を行うことはない。

**176**
33回14改変
認知行動療法では，リラクセーション法を併用することがある。

**177**
33回14
認知行動療法では，少しでも不快な刺激に曝すことは避け，トラウマの再発を防ぐ。

✕ 設問は認知行動療法に関する記述である。**認知行動療法**は，行動だけでなく考え方や信念を取り上げ，不合理な考え方を変えていく方法である。

◯ 社会生活技能訓練は「ソーシャル・スキル・トレーニング(SST)」とも呼ばれ，**行動療法**の1つである。人が他者と良好な人間関係を築き，社会の中で生きていくためのルールを身につける訓練である。

◯ 認知行動療法は，観察可能な行動に焦点を当てた行動療法から発展し，観察が難しいような物ごとのとらえ方(認知)にも焦点を当てた心理療法である。 (関連キーワード▶69参照)

✕ 設問は来談者中心カウンセリングについての説明である。この方法はロジャーズ(Rogers, C.R.)によって提唱された。

✕ **セラピスト**は，クライエントとの共同作業を行う。セラピストは，クライエントが自動思考などを記入する**コラム法**に活動記録を記載することの手助けを行う。

◯ 設問のとおり。認知行動療法の源流は認知療法と行動療法であり，行動療法の基本の1つが他者の行動観察を通して行動の変容をもたらす**モデリング**(社会的学習)である。

✕ クライエントは，セッション場面以外でも練習課題を行うことがある。セラピストは，クライエントが取り組んだコラム法などの練習課題をセッション場面で取り上げ，一緒に検討することで，クライエントの認知の歪みや不適応的な行動の修正を図る。

◯ クライエントのストレス状況における緊張を予防したり緩和したりするために，**リラクセーション法**を併用することがある。

✕ クライエントを不快な刺激にあえて曝す場合がある。これを**曝露療法(エクスポージャー法)**と呼ぶ。

▶68
**社会生活技能訓練**
ロールプレイなどの技法を用いながら，主に対人関係のスキルの習得を目指す訓練で，発達障害児(者)の社会生活のスキルの獲得などに用いられている。

▶69
**自動思考**
ある状況において瞬間的・自動的に思い浮かぶ考えで，この思考が不適応的である場合に問題となる。

▶70
**コラム法(認知再構成法)**
コラム法とは，書き込みができる枠(コラム)を設けた用紙に，ある物事が生じた状況，そのときの感情，考え(自動思考)，その考えの根拠などをクライエントが記入していくことにより，現実的で適応的な認知へと再構成を促す方法。

心理学理論と心理的支援

## ●応用行動分析

**178**
32回14
応用行動分析は，個人の無意識に焦点を当てて介入を行っていく。

## ●論理療法

**179**
29回13
「すべての人に愛されねばならない」という非合理的な信念を，「すべての人に愛されるにこしたことはない」という合理的な信念に修正していく。これを系統的脱感作法という。

## ●動作療法

**180**
31回14改変
課題動作を通じ，クライエントの体験様式の変容を図る。これは，動作療法に基づく技法である。

## ●回想法

**181**
32回14改変
回想法は，クライエントの人生を振り返ることでアイデンティティを再確認していく。

## ●家族療法

**182**
28回14
家族療法のシステムズ・アプローチでは，家族間の関係性の悪循環を変化させる。

## ●森田療法

**183**
32回14
森田療法は，不安をあるがままに受け入れられるように支援していく。

✗ 応用行動分析は，スキナー（Skinner, B.F.）が創始した，行動心理学の考えを基礎にもった問題解決の手段で，個人に直接はたらきかけるというより，その個人の周囲にある環境にはたらきかけて行動を変化（修正）しようといった考え方が特徴である。

✗ 設問は論理療法に関する記述である。論理療法は設問のように，非合理的な信念（イラショナル・ビリーフ）を合理的な信念（ラショナル・ビリーフ）に変えられるように治療を行っていくものである。

◯ 動作療法[71]は，言葉ではなく動作を手段として心理的問題を改善する心理療法の1つで，課題動作を通してクライエントの体験が変わるようにはたらきかけるものである。

◯ 回想法は，1960年代にバトラー（Butler, R.N.）が提唱した心理療法で，その人にとって懐かしいものや写真を見ながら，その時の出来事や思い出を話してもらうものである。

◯ 家族療法のシステムズ・アプローチでは，家族と面談を行い，家族間の相互作用を観察しながら治療を進める。

◯ 森田療法[72]では，不安はあくまでも自然な感情であるととらえ，それを無理に排除しようとするのではなく，「あるがまま」に受け入れられるよう，不安に向き合い，活動意欲を高め，気分本位から目的本位の姿勢への転換を支援していくという方針がとられる。

▶71
動作療法
脳性麻痺（ひ）の子どもの動作訓練として成瀬悟策（なるせごさく）が開発した日本独自の心理療法で，現在は神経症やうつ病，高齢者への生活改善など広く適用される。

▶72
森田療法
1919年（大正8年）に神経症に対する代表的な治療法として森田正馬が創始した。「あるがまま」という基本理論に基づき，不安などの症状を否定せず，受け入れることで改善されるとした。絶対臥褥期，軽作業期，生活訓練期などを通して回復を図る。

心理学理論と心理的支援

## ●自律訓練法

**184**
**29回13**
受動的注意集中状態下で，四肢の重感，四肢の温感，心臓調整，呼吸調整，腹部温感，額部涼感を順に得ることで，心身の状態は緊張から弛緩へ切り替えられる。これを系統的脱感作法という。

## ●ブリーフセラピー

**185**
**30回14**
ブリーフセラピーでは，即興劇において，クライエントが役割を演じることによって，課題の解決を図る。

**186**
**32回14**
ブリーフセラピーは，未来よりも過去に焦点を当てて介入を行っていく。

**✗** 設問は自律訓練法に関する記述である。**自律訓練法は，注意集中と自己暗示**を通して心身の安定を図るもので，神経症の緩和やストレス解消の方法として効果があるとされる。(関連キーワード▶73参照)

**✗** 設問は**心理劇（サイコドラマ）**についての説明である。モレノ(Moreno, J.L.)によって創始されたもので，言葉ではうまく表現できない思いや考えを，台本のない即興劇を通して，自分自身について理解し，洞察を深めて問題や課題を解決する**集団心理療法**である。

**✗** **ブリーフセラピー**は，時間を効率的に使用し（短い期間で＝ブリーフ），原因（過去）は深く追及せず，行動に変化を起こして問題の解決を図ろうとする考え（**現在・未来**）に焦点を当てることが特徴である。

▶73
**受動的注意集中**
自律訓練法における受動的注意集中とは，「気持ちが落ち着いている」「手足が温かい」等という言葉を頭の中で繰り返すことで，一種の自己暗示をかけることである。

心理学理論と心理的支援

## 整理しておこう！

# 心理検査の種類と分類

**知能検査**
- ビネー式…田中・ビネー式，鈴木・ビネー式
- ウェクスラー式…WPPSI（低年齢児用），WISC（児童用），WAIS（成人用）
- その他…コース立方体組合せテスト，グットイナフ人物画検査（DAM），桐原式人物画検査 など

**人格検査**
- **個別検査**
  - 投影法
    - 絵を利用する方法…ロールシャッハテスト，主題統覚検査（TAT）など
    - 遊びを利用する方法…ドール・プレイ，遊戯法 など
  - 質問紙法…幼児・児童性格検査，不安傾向診断検査 など
- **集団検査**
  - 質問紙法…ミネソタ多面人格検査目録（MMPI），YGPI（矢田部ギルフォード性格検査），16人格因子（16PF）検査，日本版CMI，東大版エゴグラム（新版TEG-Ⅱ），5因子性格検査FFPQ など
  - 投影法
    - 絵を利用する方法…ロールシャッハテスト，家・木・人物画（HTP）検査，樹木画（バウム）テスト，主題統覚検査（TAT），星と波テスト，風景構成法，動的家族画テスト（KFD）など
    - 文章を利用する方法…文章完成テスト（SCT）など
    - 絵と文を利用する方法…絵画―欲求不満検査（PFスタディ）など
  - 作業検査法…内田クレペリン精神検査 など

**適性検査**
- **質問紙法**……職業適性検査，職業興味検査，音楽素質検査 など
- **作業検査法**…内田クレペリン精神検査 など

**感覚・運動機能検査**………フロステッグ視知覚発達検査，ベンダー・ゲシュタルト検査 など

**高次神経機能検査**…………標準失語症検査(SLTA)，失行・失認検査，言語能力診断検査(ITPA)，絵画語彙発達検査（PVT），失語診検査（WAB）など

**発達検査**………………………新版K式発達検査，MCCベビーテスト，遠城寺式乳幼児分析的発達検査，津守・稲毛式乳幼児精神発達検査，KIDS乳幼児発達検査 など

**記憶・認知検査**
- **質問式**…長谷川式認知症スケール（HDS-R），ミニメンタルステート検査（MMSE），CDR，ウェクスラー記憶検査（WMS-R），東大脳研究所編記銘力検査（三宅式記銘力検査），ベントン視覚記銘検査 など
- **観察式**…柄澤式「老人知能の臨床的判定基準」など

**その他検査**………………………ソシオメトリック・テスト，PILなど

（心理検査）

100

# 社会理論と
# 社会システム

# 現代社会の理解

## 社会システム

### ●社会システムの概念

**1** 24回20 　矢を3本まとめると1本のときより折れにくくなるが，そのような相互作用に着目し，個々の特性の組合せから論理的に導き出される新たな効果を「創発特性」という。

### ●社会階級と社会階層

**2** 25回16 　近代社会では，社会移動が常態化したので，ブルジョアジーとプロレタリアートという2つの階級が解消され，階級間の平等が実現した。

### ●社会指標

**3** 27回15改変 　社会指標とは，客観的な要因を数量化したものにとどまらない，主観的評価を反映するものでもある。

**4** 29回15 　エンゲル係数は，所得格差を示す指標である。

**5** 29回15 　ジニ係数は，所得格差を示す指標である。

**✗** 創発特性とは，個々の要素が集まって全体が形成されたときに生まれる，個々の要素にはない新しい特性のことである。システム全体は単なる要素の寄せ集めではないとして，**パーソンズ**(Parsons, T.)によって広められた。

**✗** 社会移動とは，階層の間の移動のことである。**階層**とは社会的序列における位置づけを同じくする人々であり，生産手段の所有・非所有によって区分される**階級**とは全く別の概念である。したがって，社会移動が常態化することで階級が解消されるとは考えられず，事実として階級間の平等が実現したとはいえない。

**○** 設問のとおり。**社会指標**は客観指標の側面のみならず，**主観指標**の側面においても測定される。初期の社会指標はもっぱら客観指標に焦点をあてていたが，高度経済成長以降の社会において人々の欲望が昂進するなか，主観指標がクローズアップされるようになった。(関連キーワード▶2参照)

**✗** **エンゲル係数**(Engel's coefficient)は，消費支出に占める食料費の割合を示しており，家計の生活水準を表す指標である。食費にかかる費用は貧富にかかわらず安定しているので，所得の増加とともに消費支出に占める食料費の割合は低下する。したがって，エンゲル係数が大きければ貧困生活，逆に小さければ豊かな生活と判断される。

**○** **ジニ係数**(Gini coefficient)は，所得のような計量可能な変数の偏りを表し，所得分配の格差や不平等度を数値化して表す。ジニ係数の最小値は0で，配分が完全に平等な状態を表している。ジニ係数の値が大きくなればなるほど所得の分配が不平等だということになり，最大値である1は所得分配が完全に特定の層に集中している状態を意味する。

---

▶1
**社会指標**
初期の社会指標の研究者ドレブノフスキ(Drewnowski, J.)は，社会指標の領域として，「栄養」「衣服」「住宅」「保健」「教育」「余暇」「安全」「社会的環境」「物理的環境」の9つをあげている。

▶2
**客観指標と主観指標**
客観指標とは，客観的な要因を数量化した指標であり，例えば，人口1万人当たりの病床数，1人当たりの公園面積などがこれに相当する。主観指標とは，主として満足感や幸福感など豊かさに対する人々の意識を測定しようとするものである。主観指標を代表する調査として，1972年(昭和47年)に始まった「国民生活選好度調査」がある。

▶3
**エンゲル係数**
ドイツの経済学者エンゲル(Engel, C.L.E.)が定式化した。

▶4
**ジニ係数**
イタリアの統計学者ジニ(Gini, C.)が考案した。

社会理論と社会システム

| | 6 31回16 | ジニ係数は，所得増減量を基に算出される。 |

| | 7 31回16 | ジニ係数は，所得分布全体に占める低所得層の比率を示す。 |

| | 8 31回15 | 幸福度指標は，社会の福祉水準を測定する社会指標となる。 |

| | 9 29回15 | 幸福度指標は，所得格差を示す指標である。 |

| | 10 29回15 | 貧困線は，所得格差を示す指標である。 |

| | 11 29回15 | GDPは，所得格差を示す指標である。 |

## 法と社会システム

| | 12 32回15 | ウェーバー（Weber, M.）の合法的支配とは，伝統や慣習により正当化される支配である。 |

× 世帯を所得の低い順に並べて所得額の累積比率を縦軸にとり，世帯数の累積比率を横軸にとり，世帯間の所得分布をグラフ化すると弓形のローレンツ曲線が現れる。この曲線は全世帯の所得が完全に同じであれば，原点を通る傾斜45度の直線を描く。ジニ係数はこの直線を長辺とする直角三角形の面積に対するローレンツ曲線によって形作られる弓形の面積が占める比率である。

× 所得分布全体に占める低所得層の比率を示すのは，相対的貧困率である。

▶5
**相対的貧困率**
その国の国民が得る世帯単位の年収(等価可処分所得)の中央値の半分未満の年収しかない状態を指し，一般的には該当する人口から「相対的貧困率」として算出される。国民間の所得格差状態を客観的に示す指標とされる。

○ 設問のとおり。幸福度指標は，人々の幸福感という主観指標を上位に置き「物質的な生活条件」や「生活の質」との相関性を重視しながら福祉水準を測定する社会指標である。

× 幸福度指標は，内閣府によって2011年(平成23年)に提案された人々の幸福感を表す指標であって，所得格差を示す指標ではない。「幸福度を具体的に見えるように各種指標で表したもの」であり，「主観的幸福感」を上位概念として，「経済社会状況」「心身の健康」「関係性」という3つの柱，これに「持続可能性」を加えた項目からなる指標群である。

▶6
**幸福度指標**
2011年(平成23年)にはOECDの「より良い暮らし指標」(Better Life Index: BLI)が公表され，日本政府も同年に「幸福度に関する研究報告―幸福度指標試案―」を発表して新指標の開発を表明している。

× 貧困線(poverty line)とは，最低生活をぎりぎり維持することができるラインのことであり，所得格差を示す指標ではない。総収入が肉体的能率を保持するための最小限度にも足りない生活状態を第一次貧困，もし無知や無計画などによるほかの支出への振り向けがなかったならその総収入で肉体的能率を保持することができたであろう状態を第二次貧困と規定する。

▶7
**貧困線**
19世紀末から20世紀初頭にかけて，イギリス・ヨーク市における貧困調査を実施したラウントリー(Rowntree, B.S.)によって指摘された。

× GDP(Gross Domestic Product)は，国内において1年間に生産された財とサービスの合計であり，最終生産物を市場価格で合計したものから中間生産物の価額を差し引いた付加価値を示すものである。一国の経済規模を表す経済指標であり，所得格差を示す指標ではない。

× 「伝統や慣習により正当化される支配」とは，ウェーバーによる支配の諸類型のうち伝統的支配を説明するものである。

**13**
32回15
ウェーバー（Weber, M.）の合法的支配とは，正当な手続により制定された法に従うことで成立する支配である。

**14**
28回15
ウェーバー（Weber, M.）によれば，官僚制による支配とは，権力者の恣意的な判断や決定による支配体制である。

**15**
32回15
ウェーバー（Weber, M.）の合法的支配とは，絶対的な権力者が定めた法に基づいて行われる支配である。

**16**
32回15改変
ウェーバー（Weber, M.）のカリスマ的支配とは，少数の卓越した能力を持つ者たちによって行われる支配である。

## 整理しておこう！

### 社会学の研究者とその理論

　少子高齢化や格差社会の進行など大きな社会環境の変化によって社会福祉制度におけるクライエントが抱える問題はより複雑さを増しているといえる。社会福祉士がクライエントの抱える複雑な問題を把握し，適切な援助を行うためには，クライエント及びその背後にある社会全体を一続きのものとして理解しなければならない。すなわち，その人の行動，その人が属する家族や地域，その家族，地域をコントロールする社会制度やその変動が，つながりあるものとして把握されなければならない。そこで，主に社会学という学問領域で展開されてきた，社会をシステムとみなす視点，また，社会システムについての諸理論を学ぶことが必要となる。

　代表的な社会学者の理論とキーワードをまとめておこう。

| 研究者名 | 理論 | キーワード |
|---|---|---|
| コント | 三段階の法則 | （人間精神）神学→形而上学→実証哲学<br>（社会組織）軍事型→法律型→産業型 |
| スペンサー | 社会進化論 | 軍事型社会から産業型社会へ |
| | 社会有機体論 | 同質的構造から異質的構造へ |
| ジンメル | 集団論 | 相互作用，形式社会学 |

⭕ 設問のとおり。**合法的（依法的）支配**とは，形式的に正しい手続を経て定められた法規，すなわちフォーマルな合理的規則に基づく支配である。

❌ **官僚制による支配**とは，非人格的な合法的支配の典型であり，法秩序に対する被支配者の没主観的な服従によって支えられている。したがって，たとえ権力者であろうとも，その恣意的な権力行使は抑制される。 (関連キーワード▶8参照)

❌ **合法的支配**は，「絶対的な権力者が定めた法」ではなく，「正当な手続により制定された法」に基づいて行われる支配である。

⭕ 「少数の卓越した能力を持つ者たちによって行われる支配」は，「卓越した能力」という点に着目すれば，「**カリスマ的支配**」の一種であるといえる。 (関連キーワード▶9参照)

▶8
**官僚制の特徴**
官僚制は，①権限の原則，②一元的かつ明確な指揮命令系統，③文書による職務遂行，公私の分離，④高度に専門化された活動，⑤職務への専念，⑥規則に基づく職務遂行，等を特徴とする。

▶9
**カリスマ**
カリスマ（charisma）とは「神の賜物（たまもの）」という意味で，具体的には卓越した呪術的能力や英雄性，弁舌能力などがそれに相当する。

社会理論と社会システム

| 研究者名 | 理論 | キーワード |
|---|---|---|
| ウェーバー | プロテスタンティズムの倫理と資本主義の精神 | エートス（宗教倫理）による資本主義の進展 |
| | 官僚制 | 権限の原則，官職階層制，文書による事務処理，専門職員の任用など |
| | 社会的行為論（4つの社会的行為） | 目的合理的行為，価値合理的行為，感情的行為，伝統的行為 |
| | 支配の3類型 | 伝統的支配，カリスマ的支配，合法的支配 |
| | 理解社会学 | 社会現象を構成している，個人の社会的行為を理解するという方法を用いた社会学 |
| デュルケム | 社会分業論 | 機械的連帯と有機的連帯，アノミー |
| オグバーン | 文化的遅滞論 | 物質文化が非物質文化の進展に先行する |
| パーク | 都市的環境の二次的接触論 | 非人格性，非親密性，形式性，非感情性 |
| バージェス | 同心円地帯理論 | シカゴ，地域移動，スラム化 |
| パーソンズ | AGIL理論 | 社会システムの構造と機能，4つの機能 |
| マートン | 中範囲の理論 | 順機能と逆機能，顕在機能と潜在機能 |
| | アノミー論 | 文化的目標と制度的手段 |
| ミルズ | パワーエリート | 権力機構，大衆，政治的空洞 |
| フロム | 権威主義的パーソナリティ | 自由からの逃走，ナチズム，ドイツ中産階級 |
| リースマン | 大衆社会論 | 孤独な群集，伝統指向型，内部指向型，他人指向型 |

107

☐☐ **17** 32回15 ウェーバー（Weber, M.）の合法的支配とは，支配者のリーダーシップや資質，魅力によって正当化される支配である。

☐☐ **18** 27回16 応答的法とは，法が政治から分離され，社会のメンバーすべてが等しく従うべき普遍的なルールとして形式化され，体系化されたものをいう。

☐☐ **19** 30回15 裁判員制度は，一般市民の側からの要求に基づいて導入された。

☐☐ **20** 30回15改変 裁判員制度の導入により，刑期が重い方向へシフトしている。

☐☐ **21** 30回15 裁判員を経験した人へのアンケート調査の結果では，あまりよい経験でなかったと感じている人が多い。

☐☐ **22** 30回15 裁判員制度は，司法に対する国民の理解の増進とその信頼の向上に資することを趣旨としている。

☐☐ **23** 30回15 裁判員制度は，近代の自律的法としての普遍性を高めることを目的としている。

## 経済と社会システム

### ●交換の概念

☐☐ **24** 25回16改変 近代社会の社会的公正には，機会の平等を前提に貢献度に応じて分配する応能原理という考え方がある。

**✕** 「支配者のリーダーシップや資質，魅力によって正当化される支配」は，ウェーバーによる支配の諸類型のうちカリスマ的支配を説明するものである。

**✕** ノネとセルズニックによる応答的法モデルにおいては，法が政治から分離されておらず，両者の目的は統合されており，普遍性を維持しつつも社会の要請に応えるために，より柔軟で可塑的な運用がなされる。

**✕** 裁判員制度は，一般市民の側からではなく，法曹専門家の側からの要求に基づいて導入された。法を一般市民に開かれたものにしなければならないという意図によるものである。

**◯** 設問のとおり。裁判員制度の導入以降，とりわけ殺人罪などで重めの判決が出る傾向があることが指摘されている。

**✕** 裁判員を経験した人へのアンケート調査結果では，過半数が「非常によい経験をした」と回答している。（関連キーワード▶10参照）

**◯** 設問のとおり。裁判員制度では，国民が刑事裁判の審理に参加することを通じて，裁判に国民の「市民」としての健全な常識を取り入れることが，また国民の側からすれば，この制度によって裁判が国民にとって身近なものとなり，司法に対する国民の信頼向上につながることが期待されている。

**✕** 裁判員制度は，近代の自律的法としての普遍性を高めることを目的とするのではなく，応答的法として法と社会が密接にかかわることを目的としている。（関連キーワード▶11参照）

**◯** 設問のとおり。社会資源をどんな原理でどんな人々に分配するかという分配的公正を実現するための原理には，応能原理のほかに均等原理・必要原理などがあるとされる。

▶10
**裁判員等経験者に対するアンケート調査結果報告書**
最高裁判所の「裁判員等経験者に対するアンケート調査結果報告書（令和2年度）」では，裁判員として裁判に参加した感想として「非常によい経験と感じた」と回答した人が62.1％と全体の6割以上を占めている。「よい経験と感じた」と回答した人も34.9％いて，「あまりよい経験とは感じなかった」「よい経験とは感じなかった」と回答した人は，それぞれ1.6％，0.4％にすぎない。

▶11
**自律的法と応答的法**
ノネ(Nonet, P.)とセルズニック(Selznick, P.)によれば，自律的法は，政治から分離され，普遍的なルールとして形式化，体系化された法であり，応答的法は，普遍性を維持しつつも社会の要請に応えるために，より柔軟で可塑的な運用を可能にする法である。裁判員制度はこの応答的法を求める発想と親和性をもつといえる。

▶12
**均等原理・必要原理**
均等原理とは，とにかく成員間に均等に分配することが公正であるという考え，必要原理とは，個々の成員の必要度に応じて分配するのが公正であるという考えである。

## ●就業形態

**25** 30回16
2012年（平成24年）以降の日本の労働市場では，完全失業率は5％台で推移している。

**26** 32回16改変
「令和元年労働力調査年報」（総務省）によると，過去5年間，若年層の完全失業率は，上昇傾向にある。

**27** 32回16改変
「令和2年労働力調査年報」（総務省）によると，過去5年間，「若年無業者」の若年人口に対する割合は，5％台で推移している。

**28** 32回16改変
「令和2年労働力調査年報」（総務省）によると，過去5年間，自発的な離職者数は，年々減少し続けている。

**29** 32回16改変
「令和2年労働力調査年報」（総務省）によると，過去5年間，女性の完全失業率は，男性の完全失業率よりも一貫して高い。

**30** 32回16改変
「令和2年労働力調査年報」（総務省）によると，過去5年間，男女共に完全失業率は，低下している。

**✕** 完全失業率は，2012年（平成24年）以降，5％台で推移してはいない。完全失業率（季節調整値，男女計）は，2012年（平成24年）1月時点で4.5であり，その後，漸次低下し，翌2013年（平成25年）6月には3.9と3％台に入る。その後も完全失業率の改善傾向は続き，2017年（平成29年）2月以降はおおむね2％台で推移している。

**✕** 若年層（15〜34歳）の完全失業率は減少傾向にある。2015年（平成27年）は4.9％であったが，2016年（平成28年）は4.5％，2017年（平成29年）は4.0％，2018年（平成30年）は3.4％と年々減少し，2019年（令和元年）は前年と同率の3.4％だった。

▶13
**完全失業率**
働く意思のある者のうち，職がなく就職活動をしている者の割合（労働力人口に占める完全失業者の割合）であり，雇用情勢を示す重要指標。

**✕** 「若年無業者（15〜34歳の非労働力人口のうち家事も通学もしていない者）」の若年人口（若年層と同じ，15〜34歳）に対する割合は，2016年（平成28年）は2.2％，2017年（平成29年）は2.1％，2018年（平成30年）は2.1％，2019年（令和元年）は2.2％，2020年（令和2年）は2.8％と2％台で推移している。

**✕** 自発的な離職者数（自分又は家族の都合により前職を離職する者）は，2016年（平成28年）は87万人，2017年（平成29年）は82万人，2018年（平成30年）は71万人，2019年（令和元年）は70万人と年々減少していたが，2020年（令和2年）には73万人に増加した。

**✕** 女性の完全失業率は，男性の完全失業率よりも一貫して低い。2016年（平成28年）から5年間の男性の完全失業率が，3.3％，3.0％，2.6％，2.5％，3.0％であるのに対して，女性の完全失業率は，2.8％，2.7％，2.2％，2.2％，2.5％と，どの年においても男性より低くなっている。

**✕** 完全失業率は2016年（平成28年）から2018年（平成30年）までは男女ともに低下していたが，2019年（令和元年）以降は上昇傾向にある。

**31**
30回16
2012年（平成24年）以降の日本の労働市場では，有効求人倍率でみた労働の需要と供給は，均衡的に推移している。

**32**
30回16改変
2012年（平成24年）以降の日本の労働市場では，男女とも非正規雇用労働者数が年々増加し続けている。

**33**
30回16改変
2020年（令和2年）4月から日本の労働市場では，同一労働同一賃金の原則が適用された。

**34**
30回16改変
2012年（平成24年）以降の日本の労働市場では，男女間の賃金格差は減少傾向にある。

**35**
28回17改変
「平成27年国勢調査」（総務省）によれば，職業（大分類）別15歳以上就業者では，女性就業者のうち，「正規の職員・従業員」は30％を超えている。

## 社会変動

**36**
31回17
近代社会の特質の一つである業績主義とは，出自や性別などの属性ではなく個人の教育達成や職業選択によって，流動的に社会移動することができることである。

✕ 有効求人倍率でみた労働の需給関係が均衡的に推移しているとはいえない。2012年（平成24年）1月から2013年（平成25年）10月までの有効求人倍率は1倍を下回っており，この頃までの日本の労働市場は供給が需要を上回っていた。しかし，同年11月には1.00倍となり，以降，有効求人倍率は上昇し，労働の需要が供給を上回る状態が続いている。2021年（令和3年）3月現在の有効求人倍率は，1.10倍である。

▶14
有効求人倍率
有効求職者数に対する，有効求人数の割合。

✕ 2012年（平成24年）時点での非正規雇用労働者数は，男性が566万人，女性が1247万人であるが，増加し続け，2019年（令和元年）には男性が691万人，女性が1475万人となった。しかし，2020年（令和2年）は男性が665万人，女性が1425万人と減少に転じた。

◯ 短時間労働者及び有期雇用労働者の雇用管理の改善等に関する法律（パートタイム・有期雇用労働法）の改正法施行，短時間・有期雇用労働者及び派遣労働者に対する不合理な待遇の禁止等に関する指針（同一労働同一賃金ガイドライン）の適用により，同一労働同一賃金の原則が，2020年（令和2年）から適用された（中小企業は2021年（令和3年）から）。

◯ 設問のとおり。男女間賃金格差は男性の平均賃金を100とした場合の女性平均賃金の比率で表される。2012年（平成24年）の男女間賃金格差は70.9％であったが，以降2015年（平成27年）72.2，2020年（令和2年）74.3と，年々格差は小さくなってきている。

◯ 設問のとおり。職業（大分類）別15歳以上就業者では，女性就業者のうち，「正規の職員・従業員」は39.1％である。なお，女性就業者のうち，「パート・アルバイト・その他」は43.4％である。また，男性就業者では「正規の職員・従業員」は64.9％と高い割合を示している。

◯ 設問のとおり。業績主義は，近代社会において優勢な社会的地位の配分原理とそれに伴って発生する社会移動様式を示す概念である。

社会理論と社会システム

# 人口

**37**
31回18
人口転換とは,「多産多死」から「少産多死」を経て「少産少死」への人口動態の転換を指す。

**38**
31回18
世界人口は,国連の予測では,2020年以降減少すると推計されている。

**39**
31回18改変
第二次世界大戦後の世界人口の増加は,主に発展途上国の人口増加によるものである。

**40**
31回18
日本の人口は,高度経済成長期以降,減少が続いている。

**41**
33回15
日本の合計特殊出生率は,1975年(昭和50年)以降2.0を下回っている。

**42**
33回15
日本の1999年(平成11年)の合計特殊出生率は1.57で,それまでの最低値であった。

**43**
33回15改変
日本の2017年(平成29年)の合計特殊出生率は,2005年(平成17年)のそれよりも高い。

**44**
33回15
イタリアの2017年の合計特殊出生率は,フランスのそれよりも高い。

**45**
33回15
韓国の2017年の合計特殊出生率は,日本のそれよりも高い。

**46**
31回18
人口ボーナスとは,人口の年齢構成が経済にとってプラスに作用することをいう。

✕ 人口転換とは，近代化が進展する国や地域において人口の自然増加構造が多産多死から多産少死を経て少産少死，つまり高出生率・高死亡率から低出生率・低死亡率へと大きく転換することを指す。

✕ 世界人口は，国連によれば，2020年時点で約77億9500万人に達し，推計値（中位）で，2030年には約85億人，2050年には約97億人まで増加すると推計されている。

◯ 設問のとおり。第二次世界大戦後の世界人口は，国連によれば，発展途上国を中心に人口増加している。

✕ 日本の人口は，国連によれば，1967年（昭和42年）に1億人を超え，1983年（昭和58年）には1億2000万人を超えた。その後，2009年（平成21年）に1億2856万7000人まで達し，2010年（平成22年）から人口減少が始まっている。高度経済成長期は，一般に1954年（昭和29年）12月から1973年（昭和48年）11月までと定義されている。

◯ 日本の合計特殊出生率は，1975年（昭和50年）に1.91となり，それ以降2.0を下回っている。

✕ 日本の1999年（平成11年）の合計特殊出生率は1.34である。1.57を記録したのは1989年（平成元年）である。

◯ 日本の2017年（平成29年）の合計特殊出生率は1.43であり，2005年（平成17年）の過去最低値である1.26より高い。

✕ イタリアの2017年の合計特殊出生率は1.32であり，フランスの同年の合計特殊出生率1.90よりも低い。

✕ 韓国の2017年の合計特殊出生率は1.05であり，日本の同年の合計特殊出生率1.43より低い。

◯ 人口ボーナスとは，従属人口指数 ▶15 が低い人口構造にある国が，経済成長するのに有利な状態にあることを意味する概念である。人口ボーナスはどの国でも近代化の過程で一度だけ訪れる経済成長の期間と考えられている。反対に不利な状態は，人口オーナスと呼ばれる。

▶15
従属人口指数
年少人口（14歳以下）と老年人口（65歳以上）を合計した人口（従属人口）を生産年齢人口（15～64歳）で割ったもの。国民の扶養負担の重さ（1人当たり何人の働かない世代を支えるか）を示す指標である。

社会理論と社会システム

115

# 地域

## ●コミュニティの概念

**47**
29回16
1970年代における日本のコミュニティ政策は，既存の自治会・町内会を基盤としてそれまでの地域のつながりを保持しようとしたものであった。

**48**
29回16
1970年代における日本のコミュニティ政策は，過疎化によって村落の連帯感や凝集性が弱まったことへの対応を目的としていた。

**49**
29回16
1990年代の日本におけるコミュニティ政策では，地方分権改革により，地域社会の自律・自立の担い手としてのコミュニティが改めて注目されるようになった。

**50**
29回16改変
2000年代の日本におけるコミュニティ政策では，その焦点が，住民同士の協働から行政と住民の協働へと移行した。

**51**
29回16
1990年代の日本におけるコミュニティ政策では，地域社会全体での対応よりも，治安・介護・災害などの課題領域ごとに分化した行政サービスによる対応の方が重視されるようになった。

## ●都市化と地域社会

**52**
30回17
「コミュニティ解放論」とは，特定の関心に基づくアソシエーションが，コミュニティを基盤として多様に展開することである。

**53**
33回16
フィッシャー（Fischer, C.）は，都市の拡大過程に関して，それぞれ異なる特徴を持つ地帯が同心円状に構成されていくとする，同心円地帯理論を提起した。

**✕** 1970年代における日本のコミュニティ政策は，それまでの地域的つながりを保持しようとしたものではない。むしろ従来の地域共同体とは別の地域社会，すなわち**コミュニティ**を形成しようとするものであった。

**✕** 1970年代の日本のコミュニティ政策は，過疎化によって村落の連帯感や凝集性が弱まったことへの対応だけではなく，**高度経済成長**を契機とする日本社会の構造変動全般への対応を目的として展開されたといえる。

**◯** 1990年代において日本のコミュニティ政策は後退するが，国から地方へ，都道府県から市町村への権限委譲，地方に対する規制緩和などを政策の柱とする**地方分権改革**が1993年（平成5年）から始まったことを受けて，その担い手としての**コミュニティ**が注目されるようになった。

**◯** 設問のとおり。2000年代に入ると，「**新しい公共論**」の登場によって，「**自治**」から行政と住民の「**協働**」へとコミュニティ政策の焦点が移行していった。

**✕** 1990年代の日本のコミュニティ政策において，地域社会全体での対応よりも，治安・介護・災害などの課題領域ごとに分化した行政サービスによる対応の方が重視されたという事実はない。

**✕** 「コミュニティ解放論」の説明ではない。R．M．マッキーヴァー（MacIver, R.M.）は，人間生活における関心が包括的なものなのかそれとも特定のものなのか，また，その発生が自然的なものなのかそれとも人為的なものなのかという2点を基準として，社会集団を**コミュニティ**と**アソシエーション**[16]（community ／ association）とに分類した。その上で，「特定の関心に基づくアソシエーションが，コミュニティを基盤として多様に展開している」と説明している。

**✕** 同心円地帯理論[17]を提起したのは，フィッシャーではなく，**バージェス**（Burgess, E.）である。

---

▶16
**コミュニティとアソシエーション**
人々が特定の目的を達成するために人為的に組織した集団であるアソシエーションに対して，コミュニティを①自然に発生し，②多機能的で職住が明確に分離していない空間的な領域であって，③その構成員たちが生活全般に及ぶ関心を共有しあい相互扶助的な共同生活を営む集団であるとした。

▶17
**同心円地帯理論**
バージェスは，土地利用と居住階層を手がかりにして，会社や官公庁などの中枢機関が集中する都心の「中央ビジネス地区」から，小さな工場が入り込み移民労働者などの居住地である「遷移地帯」「労働者住宅地帯」，中流階級の高級アパートや独立家屋の専用区である「住宅地帯」，そして郊外の「通勤者地帯」と同心円状に広がる都市構造モデルを提示した。

**54**
33回16

ワース(Wirth, L.)は，都市では人間関係の分節化と希薄化が進み，無関心など
の社会心理が生み出されるとする，アーバニズム論を提起した。

**55**
33回16

クラッセン(Klaassen, L.)は，大都市では類似した者同士が結び付き，ネットワー
クが分化していく中で多様な下位文化が形成されるとする，下位文化理論を提起
した。

**56**
33回16

ウェルマン(Wellman, B.)は，大都市では，都市化から郊外化を経て衰退に向
かうという逆都市化(反都市化)が発生し，都市中心部の空洞化が生じるとする，
都市の発展段階論を提起した。

**57**
33回16改変

ウェルマン(Wellman, B.)は，都市化した社会ではコミュニティが地域や親族
などの伝統的 紐 帯から解放されたネットワークとして存在しているとする，コ
ミュニティ解放論を提起した。

**58**
30回17改変

「コミュニティ喪失論」とは，都市化の進展によってコミュニティが喪失若しくは
解体されることである。

**59**
30回17改変

「コミュニティ存続論」とは，都市化が進展しても，近隣を単位としたコミュニティ
は存続することである。

**60**
32回17

コンパクトシティとは，拡散した都市機能を集約させ，生活圏の再構築を図る都
市である。

**61**
32回17

コンパクトシティとは，出身地域の異なる外国人住民の多様なコミュニティから
形成される都市である。

⭕ ワースは，人口量が大きく，人口密度が高く，人口の異質性が高いことを原因として都市に生じる特徴的な生活様式をアーバニズムと呼び，都市人口が社会階層やエスニシティなどに応じて空間的に分化する現象である「凝離」，社会関係において一面的，非人格的な第二次接触が優位となること，無関心や主体性の喪失，精神分裂的性格，個人主義などの社会心理が生み出されることなどを指摘した。

❌ アーバニズムの下位文化理論を提起したのは，クラッセンではなく，フィッシャー（Fischer, C.）である。人口量が多い地域に住む人は，自分と類似したタイプの人と結び付く機会に恵まれている。

❌ 都市の発展段階論を提起したのは，ウェルマンではなく，オランダの都市人口学者であるクラッセン（Klaassen, L.）である。クラッセンは，都市は都市化のプロセスを経た後で，やがては逆都市化の段階に移行し縮小するが，その後，再都市化の局面に入るという都市の発展段階論を提唱した。

⭕ 設問のとおり。ウェルマンは，交通・通信手段が飛躍的に発展した現在では，人と人との親密な絆が必ずしも地域という空間に制約される必要はなく，その絆は空間的な制約から解放され，分散的なネットワークの形をとって広域的に存在し得ることを強調した。（関連キーワード▶18参照）

⭕ 設問のとおり。都市化によって，人と人との絆が地域から喪失したというウェルマン（Wellman, B.）による見解である。

⭕ 設問のとおり。都市化にもかかわらず，人と人との絆が相変わらず地域の中に存続しているのだというウェルマン（Wellman, B.）による見解である。

⭕ 設問のとおり。「国土交通白書2015」では，「コンパクト・プラス・ネットワーク」をキャッチフレーズとする「多極ネットワーク型コンパクトシティ」の推進を提唱している。

❌ 設問は，トランスナショナル・コミュニティの説明である。労働力のグローバル化によって登場した高度な技能をもつ高所得移住者は，定住意識が弱く雇用次第で国家間を移動するため，今までとは異なるエスニシティが形成されるようになってきている。このようなグローバル化による変容を含んだエスニック・タウンのことをトランスナショナル・コミュニティという。

▶18
**コミュニティ解放論**
都市化によりコミュニティは失われたとするコミュニティ解体論と，都市化にかかわらずパーソナルな関係はなくならないとするコミュニティ存続論という2つのコミュニティ論とは別に，交通手段や通信手段の発達により，コミュニティが地域という空間の制約を越えて，新しい形で展開されていくとするのが，ウェルマンの「コミュニティ解放論」である。

社会理論と社会システム

|     | 62    | コンパクトシティとは，文化や芸術，映像などの産業をまちづくりの中核に据える都市である。 |
| --- | ----- | --- |
|     | 32回17 | |

|     | 63    | コンパクトシティとは，先端技術産業を軸として，地方経済の発展を目指す都市である。 |
| --- | ----- | --- |
|     | 32回17 | |

|     | 64      | グローバル都市とは，世界中の金融・情報関連産業が集積する都市である。 |
| --- | ------- | --- |
|     | 32回17改変 | |

## ●過疎化と地域社会

|     | 65    | 限界集落とは，都市化によって人口の増加する都市とも，過疎化によって人口の減少する村落ともいえないような地域のことをいう。 |
| --- | ----- | --- |
|     | 27回17 | |

## ●その他

|     | 66      | 地域固有の景観や歴史的建造物などの資源を，景観資源という。 |
| --- | ------- | --- |
|     | 27回20改変 | |

✕ 設問は，創造都市（クリエイティブ・シティ）の説明である。ランドリー（Landry, C.）が欧州各都市の都市再生事業から芸術文化がもつ創造的な力を活用してその都市の潜在的な創造性を産業振興や住民の活力に結びつけた成功事例を「Creative city」と呼んだことで知られるようになった。

✕ 設問は，産業クラスターの説明である。ポーター（Porter, M.）が提唱したもので，地域にある特定分野の産業集積と産業競争力があること，先端技術産業を構成する知識創造と知識移転の核となる研究機関や起業活動があることが指標となる。

⭕ 設問のとおり。提唱者のサッセン（Sassen, S.）は，多国籍化した企業によって資本と労働力が地球規模で活発に移動していることに着目した。多国籍化した巨大企業の本社と世界中にある生産ラインを地球規模で支えるために高度に情報化された金融サービスが必要となる。その結果，世界中の金融・情報関連産業が集積する「グローバル金融センター」が形成され，国を越えた経済活動の拠点になることを指摘した。

✕ 限界集落とは，過疎化による人口減少の結果，65歳以上の高齢者が過半数を占め，もはや集落を維持していくことが困難な状態にある地域のことをいうのであり，「都市とも」「村落ともいえないような」地域を指すのではない。都市とも村落ともいえない地域といえるのは郊外（suburbia）である。

⭕ 設問のとおり。地域固有の景観や歴史的建造物などの資源を，景観資源という。景観資源のうち観光する価値が認められるものを観光資源と呼ぶが，景観資源を劣化させる，あるいは破壊する観光資源もあるので両者は同義ではない。

社会理論と社会システム

121

# 社会集団及び組織

## ●社会集団の概念

**67**
31回19

第一次集団とは，ある特定の目的のために人為的に作り出された組織である。

**68**
33回17

準拠集団とは，共同生活の領域を意味し，地域社会を典型とする集団を指す。

**69**
33回17

第二次集団とは，親密で対面的な結び付きと協同によって特徴づけられる集団を指す。

**70**
33回17

内集団とは，個人にとって嫌悪や軽蔑，敵意の対象となる集団を指す。

---

### 整理しておこう！

#### 集団

　社会学において，集団は重要な概念の１つである。集団は，社会生活の維持に不可欠な存在として，人間と社会とを媒介する中間項として機能するものである。

　「集団」とは，以下のような概念でとらえられる。

❶特定の共通目標を掲げる

❷共属感をもつ

❸一定の仕方で相互作用を行っている

　しかし，集団の分類の仕方は，社会学者によって異なっている。著名な社会学者による集団のタイプ分けは，右の表のようになる。

❌ クーリー（Cooley, C.H.）並びにその後継者たちは，第一次集団を，直接的な接触，親密な結びつきを特徴とする家族や近隣，遊び仲間などの集団であるとし，「道徳意識」を形成する社会的基盤となるものとして捉えた。

❌ 準拠集団は，個人が行為や自己の判断，及び自己の変容（発達過程）において影響を受ける集団を意味する。そのため，「共同生活の領域」である家族・友人などの身近な所属集団だけでなく，過去に所属した集団やこれから所属したいと志望する集団も含む。設問は，マッキーヴァー（MacIver, R.M.）が提唱したコミュニティ概念を指す。

❌ 第二次集団は，企業・労働組合・政党・国家などの近代に形成された非対面的・非人格的で，合理的な運営を行う機能集団（組織）を意味する。設問は，第一次集団を指す。

❌ 内集団は，親密な社会関係の継続によって「われわれ（we）」として同一視でき，献身や愛情の対象となる集団を意味する。設問は，▶19 外集団を指す。

▶19
外集団
競争関係や対立関係にある人々で，「彼ら（they）」や「よそ者」として現れてくる集団である。サムナー（Sumner, W.G.）が提唱したものが有名である。

社会理論と社会システム

| 社会学者 | 集団 | 特性 | 具体例 |
|---|---|---|---|
| クーリーら | 第一次集団 | メンバー間に親密な結びつきが存在する。人間にとって基礎的・基本的な存在 | 家族，遊び集団，地域集団 |
| | 第二次集団 | 一定の目的や利害関心に基づいて意図的に形成される。間接的でインパーソナルな関係 | サークル，学校，企業，政党，国家 |
| テンニース | ゲマインシャフト | 本質意思（生得的意思）による自然的な結合 | 家族，村落，都市 |
| | ゲゼルシャフト | 選択意思（形成的意思）による目的的・人為的な結合 | 大都市，国民社会，世界社会 |
| マッキーヴァー | コミュニティ | 地域性に基づいて人々の共同生活が営まれる生活圏 | 村落，都市，国民社会 |
| | アソシエーション | 一定の目的のために計画的につくられた集団 | 家族，教会，労働組合，国家 |

| | 71 31回19 | ゲゼルシャフトとは，相互の感情や了解に基づく緊密な結び付きによる共同社会である。 |

| | 72 33回17 | ゲマインシャフトとは，人間が生まれつき持っている本質意志に基づいて成立する集団を指す。 |

| | 73 33回17 | 公衆とは，何らかの事象への共通した関心を持ち，非合理的で感情的な言動を噴出しがちな人々の集まりを指す。 |

| | 74 31回19 | コミュニティとは，特定の共通関心を追求するために明確に設立された社会集団である。 |

| | 75 31回19 | フォーマルグループとは，企業や官庁のような一定の目的のために成文化された規則と命令系統を持つ組織である。 |

| | 76 31回19 | 準拠集団とは，共同生活の領域を意味し，典型的な例は地域社会である。 |

●官僚制

| | 77 26回18 | 官僚制組織は必ずしも規模が大きいとは限らないので，明文化された規則がない。 |

✕ テンニース（Tönnies, F.）のいうゲゼルシャフトとは，利害や打算といった選択意志に基づいて形成される，企業や大都市，国家などの集団である。愛情や相互理解など人間の本質意志によって結びついた人々の集まりはゲマインシャフトであり，その典型が家族や村落である。

◯ ゲマインシャフトは，本質意志に基づき，外見的な分離が起こっても，本質的な結合関係は維持され続ける人々の関係を意味する。テンニース（Tönnies, F.）によれば，近代以前から続いてきた家族のあり方・近隣関係・村落共同体・共同体の仲間など，共同体意識を基底とする結合関係がこれに当てはまる。

✕ タルド（Tarde, G.）が提唱した公衆は，日常生活空間に散在し，マスコミュニケーションの情報を吟味し，その情報からもたらされる共通関心に基づいて合理的思考で他者と結び付き，非組織的な集合行動を形成する人々を意味する。設問は，ル・ボン（Le Bon, G.）が提唱した群衆を指す。

✕ マッキーヴァー（MacIver, R.M.）のいうコミュニティは，地域に根ざして自然発生した共同生活体であり，その成員は相互に共属感情と包括的な関心を共有している。

◯ 設問のとおり。フォーマルグループは，組織のメンバーの地位役割関係，それに伴う責任や権限が，成文規則によって定められている形式的，合理的な組織構造を意味する。ホーソン実験によってその存在意義が示されたインフォーマルグループの対概念である。

✕ マートン（Merton, R.K.）らによると，個人が同調及び比較の基準としてある集団の価値に自分自身を関連づける場合，その集団をその個人にとっての準拠集団という。

▶20
準拠集団
規範的機能（個人が同一化したり，所属したいと願ったりする）と比較機能（個人が自分又は他人を評価する際の基準点として用いる）をもつ。

✕ ウェーバー（Weber, M.）は，規則による支配が官僚制の基本特性の1つであるとした。また，官僚制では職務は文書による指揮命令によって遂行されるため，明文化された規則が制定されていることが極めて重要である。

## ●非営利組織（NPO）

**78**
24回18改変

非営利組織（NPO）は，自助，参加，ボランタリズムを基本とするため，市場と政府の役割を補完するだけでなく，それらが充足できないニーズを積極的に供給することもある。

# 生活の理解

## 家族

### ●家族の構造や形態

**79**
32回18

直系家族制は，複数の子どもが，結婚後も親と同居することを原則とする。

**80**
32回18改変

夫婦家族制では，夫婦の結婚とともに誕生し，一方の死亡によって家族が一代限りで消滅する。

**81**
32回18

直系家族制では，跡継ぎとなる子どもの家族との同居を繰り返して，家族が世代的に再生産される。

**82**
32回18

直系家族制では，離家した子どもの生殖家族が，親と頻繁な交際や相互援助を行う。

---

### 整 理 し て お こ う ！

#### 家族

　家族は，夫婦関係を中心として，親子，きょうだい等で構成される第一次的な福祉追求の集団である。

　国家試験では，「家族」に関する問題が毎年といっていいほど出題されている。主な論者や家族の構造等について整理しておこう。

**○** 非営利組織は，市場と政府の役割を補完し，それらが供給できない ニーズを充足する役割をもつ。また，市場と政府が認識していない 潜在的なニーズを見出し，そのニーズを積極的に供給することもある。

**✕** 設問は，複合家族制の説明である。森岡清美は複合家族制について 「家族の中核的構成員は，夫・妻・複数の既婚子・その妻子」と定義し ている。

**○** 設問のとおり。森岡清美は夫婦家族制について「家族は夫婦の結婚 によって形成され，その死亡によって消滅する一代限りのものであ る」と定義している。

**○** 設問のとおり。森岡清美は直系家族制について「家族は後継子の生 殖家族との同居を世代的にくり返すことにより，直系的に継続され， 再生産される」と定義している。

**✕** 設問は，修正拡大家族の説明である。リトワクは，産業化が進み所 得が向上することで親子別居となり核家族化が進んでも，交通・通 信手段の発達によって，成人後の子と親の関係は引き続き維持されると考 え，外見上は核家族にみえる家族を修正拡大家族と定義した。

| 研究者名 | 理論 | キーワード |
|---|---|---|
| オグバーン | 家族機能縮小論 | 愛情以外の６機能の縮小化 |
| バージェス | 制度から友愛へ | 家父長制家族から近代家族へ |
| パーソンズ | 核家族の孤立化 | 子どもの社会化と成人のパーソナリティの安定化 |
| | 性別役割分業論 | 手段的役割と表出的役割 |
| リトワク | 修正拡大家族論 | 拡大家族，古典的拡大家族の変形 |
| マードック | 核家族普遍説 | 核家族，拡大家族，複婚家族，性的・経済的・生殖的・教育的機能 |

| 83<br>32回18 | 直系家族制では，親の死亡をきっかけに，財産を均分相続して家族が分裂する。 |

## ●世帯の概念

| 84<br>27回18 | 世帯とは，主として家計と住居を同じくする人々からなる集団である。 |

| 85<br>30回18改変 | 「平成30年国民生活基礎調査」（厚生労働省）における65歳以上の者のいる世帯の世帯構造のうち，「単独世帯」「夫婦のみの世帯」「親と未婚の子のみの世帯」のなかで，最も多いのは「夫婦のみの世帯」である。 |

| 86<br>30回18改変 | 「平成30年国民生活基礎調査」（厚生労働省）における65歳以上の者のいる世帯の世帯構造のうち，「単独世帯」「夫婦のみの世帯」「親と未婚の子のみの世帯」のなかで，二番目に多いのは「親と未婚の子のみの世帯」である。 |

# 生活の捉え方

## ●ライフステージ

| 87<br>33回18改変 | ライフサイクルの段階を意味する概念を，ライフステージという。 |

| 88<br>33回18改変 | 出生などの時期が同じ一群の人々を指す概念をコーホートという。 |

| 89<br>33回18 | 標準的な段階設定をすることなく，社会的存在として，個人がたどる生涯の過程を示す概念をライフコースという。 |

✗ 均分相続は相続制の類型であり，一般的に**複合家族制**と**夫婦家族制**で採用される相続制度である。複合家族制では，親の死亡をきっかけに家族が分裂し均分相続が発生する。一方，夫婦家族制では，親の死亡による均分相続の発生以前に子の結婚を機会として家族が分裂する。

○ 設問のとおり。**世帯**は，1918年（大正７年）の国勢調査令によって初めて定義された統計にかかわる概念である。国勢調査は日本の人口状況を把握するために1920年（大正９年）以来ほぼ５年ごとに実施されてきた。調査対象は個人であるが，その調査票は**世帯主ごと**に配布される。

○ 2018年（平成30年）６月7日現在における65歳以上の者のいる世帯のうち，「**夫婦のみの世帯**」は，804万5000世帯（32.3％）で最も多く，**第1位**を占めている。

✗ 2018年（平成30年）６月7日現在における65歳以上の者のいる世帯のうち，「親と未婚の子のみの世帯[21]」は，512万2000世帯（20.5％）で，**第3位**である。

▶21
**親と未婚の子のみの世帯**
「夫婦と未婚の子のみの世帯」及び「ひとり親と未婚の子のみの世帯」をいう。

○ **ライフステージ**は，**ライフサイクル**（生活周期）[22]の段階を意味する概念である。ライフサイクル研究をする上で，個人や家族に発生しやすい発達課題やそのイベントを基準に設定された段階（幼年期や青年期，高年期，もしくは新婚期や育児期，老夫婦期など）を指す。

▶22
**ライフサイクル**
生活周期，人生周期などと訳される，人間の出生から死に至る時間的経過，プロセスに着目した考え方。

○ **コーホート**（cohort）は，群，群れ，一団という意味をもつ英語で，社会科学では出生や結婚，入学や入社・入隊（軍隊などの場合）の時期（期間）が同じ一群の人々を指す概念である。

○ **ライフコース**（life course）は，家族の形成から消滅までの過程において，その道筋が多様化した現代家族を分析するために，標準的な段階設定をすることなく，家族成員個々人がたどる生涯の過程に着目して研究する。

| 90 27回19 | ライフコースとは，個人がたどる多様な人生のあり方をとらえる概念である。 |

## ●ライフサイクル

| 91 29回17 | ライフサイクルとは，歴史的出来事が与えた各コーホートへの影響の過程を指す。 |

| 92 29回17 | ライフサイクルとは，世代間の形態転換を指す。 |

| 93 29回17 | ライフサイクル上の社会化とは，乳幼児期から青年期までの過程を指す。 |

| 94 29回17改変 | ファミリー・ライフサイクル（家族周期）とは，結婚した夫婦が子どもを育て死別するまでの過程を指す。 |

| 95 29回17 | ライフサイクルとは，各段階に固有の発達課題を達成していく過程を指す。 |

## ●ライフスタイルと社会

| 96 27回19 | 日本人のライフスタイルは，大衆の分化によって画一化の傾向を強めた。 |

○ ライフサイクルや家族周期の研究では，異性婚による家族の形成を前提とした標準的な家族発達のパターンを示すことが重視された結果，事実婚(同棲)や同性婚，独身の選択，離婚，再婚などの経験をしてきた個人の発達過程を例外として研究から除外してしまった。これに対して，個々人の多様な家族選択に着目し，個人を単位として家族形成のさまざまな経路(コース)を比較分析するライフコースという概念が確立された。

✕ 歴史的な出来事が各コーホートへと与えた影響の過程に着目するのは，ライフサイクルではなく，ライフコースの考え方である。

✕ ライフサイクルは，世代間の形態転換ではなく，人間の一生にみられる規則的な推移が世代ごとに繰り返されること，言い換えれば，世代間に共通する形態を指す概念である。

✕ 社会化とは，人間が所属する集団や人間関係を通じて，社会の成員として生きるための知識や技術，規範などの社会的価値を自己のなかに取り入れていく過程である。乳幼児から青年期までの社会化が最も重要であるとされるが，この期間に限定されるものではない。

○ 設問のとおり。家族を主体とするライフサイクル(ファミリー・ライフサイクル(家族周期))は，結婚した夫婦が子どもを育て死別するまでの過程を示す概念である。

○ ライフサイクル研究においては，ライフサイクルの各段階にそれぞれ達成すべき発達課題が想定されている。

✕ 一般に個人の生活の営み方・人生観・価値観・習慣などを指すライフスタイルは，大衆化によって画一化の傾向に進むと考えられる。他方，大衆が分化すれば，ライフスタイルも多様化するといわれている。

社会理論と社会システム

# 人と社会の関係

## 社会関係と社会的孤立

**97**
27回20
ソーシャルキャピタル（社会関係資本）とは，信頼，規範，ネットワークなど，人々や組織の調整された諸活動を活発にする資源のことである。

## 社会的行為

**98**
29回19
行為とは，行為者自身にとってどのような意味を持つかとは無関係に，他者から観察可能な振る舞いを意味する。

**99**
31回20
理解社会学とは，社会的行為の主観的意味を理解することを通して，その過程及び結果を説明しようとする考え方である。

**100**
29回19
行為の意図せざる結果とは，ある意図によって行われた行為自体が，思わぬ影響をもたらすことを意味する。

**101**
29回19
伝統的行為とは，行為対象に対して直接の感情や気分によって行われる振る舞いを意味する。

◯ 設問のとおり。日本の社会学では，経済学で用いられる同じ用語との混同を避けるため，「社会資本」とはいわず，「ソーシャルキャピタル」又は「社会関係資本」と表記している。この概念を明確に体系づけたのはブルデュー（Bourdieu, P.）である。彼は，人間のもつ資本を文化資本・経済資本・社会関係資本の３つに分類し，人脈や人間関係（社会関係資本）が多様で豊かな人ほど，他の資本もより効果的に機能すると指摘した。

▶23
**社会関係資本**
人々の協調行動を活発にすることによって社会の効率性を高めることのできる「信頼」「規範」「ネットワーク」といった社会組織の特徴。ソーシャルキャピタルともいう。

✕ 行為について，ウェーバー（Weber, M.）は「単数あるいは複数の行為者が主観的な意味を含ませている限りの人間行動」と定義する。社会学では，他者から観察可能な振る舞いの部分のみを取り出して言及する場合は「行動」という語を用い，内的な動機づけや精神活動を含む場合には「行為」を用いる。

◯ ウェーバー（Weber, M.）は，「行為」を行為者自身にとって何らかの意味（主観的意味）をもつものであるとし，行為者にとって意味をもたない「行動」と区別した。「行為」が他の人々の行動との関連においてなされる場合，ウェーバーはその行為を社会的行為と呼び，その主観的意味を理解することで行為の過程と結果を因果的に説明しようとする自らの社会学を理解社会学と呼んだ。

◯ 行為の意図せざる結果とは，ある行為の集積が想定外の結果を社会に招き寄せることを指摘した概念である。歴史的には経済学者スミス（Smith, A.）の「神の見えざる手」が有名で，個々人の利己的行為が自由な経済競争のなかで想定外の結果として調和と発展を実現すると論じた。

✕ 「伝統的行為」でなく，ウェーバー（Weber, M.）による「感情的行為」の説明である。感情的行為とは，「直接の感情や気分による行為」で，社会的行為の4類型の1つである。

▶24
**社会的行為の4類型**
①目的合理的行為，②価値合理的行為，③感情的行為，④伝統的行為，の4つである。

☐☐ **102** 価値合理的行為とは，過去の経験に基づき諸個人の内に身についた知覚・思考・実
29回19 践行動を生み出す性向を意味する。

☐☐ **103** 戦略的行為とは，他者の選択を計算に入れながら，あるいは他者の選択に影響を
29回19改変 与えることによって，自己の目的の実現を目指すものを意味する。

☐☐ **104** コミュニケーション的行為論は，ハーバーマス（Habermas, J.）の社会的行為論
32回19改変 である。

☐☐ **105** 交換理論は，パーソンズ（Parsons, T.）の社会的行為論である。
32回19

☐☐ **106** 集合行動論は，パーソンズ（Parsons, T.）の社会的行為論である。
32回19

☐☐ **107** 象徴的相互作用論は，パーソンズ（Parsons, T.）の社会的行為論である。
32回19

☐☐ **108** 主意主義的行為理論は，パーソンズ（Parsons, T.）の社会的行為論である。
32回19

## 社会的役割

☐☐ **109** ゴッフマン（Goffman, E.）が提示した，他者の期待や社会の規範から少しずらし
33回19 たことを行うことを通じて，自己の存在を他者に表現する概念を役割距離という。

✗ 価値合理的行為は「ある行動の独自の絶対的価値そのものへの，結果を度外視した，意識的な信仰による行為」のことであり，設問は，ウェーバー（Weber, M.）の「伝統的行為」の概念を発展させたブルデュー（Bourdieu, P.）のハビトゥス論に基づく記述である。

◯ 設問のとおり。ハーバマス（Habermas, J.）による戦略的行為は，目的論的行為の一種であり，自己の利益を最大化するための戦略性が重視され，コミュニケーション自体を道具的に扱うという特徴をもっている。

◯ コミュニケーション的行為論の代表的研究者はハーバーマスである。人間同士の了解を志向する社会的行為で，相互行為を基盤として生活世界を豊かなものにする行為として提案されている。

✗ 交換理論は，社会学では社会的交換理論と呼ばれ，代表的研究者にホーマンズ（Homans, G.），ブラウ（Blau, P.），エマーソン（Emerson, R.），コールマン（Coleman, J.）がいる。

✗ 集合行動論の代表的研究者はスメルサー（Smelser, N.）である。集合行動論は，シカゴ学派のパーク（Park, R.E.）やブルーマー（Blumer, H.G.）が研究した集合行動現象から始まる。

✗ 象徴的相互作用論（シンボリック・インタラクショニズム）[25]を代表する研究者はブルーマーである。ブルーマーは，ミード（Mead, G.）に学びその研究成果を継承，発展させることで象徴的相互作用論として理論的に体系化しようとした。

▶25
象徴的相互作用論
この理論を継承，発展させた研究者には，ターナー（Turner, R.）（役割形成論），ベッカー（Becker, H.S.）（ラベリング理論），ゴッフマン（Goffman, E.）（ドラマツルギー）らがいる。

◯ 主意主義的行為理論を代表する研究者は，パーソンズである。パーソンズは『社会的行為の構造』を著し，ウェーバーやデュルケーム（Durkheim, É.）らが展開した行為理論の欠点を補い，観察可能な科学理論として体系化することを目指した。

◯ 役割距離とは，他者や外部からの役割期待をそのまま遂行せず，信頼関係が壊れない程度にずらして遂行することである。その結果，自分らしさ（個性）や職業人としての自律性を印象づけることになる。

**110**
33回19改変
社会の複雑化に伴って社会システム内で担うべき役割が多様化し，相互に区別される過程を示す概念を役割分化という。

**111**
29回20
役割適応とは，個人が他者との相互作用を通じて自我を内面化する過程である。

**112**
29回20
役割期待とは，個人の行動パターンに対する他者の期待を指し，規範的な意味を持つ。

**113**
29回20
役割演技とは，個人が様々な場面にふさわしい役割を無意識のうちに遂行することを意味する。

**114**
29回20
役割葛藤とは，役割の内容が自分の主観と一致しないことによって生じる困難のことである。

**115**
30回19
役割取得とは，子どもが，ままごとのような「ごっこ」遊びで親の役割などをまねることを通して自己を形成し，社会の一員となっていく過程を示す概念である。

○ 設問のとおり。役割分化 (role differentiation) は，社会システムを維持発展させるために必要な課題が行為内容ごとに区分されることで，未分化状態から各々の役割が分化し，専門化していくことを意味する。

× 役割適応 (role adaptation) は，人々が社会システム内で与えられた役割や社会システムが求める役割期待を遂行できているか否かを分析するための概念であり，「自我を内面化する過程」ではない。

○ 設問のとおり。役割期待 (role expectation) は，ある個人に対し，他者や社会システムから担うように期待されている役割のことである。個人はパターン化された言動や外見，態度を示すことによって，その期待に応じ，他者から承認される。結果，そうした行動パターンは「あるべき姿」として社会的な拘束力を持つ規範的な行為様式となる。

× 役割演技 (role playing) は，心理療法における心理劇の手段として，与えられた役を即興で演じたり，演じる役を他人と交替してみたりすることで自己理解・他者理解を促す方法のことである。社会学では，社会生活において場面ごとに求められる役割期待を本人が適切に理解し，その期待を意図的，即興的，自発的に演じていく状態を意味する概念である。

× 役割葛藤 (role conflict) は，個人が複数の役割 (役割集合 (role set)) を担って生活している状態で発生する葛藤状況を説明する概念である。新たな役割を得たり，担う役割が変更されたりする際，外部からの役割期待や役割の内容が役割集合内で矛盾・対立することがある。そして，本人が主体的にそれらの矛盾や対立を解消できない場合に生じる心的葛藤や心理的緊張状態のことを「役割葛藤」と呼ぶ。

○ 役割取得 (role taking) は，社会的相互行為の場面で，他者の視点や他者からの期待を自己の内部に取り込むことによって，他者や社会システムから自分に要求される役割を取得し，自らの行為のあり方を形成していく社会化の過程を示す概念である。

▶26
役割取得
ミード (Mead, G.H.) が「他者の役割の取得」として提示した概念に由来する。

社会理論と社会システム

137

# 社会的ジレンマ

**116** 33回20
社会的ジレンマとは，目標を効率的かつ公正に達成するための手段として制定されたルールが，それ自体目的と化してしまうことで，非効率な結果が生み出されている状況をいう。

**117** 33回20
社会的ジレンマとは，信頼関係，互酬性の規範，人的ネットワークなどが整えられることによって人々に広く便益をもたらしている状況をいう。

**118** 33回20
社会的ジレンマとは，協力的な行動には報酬を与え，非協力的な行動には罰を与えることで，協力的行動が合理的であるようにする状況をいう。

**119** 33回20
社会的ジレンマとは，各個人が自らの利益を考えて合理的に行動した結果，集団あるいは社会全体として不利益な結果を招いてしまう状況をいう。

**120** 33回20改変
文化的再生産とは，文化を介して不平等や序列を含んだものとしての社会秩序が維持・再生産されている状況をいう。

**121** 30回20改変
「フリーライダー問題」とは，公共財の供給に貢献せずに，それを利用するだけの成員が生まれる状況を指す。

**122** 30回20改変
「快楽計算」とは，協力してお互いに利益を得るか，相手を裏切って自分だけの利益を収めるか，選択しなければならない状況を指す。

✗ 設問は「官僚制の逆機能」についての説明である。マートン(Merton, R.K.)は，官僚制組織において，組織目標を効率的に達成するために制定されたルールを厳格に守ることが目的化した結果，組織目標の達成にとって非効率な結果がもたらされると考えた。

✗ 社会的ジレンマの説明ではない。パットナム(Putnam, R.D.)は，人々の協調行動を高めるような信頼関係，互酬性の規範，人的ネットワークをソーシャルキャピタル(社会関係資本)と呼んだ。

✗ オルソン(Olson, M.)は，ある選択肢を積極的に選ばせる報酬を「正の選択的誘因」，逆に選ばせない罰を「負の選択的誘因」と呼んだ。正・負の選択的誘因を用いて，協力的行動を取るほうが合理的な(利得の大きい)状況をつくり出すことは，社会的ジレンマを解消するための方法の1つと考えられている。

◯ 社会的ジレンマについての説明である。社会的ジレンマは，個人レベルでの合理的な選択と社会・集団レベルでの合理的な選択が一致せず(矛盾し)，最終的には個人レベルにおいても不利益が生じる状態を指している。

◯ 文化的再生産論は，親から子への社会的地位の継承(相続)が，身分や経済資本の直接的継承としてではなく，文化(文化資本)を通じて継承される側面に注目する。

◯ 設問のとおり。公共財やサービスの利用において必要な対価を払わずに「利用するだけの成員」，すなわちフリーライダーが発生する場合がある。

✗ 囚人のジレンマに関する説明である。このゲーム理論は，共犯関係にあると推定される2名の容疑者を隔離して拘留し自白を引き出す際のシミュレーション・モデルである。容疑者はそれぞれ相手の行動を予測しながら，自分の利得が最大となるよう自分の行為を選択する。

▶27
フリーライダー
直訳すると「ただ乗りする人」の意。自ら労力の提供や費用の負担をせずにサービスを享受する人のことを指す。

| 123 30回20改変 | 「囚人のジレンマ」とは，他の成員の満足度を引き下げない限り，ある個人の満足度を引き上げることができない状況を指す。 |

| 124 32回20改変 | 「官僚制の逆機能」とは，合理的な仕組みに対して過剰な執着を持つ状況を指す。 |

| 125 32回20 | 「囚人のジレンマ」とは，一定期間，閉鎖的・画一的に管理された場所で生活する状況を指す。 |

| 126 32回20 | 「囚人のジレンマ」とは，協力し合うことが互いの利益になるにもかかわらず，非協力への個人的誘因が存在する状況を指す。 |

| 127 32回20 | 「囚人のジレンマ」とは，二つの矛盾した命令を受けているため，そのいずれも選択することができない状況を指す。 |

| 128 32回20 | 「囚人のジレンマ」とは，非協力的行動を行うと罰を受け，協力的行動を行うと報酬を得ることで，協力的行動が促される状況を指す。 |

| 129 30回20 | 「共有地の悲劇」とは，それぞれの個人が合理的な判断の下で自己利益を追求した結果，全体としては不利益な状況を招いてしまうことを指す。 |

| 130 30回20改変 | 「相対的剥奪論」とは，社会全体の幸福が，諸個人の快楽から苦痛を引いた後に残る快楽の総計と一致する状況を指す。 |

**✕** 相対的剥奪論に関する説明である。相対的剥奪(relative deprivation)の数理モデルでは、人びとが抱く剥奪度(満足度)を自分の待遇に対する期待水準と実際の待遇による達成水準の格差で決定する。この剥奪度は、所属集団の剥奪率(不満に感じている人びとの割合)の増大によって不満感が共有されることで、相対的に度合いが低下(満足度が向上)する場合がある。

**◯** 官僚制組織において、合理的に定められた手続き(手段)に過剰に執着することで、結果的に組織目標の達成が疎外されることを、マートン(Merton, R.K.)は「官僚制の逆機能」と呼んだ。

**✕** 画一的に管理され、その人の生活がその施設内で完結するような生活環境(例えば修道院や刑務所)をゴフマン(Goffman, E.)は、「全制施設」(total institution)と呼んだ。

**◯** 設問のとおり。同様の社会的ジレンマの例として「共有地(コモンズ)の悲劇」がある。(関連キーワード▶28参照)

**✕** 矛盾する指示(例えば「愛している」という言葉(メッセージ)とこわばった表情(メタメッセージ)という相矛盾する表現)を受け取ることによって身動きが取れなくなる状態は、ベイトソン(Bateson, G.)のいう「ダブルバインド」の状況である。

**✕** 社会的に望ましい行為には報酬(正のサンクション)が与えられ、望ましくない行為には罰(負のサンクション)が与えられる。これは、パーソンズ(Parsons, T.)の社会システム論における「社会統制」(social control)の仕組みである。

**◯** 設問のとおり。個々人それぞれが自己利益を合理的に追求することが、ほかの個人や社会全体にとっては合理的とならず不利益を招く状況は、今日では社会的ジレンマと呼ばれている。その原型となった研究モデルが共有地の悲劇である。

**✕** 快楽計算に関する説明である。快楽計算は功利主義の創始者として知られているベンサム(Bentham, J.)が開発した指標である。快楽の強度、持続性、確実性、遠近性、多義性、純粋性、適用範囲の7項目から、個人と全体社会の「最大多数の最大幸福」の実現状態を計量化して判定するために考案された。現在実施されている各種の幸福度調査の原点である。

▶28
ゲーム理論
数学者ノイマン(von Neumann, J.)と経済学者モルゲンシュテルン(Morgenstern, O.)が創設した学問分野で、2人以上のプレーヤーが複数の選択肢をもつ場合、各々の選択が他のプレーヤーの利得にどのような影響を与えるかを論理的・数理的にシミュレートする。

社会理論と社会システム

# 社会問題の理解

## 社会問題の捉え方

**131**
33回21
マートン（Merton, R. K.）が指摘したアノミーとは，ある現象が解決されるべき問題とみなす人々の営みを通じて紡ぎ出される社会状態を指す。

**132**
33回21
マートン（Merton, R. K.）が指摘したアノミーとは，下位文化集団における他者との相互行為を通じて逸脱文化が学習されていく社会状態を指す。

**133**
33回21
マートン（Merton, R. K.）が指摘したアノミーとは，文化的目標とそれを達成するための制度的手段との不統合によって社会規範が弱まっている社会状態を指す。

**134**
33回21
マートン（Merton, R. K.）が指摘したアノミーとは，人間の自由な行動を抑制する要因が弱められることによって逸脱が生じる社会状態を指す。

**135**
33回21改変
ベッカー（Becker, H.S.）が提唱したラベリング理論では，他者あるいは自らなどによってある人々や行為に対してレッテルを貼ることで逸脱が生み出されているとされる。

**136**
32回21改変
社会統制の弱体化が犯罪や非行を生むとする捉え方を，社会統制論という。

**137**
32回21
社会問題は，ある状態を解決されるべき問題とみなす人々のクレイム申立てとそれに対する反応を通じて作り出されるという捉え方を，緊張理論という。

設問は，社会問題への**構築主義**[29]に関する記述である。社会問題の構築主義は，ある状態を解決されるべき「問題」と定義し，「社会問題」として周囲に訴える人々の活動（クレイム申し立て活動）に注目する研究アプローチである。

設問は，**文化学習理論**に関する記述である。文化学習理論は，人々が逸脱行動（非行や犯罪など）に至る過程を，逸脱集団（非行・犯罪集団）への参加による逸脱文化の学習過程と考える。

設問は，**マートンのアノミー論**に関する説明である。マートンによれば，ある社会の中で共有される文化的目標に対して，それを達成するための制度的手段が与えられていないというアンバランスな状況が逸脱を生み出す。

設問は，**社会統制論**についての記述である。社会統制とは人間の行為を抑制するメカニズムだが，社会統制論では，この社会統制の弱体化が逸脱を生むとみる。

設問のとおり。些細な逸脱行為を犯して「**逸脱者**」とラベリングされた者は，周囲からの「期待」に応えて「逸脱者」としての自己アイデンティティをもつようになり，実際に逸脱者になっていくとベッカーは指摘した。

設問のとおり。地域社会や家族などとの社会的絆（ボンド：他者への愛着や規範・道徳への信念など）の喪失が犯罪行為を生むとする，ハーシ（Hirschi, T.）の**ボンド（bond）理論**がその代表である。

**緊張理論**とは，文化的構造や社会構造が人々に押しつける緊張や欲求不満（フラストレーション）が犯罪や非行の発生原因である，とする考え方である。

[29]
**構築主義**
スペクター（Spector, M.B.）とキッセ（Kitsuse, J.I.）が『社会問題の構築』（1977）の中で提唱した。

**138** 32回21　社会問題は，ある状態を解決されるべき問題とみなす人々のクレイム申立てとそれに対する反応を通じて作り出されるという捉え方を，文化学習理論という。

**139** 32回21　社会問題は，ある状態を解決されるべき問題とみなす人々のクレイム申立てとそれに対する反応を通じて作り出されるという捉え方を，構築主義という。

**140** 29回21改変　社会解体論とは，機能主義的な立場から順機能・逆機能，顕在的機能・潜在的機能といった概念を導入しつつ，逸脱や逸脱行動を説明する立場である。

**141** 29回21改変　コンフリクト理論とは，地域社会にある文化摩擦に着目し，社会解体がその地域の犯罪などを生み出すとみる立場である。

**142** 29回21改変　社会緊張理論とは，資本主義社会における生産関係の矛盾から派生してくるものが社会的逸脱であるとみる立場である。

**143** 29回21改変　文化学習理論とは，犯罪や非行などの社会問題は，下位集団文化の中で学習され，その文化を通じて世代から世代へと伝承されていくとみる立場である。

✕ **文化学習理論**とは，知能，性格，精神の偏りなどによって犯罪行動を説明する生物学的・心理学的な犯罪の説明とは違って，人々が非行・犯罪に走るプロセスを，非行・犯罪集団への参加を通じた犯罪文化の学習プロセスとして説明する立場である。

◯ 社会問題の**構築主義**は，人々がある状態を「問題である」と認識し，そのことを主張する活動（＝**クレイム申立て活動**）と，それに対する周囲の反応を研究する立場である。

✕ 設問は，社会解体論ではなく**社会緊張理論**と呼ばれる逸脱行動論の立場である。マートン(Merton, R.K.)は，何らかの社会構造が，特定の圧力を一部の人々に加えて逸脱行動を選択させていると考えた。そして，機能主義的見地から，圧力の発生はその社会の文化的目標と，目標達成に際して利用できる制度的手段との間に矛盾があることで発生すると論じ，その圧力に対する人々の適応パターンを「個人的適応様式の類型論」としてまとめている。その研究は「アノミー理論」とも呼ばれる。

✕ 設問は，コンフリクト理論ではなく**社会解体論**と呼ばれる逸脱行動論の立場である。初期シカゴ学派によって提唱された古典概念で，特にトマス(Thomas, W.I.)の研究が有名である。

✕ 設問は，社会緊張理論ではなく**コンフリクト理論**と呼ばれる逸脱行動論の立場である。マルクス主義や初期シカゴ学派の影響を受け，資本主義の政治経済構造に起因する逸脱行動・疎外現象・人間関係の物象化・失業によって派生する諸問題を扱う。

◯ 設問のとおり。**文化学習理論**と呼ばれる逸脱行動論の立場である。代表的な研究者としては，サザーランド(Sutherland, E.H.)があげられる。サザーランドとクレッシー (Cressey, D.R.)の研究は「分化的接触理論（差異的接触理論）」とも呼ばれる。

社会理論と社会システム

# 具体的な社会問題

## ●貧困

**144** 26回21　我が国の政府は，2009年（平成21年）以降，OECDと同様の計算方法で算出した貧困率を公表している。

## ●高齢社会

**145** 29回18　「平成27年版高齢社会白書」（内閣府）によると，子供の有無に関わらず，半数以上の男性一人暮らし高齢者が，日常のちょっとした用事のことで人に頼りたいとは思わないと回答している。

**146** 29回18　「平成27年版高齢社会白書」（内閣府）によると，「とても幸せ」と回答した一人暮らしの高齢者の比率は，男女で差がない。

**147** 29回18　「平成27年版高齢社会白書」（内閣府）によると，子供のいない男性一人暮らし高齢者の半数は，病気などの時に看護や世話を介護サービスの人に頼りたいと回答している。

**148** 29回18　「平成27年版高齢社会白書」（内閣府）によると，一人暮らし高齢者のうち「毎日会話をしている人」の「現在の楽しみ」（複数回答）では，「仲間とのおしゃべり」が「テレビ・ラジオ」を上回っている。

**149** 29回18改変　「平成27年版高齢社会白書」（内閣府）によると，孤独死を身近に感じるかについて，「とても感じる」と回答した一人暮らし高齢者の比率は，約15％である。

## ●児童虐待

**150** 30回21改変　「令和2年における少年非行，児童虐待及び子供の性被害の状況について」（警察庁）に示された児童虐待に関する検挙状況によると，検挙件数は，身体的虐待よりも心理的虐待の方が多い。

○ 2008（平成20）年秋のリーマン・ショック後，失業者および生活保護世帯の増加から国民の貧困状態の把握と情報公開が必要となり，2009（平成21）年から OECD 基準の相対的貧困率を政府統計として公表するようになっている。厚生労働省の国民生活基礎調査に基づいて3年ごとに算出される。

○ 設問のとおり。子供がいる男性の50.3％，子供がいない男性の54.8％は，「そのことでは頼りたいと思わない」と回答している。女性の場合，「そのことでは頼りたいと思わない」と回答した比率は，子供がいる女性で20.5％，子供がいない女性で30.8％にとどまっている。

✕ 「とても幸せ」と回答した一人暮らしの高齢者の比率は，女性18.0％，男性8.4％となり，男女で2倍以上の差がある。

✕ 子供のいない男性一人暮らし高齢者のうち，病気などの時に看護や世話を「ヘルパーなどの介護サービスの人」に頼りたいと回答した者は9.6％にすぎない。他方，「あてはまる人はいない」とする者は35.0％，「そのことでは頼りたいと思わない」とする者は22.6％であった。

✕ 「毎日会話をしている人」の「現在の楽しみ」について，上位5位は「テレビ，ラジオ」（77.8％），「仲間とのおしゃべりや交際」（60.8％），「食事・飲食」（48.4％），「新聞，雑誌」（44.9％），「旅行」（37.3％）である。

○ 孤独死を身近に感じる割合は，「とても感じる」とする人が14.5％，「まあ感じる」とする人が30.1％を占めている。これに対して，身近に感じない傾向にある人は合計で52.1％であった。

✕ 検挙件数は，身体的虐待が1756件で最も多く，検挙件数全体の82.3％を占めている。また前年対比で7.0％増加していて，この10年間においても身体的虐待による検挙件数が毎年最も多い。

□ **151** 「令和2年における少年非行，児童虐待及び子供の性被害の状況について」（警察
□ 30回21改変 庁）に示された児童虐待に関する検挙状況によると，被害児童数は，平成26年以降の5年間で変化はない。

□ **152** 「令和2年における少年非行，児童虐待及び子供の性被害の状況について」（警察
□ 30回21改変 庁）に示された児童虐待に関する検挙状況によると，加害者数は，養親・継親よりも実親の方が多い。

□ **153** 「令和2年における少年非行，児童虐待及び子供の性被害の状況について」（警察
□ 30回21改変 庁）に示された児童虐待に関する検挙状況によると，加害者数は，女性よりも男性の方が多い。

□ **154** 「令和2年における少年非行，児童虐待及び子供の性被害の状況について」（警察
□ 30回21改変 庁）に示された児童虐待に関する検挙状況によると，被害児童数は，男児は女児の1.5倍である。

## ●環境問題

□ **155** 生活環境主義とは，生活上の知識や経験の集成である生活文化，地域に固有の環
□ 25回21改変 境への働きかけの伝統をもとに，当該地域の居住者の生活の立場から環境問題の所在や解決方法を考えようとする立場である。

**✕** 検挙状況における被害児童数は，5年間増加傾向で推移していて，2016年（平成28年）には1000人を超え，2020年（令和2年）は2172人となっている。

**◯** 被害児童と加害者との関係は，2020年（令和2年）では実父による加害が995件，養父・継父によるものが300件，実母による加害が588件，養母・継母によるものが14件であった。

**◯** 被害児童と加害者との関係において，男性の加害者は1558人（構成比71.4％）であった。一方で，女性の加害者は624人（構成比28.6％）にとどまった。

**✕** 性別による被害児童数は，男児が1139人（構成比52.4％）に対し，女児は1033人（47.6％）で，大きな差はなかった。

**◯** 設問のとおり。生活環境主義は，できるだけ手つかずのままの自然を残すのが望ましいとする自然環境主義や，近代技術の発展が環境破壊を修復すると考える近代技術主義から距離をとって，四大公害病を経験したわが国日本において独自に発展してきた。

▶30
四大公害病
1950年代後半から1970年代の高度経済成長期にわが国の各地で発生した公害のうち，特に被害の大きかった「水俣病」「新潟水俣病」「イタイイタイ病」「四日市ぜん息」を「四大公害病」という。

社会理論と社会システム

現代社会と福祉

# 現代社会における福祉制度と福祉政策

## 福祉制度の概念と理念

**1**　33回22
社会福祉法の「福祉サービスの基本的理念」において，個人の尊厳の保持を旨とし，その内容は，福祉サービスの利用者が心身ともに健やかに育成され，又はその有する能力に応じ自立した日常生活を営むことができるように支援するものとして，良質かつ適切なものでなければならない，とされている。

**2**　33回22
社会福祉法の「福祉サービスの基本的理念」において，全ての国民が，障害の有無にかかわらず，等しく基本的人権を享有するかけがえのない個人として尊重される，とされている。

**3**　33回22
社会福祉法の「福祉サービスの基本的理念」において，国が生活に困窮するすべての国民に対し，その困窮の程度に応じ，必要な保護を行い，その最低限度の生活を保障するとともに，その自立を助長する，とされている。

**4**　33回22
社会福祉法の「福祉サービスの基本的理念」において，地域の実情に応じて，高齢者が，可能な限り，住み慣れた地域でその有する能力に応じ自立した日常生活を営むことができるよう，医療，介護，介護予防，住まい及び自立した日常生活の支援が包括的に確保される，とされている。

**5**　33回22
社会福祉法の「福祉サービスの基本的理念」において，老齢，障害又は死亡によって国民生活の安定がそこなわれることを国民の共同連帯によって防止し，もって健全な国民生活の維持及び向上に寄与する，とされている。

**6**　31回22
「2005年世界サミット成果文書」のフォローアップとして国連総会（2012年）で採択された「人間の安全保障」についての共通理解の文書は，貧困を解決することに限定されている。

**7**　31回22
「2005年世界サミット成果文書」のフォローアップとして国連総会（2012年）で採択された「人間の安全保障」についての共通理解の文書では，全ての人々の保護および能力と地位の向上を強化することを求めている。

○ 社会福祉法第3条（福祉サービスの基本的理念）の内容である。ほかに福祉サービスに関する条文は，第5条に社会福祉事業者の責務を定めた「福祉サービスの提供の原則」，第6条に「福祉サービスの提供体制の確保等に関する国及び地方公共団体の責務」がある。

✕ 設問は，障害者基本法第1条（目的）の内容である。

✕ 設問は，生活保護法第1条（この法律の目的）の内容である。

✕ 設問は，持続可能な社会保障制度の確立を図るための改革の推進に関する法律第4条（医療制度）の第4項，及び地域における医療及び介護の総合的な確保の促進に関する法律第2条（定義）の第1項に規定される内容である。

✕ 設問は，国民年金法第1条（国民年金制度の目的）の内容である。

✕ 貧困を解決することに限定していない。共通理解の文書は「人間の安全保障」について国連加盟国間の共通理解を示したものであり，人間は，どのような権利をもっているのか，その権利を実現するために加盟国が負っている責任を示している。（関連キーワード▶1参照）

○ 共通理解の文書において「人間の安全保障は，全ての人々と全ての共同体の保護および能力と地位の向上を強化する人間中心の，包括的な，文脈特定のそして予防志向型の対応を求めている」と示されている。
（関連キーワード▶2参照）

▶1
「2005年世界サミット成果文書」
国連が基づく「価値と原則」を示した上で，「開発」「平和と集団安全保障」「人権と法の支配」「国連の強化」の4分野の問題について，多国間で解決するための具体的な措置を示している。

▶2
「人間の安全保障」についての共通理解の文書
「2005年世界サミット成果文書の人間の安全保障に関する第143項のフォローアップ」をいい，2012年の国連総会で採択されている。

**8** 31回22改変 「2005年世界サミット成果文書」のフォローアップとして国連総会（2012年）で採択された「人間の安全保障」についての共通理解の文書では，予防志向型の対応を求めている。

**9** 31回22 「2005年世界サミット成果文書」のフォローアップとして国連総会（2012年）で採択された「人間の安全保障」についての共通理解の文書では，経済的権利に優先性を付与している。

**10** 31回22 「2005年世界サミット成果文書」のフォローアップとして国連総会（2012年）で採択された「人間の安全保障」についての共通理解の文書では，武力の行使を必要としている。

## 福祉政策の概念と理念

**11** 25回28改変 政府による規制を，経済的規制と社会的規制に分けると，雇用・労働に関する規制，福祉サービスに関する規制は社会的規制に分類される。

## 福祉政策と政治の関係

**12** 32回23 「ニッポン一億総活躍プラン」（2016年（平成28年）6月閣議決定）において，地域資源の活用や自然環境を活用した第4次産業革命を実現すべきとした。

**13** 32回23 「ニッポン一億総活躍プラン」（2016年（平成28年）6月閣議決定）において，一億総活躍社会を実現するのは，次世代の役割であるとした。

**14** 32回23 「ニッポン一億総活躍プラン」（2016年（平成28年）6月閣議決定）において，地方創生は，一億総活躍社会を実現する上で最も緊急度の高い取組の一つであるとした。

○ 設問のとおり。共通理解の文書には「包括的な，文脈特定のそして予防志向型の対応を求めている」と示され，予防志向型の対応に加え，包括的，文脈特定の対応も求めている。

✕ 経済的権利に優先性を付与していない。共通理解の文書には「人間の安全保障は，平和，開発および人権の間の相互関係を認識し，そして市民的，政治的，経済的，社会的および文化的権利を等しく考慮している」と示されているように，経済的権利は，市民的，政治的，社会的及び文化的権利と等しい。

✕ 武力の行使を必要としていない。共通理解の文書には「人間の安全保障は，武力による威嚇または武力の行使若しくは強制手段を必要としない」と示されている。

○ 設問のとおり。社会的規制とは，労働者の安全・健康の確保，環境の保全，災害の防止などを目的として，商品・サービスの質やその提供に伴う各種の活動に一定の基準を設定したり，制限を加えたりするものである。(関連キーワード▶3参照)

▶3
経済的規制
経済的規制とは参入規制，設備等の新増設規制，輸入規制，価格規制，金融・証券・保険業関係の規制，その他のものを意味する。

✕ 第4次産業革命では，地域資源や自然環境を活用する等の文言はない。「IoT・ビッグデータ・人工知能とロボットや情報端末等」の活用，「自動走行や製造現場等での産業応用化を促していく」ことが提唱されている。

✕ 次世代の役割という文言はない。「一億総活躍社会を創り上げることは，今を生きる私たちの，次世代に対する責任である」としており，「日本の未来を創るのは，他の誰でもない。私たち自身である」としている。

○ 設問のとおり。「地方創生は，一億総活躍社会を実現する上で最も緊急度の高い取組の一つである。地域において育まれた伝統・文化，人と人とのつながり，日本人の心の豊かさといった財産を活かしながら進めていくことが重要である」としている。

| □ □ **15** 32回23改変 | 「ニッポン一億総活躍プラン」(2016年(平成28年) 6月閣議決定)において，長時間労働の是正や高齢者の就労促進などを目標とした，働き方改革が掲げられている。 |

| □ □ **16** 32回23 | 「ニッポン一億総活躍プラン」(2016年(平成28年) 6月閣議決定)において，「成長」か「分配」かという論争に終止符を打ち，「成長」に重点を置いた施策を推進するとした。 |

## 福祉の原理をめぐる理論と哲学

### 福祉の原理をめぐる理論

| □ □ **17** 30回28 | タウンゼント (Townsend, P.)は，相対的剥奪指標を用いて相対的貧困を分析した。 |

| □ □ **18** 30回28 | リスター (Lister, R.)は，社会的降格という概念を通して，現代の貧困の特徴を論じた。 |

| □ □ **19** 30回28 | ポーガム(Paugam, S.)は，車輪になぞらえて，経済的貧困と関係的・象徴的側面の関係を論じた。 |

| □ □ **20** 30回28改変 | ピケティ (Piketty, T.)は，資産格差は貧困の世代間連鎖をもたらすと論じた。 |

| □ □ **21** 31回23 | ポランニー (Polanyi, K.)の互酬の議論では，社会統合の一つのパターンに相互扶助関係があるとされた。 |

○ 設問のとおり。「必ず克服できると信じて，これまでの発想にとらわれることなく，あらゆる政策手段を尽くしていく」と述べ，「**働き方改革**」「**子育ての環境整備**」などを掲げている。

× 「成長」のみに重点を置いた施策を推進するとはしていない。「成長か分配か，どちらを重視するのかという長年の論争に終止符を打ち，「**成長と分配の好循環**」をつくり上げる。これは，日本が他の先進国に先駆けて示す新たな「**日本型モデル**」と呼ぶべきメカニズムである」としている。

○ タウンゼントは，「**相対的剝奪**（生活財が不足していることにより，生活が制約されている状態）」の概念を指標にして，「**相対的貧困**（平均的な生活を営む他人に比べて，自らの生活水準が劣っている状態）」を論じた。

× リスターは**車輪モデル**[5]を提示した。「社会的降格」概念を用いて貧困を説明したのはポーガム（Paugam, S.）である。

× ポーガムは**社会的降格**という概念を用いて現代社会における貧困の特徴を整理した。貧困を車輪になぞらえて把握・説明したのは，リスター（Lister, R.）である。

○ ピケティは，世界中で所得と富の分配の不平等化が進んでおり，長期的には資本収益率が経済成長率を超える傾向があることを示した。これが**資産格差**の原因となり，**貧困の世代間連鎖**に関係するとして，政府による再分配政策の重要性を強調した。

○ ポランニーが市場社会が機能する以前の社会統合の一つのパターンとした**互酬**は，対称性をもった集団同士が義務として相互扶助を行うことで，集団の安定性を保つ。ポランニーは，パターンとして互酬のほかに**再分配と交換**をあげている。

---

▶4
**相対的貧困**
特定の社会における標準的な生活様式との比較において貧困が許容できない状態。

▶5
**車輪モデル**
「貧困を物的困難（経済的貧困：内輪）」と「非物質的側面（社会関係的・文化象徴的側面：外輪）」という両者の連動から把握されることを主張した。非物質的側面の例はスティグマ，社会的排除，パワーレス状態，人権の否定，貧困者への差別。

▶6
**社会的降格**
貧困者が自らに対する否定的な認識をもっていることに関係する。「社会的降格」のプロセスとして①脆弱になる，②依存する，③社会的な絆が断絶するをあげている。

▶7
**再分配と交換**
再分配は，資源を共同体の中心に移動させてから，再び共同体の中へ移動させることで，貯蔵や分業を可能にする。交換は，市場を通した財の移動を意味している。

現代社会と福祉

**22**
31回23
ブルデュー（Bourdieu, P.）が論じた文化資本とは，地域社会が子育て支援に対して寄与する財のことをいう。

**23**
31回23
ホネット（Honneth, A.）が論じた社会的承認とは，地域社会における住民による福祉団体に対する信頼と認知に関わる概念である。

**24**
31回23
デュルケム（Durkheim, E.）が論じた有機的連帯とは，教会を中心とした共助のことをいう。

**25**
31回23
バージェス（Burgess, E.）が論じた同心円地帯理論は，農村の村落共同体の共生空間をモデルにしている。

**26**
32回24改変
孝橋正一は，社会事業を，資本主義の維持という側面から，賃金労働の再生産機構における「社会的問題」の緩和・解決の一形式と捉えた。

## 整理しておこう！

## 社会福祉の理論

海外

| 人名 | 重要関連事項 | 著書など |
|---|---|---|
| ベヴァリッジ | 人間社会を脅かす「五巨悪」（窮乏，疾病，無知，不潔，怠惰）に対する福祉政策。国家には最低限度の生活水準を保障する責任がある。 | 『社会保険および関連サービス』（ベヴァリッジ報告）（1942年） |
| マーシャル | シティズンシップ（市民的権利，政治的権利，社会的権利） | 『市民資格と社会的階級』（1950年） |
| ティトマス | 残余的福祉モデル，産業的業績達成モデル，制度的再分配モデル | 『社会福祉と社会保障』（1968年） |
| エスピン–アンデルセン | 脱商品化と階層化を指標とした福祉レジーム論（社会民主主義レジーム，自由主義レジーム，保守主義レジーム） | 『福祉資本主義の三つの世界』（1990年） |
| ギデンズ | 社会民主主義でもない，新自由主義でもない「第三の道」 | 『第三の道』（1998年） |

✕ ブルデューが論じた文化資本とは，社会階層の再生産に影響を与える財のことである。具体的には，親から子へと受け継がれるマナーや生活習慣，あるいは学校教育を通して獲得する資格や教養などが該当する。

✕ 社会的承認とは，社会的価値評価に基づいて承認をすることである。ホネットは「愛」「法」「連帯」という3つに区分して承認形式を論じている。

✕ デュルケムが論じた有機的連帯とは，個性化した個人が相互依存的な関係で結ばれている社会結合のことをいう。有機的連帯は機械的連帯に対応している

✕ 同心円地帯理論は，シカゴをモデルにした都市の成長過程に関する理論である。バージェスは，都市空間は同心円状に，中心から外側に向けて侵食しながら膨張していくと論じた。

◯ 孝橋正一は，社会事業の本質は，社会政策を代替補充するところにある(代替補充性論)とし，資本主義を維持，存続(恒久維持性)させるためには，資本主義が生み出す矛盾を緩和，解決することが必要だと主張した(合目的性)。

▶8
連帯
特にホネットが注目している連帯は，人それぞれの個別性が，共同体がもつ価値に対してどれだけ役立っているのか，ということを相互に評価し合う承認形式である。

▶9
有機的連帯と機械的連帯
有機的連帯は分業化が進んだ社会でみられ，機械的連帯は分業化以前の社会でみられる。

▶10
同心円地帯理論
バージェスは，中心から①CBD(=中心業務地区)，②遷移地帯(=スラムなどの低所得者向けの居住地帯)，③一般労働者向けの住宅地帯，④中産階級向けの住宅地帯，⑤通勤者住宅地帯，の5つに分類した。

現代社会と福祉

国内

| 人名 | 重要関連事項 | 著書など |
|---|---|---|
| 孝橋正一 | 社会政策は社会問題を対象とし，社会事業はそこから生じる「関係的・派生的な社会的問題」を対象とする。 | 『社会事業の基本問題』(1954年(昭和29年)) |
| 一番ヶ瀬康子 | 社会福祉は生活権保障の制度であり，実践論・運動論を組み入れた社会福祉学が総合的に体系化されなければならない。 | 『社会福祉事業概論』(1964年(昭和39年)) |
| 竹内愛二 | 人間関係を基盤に駆使される専門的な援助技術の体系を「専門社会事業」と呼んだ。社会福祉論における技術論の系譜に属する。 | 『専門社会事業研究』(1959年(昭和34年)) |
| 三浦文夫 | 社会福祉の供給組織を，行政型，認可型，市場型，参加型に区分し，社会福祉の供給主体の多元化を主張した。貨幣的ニードと非貨幣的ニード。 | 『社会福祉政策研究』(1985年(昭和60年)) |

159

| | 27 32回24 | 三浦文夫は，政策範疇としての社会福祉へのアプローチの方法として，ニード論や供給体制論を展開した。 |

| | 28 32回24改変 | 一番ヶ瀬康子は，生活権を起点に据えた実践論・運動論を組み入れた社会福祉学が総合的に体系化されなければならないと論じた。 |

| | 29 32回24改変 | 岡村重夫は，社会福祉の固有の機能を，個人とそれを取り巻く環境との間の不均衡を調整し，環境への適応を促すことと論じた。 |

| | 30 32回24改変 | 木田徹郎は，政策論よりも援助技術論を重視すべきと論じた。 |

## 福祉の原理をめぐる哲学と倫理

| | 31 30回22 | ロールズ（Rawls, J.）は，正義に関連し，成員の快楽の総和を最大化する社会が，最も望ましいと論じた。 |

| | 32 30回22 | ロールズ（Rawls, J.）は，正義に関連し，社会で最も不遇な人の最大の便益となるように，資源配分の是正が行われるべきであると論じた。 |

| | 33 30回22 | ロールズ（Rawls, J.）は，諸個人に対する平等な基本的自由の実現が不可能であることを前提に，正義を論じた。 |

| | 34 30回22改変 | ロールズ（Rawls, J.）は，「無知のヴェール」に包まれた個人を想定した議論では，正義原則に則った社会が構想されることになると論じた。 |

⭕ 三浦文夫は，政策論と技術論の対立構造を克服する探究において「ニード論」や「供給体制論」を展開した。また，三浦は「貨幣ニーズ」や「非貨幣ニーズ」から供給体の多様化についても主張している。

⭕ 一番ヶ瀬康子や真田 是らが政策面の一面性を批判し，「新政策論」を提起し，社会福祉運動の役割を重視したことから「運動論」とも呼ばれている。

⭕ 岡村重夫は，個人と個人を取り巻く環境との間に不均衡が生じた場合，個人や集団を援助し環境との関係を調整して，環境への適応を促す点に社会福祉の固有の機能を求めようとした。

❌ 政策論と援助技術論の論争は，孝橋理論（政策論）と岡村理論（技術論）による。

❌ 成員の快楽の総和を最大化する社会が最も望ましいと論じているのは，ベンサム（Bentham, J.）や，ミル（Mill, J.）に代表される功利主義である。▶11

⭕ 現実社会では他人の自由を侵害せざるを得ず，貧富の差が生じてしまう。ロールズは，平等な条件の下で競争した結果，より多く得た富を再配分すれば，「社会で最も不遇な人の最大の便益となる」と説いた。

❌ ロールズの「正義論」は「諸個人に対する平等な基本的自由が保障された社会」を実現するために，財の配分方法について論じている。▶12 つまり，諸個人に対する平等な基本的自由の実現が可能であることを前提としている。

⭕ ロールズは「自分自身について全く無知（無知のヴェール）であれば，自分の利益は何か判断することができないため，誰もが平等な利益分配を行う」と考えた。「無知のヴェール」に包まれた個人を想定した議論では，正義原則に則った社会が構想されることになる。

▶11
**功利主義**
功利主義では「最大多数の最大幸福」として表す。少数派の利益を犠牲にしていると批判されることがあるが，個人の利益を優先することで全体の利益を損ねてはならない，という考え方である。

▶12
**正義**
限りある資源を公平に分配する方法を問う原理を，「社会正義」という。

現代社会と福祉

161

| | 35<br>30回22 | ロールズ（Rawls, J.）は、「さまざまな生き方」を選べる基本的なケイパビリティを平等に配分することが、正義であると論じた。 |

| | 36<br>29回22 | セン（Sen, A.）が提唱した潜在能力とは、個人の遺伝的素質のことをいう。 |

| | 37<br>29回22 | 各人の資源の保有量が同じであれば、セン（Sen, A.）が提唱した潜在能力は等しくなる。 |

| | 38<br>29回22 | 困窮した生活を強いられていてもその人がその境遇に納得しているかどうかという心理的尺度が、セン（Sen, A.）が提唱した潜在能力の最終的な評価の基準となる。 |

| | 39<br>29回22 | 豊かな社会の中で貧しいことは、セン（Sen, A.）が提唱した潜在能力の障害となる。 |

| | 40<br>29回22改変 | 「恥をかかずに人前に出ることができる」といった社会的達成は、セン（Sen, A.）が提唱した潜在能力の機能に含まれる。 |

# 福祉制度の発達過程

## 前近代社会と福祉

| | 41<br>27回24 | 屋根葺きや田植えなどに際して労力を交換しあう慣習を「ユイ」という。 |

✗ 「さまざまな生き方」を選べる基本的なケイパビリティを平等に配分することが，正義であると論じたのは，**セン（Sen, A.）**である。社会的に弱い立場にある人たちは，「財」を受け取ったり，活用したりすることができない。センは，「財」を配分するだけではなく，組み合わせて活用できるようにすることが正義であると論じた。

✗ 個人の遺伝的素質は，潜在能力[13]に該当しない。例えば，「自転車」がもつ「人を運ぶ」という特性が，実際の「人を運ぶ」という「状態（機能）」に変換されることで意味をもつ。つまり「財（資源）」の特性を，「状態（機能）」へ変換するのは，「自転車に乗れる」という人の機能によって行われるのである。この機能の集合や組み合わせが，潜在能力である。

▶13
**センが提唱した「潜在能力」**
人ができるさまざまな機能を組み合わせることで，「「財（資源）」がもつ特性が活用された状態（機能）に変換する能力」のこととした。

✗ 各人の資源の保有量が同じであっても，その人の**能力や状況が異な**るとき，資源がもつ特性を同じ機能に変換できるとは限らず，潜在能力は等しくはならない。

✗ 困窮した生活を強いられている人がその境遇に納得しているのは，**その範囲内で達成できる幸福に限定している**からである。その場合，機能の組み合わせを必要としないため，潜在能力の評価の基準にはならない。

⭕ 豊かな社会の中で貧しいということは，「財（資源）」のもつ**特性を活用できない**ことを意味するので，潜在能力の障害となる。

⭕ 「恥をかかずに人前に出る」には，服装などを用意する必要があるが，貧困層はその水準の服装を用意できないため，潜在能力の障害となる。したがって，「恥をかかずに人前に出ることができる」といった**社会的達成**は，潜在能力の機能に含まれる。

▶14
**センの貧困の定義**
「受入れ可能な最低限の水準に達するのに必要な，基本的な潜在能力が欠如した状態」と定義した。

⭕ 「**ユイ（結）**」とは，共同体の構成員の間で，互酬的に労力を交換しあう互助組織である。農作業などでは多大な労力を必要とする生産活動を共同して行うが，**提供した労力と同じ程度の労力を受け取ることができる**ことに「ユイ」の特徴がある。稲刈りや灌漑，森林の伐採などが具体例である。

# 産業社会と福祉

## ●海外

**42** 31回24
イギリスのエリザベス救貧法（1601年）では，全国を単一の教区とした救貧行政が実施された。

**43** 31回24改変
イギリスの労役場テスト法（1722年）は，労役場で貧民救済を行うことを目的とした。

**44** 31回24
イギリスのギルバート法（1782年）は，労役場内での救済に限定することを定めた。

**45** 33回25
新救貧法（イギリス，1834年）では，劣等処遇の原則を導入し，救貧の水準を自活している最下層の労働者の生活水準よりも低いものとした。

**46** 33回25
新救貧法（イギリス，1834年）では，パンの価格に基づき定められる最低生計費よりも収入が低い貧困者を対象に，救貧税を財源としてその差額を給付した。

**47** 33回25
新救貧法（イギリス，1834年）により，貧困調査を実施して，貧困は社会的な要因で発生することを明らかにした。

**48** 33回25
新救貧法（イギリス，1834年）では，働ける者を労役場で救済することを禁止し，在宅で救済する方策を採用した。

**49** 33回25
新救貧法（イギリス，1834年）は，貧困の原因として欠乏・疾病・無知・不潔・無為の5大巨悪を指摘した。

**✕** エリザベス救貧法では，地域の教区ごとに救貧行政を実施した。全国を単一として救貧行政を実施したのは，**新救貧法(1834年)**である。

**◯** エリザベス救貧法(1601年)で，収容人数の増加に伴う救貧費用の抑制と不正受給や怠惰な者の救済防止が課題となったため，**労役場テスト法**により，労役場を労働意欲と救済意思を確認する場として活用することを定め，労役場以外での貧民救済を抑制した。

**✕** 過酷な条件下で院内救済を実施した**労役場テスト法(1722年)**により救済をあきらめた貧民を増加させる結果を招いたため，**ギルバート法**は救貧行政の合理化と貧民処遇の改善を目指し，労働能力のない貧民を院内で，労働能力のある貧民に対して院外での救済を実施した。

**◯** 新救貧法のねらいは，**劣等処遇の原則**により，労働能力のある貧民の救済を厳格化し，救貧費用を削減することにあった。

**✕** 設問は，**スピーナムランド制度(1795年)**の内容である。同制度は低賃金労働者の生活保障に一定の効果を発揮したが，救貧税の増大を招き，その後，救貧法改革が行われた。

**✕** 設問は，**ブース(Booth, C.)**がロンドンで1886年から実施した**貧困調査**の記載である。

**✕** 労働能力のある貧民の在宅救済を禁止し，労働能力のある貧民を**労役場(ワークハウス)**に収容し，強制的に労働に従事させた。イギリスで在宅救済を認めた代表的な制度は，**ギルバート法(1782年)**や**スピーナムランド制度(1795年)**である。

**✕** 設問は，**ベヴァリッジ報告(1942年)**の記載である。第二次世界大戦中にイギリスで公表されたベヴァリッジ報告(社会保険及び関連サービスに関する報告)は，戦後福祉国家の礎となった社会保障計画である。

▶15
**エリザベス救貧法の救済**
①労働能力のある貧民(有能貧民)には労役場による労働を課し，②労働能力のない貧民(無能貧民)には親族による扶養，若しくは救貧院での保護を与え，③子どもには徒弟奉公による職業的自立を促した。

▶16
**新救貧法のねらい**
劣等処遇の原則のほか，①中央集権的な給付水準の統一，②救貧行政の単位を教区から教区連合へ広域化，③労働能力のある貧民の院外(在宅)救済の禁止。

▶17
**ブースの貧困調査**
17年間にわたった調査結果は『ロンドン市民の生活と労働』(全17巻)にまとめられた。その中で，人口の約3割が貧困線かそれ以下の生活をしており，その原因として不規則労働，低賃金，疾病，多子などの社会経済的要因が指摘された。

現代社会と福祉

|☐ ☐| **50**<br>31回24 | イギリスの新救貧法（1834年）は，貧民の救済を拡大することを目的とした。 |

|☐ ☐| **51**<br>30回28 | ラウントリー（Rowntree, B.S.）は，ロンドン市民の貧困調査を通じて「見えない貧困」を発見した。 |

|☐ ☐| **52**<br>29回25 | ラウントリー（Rowntree, B.S.）が実施したヨーク調査は，貧困は怠惰や努力不足の結果であるため，自己責任として放置すべきであるという貧困観を補強する資料となった。 |

|☐ ☐| **53**<br>29回25 | ラウントリー（Rowntree, B.S.）が実施したヨーク調査では，貧困の分析に相対的剥奪の概念を用いた。 |

|☐ ☐| **54**<br>29回25 | ラウントリー（Rowntree, B.S.）が実施したヨーク調査では，貧困により社会に参加できなくなる過程を社会的排除として概念化した。 |

|☐ ☐| **55**<br>29回25改変 | ラウントリー（Rowntree, B.S.）が実施したヨーク調査により，貧困はライフサイクルにおいて3回存在することが発見された。 |

|☐ ☐| **56**<br>29回25 | ラウントリー（Rowntree, B.S.）が実施したヨーク調査により，最低生活費を基準として貧困を科学的に計測する方法が生み出された。 |

|☐ ☐| **57**<br>31回24 | イギリスの国民保険法（1911年）は，健康保険と失業保険から成るものとして創設された。 |

❌ ギルバート法(1782年)や，低所得者に賃金補助するスピーナムランド制度(1795年)などによって，労働意欲の低下や救貧税の負担による納税者の貧困化が進んだため，**新救貧法**では「劣等処遇の原則」に基づき，最下層以下の独立労働者よりも低い水準で救貧行政を実施した。

▶18
**新救貧法**
マルサス(Malthus, T. R.)の『人口論』を論拠とした。

---

❌ ラウントリーは，イギリスのヨーク市において貧困調査を行い，貧困を第一次貧困と第二次貧困に区別した。ロンドンにおける貧困調査を行ったのはブース(Booth, C.)であり，絶対的貧困の判断基準を提示した。

---

❌ 貧困は，賃金稼得者の死亡，疾病，老齢などによる所得水準の低下の結果であるため，社会的責任として社会保障制度等による救済をすべきであるという貧困観を補強する資料となった。

---

❌ 貧困の分析に**相対的剥奪**の概念を用いたのは，タウンゼント(Townsend, P.)である。タウンゼントはこれを指標として「相対的貧困(平均的な生活を営む他人に比べて，自らの生活水準が劣っている状態)」を論じた。

▶19
**タウンゼントの相対的剥奪**
「人々が社会で通常手に入れることのできる栄養，衣服，住宅，居住設備，就労，環境面や地理的な条件についての物的な標準にこと欠いていたり，一般に経験されているか享受されている雇用，職業，教育，レクリエーション，家族での活動，社会活動や社会関係に参加できない，ないしはアクセスしたりできない」状態。

---

❌ 社会的排除に「貧困により社会に参加できなくなる過程」を含むと概念化したのは，**EU(欧州連合)**である。社会的排除は，1980年代の後半にフランスで議論が始まり，1992年にEUが定義した。

---

⭕ ラウントリーは，労働者階級を調査対象とし，ライフサイクルの中で，「5～15歳」の低年齢期，子育てをする「30～40歳」，高齢により稼得能力を失う「65歳以降」の3回，第一次貧困線を下回ることを発見した。

---

⭕ 最低生活費は，肉体の維持に必要な摂取カロリーに基礎をおく**マーケットバスケット方式**を用いて算出し，その線を基準にして貧困を判断した。また，所得や子どもの人数といった家族構成が，ライフサイクルを通して生活水準の上下に影響を与えることを発見するなど，貧困を科学的に分析した。（関連キーワード▶20参照）

▶20
**ラウントリーの貧困調査**
①最低生活費を基準線とする貧困の判定，②家族構成と消費水準の関係の分析，③第二次貧困の研究によって行われた。

---

⭕ イギリスの国民保険法は，1880年代のドイツで実施された，ビスマルクの社会保険政策を参考に創設された。健康保険と失業保険から成り，強制加入の失業保険を，世界で初めて制度化した国営の保険である。

現代社会と福祉

| | 58 32回25 | 「ベヴァリッジ報告」では，福祉サービスの供給主体を多元化し，民間非営利団体を積極的に活用するように勧告した。 |

| | 59 32回25 | 「ベヴァリッジ報告」では，従来の社会民主主義とも新自由主義とも異なる「第三の道」路線を選択するように勧告した。 |

| | 60 32回25 | 「ベヴァリッジ報告」では，ソーシャルワーカーの養成・研修コースを開設して，専門性を高めるように勧告した。 |

| | 61 32回25 | 「ベヴァリッジ報告」では，衛生・安全，労働時間，賃金，教育で構成されるナショナル・ミニマムという考え方を示した。 |

| | 62 32回25 | 「ベヴァリッジ報告」では，社会保障計画は，社会保険，国民扶助，任意保険という3つの方法で構成されるという考え方を示した。 |

## 整理しておこう！

## イギリスの貧困研究・調査

| 人名 | 業績 | 概要 |
| --- | --- | --- |
| マルサス | 『人口論』<br>（1798年） | 人口が幾何級数的に増加するのに対し，食料は算術級数的にしか増加せず，救貧法による人為的救済は貧民を増加させるだけであると批判した。 |
| ブース | ロンドンにおける貧困調査<br>（1886～1902年） | 3回にわたっての調査を行い，人口の3割が貧困線以下の生活を送っていること，貧困は個人の習慣の問題ではなく雇用や環境の問題に起因することなどを明らかにした。 |

**✗** 「グリフィス報告」に関する記述である。グリフィス報告は，イギリスにおいてグリフィス卿により，コミュニティケア政策のあり方について1988年にまとめられたものである。特に民間部門や私的部門を最大限に活用することが求められた。(関連キーワード▶21参照)

**✗** 1999年，イギリス・ブレア政権のもとで「第三の道」路線を提唱したのは，社会学者ギデンス(Giddens, A.)である。イギリスは社会主義でもなく市場主義でもない「第三の道」により「福祉国家」を模索することになる。

**✗** 1959年の「ヤングハズバンド報告」に関する記述である。これはイギリスの「地方自治保健・福祉サービスに関する調査委員会」の報告書である。

**✗** ナショナル・ミニマムを提唱したのはウェッブ夫妻(Webb, S. & B.)である。事後救済よりも貧困の予防を主張し，イギリスの福祉国家の構築に大きな影響を与えた。ベヴァリッジ報告は，国家責任の範囲を最低限度の生活保障に限定したものであった。

**○** ベヴァリッジ報告が起点となり「ゆりかごから墓場まで」とされたイギリス福祉国家が構築された。ベヴァリッジもナショナル・ミニマム概念を取り入れるが，それは国家責任の範囲であり，社会保障を社会保険，国民扶助，任意保険の組み合わせにより計画することを主張した。

▶21
ベヴァリッジ報告
『社会保険および関連サービス』。第二次世界大戦の勝利に向けて，国民の不満を解消するために戦争目的を明確化すると同時に，戦後のイギリスが進むべき国家体制について示した報告書(1942年)。

▶22
第一次貧困と第二次貧困
ラウントリーがヨーク調査で規定した分類。総収入が単なる肉体的能率を維持するために必要な最小限度にも足らぬ家庭を「第一次貧困」，かろうじて確保されている家庭を「第二次貧困」と名づけた。

| 人名 | 業績 | 概要 |
|---|---|---|
| ラウントリー | ヨーク市における貧困調査(1899 ～ 1950年) | マーケット・バスケット方式により貧困を測定し，第一次貧困9.91％，第二次貧困▶22 17.93％の計3割が貧困状態にあることを明らかにした。 |
| ウェッブ夫妻 | 『産業民主制論』(1897年) | ナショナル・ミニマムを最初に提唱し，「救貧法及び失業救済に関する勅命委員会」報告書(少数派報告)(1909年)では救貧法の解体を主張した。 |
| タウンゼント | 『イギリスにおける貧困』(1979年) | 一連の貧困調査を行い，「相対的剥奪」という概念による相対的貧困の研究が注目された。 |

## ●国内

**63**
30回24改変
恤救規則（1874年（明治7年））は，人民相互の情誼を優先した。

**64**
30回24
行旅病人及行旅死亡人取扱法（1899年（明治32年））は，救護法の制定によって廃止された。

**65**
30回24
感化法の制定（1900年（明治33年））を機に，内務省に社会局が新設された。

**66**
30回31
「方面委員制度」は，イギリスの慈善組織協会（COS）よりも早く始まっていた。

**67**
30回31
「方面委員制度」は，方面委員令によって創設された。

---

### 整理しておこう！

## 日本における福祉関係施設の始まり

　日本において，障害児施設などの福祉関係施設が設立され始めたのは明治以降のことである。それ以前にも，聖徳太子によって設けられた四箇院（施薬院，悲田院，敬田院，療病院）などの公的救済施設があったが，明治以降，近代化が進むなか，既成社会のあり方に疑問をもち，社会改良的な情熱に燃えた慈善事業家などによって新たな救済施設が立ち上げられた。以下にあげる代表的な施設と人物はぜひ覚えておきたい。

| 年号 | 施設 | 人物 | 関連事項 |
|---|---|---|---|
| 1872年（明治5年） | 東京府養育院 | 渋沢栄一 | ・老人・児童・病弱者の援護<br>・現在の石神井学園（児童養護施設） |
| 1874年（明治7年） | 浦上養育院 | 岩永マキ | ・孤児の救済 |
| 1887年（明治20年） | 岡山孤児院 | 石井十次 | ・明治期の代表的な育児施設<br>・1891年（明治24年）の濃尾地震の孤児や1905年（明治38年）の東北大凶作の貧児保護 |

170

◯ 設問のとおり。恤救規則による救済は，お互いの助け合いを第一とし，身寄りのない者といった「無告の窮民」に限って，窮乏の状況に応じて「米」を支給する，という制度であった。(関連キーワード▶23参照)

▶23
情誼
「思いやり」や「人情」を意味する。

✕ 行旅病人及行旅死亡人取扱法は現行法である。「行旅病人」の救護はその所在地の市町村が行い，費用は被救護者・扶養義務者の負担を原則とする。「行旅死亡人」とは「行旅中死亡シ引取者ナキ者」であり，その所在地の市町村が埋葬・火葬をするよう定められている。

✕ 内務省に社会局が新設されたのは1920年(大正9年)であり，時代が異なる。1938年(昭和13年)に厚生省へ再編されている。(関連キーワード▶24参照)

▶24
感化法
不良行為や罪を犯した青少年に対して感化教育を施すことで，再犯の防止を目的とした法律。道府県に感化院の設置を義務づけた。1933年(昭和8年)，少年教護法成立により廃止。

✕ わが国の方面委員等の取組みは，1917年(大正6年)，岡山県の笠井信一知事による済世顧問制度で始まった。イギリスの慈善組織協会(COS)は1869年に開始している。

✕ 岡山県の済世顧問制度，大阪府の方面委員制度といった府県の取組みが全国に広がり，1928年(昭和3年)に方面委員が全都道府県に設置された。その後，1936年(昭和11年)に方面委員令として，法制度化された。

| 年号 | 施設 | 人物 | 関連事項 |
|---|---|---|---|
| 1891年(明治24年) | 滝乃川学園 | 石井亮一 | ・最初の知的障害児(者)施設<br>・前身は孤女学院<br>・孤児と知的障害児教育を行う |
| 1897年(明治30年) | キングスレー館 | 片山潜 | ・東京神田三崎町に設立<br>・セツルメント(隣保事業)の先駆<br>・労働者階級を視野においた社会改良実践 |
| | 免囚保護所 | 原胤昭 | ・出獄人を保護 |
| 1899年(明治32年) | 家庭学校 | 留岡幸助 | ・巣鴨家庭学校，北海道家庭学校を創設<br>・非行少年の感化事業<br>・後の児童自立支援施設<br>・農業中心の労作教育 |
| 1900年(明治33年) | 二葉幼稚園 | 野口幽香 | ・貧民子女のための慈善幼稚園 |
| 1946年(昭和21年) | 近江学園 | 糸賀一雄 | ・戦災孤児や浮浪児，知的障害児対象の民間施設<br>・知的障害児施設として障害児福祉の指導的役割 |

| | 68 30回31 | 「方面委員制度」は，恤救規則を実施するための補助機関とされた。 |

| | 69 30回31 | 岡山県済世顧問制度に続き，大阪府で方面委員制度が設置された。 |

| | 70 30回31 | 大阪府の方面委員制度は，河上肇を中心に立案された。 |

| | 71 30回24 | 救護法（1929年（昭和4年））における救護施設には，孤児院，養老院が含まれる。 |

| | 72 30回24 | 児童虐待防止法（1933年（昭和8年））は，母子保護法の制定を受けて制定された。 |

## 現代社会と福祉

| | 73 27回25 | 現行生活保護法（1950年（昭和25年））では，その対象者に，扶養義務者のいる者も含まれる。 |

| | 74 29回24 | 社会福祉法人の公設民営の原則を徹底させることは，社会福祉事業法制定時における社会福祉法人創設の趣旨であった。 |

**✕** 1936年（昭和11年）に方面委員令により法制度化された方面委員は，翌1937年（昭和12年）の救護法改正で，救護の補助機関となった。恤救規則は1874年（明治7年）に成立，救護法制定（1929年（昭和4年））により廃止された（1931年（昭和6年））。

**◯** 岡山県済世顧問制度は1917年（大正6年）に始まり，大阪府の方面委員制度は翌1918年（大正7年）の米騒動を契機に始まった。いずれも，ドイツのエルバーフェルト市の救貧委員制度を基に考案された。

**✕** 大阪府の方面委員制度を立案したのは，大阪府の林市蔵知事と政治顧問の小河滋次郎である。河上肇は1916年（大正5年）に『貧乏物語』を著した。

**◯** 救護法は居宅救護を原則としており，施設救護（孤児院，養老院，病院）は補完的な位置づけとされた。救護の実施は市町村長が主体となって行い，方面委員が補助機関として定められていた。

**✕** 母子保護法は1937年（昭和12年）の制定であり，時代が異なる。児童虐待防止法は14歳未満を対象とし，養育者等による児童虐待の防止，乞食行為の強要・見世物小屋や風俗関連などでの労働を禁止する内容だった。母子保護法は，13歳以下の子を有する貧困母子家庭救済のための法律であり，「生活扶助」「教育扶助」「生業扶助」「医療扶助」を行った。

**◯** 生活保護法第4条第2項で「扶養義務者の扶養（中略）は，すべてこの法律による保護に優先して行われる」と定められているが，同条第3項では，「急迫した事由がある場合に，必要な保護を行うことを妨げるものではない」とあり，場合によっては扶養義務者がいても保護の対象となる。

**✕** 1946年（昭和21年）のGHQの，社会事業に対する公的責任の明確化を図ることを目的とした民間社会事業への補助金支出の禁止措置により，民間の社会事業は財政困難となり，不祥事が起こるなどの事態に陥った。そこで，社会福祉事業法で定めた厳格な規定に適合した団体を社会福祉法人として国が認可し，事業実施主体として運用することにより，社会福祉事業の純粋性や公共性を維持しようとした。(関連キーワード▶25参照)

▶25
**社会福祉法人の創設**
社会福祉事業を行うことを目的として，社会福祉事業法（1951年（昭和26年）公布，現・社会福祉法）により創設された。

現代社会と福祉

173

**75** 29回24　公の指導監督を受けない民間組織として社会福祉法人を普及させることは，社会福祉事業法制定時における社会福祉法人創設の趣旨であった。

**76** 29回24　社会福祉法人が社会福祉事業以外の公益事業を行うことを禁止することは，社会福祉事業法制定時における社会福祉法人創設の趣旨であった。

**77** 29回24　社会福祉事業における収益性を強化することは，社会福祉事業法制定時における社会福祉法人創設の趣旨であった。

**78** 29回24　社会福祉事業の公共性を高め社会的信頼を得るために，民法の公益法人とは別個の特別法人を創設することは，社会福祉事業法制定時における社会福祉法人創設の趣旨であった。

**79** 31回30　社会福祉法は，2000年（平成12年）の社会福祉基礎構造改革の際に，社会福祉事業法の題名が改められたものである。

---

## 整理しておこう！

### 旧生活保護法と新生活保護法の比較

　旧生活保護法（1946年（昭和21年））では，それまでの制限扶助主義から一般扶助主義となり，無差別平等の保護を定めるとともに要保護者に対する国家責任による保護を明文化した。しかし，勤労意欲のない者や素行不良の者等には保護を行わないという欠格条項が設けられ，保護の対象は限られたものであった。

　それに対し，新生活保護法（1950年（昭和25年））では，日本国憲法第25条の生存権に基づく法律であることを明文化し，保護受給権を認め，不服申立制度を法定化した。教育扶助・住宅扶助が追加され（2000年（平成12年）に介護扶助が追加），指定医療機関を新設するとともに，保護事務を行う補助機関に社会福祉主事をおき，それまで補助機関であった民生委員は協力機関とした。

**✕** 制定時の社会福祉事業法第5条で，社会福祉事業の責任や，財政的，管理的援助に対する公私の分離を定め，それぞれ独立するものとして規定したが，第54条で社会福祉法人に対する厚生大臣の「一般的監督」を定めていた。

**✕** 制定時，公益事業に関する規定はなかった。なお，現在の社会福祉法第26条では，社会福祉法人は社会福祉事業に支障がない限り「公益を目的とする事業（公益事業）を行うことができる」旨を定めている。

**✕** 社会福祉事業法第25条で，社会福祉事業に支障がない限り，社会福祉事業の経営に充てることを目的とする事業（収益事業）を行うことができるとされていたが，第55条第3号で「当該事業の継続が当該社会福祉法人の行う社会福祉事業に支障がある」場合は，その事業の停止が命じられた。

**◯** 公益法人は，公益性と非営利性を兼ね備えた法人で，多くは免税措置を受けていたが，シャウプ勧告（1949年（昭和24年）～1950年（昭和25年））により公益法人に対する収益事業の非課税規定が廃止されることになった。しかし，社会福祉事業は公共性を高めることが必要なため，税制の優遇を獲得するために公益法人から発展した。

**◯** 2000年（平成12年）5月に成立した「社会福祉の増進のための社会福祉事業法等の一部を改正する等の法律」により，社会福祉事業法が社会福祉法に題名改正された。

| | 旧生活保護法 | 新生活保護法 |
|---|---|---|
| 保護の種類 | 生活扶助，医療，助産，生業扶助，葬祭扶助の5種 | 生活扶助，教育扶助，住宅扶助，医療扶助，出産扶助，生業扶助，葬祭扶助の7種に，2000年（平成12年）に介護扶助が追加され，8種 |
| 欠格事項 | 有（怠惰・素行不良者は対象外） | 無（無差別平等） |
| 保護の実施機関 | すべて市町村長 | 都道府県知事，市長，福祉事務所を管理する町村長（保護の決定・実施に関する事務は，その権限を福祉事務所などその管理に属する行政庁に委託できる） |
| 補助機関 | 民生委員 | 社会福祉主事（民生委員は協力機関） |

現代社会と福祉

| | 80 32回29 | 社会福祉法人の「地域における公益的な取組」では，重点目標として，孤立防止の見守り活動の実施が義務づけられている。 |

| | 81 32回29 | 社会福祉法人の「地域における公益的な取組」では，法人の理事会に，「地域における公益的な取組」を担当する理事を置くことが義務づけられている。 |

| | 82 32回29 | 社会福祉法人の「地域における公益的な取組」では，地域社会への貢献を，社会福祉法人の新たな役割として明確化した。 |

| | 83 32回29 | 社会福祉法人の「地域における公益的な取組」では，日常生活又は社会生活上の支援を必要とする者に対して，無料又は低額な料金で，福祉サービスを積極的に提供するよう努めなければならない。 |

| | 84 32回29改変 | 社会福祉法人の「地域における公益的な取組」では，行政が主体となって実施する事業を代替することは含まれていない。 |

| | 85 32回22改変 | 福祉サービス利用援助事業は，第二種社会福祉事業である。 |

| | 86 32回22 | 市町村は，地方社会福祉審議会を設置しなければならない。 |

| | 87 32回22改変 | 厚生労働大臣は，社会福祉事業等に従事する者の確保に関する基本指針を定めなければならない。 |

**✕** 「地域における公益的な取組」の内容は，社会福祉法第24条第2項の規定に反しない限り，法人の経営方針や地域の福祉ニーズに応じてさまざまなものが考えられる。**法人の自主性にゆだねられるべきものである**から，孤立防止の見守り活動の実施が義務づけられるものではない。

**✕** 「地域における公益的な取組」を担当する理事を置くことについては記されていない。社会福祉法第45条の13では，社会福祉法人の理事会の職務として，**社会福祉法人の業務執行の決定，理事の職務の執行の監督，理事長の選定及び解職**があげられている。

**✕** 地域社会への貢献は，必ずしも社会福祉法人の新たな役割として義務づけられるものではない。取組み内容の例としては，**高齢者の住まい探しの支援や障害者の継続的な就労の場の創出，子育て交流広場の設置**などがあげられている。

**◯** 設問のとおり。社会福祉法第24条第2項に「日常生活又は社会生活上の支援を必要とする者に対して，**無料又は低額な料金で**，福祉サービスを積極的に提供するよう努めなければならない」と明記されている。

**◯** 社会福祉法人は，公益性の高い法人として，社会福祉事業の中心的な担い手としての役割を果たすのみならず，ほかの事業主体では困難な福祉ニーズに対応することが求められる法人であることから，行政が主体となって実施する**事業を代替することは含まれていない。**

**◯** 設問のとおり。第二種社会福祉事業は，比較的利用者への影響が小さいため，公的規制の必要性が低い事業(主として在宅サービス)である。**経営主体に制限はなく**，すべての主体が届出をすることにより事業経営が可能となる。

**✕** 地方社会福祉審議会を設置しなければならないのは，**都道府県並び**に地方自治法に定められた**指定都市及び中核市**である(社会福祉法第7条)。

**◯** 設問のとおり。社会福祉法第89条において，厚生労働大臣が，社会福祉事業等に従事する者の確保に関する**基本指針**を定めなければならないとされている。

現代社会と福祉

177

| 88<br>32回22 | 都道府県は，都道府県地域福祉支援計画を策定しなければならない。 |

| 89<br>32回22 | 共同募金は，都道府県を単位として毎年1回実施される。 |

| 90<br>32回26 | 1973年（昭和48年）の「福祉元年」に，年金の給付水準を調整するために物価スライド制を導入した。 |

| 91<br>32回26改変 | 1973年（昭和48年）の「福祉元年」に，標準報酬の再評価を行い，厚生年金では「5万円年金」を実現した。 |

| 92<br>32回26 | 1973年（昭和48年）の「福祉元年」に，被用者保険における家族療養費制度を導入した。 |

| 93<br>32回26改変 | 1973年（昭和48年）の「福祉元年」に，老人医療費支給制度を実施して，70歳以上の医療費を無料にした。 |

| 94<br>32回26 | 1973年（昭和48年）の「福祉元年」に，老人家庭奉仕員派遣事業が法制化された。 |

| 95<br>33回24 | 「人間開発報告書2019（概要版）」（UNDP）では，「持続可能な開発目標」（SDGs）中の「2030年までに極度の貧困を全世界で根絶する」という目標を達成する目途が立っている，と記されている。 |

| 96<br>33回24 | 「人間開発報告書2019（概要版）」（UNDP）によれば，「人間開発指数ランクごとのグループ」をみると，2005年から2015年にかけての平均寿命の年数の延びは，最高位グループよりも低位グループの方が大きい。 |

| 97<br>33回24改変 | 「人間開発報告書2019（概要版）」（UNDP）によれば，人間開発の各側面のうち，健康の格差は，所得や教育の格差と同様，世代間で継承されることが多い。 |

❌ 社会福祉法第108条では都道府県地域福祉支援計画の策定は努力義務であり，「策定しなければならない」という義務規定はない。なお，都道府県に計画の策定が義務づけられているものとして，**老人福祉計画**や**障害者計画**などがある。

⭕ 設問のとおり（社会福祉法第112条）。共同募金は，都道府県の区域を単位として，毎年1回，**厚生労働大臣の定める期間内**に行われる。

⭕ 公的年金保険制度に，物価の変動に合わせて年金金額を改定する物価スライド制の導入などが行われ，**年金給付水準**が引き上げられた。

⭕ 厚生年金では過去の標準報酬を現在の価格に再評価（賃金スライド）したことにより「**5万円年金**」（年金月額）が実現した。

❌ 導入されたのは，健康保険法に基づく**高額療養費制度**である。

⭕ 老人医療費支給制度（老人医療費公費負担制度）の対象者は**70歳以上**の高齢者及び，いわゆる寝たきり老人とされ，医療費の自己負担分が無料化された（老人福祉法）。

❌ 老人家庭奉仕員派遣事業が法律に明文化され，法制化されたのは，**1963年（昭和38年）**の老人福祉法である。それまでは，各自治体等により実施されていた。現在でいう訪問介護事業である。

❌ 「2030年までに極度の貧困を全世界で根絶するという，持続可能な開発目標が定めるターゲットを達成できる**目途は立っていない**」と記されている。

⭕ 2005年から2015年の平均寿命の延びを比較すると，**最高位グループ**で2.4年，低位グループでは5.9年となっている。開発途上国で子どもの死亡率が低下したことが主な理由とされている。（関連キーワード ▶26参照）

⭕ 「親の所得と状況は，その子どもの健康，教育および所得に影響する」と書かれている。したがって，所得や教育の格差同様に，**健康の格差も世代間で継承される**と考えられている。

▶26
人間開発指数ランクごとのグループ
世界の国・地域を人間開発指数の高い方から，最高位（Very high），高位（High），中位（Medium），低位（Low）の4グループに分類している。

現代社会と福祉

| □ □ | **98**<br>33回24 | 「人間開発報告書2019（概要版）」（UNDP）では，各国・地域の人間開発の格差を評価するには，一人当たり国民総所得（GNI）を比較することが最も適切である，と記されている。 |

| □ □ | **99**<br>33回24 | 「人間開発報告書2019（概要版）」（UNDP）では，人間開発の格差を是正するには，市場の公平性と効率を高めることが有効であり，そのために各国・地域は減税・歳出削減と規制緩和を実施する必要がある，と記されている。 |

# 福祉政策におけるニーズと資源

## 需要とニーズの概念

| □ □ | **100**<br>29回27 | 利用者のフェルト・ニードとは，専門職が社会規範に照らして把握する福祉ニードのことである。 |

| □ □ | **101**<br>29回27 | 人々の心身機能の状態が同一であれば，福祉ニードも同一である。 |

| □ □ | **102**<br>29回27改変 | 福祉サービスの利用を拒んでいる人の福祉ニードは，専門職の介入によって把握されることがある。 |

| □ □ | **103**<br>29回27 | サービス供給体制の整備に伴い，潜在的な福祉ニードが顕在化することがある。 |

| □ □ | **104**<br>29回27 | 経済的な福祉ニードは，相談援助の対象とはならない。 |

✕ 国内総生産（GDP）のような尺度に代わって新しい評価指標の開発が優先課題であると述べられている。人間開発の格差の評価に，一人当たり国民総所得（GNI）を比較することが最も適切であるとはいえない。

✕ 人間開発の格差を是正するのに，課税と規制（政策の実施）の必要性をうたっている。「課税」により重要な公共サービス（医療や学校）を改善し社会保障を提供すること，また市場活動中に政策を講ずることで経済的競争条件を平準化できると述べている。

✕ フェルト・ニード（感じ取られたニード）とは，サービス・支援の必要性について利用者本人が自覚しているニードである。専門職が社会規範に照らして把握するニードは，ノーマティブ・ニード（規範的なニード）である。

✕ 人々の心身機能（ADL）の状態が同一であっても，福祉ニードは同じではない。福祉ニードは利用者それぞれの心身状況・生活環境・生活状況と関連させて個別的なものとして分析・把握される必要がある。

◯ 設問のとおり。例えば，フェルト・ニードとしては認識されていなくとも，専門職の分析・評価によってノーマティブ・ニードが把握されるという場合である。

◯ サービス供給体制の整備は，潜在的な福祉ニードの顕在化を促進する。例えば，「介護の社会化」の仕組みが導入されることで，介護者と被介護者の双方がサービス・支援の対象として認識されるという場合がある。

✕ 福祉ニードは，社会生活に必要な基本項目を含んでおり，経済的ニードも含まれる。

## 資源の概念

| | |
|---|---|
| □ □ **105** 27回26 | インフォーマルな活動であっても，福祉サービスのニーズを充足するものは資源である。 |

# 福祉政策の課題

## 福祉政策と社会問題

### ●人口の動向等

| | |
|---|---|
| □ □ **106** 29回29 | 「夫婦の完結出生児数」は，2010年（平成22年）に2.0人を割り込んだ。 |

| | |
|---|---|
| □ □ **107** 29回29 | 人口増加率は，2011年（平成23年）からプラスで推移している。 |

---

### 整理しておこう！

#### ニード論

　ニード論で重要なのは，三浦文夫による貨幣的ニードと非貨幣的ニードの分類，ブラッドショーによる感得されたニード，表明されたニード，規範的ニード，比較ニードの分類である。整理して覚えておこう。

**三浦文夫による分類**

| | |
|---|---|
| 貨幣的ニード | 金銭給付によって充足することができるニード。 |
| 非貨幣的ニード | 金銭給付では充足することができないニード。充足には，物品や人的サービスなどの現物サービスが必要である。 |

　貧困に対しては，まず貨幣的ニードの充足が重点的に行われ，生活水準が向上すると，次第に非貨幣的ニードが拡大する，とされている。

○ 資源を提供する主体は，制度化されたフォーマルなサービスばかりではなく，町内会やボランティアなどのインフォーマルなサービスも含まれる。(関連キーワード▶27参照)

▶27
**ウルフェンデン報告**
ウルフェンデン報告(1978年)では，福祉サービスの供給主体を，フォーマル部門，民間非営利部門，民間営利部門，インフォーマル部門の4つに分類した。

○ 夫婦の完結出生児数は，2010年(平成22年)に1.96となり，初めて2.0を下回り，低下傾向にある。年齢が高くなると，妊娠・出産に至る確率が低下していくこともあり，晩婚化に伴う出産年齢の高齢化は，一夫婦当たりの出生数の低下につながっている。

▶28
**夫婦の完結出生児数**
結婚持続期間(結婚からの経過期間)15〜19年夫婦の平均出生子ども数であり，夫婦の最終的な平均子ども数とされる。

✕ 人口増加率は，2004年(平成16年)から2005年(平成17年)にかけて，特殊要因を除き，初めてマイナスを記録した。2006年(平成18年)にプラスに転じたが，2009年(平成21年)には再びマイナスとなり，現在に至っている。

**ブラッドショーによる分類**

| | |
|---|---|
| 感得されたニード<br>felt need | ニードがあることを本人が自覚している場合。 |
| 表明されたニード<br>expressed need | ニードがあることを本人が自覚したうえで，サービスの利用を申請するなど実際に行動を起こした場合。 |
| 規範的ニード<br>normative need | 専門家によって，社会的な規範や基準などに照らしてニードがあると判断される場合。 |
| 比較ニード<br>comparative need | サービスを利用している人と同じ特性をもっているのにサービスを利用していない場合。 |

感得されたニードと表明されたニードを主観的なニードと，規範的ニードと比較ニードを客観的なニードと呼ぶ。

現代社会と福祉

**108**
33回23改変
「令和2年版高齢社会白書」(内閣府)によれば，日本の高齢化率は先進諸国の中で最も高い。

**109**
29回29
生産年齢人口の割合は，1992年(平成4年)から横ばいで推移している。

**110**
33回23改変
「令和2年版高齢社会白書」(内閣府)によれば，70歳代前半の就業率は男女共に半数を超えている。

**111**
33回23改変
「令和2年版高齢社会白書」(内閣府)によれば，15歳未満人口に比べて，65歳以上人口の方が少ない。

**112**
29回29改変
30歳代後半の男性雇用労働者について，配偶者のいる割合をみると，2020年(令和2年)時点で，正規雇用労働者と非正規雇用労働者の間に差はない。

**113**
29回29改変
50歳時点での未婚率は，2015年(平成27年)時点で，女性より男性の方が高い。

## ●世帯状況の動向

**114**
28回28改変
「令和2年版男女共同参画白書」(内閣府)によると，2000年(平成12年)以降，「男性雇用者と無業の妻から成る世帯」が，「雇用者の共働き世帯」の数を上回るようになった。

**115**
33回23改変
「令和2年版高齢社会白書」(内閣府)によれば，公的年金・恩給を受給する高齢者世帯のうち，それらが総所得の全てである世帯は約半数である。

◯ 日本の高齢化率は，2015年（平成27年）時点で26.6％に達し，**先進諸国の中で最も高い。**同時点の高齢化率をみると，ドイツ21.2％，スウェーデン19.6％，フランス18.9％，イギリス18.0％，アメリカ14.6％などである。

✕ 生産年齢人口（15〜64歳）の割合は，1992年（平成4年）をピークに現在まで**減少傾向にある。**この間，年少人口も減少傾向にあり，老年人口は増加傾向にある。

✕ 70歳代前半の就業率は，男性41.1％，女性24.2％で，男女共に**半数を下回っている。**

✕ 65歳以上人口が3589万人（全人口に占める構成比（高齢化率）**28.4％），**15歳未満人口が1521万人（全人口に占める構成比12.1％）と，65歳以上人口の方が2倍以上多い。

✕ 30歳代後半の男性雇用労働者について配偶者のいる割合をみると，正規雇用労働者70.6％に対して，非正規雇用労働者26.6％である。晩婚化の背景として**男性の経済状況**が関連していることが推測される。

◯ 50歳時点での未婚率を**生涯未婚率**というが，2015年（平成27年）では男性23.4％，女性14.1％となっており，**男性の割合が女性の約1.7倍**である。なお，生涯未婚率は男女ともに上昇傾向にある。

✕ 1980年（昭和55年）以降，**「雇用者の共働き世帯」の数は年々増加し，**1997年（平成9年）以降は「雇用者の共働き世帯」の数が「男性雇用者と無業の妻から成る世帯」の数を上回り，一方で「男性雇用者と無業の妻から成る世帯」の割合は年々低下傾向にある。

◯ 公的年金・恩給を受給する高齢者世帯のうち，それらが総所得の全てである世帯の割合は，**51.1％と約半数を占めている。**

現代社会と福祉

## ●子どもの貧困

**116** 29回30改変 「子供の貧困対策に関する大綱」(2019年(令和元年) 11月閣議決定)では，貧困の状況にある子供の体験活動を推進する民間団体に，「子どもゆめ基金」から助成することとした。

**117** 29回30改変 「子供の貧困対策に関する大綱」(2019年(令和元年) 11月閣議決定)では，低所得世帯の学校給食費を一律に無料化した。

**118** 29回30改変 「子供の貧困対策に関する大綱」(2019年(令和元年) 11月閣議決定)では，生活困窮世帯の子供を対象に実施される学習支援事業を生活困窮者自立支援制度の自立相談支援事業に統合することとした。

**119** 29回30改変 「子供の貧困対策に関する大綱」(2019年(令和元年) 11月閣議決定)では，両親が離婚した子供の養育費相当額を自治体が負担することとした。

# 福祉政策の現代的課題

## ●健康

**120** 33回23改変 「令和2年版高齢社会白書」(内閣府)によれば，健康寿命は男女共に80年に達している。

**121** 28回27改変 「健康寿命」と「平均寿命」の差は，2016年(平成28年)時点で，女性のほうが男性よりも大きい。

## ●健康の決定的要因

**122** 30回26 世界保健機関(WHO)による「健康の社会的決定要因」とは，集団間の健康における格差と社会経済的境遇との関連に着目する概念である。

○ 「子供の貧困対策に関する大綱」では、「貧困の状況にある子供を支援している民間団体が行う体験活動への助成を行う」とある。（関連キーワード▶29参照）

▶29
子どもゆめ基金
国と民間が協力して子供の体験・読書活動などを応援し、子供の健全育成の手助けをする基金で、助成対象団体は、公益・一般財団法人、NPO法人など青少年教育に関する事業を行う民間団体である。

× 低所得家庭の子供に対する食事・栄養面での支援は、生活保護の教育扶助や就学援助による学校給食費の補助が実施されており、「子供の貧困対策に関する大綱」でもこの取組みを継続するとされている。学校給食費の無料化は、一部の地方自治体における独自施策として実施されている。

× 「子供の貧困対策に関する大綱」では、生活保護世帯の子供を含む生活困窮世帯の子供を対象に、生活困窮者自立支援法による任意事業として学習支援事業を実施するとしている。自立相談支援事業は、生活困窮者自立支援法における必須事業である。

× 「子供の貧困対策に関する大綱」では、養育費の支払いは、親が経済的な責任を果たすだけでなく、子供の福祉の観点からも望ましいため、両親の離婚後の養育費の確保に関する支援としては、母子家庭等就業・自立支援センター等において、養育費に関する相談支援を行うとしている。

× 健康寿命は、2016年（平成28年）時点で男性が72.14年、女性が74.79年と、男女共に80年には達していない。

▶30
健康寿命
日常生活に制限のない期間のこと。

○ 2016年（平成28年）における「平均寿命」と「健康寿命」の差（日常生活に制限のある「不健康な期間」を意味する）は、男性8.84年、女性12.35年である。

○ 設問のとおり。この概念は、人々の健康に関する重要な視点として病気になり医療が必要となるような社会経済環境に注目する。医療への普遍的なアクセス可能性に関する問題も、健康の社会的決定要因の1つである。

現代社会と福祉

| | 123<br>30回26 | 個人の学歴や所得は，世界保健機関（WHO）による「健康の社会的決定要因」から除外される。 |

| | 124<br>30回26 | ソーシャルキャピタル（社会関係資本）は，世界保健機関（WHO）による「健康の社会的決定要因」から除外される。 |

| | 125<br>30回26 | 世界保健機関（WHO）による「健康の社会的決定要因」とは，健康格差を是正するための個別ケースへの介入に関する概念である。 |

| | 126<br>30回26改変 | 世界保健機関（WHO）による「健康の社会的決定要因」において，地域の経済的開発の状況は，健康格差の発生に影響を及ぼす。 |

## ●障害者差別解消法

| | 127<br>30回23 | 「障害者差別解消法」及び「基本方針」に規定された行政機関等及び事業者による社会的障壁の除去の実施についての必要かつ合理的な配慮の対象は，いわゆる障害者手帳の所持者に限られる。 |

| | 128<br>30回23 | 「障害者差別解消法」及び「基本方針」は，行政機関等及び事業者に対し，障害の種別ごとに，社会的障壁の除去の実施についての必要かつ合理的な配慮事項の遵守を義務づけている。 |

| | 129<br>30回23 | 「障害者差別解消法」及び「基本方針」では，行政機関等及び事業者は，障害者から社会的障壁の除去を必要とする旨の意思表明があった場合，その実施に伴う負担が過重でないときは，配慮が求められる。 |

✕ 学歴の差異は**職業選択**の幅に影響を与え，結果として**所得水準**にも影響を及ぼし，生活環境や医療などの社会保障へのアクセス可能性にも関係する。学歴や所得等による社会的・経済的格差は健康格差と密接なつながりがある。

✕ ソーシャルキャピタル▶31（社会関係資本）は，**他者への信頼，付き合いや交流，社会参加などを要素とする**概念であり，健康の社会的決定要因の1つである。コミュニティや社会において信頼関係があること，互いに義務を負い互いを尊重することにより，人々の相互承認と健康の保持が可能となる。

✕ 健康の社会的決定要因は，健康格差を是正するための個別ケースへの介入に限定される概念ではない。個人のみならず**家族・職場・地域社会・国などの多様なレベル**における政策や活動を念頭においている。

⭕ 地域の経済的開発の状況には，人間らしい生活に必要なインフラ整備や適正労働を可能とする雇用の創出などがある。**経済的豊かさをもたらす地域開発は貧困の克服にとって重要**であり，地域に暮らす人々の健康水準に深く関係している。

✕ 障害者差別解消法及び基本方針▶32では，障害者が日常生活などで受ける制約は，心身機能の障害のみを原因とするものではなく，社会的なバリアによって生じるとする**社会モデル**の考え方を踏まえている。配慮の対象は障害者手帳の所持者に限られない。

✕ 障害者差別解消法及び基本方針▶33では，行政機関等及び事業者に**不当な差別的取扱いの禁止**と合理的配慮の提供に関し，差別の解消に向けた取組みを求めているが，障害の種別ごとには義務づけていない。

⭕ 障害者差別解消法に，設問の内容が定められている。なお，「**過重な負担**」の判断は，具体的場面や状況に応じて総合的・客観的に行い，過重な負担にあたると判断した場合には，障害者にその理由を説明し，理解を得るよう努めることが望ましい，と基本方針にある。

▶31
**ソーシャルキャピタル**
アメリカの政治学者パットナム(Putnam, R.D.)によれば，「ソーシャルキャピタル」とは「人々の協調行動を活発にすることによって，社会の効率性を高めることのできる，「信頼」「規範」「ネットワーク」といった社会組織の特徴」であり，「物的資本」や「人的資本」と並ぶ新しい概念とされている。

▶32
**障害者差別解消法**
正式名称は，「障害を理由とする差別の解消の推進に関する法律」。障害者基本法第4条（差別の禁止）を具体化するための法律である。

▶33
**基本方針**
「障害を理由とする差別の解消の推進に関する基本方針」(2015年（平成27年）2月閣議決定)。

現代社会と福祉

**130**
30回23改変
「障害者差別解消法」及び「基本方針」において，行政機関等及び事業者が除去すべき社会的障壁の内容は，具体的場面や個別的状況を考慮して決められる。

**131**
30回23
「障害者差別解消法」及び「基本方針」では，行政機関等及び事業者による社会的障壁の除去の実施についての必要かつ合理的な配慮を，障害者と障害者でない者とを比較して決めることは禁止されている。

## ●男女共同参画社会基本法

**132**
33回28
男女共同参画社会基本法は，男女が様々な活動に参加できるよう，性別役割分担の強化に努めなければならないとしている。

**133**
33回28
男女共同参画社会基本法は，男女が性別による差別的扱いを受けることを防止するため，行政機関や事業主に対する罰則を規定している。

**134**
33回28
男女共同参画社会基本法は，都道府県が都道府県男女共同参画計画を定めるように努めなければならないとしている。

**135**
33回28改変
2020年（令和2年）7月時点で，国家公務員の本省係長相当職以上の職員に占める女性の割合は3割に達していない。

**136**
33回28改変
「ジェンダー・ギャップ指数2020」における153か国の総合スコアでは，日本はジェンダー平等が進んでいる方から数えて上位100位以内にも入っていない。

○ 社会的障壁とは，障害者基本法及び基本方針で「障害がある者にとって日常生活又は社会生活を営む上で障壁となるような社会における事物，制度，慣行，観念その他一切のものをいう」とされており，社会的障壁の内容は，具体的場面や個別的状況によって異なる。

✕ 基本方針で，合理的な配慮の基本的な考え方として，障害者が「障害者でない者との比較において同等の機会の提供を受けるためのもの」であるとしている。

✕ 性別による固定的な役割分担等が，「男女共同参画社会の形成を阻害する要因となるおそれがある」とし，「社会における制度又は慣行が男女の社会における活動の選択に対して及ぼす影響をできる限り中立なものとするように配慮されなければならない」としている。

✕ 法では，性別による差別的な扱いに対する罰則を規定していない。

✕ 「都道府県は，(中略)当該都道府県の区域における男女共同参画社会の形成の促進に関する施策についての基本的な計画(「都道府県男女共同参画計画」)を定めなければならない」と規定されており，計画策定は義務である。

○ 「女性国家公務員の登用状況のフォローアップ」(内閣官房内閣人事局，2020年(令和2年) 11月20日)によると，2020年(令和2年)7月時点の国家公務員の本省係長相当職以上の女性割合は，26.5%である。

○ 世界経済フォーラム(World Economic Forum)が2019年(令和元年) 12月に発表した「Global Gender Gap Report 2020」では，日本のジェンダー・ギャップ指数(Gender Gap Index：GGI)は0.652で153か国中121位。第1位アイスランド(0.877)，続いてノルウェー，フィンランド，スウェーデンと，北欧の国々のスコアが高い傾向にある。

▶34
ジェンダー・ギャップ指数
経済，政治，教育，健康の4つの指標をもとに算出され，0〜1の数値で示される。0が完全不平等，1が完全平等となる。

現代社会と福祉

## ●ヘイトスピーチ解消法

**137**
31回26
「ヘイトスピーチ解消法」は，外国人観光客に対する不当な差別的言動を規制することを目的としている。

**138**
31回26改変
「ヘイトスピーチ解消法」では，不当な差別的言動に対する罰則が規定されていない。

**139**
31回26
「ヘイトスピーチ解消法」では，雇用における差別的処遇の改善義務が規定されている。

**140**
31回26
「ヘイトスピーチ解消法」では，地方公共団体に不当な差別的言動の解消に向けた取組を行う努力が求められている。

**141**
31回26
「ヘイトスピーチ解消法」では，基本的人権としての表現の自由に対する制限が規定されている。

**142**
32回27改変
「外国人材の受入れ・共生のための総合的対応策（令和3年度改訂）」（2021年（令和3年）6月，外国人材の受入れ・共生に関する関係閣僚会議決定）では，地域における外国人の活躍と共生社会の実現を図る地方公共団体の主体的で先導的な取組のために，社会福祉法人からの寄附金を募る。

**143**
32回27改変
「外国人材の受入れ・共生のための総合的対応策（令和3年度改訂）」（2021年（令和3年）6月，外国人材の受入れ・共生に関する関係閣僚会議決定）では，災害時に避難所等にいる外国人被災者への情報伝達を支援する「災害時外国人支援情報コーディネーター」の養成研修を実施する。

**144**
32回27改変
「外国人材の受入れ・共生のための総合的対応策（令和3年度改訂）」（2021年（令和3年）6月，外国人材の受入れ・共生に関する関係閣僚会議決定）では，外国人への行政・生活情報の提供において，ソーシャル・ネットワーキング・サービス（SNS）を利用することも想定した対応を推進する。

❌ ヘイトスピーチ解消法において，「本邦外出身者に対する不当な差別的言動の解消が喫緊の課題であることに鑑み（中略）これを推進することを目的とする」と規定されており，対象は外国人観光客に限定されてはいない。

⭕ 設問のとおり。なお，本邦外出身者に対する不当な差別的言動とは，「差別的意識を助長し又は誘発する目的で（中略）本邦外出身者を地域社会から排除することを煽動する不当な差別的言動」であるとしている。

❌ ヘイトスピーチ解消法に雇用における差別処遇の改善義務に関する規定はない。

⭕ ヘイトスピーチ解消法に，「地方公共団体は，本邦外出身者に対する不当な差別的言動の解消に向けた取組に関し，国との適切な役割分担を踏まえて，当該地域の実情に応じた施策を講ずるよう努めるものとする」とある。

❌ ヘイトスピーチ解消法に基本的人権としての表現の自由に対する制限規定はない。

❌ 寄附金は財源として位置づけられていない。「総合的対応策関連予算」として計上することが示されている。全省庁に関連する取組であり，文書の中には，「社会福祉法人」という文言も出てこない。

⭕ 設問のとおり。施策番号115において，「令和3年度を目途に都道府県及び指定都市での配置が可能となるよう，平成30年度から実施している養成研修を引き続き実施する」〔総務省〕とされている。

⭕ 施策番号19において，「外国人に対する行政・生活情報の提供に当たっては，SNSを利用することも想定した対応を推進する」〔全省庁〕とされている。

▶35
ヘイトスピーチ解消法
正式名称は，「本邦外出身者に対する不当な差別的言動の解消に向けた取組の推進に関する法律」である。

▶36
本邦外出身者
ヘイトスピーチ法で「専ら本邦の域外にある国若しくは地域の出身である者又はその子孫であって適法に居住するもの」とされている。

現代社会と福祉

**145**
32回27改変
「外国人材の受入れ・共生のための総合的対応策（令和3年度改訂）」（2021年（令和3年）6月，外国人材の受入れ・共生に関する関係閣僚会議決定）では，公営住宅法に基づき，外国人を含む住宅確保要配慮者の入居を拒まない賃貸住宅の登録や住宅情報の提供，居住支援等を促進する。

**146**
32回27改変
「外国人材の受入れ・共生のための総合的対応策（令和3年度改訂）」（2021年（令和3年）6月，外国人材の受入れ・共生に関する関係閣僚会議決定）では，外国人への情報提供及び相談を行う一元的な窓口を厚生労働省の地方厚生局に設置する。

## ●自殺対策基本法

**147**
29回28
自殺対策基本法では，精神保健的観点から自殺対策を強化することが，優先的課題とされている。

**148**
29回28
自殺対策基本法では，自殺対策を，生きることへの包括的な支援として捉えている。

**149**
29回28改変
自殺対策基本法では，国は地方公共団体の自殺対策に関与することとされている。

**150**
29回28
自殺対策基本法では，自殺予防に関し，保健所が一元的に担うこととされている。

**151**
29回28
自殺対策基本法では，自殺未遂者への支援として，就労支援施策を実施することが義務づけられている。

❌ 施策番号56において,「住宅確保要配慮者に対する賃貸住宅の供給の促進に関する法律(住宅セーフティネット法)に基づき,外国人を含む住宅確保要配慮者の入居を拒まない賃貸住宅の登録や住宅情報の提供,居住支援等を促進する」〔国土交通省〕とされている。

❌ 施策番号9において,「外国人が,(中略)生活に関わる様々な事柄について疑問や悩みを抱いた場合に,適切な情報や相談場所に迅速に到達することができるよう,地方公共団体が情報提供及び相談を行う一元的な窓口を整備・運営するための支援を実施している」〔法務省〕とされている。

❌ 自殺対策は,「自殺が多様かつ複合的な原因及び背景を有するものであることを踏まえ,単に精神保健的観点からのみならず,自殺の実態に即して実施されるようにしなければならない」と規定されている(自殺対策基本法第2条第3項)。

⭕ 設問のとおり。また,生きる力を基礎として生きがいや希望をもって暮らすことができるよう,その妨げとなる諸要因の解消のための支援とそのための環境の整備充実が幅広くかつ適切に図られることとされている(法第2条第1項)。

⭕ 国は,地方公共団体に対し,その責務を果たすよう必要な助言その他の援助を行うこととされている(法第3条第3項)。

❌ 国,地方公共団体,医療機関,事業主,学校,民間団体等は,自殺対策の推進のために相互に連携を図りながら協力することとされている(法第8条)。

❌ 「国及び地方公共団体は,自殺未遂者が再び自殺を図ることのないよう,自殺未遂者等への適切な支援を行うために必要な施策を講ずる」と規定されている(法第20条)が,自殺未遂者への支援として就労支援施策の実施は義務化されていない。

## ●福祉避難所

| | |
|---|---|
| ☐ **152** ☐ 31回25 | 災害時，福祉避難所に避難してきた「要配慮者」は，原則として病院に移送する。 |
| ☐ **153** ☐ 31回25改変 | 福祉避難所には，ボランティアとともに，専門的人材を配置することとされている。 |
| ☐ **154** ☐ 31回25 | 「要配慮者」への在宅福祉サービスの提供は，福祉避難所への避難中は停止する。 |
| ☐ **155** ☐ 31回25 | 福祉避難所は，一般の避難所と同じ敷地内に開設することが必要とされている。 |
| ☐ **156** ☐ 31回25 | 福祉避難所での速やかな対応を実現するために，平常時から「要配慮者」に関する情報の管理や共有の体制を整備しておく。 |

# 福祉政策の課題と国際比較（国際動向を含む。）

## ●SDGs

| | |
|---|---|
| ☐ **157** ☐ 32回28改変 | 「持続可能な開発目標」（SDGs）は，2000年に制定されたミレニアム開発目標（MDGs）を引き継ぐ開発目標である。 |

✕ 福祉避難所の確保・運営ガイドラインでは，福祉避難所を災害対策基本法に基づいて，要配慮者を「滞在させることが想定されるもの」であり，「災害が発生した場合において主として要配慮者を滞在させるために必要な居室が可能な限り確保されること」としている。

▶37
要配慮者
高齢者，障害者，乳幼児その他の特に配慮を要する者をいう。

◯ 福祉避難所の確保・運営ガイドラインでは，市町村において「災害時における福祉避難所へのボランティアの受入方針について検討しておく」ことを求めている。また，避難者に対し，状態を継続的に観察する専門職の視点が欠かせないため，専門的人材の確保は重要である。

✕ 福祉避難所の確保・運営ガイドラインでは，「市町村は，福祉サービス事業者，保健師，民生委員等と連携を図り，福祉避難所に避難している要配慮者に対して必要な福祉サービスを提供する」とされている。

✕ 福祉避難所の確保・運営ガイドラインでは，福祉避難所として利用可能な施設について，「社会福祉施設等のように現況において要配慮者の避難が可能な施設のほか，一般の避難所のように，現況では福祉避難所としての機能を有していない場合であっても，機能を整備することを前提に利用可能な場合を含むものとする」としている。問題文にあるような内容に関する記述はない。

◯ 福祉避難所の確保・運営ガイドラインでは，平時における取組みとして，個人情報保護に十分な配慮をした上で，「福祉避難所の対象者に関する情報の管理体制，関係部局等との情報共有の体制について検討し，体制を整備しておく」ことを求めている。

◯ 2030アジェンダの前文に「これらの目標とターゲットは，ミレニアム開発目標 MDGs を基にして，ミレニアム開発目標が達成できなかったものを全うすることを目指すものである」とあり，SDGs は MDGs を引き継ぐ開発目標である。

現代社会と福祉

| | 158 32回28改変 | 「持続可能な開発目標」(SDGs)では，経済，社会，環境の調和が，持続可能な開発を達成するために求められている。 |

| | 159 32回28 | 「持続可能な開発目標」(SDGs)では，持続可能な開発の達成には，政府の手を借りることなく民間セクターによる行動が必要とされている。 |

| | 160 32回28 | 「持続可能な開発目標」(SDGs)では，貧困に終止符を打つとともに，気候変動や環境保護への取組も求めている。 |

| | 161 32回28 | 「持続可能な開発目標」(SDGs)では，目標実現に向けた進捗状況のフォローアップと審査の責任は国際連合にあるとし，独立した国際的専門機関を設置している。 |

● 世界幸福度報告書

| | 162 31回27改変 | 「世界幸福度報告書(World Happiness Report)」の2021年版において，幸福度の指標として，生活満足感のような主観的意識が考慮されている。 |

| | 163 31回27改変 | 「世界幸福度報告書(World Happiness Report)」の2021年版において，一人当たりGDPは，幸福度の指標として考慮されている。 |

| | 164 31回27改変 | 「世界幸福度報告書(World Happiness Report)」の2021年版において，社会とのつながりなど社会関係の豊かさは，幸福度の指標としては考慮されていない。 |

| | 165 31回27改変 | 「世界幸福度報告書(World Happiness Report)」の2021年版において，日本の2018-2020年における幸福度ランキングは，公表された149か国中上位4分の1に入っている。 |

⭕ 2030アジェンダの前文において,「これらの目標及びターゲットは,統合され不可分のものであり,持続可能な開発の三側面,すなわち経済,社会及び環境の三側面を調和させるものである」としている。

❌ 2030アジェンダ第41節には,「国家,民間セクターの役割」との見出しが付されている。ここで,国家(政府)セクターと民間セクターの両セクターの役割が示されている。

⭕ 2030アジェンダの17の目標のうち,目標1において「貧困を終わらせる」と,目標13に「気候変動及びその影響を軽減する」,目標14に「海洋・海洋資源を保全し,持続可能な形で利用する」などとあり,気候変動や環境保護への取組も含まれる。

❌ 2030アジェンダ第74節aにおいて,フォローアップとレビューについて「これらのプロセスは,自主的で,国主導であり,多様な国の現実,能力,開発レベルを考慮し,政策スペースと優先事項を尊重する」と示されている。

⭕ 世界幸福度を国内総生産(GDP)など客観的な経済的指標ではなく,ウェルビーイングなど国民の主観によって評価しようとする姿勢を鮮明にしている。

⭕ 幸福度の分析に,①一人当たりGDP(実質国内総生産),②社会的支援,③健康寿命,④人生選択の自由度,⑤寛容さ,⑥腐敗認知(信頼性)の6指標が用いられている。

❌ 社会とのつながりなどの社会関係の豊かさは,「社会的支援(困ったときに頼ることができる親戚や友人がいますか)」という指標で測られている。日本の特徴の1つとして,この指標のスコアがほかの先進諸国と比べて低い水準にとどまっていることがある。

❌ 2020年の世界幸福度ランキング[▶38]によれば,調査対象となった149か国中,日本は56位であり,上位4分の1には入っていない。この順位は第1回目の調査報告書(2012年)以来,ほぼ横ばいで,先進諸国中,最下位となっている。

現代社会と福祉

▶38
世界幸福度ランキング
2012年に設立された国連の「持続可能な開発ソリューション・ネットワーク(SDSN)」は毎年,「世界幸福度報告書」の中で「世界幸福度ランキング」を発表している。

| □ **166** | 「世界幸福度報告書（World Happiness Report）」の2021年版において，日本の |
|---|---|
| □ 31回27改変 | 2020年における幸福度は，2017-2019年と比べ変化していない。 |

## ●諸外国の福祉政策

| □ **167** | スウェーデンの社会サービス法では，住民が必要な援助を受けられるよう，コ |
|---|---|
| □ 33回27 | ミューンが最終責任を負うこととなっている。 |

| □ **168** | スウェーデンのエーデル改革は，高齢者の保健医療は広域自治体，介護サービス |
|---|---|
| □ 30回27 | はコミューンが実施責任を負うとする改革であった。 |

| □ **169** | イギリスのブレア内閣の社会的排除対策は，財政の効率化，市場化，家族責任な |
|---|---|
| □ 30回27 | ど「大きな社会」理念に基づくものであった。 |

| □ **170** | 日本の介護保険制度は，給付に要する費用の全額を保険料の負担として，財源の |
|---|---|
| □ 30回27 | 安定を目指した。 |

| □ **171** | ドイツの社会福祉制度は，公的サービスが民間サービスに優先する補完性の原則 |
|---|---|
| □ 33回27 | に基づいている。 |

| □ **172** | ドイツの介護保険制度は，障害者の介護サービスを除外して創設された。 |
|---|---|
| □ 30回27 | |

| □ **173** | 中国の計画出産政策は，一組の夫婦につき子は一人までとする原則が維持されて |
|---|---|
| □ 33回27 | いる。 |

× 2017-2019年のデータと2020年のデータを比べると，日本（人）の幸福度スコアは0.247ポイント上がっている。

○ スウェーデンにおける社会福祉の基本法である社会サービス法(1980年)には，「コミューン(kommun)は地域内に住む住民が，必要な援助を受けられるよう，その最終責任を負う」と明記されている。

▶39
コミューン
日本の市町村に相当する基礎自治体。

○ 1992年のエーデル改革により，高齢者保健福祉における地方分権を推進した。（関連キーワード▶40参照）

▶40
広域自治体とコミューン
スウェーデンでは，広域自治体をランスティングといい，コミューンは日本の市町村に相当する。

× ブレア内閣は，福祉国家でもなく市場原理主義でもない第三の道を前提とした。「大きな社会」理念を掲げたのはブレア内閣の後に発足したキャメロン内閣である。

▶41
大きな社会
より多くの権限をボランティア団体，コミュニティ・グループ，地方政府などに与えて，貧困や失業などイギリスが抱える社会的課題に対応していく社会を指す。

× 介護保険制度の財源は公費，保険料，利用者負担である。このうち，利用者負担を除き，公費が50％，保険料が50％の割合で負担している。

× 補完性の原則は，社会福祉・社会保障は国民の連帯によって成立するもので，育児や介護などの福祉サービスは家族等が優先的に担い，可能な限り国家の介入を避けるというもの。ドイツの連邦基本法には民間サービスの独立性と公的サービスに対する優先性が定められている。

× 障害者も介護サービス（介護給付）の対象である。被保険者要件に年齢規定がなく，若年者が障害等で要介護状態になった場合，介護保険制度が適用される。

× 生産年齢人口が減少し始めていることから，2013年に一人っ子政策が緩和され，どちらかが一人っ子である夫婦は二人目の子どもを出産できるようになった。2016年からは人口・計画生育法の改正により，一人っ子政策は廃止され，すべての夫婦が二人の子どもを出産できることとなった。

現代社会と福祉

**174**
33回27改変
韓国の高齢者の介護保障（長期療養保障）制度は，日本と同じく社会保険方式で運用されている。

**175**
33回27
アメリカの公的医療保障制度には，低所得者向けのメディケアがある。

**176**
30回27改変
アメリカのTANF（貧困家族一時扶助）は，「福祉から就労へ」の政策転換であった。

# 福祉政策の構成要素

## 福祉政策の論点

### ●OECDの「より良い暮らし指標」

**177**
29回23
OECDの「より良い暮らしイニシアチブ」で用いられる「より良い暮らし指標」（Better Life Index:BLI）では，人々の幸福を形成する多様な側面に着目して，「より良い暮らし」を測定するための枠組みを提示した。

**178**
29回23
OECDの「より良い暮らしイニシアチブ」で用いられる「より良い暮らし指標」（Better Life Index:BLI）では，非経済的幸福よりも経済的幸福を重視している。

**179**
29回23
OECDの「より良い暮らしイニシアチブ」で用いられる「より良い暮らし指標」（Better Life Index:BLI）では，就学，就職，結婚，退職，老後などに関する幸福度は，性別によって左右されないとされている。

○ 韓国の高齢者の介護保障は，日本の介護保険法がモデルとされており，根拠法は老人長期療養保険法（2007年）である。財源は保険料，国庫負担（租税），利用者の自己負担から構成され，社会保険方式により運用されている。被保険者はすべての国民医療保険加入者で，日本の介護保険よりも財政基盤は安定しているとみられている。

✕ メディケア（medicare）は，主に高齢者を対象とするもので，ナーシングホームや訪問看護は医療の一部とみなされ，100日に限り，利用にかかる費用が保障される。低所得者向けの公的医療保障制度はメディケイド（medicaid）である。

○ TANF は，州政府が児童や妊婦のいる貧困家庭に対して現金給付を行う場合に，連邦政府が州政府へ定額補助を行うもので，1996年に創設された。「福祉から就労へ」（ワークフェア）を促進することを目的とした施策である。

現代社会と福祉

○ 「より良い暮らしイニシアチブ」で用いられる「より良い暮らし指標」は，GDP に代わる指標として2011年に公開された。幸福度の測定に関するこれまでの取組みから，「より良い暮らし」に欠かせない「物質的な生活条件（住宅，収入，雇用）」と「生活の質（共同体，教育，環境，ガバナンス，医療，生活満足度，安全，ワークライフバランス）」の11項目を反映している。

✕ 非経済的幸福と経済的幸福の両方を重視するよう指摘している。各国の経済が金融危機の影響を受けている現代社会では，「経済的幸福と非経済的幸福のどちらにも目を向けて，その変化についてできる限り正確な情報を手に入れることが重要である」としている。

✕ 現代社会では男女間の平等は進んでいるものの，依然として「就学，就職，結婚，退職，老後などのライフサイクルに関する幸福度指標をみると，多くの国において，性別が幸福の重要な決定因子である」と指摘している。

▶42
より良い暮らしイニシアチブ
OECDによるマクロ指標を横並びにして社会状況を概観する試み。その目的は，社会の幸福度を測る議論に市民が参加し，生活を方向づける政策決定のプロセスにかかわることができるようにすること。「スティグリッツ報告書」(2009年) や「GDPとその後」(EU, 2009年) を受けて検討を加えた。

203

**180**
29回23

OECD の「より良い暮らしイニシアチブ」で用いられる「より良い暮らし指標」(Better Life Index:BLI)では，職場における生活の質と個人の総合的幸福との間には関連性がないとされている。

**181**
29回23改変

OECD の「より良い暮らしイニシアチブ」で用いられる「より良い暮らし指標」(Better Life Index:BLI)では，人々の幸福を形成する諸側面の相対的重要性は，個人や国によって異なるとされている。

## ●ジェンダー

**182**
31回28改変

法務省の「性的指向及び性自認を理由とする偏見や差別をなくしましょう」という啓発活動で，LGBT という表現が使われている。

**183**
31回28

文部科学省の「いじめの防止等のための基本的な方針」(2017年(平成29年)改定)には，性的指向・性自認に係る児童生徒への対応が盛り込まれている。

**184**
31回28

性同一性障害者の性別の取扱いの特例に関する法律により，本人の自己申告で性別の取扱いの変更が認められるようになった。

**185**
31回28

性的指向・性自認への理解を求める取組は，地域共生社会の実現という政策課題には当てはまらない。

**186**
31回28

同性婚のための手続が民法に規定されている。

✗ 仕事は報酬を得たり経歴のためだけのものではなく，やりがいのある職場環境では，健康を損なうことなく働くことができる。「職場における生活の質は個人の総合的幸福を大きく左右する因子とみなすことができる」と指摘している。

○ 「幸福は人によって異なるものであり，国レベルの測定値だけでとらえきれるものではない」と，また，幸福度指標のすべてにわたって「秀でた国は存在せず，政策上の優先課題は国によって異なる」と指摘している。人々の幸福を形成する諸側面の相対的重要性は，個人や国によって異なるといえる。

○ 選択肢にある法務省の啓発活動においては，性的指向及び性自認の問題に関する呼称として「いわゆる LGBT▶43 などと呼ばれることがあります」という文言が使用されている。

○ いじめ防止対策推進法に基づく「いじめの防止等のための基本的な方針」では，「性同一性障害や性的指向・自認に係る児童生徒に対するいじめを防止するため，性同一性障害や性的指向・自認について，教職員への正しい理解の促進や，学校として必要な対応について周知する」との記載がある。

✗ 性同一性障害者の性別の取扱いの特例に関する法律では，20歳以上であること，現に婚姻をしていないこと，現に未成年の子がいないこと等の要件に該当する者について，本人の請求により家庭裁判所が性別の取扱いの変更の審判をすることができるとしている。

✗ 「ニッポン一億総活躍プラン」(2016年(平成28年) 6月閣議決定)では，「性的指向，性自認に関する正しい理解を促進するとともに，社会全体が多様性を受け入れる環境づくりを進める」としている。これは，社会生活を円滑に営む上での困難を有する子ども・若者等の活躍支援として位置づけられていることから，「地域共生社会の実現」とも関連する。

✗ 同性婚の手続は民法に規定されていない。民法及び戸籍法では，夫婦とは婚姻の当事者である男(夫)と女(妻)を意味しているとされている。また，憲法第24条には，「婚姻は，両性の合意のみに基いて」成立するとある。

▶43
LGBT
L: 女性の同性愛者(Lesbian)，G:男性の同性愛者(Gay)，B:両性愛者(Bisexual)，T:心の性と身体の性との不一致(Transgender)の頭文字をとった呼称。LGBTQ(Q:性自認や性的指向を定めない人(Questioning) 又は性的少数者の総称(Queer))と表現されることもある。

現代社会と福祉

205

## ●社会保障制度改革

**187**
29回26
「社会保障制度改革国民会議報告書」は，「病院完結型」の医療の確立を提案した。

**188**
29回26
「社会保障制度改革国民会議報告書」は，給付の拡大を提案した。

**189**
29回26
「社会保障制度改革国民会議報告書」は，切れ目のない「全世代型の社会保障」を提案した。

**190**
29回26
「社会保障制度改革国民会議報告書」は，非正規雇用者向けの独立した社会保険制度の新設を提案した。

**191**
29回26改変
「社会保障制度改革国民会議報告書」は，都道府県による地域医療ビジョンの策定を提案した。

# 福祉政策における政府の役割

**192**
26回29
社会福祉事業従事者の確保及び国民の社会福祉に関する活動への参加を促進するために必要な措置を講ずるよう努めるのは，地方公共団体ではなく国であるとされている。

✕ これまでの「病院完結型」の医療を，平均寿命が伸展した現代社会では，「住み慣れた地域や自宅での生活のための医療」「地域全体で治し，支える医療」「切れ目なくつながる医療」，すなわち「地域完結型」の医療に変えるべきことを提案した。(関連キーワード▶44参照)

✕ 社会保障費が経済成長を上回って増大し，国民の負担増大が不可避となっている中，持続可能な社会保障を構築していくためには，徹底した給付の重点化・効率化が求められる，と提案している。

◯ 日本の社会保障の枠組みであった「1970年代モデル」は年金，医療，介護が中心であったが，「21世紀（2025年）日本モデル」では，これらの前提となる雇用や子育て支援，格差や住まいなどが課題となる。そこで，「21世紀（2025年）日本モデル」の社会保障は，その能力に応じて支え合う全世代型の社会保障とすることが必要である，と提案している。

✕ 非正規雇用者向けの独立した社会保険制度の新設ではなく，安定した生活を営めるように，被用者保険の適用拡大を提案した。

◯ 設問のとおり。地域医療ビジョンとは，病床機能報告制度によって把握された地域ごとの医療機能の現状や，将来的な医療ニーズの見通しを踏まえた上で，その地域にふさわしい医療の必要量を策定するものである。

✕ 社会福祉法において，社会福祉事業従事者の確保・国民の社会福祉活動への参加促進のために，国は「必要な財政上及び金融上の措置その他の措置」を，地方公共団体は「必要な措置」を講ずるよう努めなければならないとされている。

▶44
社会保障制度改革国民会議
社会保障制度改革推進法に基づき，社会保障制度改革に必要な事項を審議するため2012年（平成24年）に内閣に設置され，20回の会議を経て，報告書を2013年（平成25年）8月にまとめた。その後，同会議は廃止され，業務は内閣官房社会保障改革担当室に引き継がれた。

現代社会と福祉

## 福祉政策における市場の役割

☐☐ **193**
28回29
福祉サービスにおける準市場（疑似市場）において，利用者のサービス選択を支援する仕組みが必要である。

## 福祉政策の手法と政策決定過程と政策評価

### ●プログラム評価

☐☐ **194**
30回29
福祉サービスのプログラム評価では，サービスを提供する群と提供しない群に分けて比較する評価は行われない。

☐☐ **195**
30回29
福祉サービスのプログラム評価において，評価者は評価指標の策定に当たり，利害関係者と協議してはならない。

☐☐ **196**
30回29
福祉サービスのプログラム評価の次元は，投入，過程，産出，成果，効率性である。

☐☐ **197**
30回29改変
福祉サービスのプログラム評価における科学的な評価研究の結果を，実際のプログラム運営管理に活用することが望まれる。

### ●政策評価法

☐☐ **198**
33回29改変
「政策評価法」では，政策評価の実施に当たり，利害関係者の参加を義務づけていない。

⭕ 準市場[▶45]においては利用者のサービス選択を支援する仕組みを設けることが必要かつ重要である。その際，利用者の適切なサービス選択を可能にする（＝利用者のサービス選択権を保障する）ために，サービスにかかわる情報へのアクセスの機会と方法が保障されることが条件となる。

▶45
準市場
1990年代にイギリスのブレア政権で上級政策顧問であったルグラン（LeGrand, J.）らによって体系化された公共サービス（医療・福祉・教育・住宅等）供給体制再編の手法を指す。

❌ 倫理的に不適切な問題が生じない場合において，サービス内容や効果等を評価するために，サービスを提供する群としない群に分けて比較する評価方法がある。その1つに，集団比較実験計画法がある。

❌ 評価指標を策定する際には，評価のねらいや評価の成果について明らかにすることが重要である。そのために，サービス提供者だけではなく，サービス利用者や利害関係者等からも意見を聴き，協議することがある。

⭕ 設問のとおり。投入では予算や人材など投入される資源に，過程では適切な手順や方法で実施されたかに，産出ではプログラム実施により生じたもの等に，成果では達成状況やニーズの充足等に，効率性では費用，産出，成果に着目する。

⭕ プログラムの運営管理に科学的な評価研究の結果を活用することで，円滑なプログラムの進行，より多くの成果，より短時間で成果を得るといったことにつながる。

⭕ 政策評価法[▶46]では，「政策評価」を客観的かつ厳格に実施するために，「政策効果は，政策の特性に応じた合理的な手法を用い，できる限り定量的に把握すること」「政策の特性に応じて学識経験を有する者の知見の活用を図ること」と規定しているが，利害関係者の参加については規定していない。

▶46
政策評価法
正式名称は，「行政機関が行う政策の評価に関する法律」である。

現代社会と福祉

| | 199 | 「政策評価法」では，政策評価の基準として，必要性よりも効率性が重視される。 |
| --- | --- | --- |
| | 33回29 | |

| | 200 | 「政策評価法」に定められている，政策評価の対象となる行政機関は，地方公共団 |
| --- | --- | --- |
| | 33回29 | 体である。 |

| | 201 | 「政策評価法」では，政策評価の目的は，効果的・効率的な行政の推進及び国民へ |
| --- | --- | --- |
| | 33回29 | の説明責任を全うされるようにすることである。 |

# 福祉供給部門

| | 202 | 第一種社会福祉事業の経営は，国・地方公共団体に限定されていない。 |
| --- | --- | --- |
| | 31回30改変 | |

| | 203 | 「社会福祉事業」を行わない事業者であっても社会福祉に関連する活動を行う者で |
| --- | --- | --- |
| | 31回30 | あれば，社会福祉法人の名称を用いることができる。 |

| | 204 | 国，地方公共団体と社会福祉事業を経営する者との関係を規定した「事業経営の |
| --- | --- | --- |
| | 31回30 | 準則」は，社会福祉法では削除された。 |

## ●社会的企業

| | 205 | 社会的企業は，収益事業を行う組織である。 |
| --- | --- | --- |
| | 30回25改変 | |

❌ 「行政機関は，その所掌に係る政策について，適時に，その政策効果を把握し，これを基礎として，**必要性，効率性又は有効性の観点**その他当該政策の特性に応じて必要な観点から，自ら評価する」とされており，「必要性よりも効率性」が重視されるわけではない。

❌ 第2条において，対象となる行政機関が定義されており，**内閣府を含むすべての中央省庁等**が対象となっている。地方公共団体は含まれていない。

⭕ 法では，目的を「政策の評価の**客観的かつ厳格な実施**を推進しその結果の政策への適切な反映を図る」「政策の評価に関する情報を公表し，もって効果的かつ効率的な行政の推進に資する」「政府の有するその諸活動について**国民に説明する責務**が全うされるようにする」こととしている。

⭕ 社会福祉法において，**第一種社会福祉事業**は，国・地方公共団体だけではなく，**社会福祉法人**が経営することも認められている。

❌ 社会福祉事業を行わない事業者は社会福祉法人を名乗ることはできない。社会福祉法第22条に「社会福祉法人」とは「**社会福祉事業を行うことを目的として，**この法律の定めるところにより設立された法人をいう」と定められている。

❌ 国及び地方公共団体がその責任を社会福祉事業者に**転嫁しないこと**又は財政的援助の要求をしないこと，**不当な関与を行わないこと，**社会福祉事業者が不当に国及び地方公共団体の財政的，管理的援助を仰がないことと，「事業経営の準則」は現行の社会福祉法にもある。

⭕ 社会的企業は**民間事業体**であり，**社会的課題を解決・改善すること**を目的に収益事業を行う。ただし，収益を上げること自体が主目的ではないため，NPO，一般企業などの民間営利法人，行政などの公的機関とは区別される。

▶47
**第一種社会福祉事業**
救護施設，乳児院，母子生活支援施設，児童養護施設，養護老人ホーム，特別養護老人ホーム，障害者支援施設，婦人保護施設等が該当する。

現代社会と福祉

| 206 30回25 | 社会的企業は，日本に独特の組織である。 |

| 207 30回25 | 社会的企業は，市場や準市場の外側で事業に取り組む組織である。 |

| 208 30回25 | 社会的企業は，社会福祉法人に関する法制度に基づき創設される特別な組織である。 |

| 209 30回25 | 社会的企業は，社会的な困難や課題に取り組む組織である。 |

## 福祉供給過程

| 210 24回30 | 所得の水平的再分配とは，税制や社会保障制度を通じて，所得の高い人から低い人に所得を移転させることをいう。 |

| 211 33回26 | 福祉政策における資源供給としては，現金よりも現物で給付を行う方が，利用者の選択の自由を保障できる。 |

| 212 33回26 | 福祉政策における資源供給としては，バウチャーよりも現金で給付を行う方が，利用者が本来の目的以外に使うことが生じにくい。 |

| 213 33回26 | 日本の介護保険法における保険給付では，家族介護者に対して現金給付が行われることはない。 |

**✕** 社会的企業は日本独特の組織ではない。イギリスでは社会的企業の条件が確立している。また，具体例としては，**ユヌス（Yunus, M.）** がバングラデシュで貧困層の自立支援を目的に設立した**グラミン銀行**などがある。

**✕** 社会的企業は収益事業を行う民間事業体であることから，**市場・準市場において事業活動を行う**。その点で，市場取り引きになじまないような財・サービスを扱うことで社会的役割を果たしている行政などの公的機関と異なる。

**✕** 社会的企業は，社会福祉法などに基づいている組織ではない。定義の方法によっては，収益比率・株主配当などに関する条件を満たせ**ば営利法人も社会的企業となる**。

**〇** 社会的企業とは，ビジネスを通じて（あるいはビジネスの手法を用いて），**社会的課題の解決・改善を主目的として取り組んでいる民間事業体である**。

---

**✕** 設問は所得の垂直的再分配についての記述である。所得格差を改善し，平等化を促進する効果が期待できる。水平的再分配は，**同一所得層または所得の大きく異ならない集団内において，所得格差を生じさせるような事態が発生した場合に，それを修正するために行われる再分配である**。(関連キーワード▶48参照)

**✕** **現金給付は利用者の選択の自由を保障できるとされ，現物給付は利用者の選択の自由が制限される特徴がある**。(関連キーワード▶49参照)

**✕** **バウチャー**は，必要性の充足に使途が限定されている点で現物給付の利点と，指定された施設や店舗であれば自由に使用できるという点で現金給付の利点を有している。

**〇** 日本の介護保険制度において，家族介護に対する現金給付は行われていない。介護保険法に規定されている給付は，①介護給付，②予防給付，③市町村特別給付の**現物給付**である。

▶48
**再分配の例**
水平的再分配の例は医療保険や年金等であり，垂直的再分配の例は生活保護や累進課税制度である。

▶49
**現金給付と現物給付**
現金給付は金銭で給付される給付，現物給付は物品の支給やサービスの提供で給付される給付。

▶50
**バウチャー**
一定の目的に使途を限定した利用券によるサービス給付形態。

現代社会と福祉

213

| | 214<br>33回26 | 福祉政策において，負の所得税とは，低所得者向けの現金給付を現物給付に置き換える構想である。 |

| | 215<br>33回26改変 | 選別主義的な資源の供給においては，資力調査に基づいて福祉サービスの対象者を規定する。 |

## 福祉利用過程

| | 216<br>25回29 | 福祉サービス利用過程における情報の非対称性とは，サービスの提供者と利用者の間で，提供された福祉サービスの質や効果に関する評価が正反対になる傾向があることを指す。 |

# 福祉政策と関連政策

## 福祉政策と教育政策

| | 217<br>32回30 | 文部科学省の「義務教育の段階における普通教育に相当する教育の機会の確保等に関する基本指針」(2017年(平成29年))では，不登校児童生徒が学校へ登校するという結果を，第一の目標としている。 |

| | 218<br>32回30 | 文部科学省の「義務教育の段階における普通教育に相当する教育の機会の確保等に関する基本指針」(2017年(平成29年))では，不登校児童生徒の意思を十分に尊重し，その状況によっては休養が必要な場合があることに留意するとしている。 |

| | 219<br>32回30 | 文部科学省の「義務教育の段階における普通教育に相当する教育の機会の確保等に関する基本指針」(2017年(平成29年))では，不登校児童生徒の実態に配慮した教育を実施する「特例校」の設置を促進している。 |

✕ 負の所得税（negative income tax）は，**フリードマン**（Friedman, M.）による政策提案で，ある世帯の所得が所得税の課税最低限を下回る場合に，その差額分について現金給付を行う仕組みである。[51]

◯ 設問のとおり。**選別主義**は，援助を必要としている人へ資源を重点的に配分できるという長所があるが，スティグマを伴いやすいことや漏給のリスクがある。一方，**普遍主義**は，すべての人を対象にして資力調査を行わず資源配分するものである。[52]

✕ **情報の非対称性**とは，例えば高齢者が情報を収集しサービスを選択する場合に，情報収集力，情報量，情報の質において極端に制限されてしまい，情報を提供する側と格差が生じているといった状況を指す。[53]

✕ 基本指針では，不登校児童生徒が学校へ登校するという結果を第一の目標と定めていない。基本指針では不登校児童生徒への支援について，「登校という結果のみを目標にするのではなく，児童生徒が自らの進路を主体的に捉えて，**社会的に自立することを目指す必要がある**」とされている。

◯ 基本指針では，「不登校児童生徒に対する支援を行う際は，当該児童生徒の意思を十分に尊重し，その状況によっては**休養が必要な場合**があることも留意しつつ，学校以外の多様で適切な学習活動の重要性も踏まえ，個々の状況に応じた学習活動等が行われるよう支援を充実する」と記されている。

◯ 基本指針では，不登校児童生徒に対する多様で適切な教育機会の確保として，**特例校**や**教育支援センター**の設置促進がうたわれている。[54]

▶51
**負の所得税**
期待される効果として，①社会保障制度の整理，簡素化，②行政コストの効率化，③勤労意欲の低下の防止が主張された。

▶52
**資力調査（ミーンズ・テスト）**
福祉サービス等の給付にあたって，本人の資産，所得，親族等の扶養能力などを把握する調査。給付を必要とする者を見極めるために行われる。

▶53
**情報の非対称性**
各取引主体間において情報量に大きな不均衡があること。

▶54
**特例校**
不登校児童生徒の実態に配慮した特色ある教育課程を編成し，教育を実施する学校を指す。

現代社会と福祉

| | 220 32回30 | 文部科学省の「義務教育の段階における普通教育に相当する教育の機会の確保等に関する基本指針」(2017年(平成29年))では，不登校児童生徒や保護者のプライバシーの保護に配慮して，学校や教育委員会による家庭訪問は控えるとしている。 |

| | 221 32回30 | 文部科学省の「義務教育の段階における普通教育に相当する教育の機会の確保等に関する基本指針」(2017年(平成29年))では，「チーム学校」体制の整備を，スクールソーシャルワーカーのリーダーシップの下で推進するとしている。 |

## 福祉政策と住宅政策

### ●住宅セーフティネット法

| | 222 33回30 | 「住宅セーフティネット法」では，民間賃貸住宅を賃貸する事業者に対し，住宅確保要配慮者の円滑な入居の促進のための施策に協力するよう努めなければならないとされている。 |

| | 223 30回30 | 「住宅セーフティネット法」における住宅確保要配慮者には，子育て世帯が含まれる。 |

| | 224 30回30改変 | 「住宅セーフティネット法」には，公的賃貸住宅の供給の促進が含まれる。 |

| | 225 30回30 | 「住宅セーフティネット法」には，低額所得者以外の住宅確保要配慮者への家賃低廉化補助が含まれる。 |

✕ 基本指針では，「個人のプライバシーの保護に配慮するとともに，原則として不登校児童生徒や保護者の意思を尊重しつつ，**家庭への訪問による把握を含めた学校や教育委員会による状況把握を推進する**」とある。

✕ 基本指針では，スクールソーシャルワーカーではなく，「**校長のリーダーシップの下**」と記されている。「チーム学校」体制とは，学校や教員がスクールカウンセラーやスクールソーシャルワーカー等の専門スタッフ等と不登校児童生徒に対する支援等について連携・分担して対応することを意味している。

○ 住宅セーフティネット法▶55で，「民間賃貸住宅を賃貸する事業を行う者は，国及び地方公共団体が講ずる住宅確保要配慮者の民間賃貸住宅への円滑な入居の促進のための施策に協力するよう努めなければならない」ことが規定されている。

▶55
住宅セーフティネット法
正式名称は，「住宅確保要配慮者に対する賃貸住宅の供給の促進に関する法律」である。

○ 住宅確保要配慮者とは，**低額所得者，被災者，高齢者，障害者，子どもを養育している者その他住宅の確保に特に配慮を要する者**を指す。国土交通省告示「住宅確保要配慮者に対する賃貸住宅の供給の促進に関する基本的な方針」で，ほかに**外国人，DV被害者，犯罪被害者，ホームレス，生活保護受給者**等があげられている。

○ 第53条で，**公的賃貸住宅**▶56の供給の促進に関する定めとして，国及び地方公共団体が，既存の公的賃貸住宅の有効活用を図りつつ，公的賃貸住宅の**適切な供給の促進に関し必要な施策**を講ずるよう努めなければならないとされている。

▶56
公的賃貸住宅
公営住宅や都市再生機構・住宅供給公社が整備する賃貸住宅，特定優良賃貸住宅などを指す(第2条)。

✕ 低額所得者以外の住宅確保要配慮者への家賃低廉化補助については法に含まれていない。家賃にかかる取組みとしてあるのは，生活保護受給者の住宅扶助費の代理納付である。法の改正案を議論した際，**低額所得者への支援として国・地方自治体による家主への家賃補助**が検討されたが，法に盛り込まれなかった。

現代社会と福祉

| | 226 | 「住宅セーフティネット法」には，民間の空き家・空き室の活用は含まれない。 |
| 30回30 | |

## ●その他

| | 227 | 公営住宅の入居基準では，自治体が収入（所得）制限を付してはならないとされて |
| 33回30 | いる。 |

| | 228 | 住生活基本法では，国及び都道府県は住宅建設計画を策定することとされている。 |
| 33回30 | |

| | 229 | 住宅困窮者が，居住の権利を求めて管理されていない空き家を占拠することは， |
| 33回30改変 | 違法である。 |

## 整理しておこう！

### 住宅政策に関する法律とその目的

| 法律 | | 法の目的 |
| --- | --- | --- |
| 住生活基本法 | 平成18年6月8日法律第61号 | 住生活の安定の確保及び向上の促進に関する施策について，基本理念を定め，国・地方公共団体・住宅関連事業者の責務を明らかにするとともに，基本的施策，住生活基本計画▶58等を定めて，施策を総合的・計画的に推進し，国民生活の安定向上と社会福祉の増進を図るとともに，国民経済の健全な発展に寄与すること |
| 公営住宅法 | 昭和26年6月4日法律第193号 | 国・地方公共団体が協力して，健康で文化的な生活を営むに足る住宅を整備し，これを住宅に困窮する低額所得者に対して低廉な家賃で賃貸・転貸することにより，国民生活の安定と社会福祉の増進に寄与すること |
| 被災者生活再建支援法 | 平成10年5月22日法律第66号 | 自然災害によりその生活基盤に著しい被害を受けた者に対し，都道府県が相互扶助の観点から拠出した基金を活用して被災者生活再建支援金を支給し，その生活の再建を支援し，住民生活の安定と被災地の速やかな復興に資すること |

✗ 今後，空き家の増加が見込まれ，その有効活用が課題とされ，**空き家等を活用した住宅セーフティネット機能の強化**が目標とされている。なお，第2条第3項で「民間賃貸住宅」が公的賃貸住宅以外の賃貸住宅と定義され，この中に民間の空き家・空き室が含まれる。

✗ **公営住宅法に「自治体が収入（所得）制限を付してはならない」という規定はない。** 入居者の選考基準等については，地方公共団体の長は，政令で定める選考基準に従い，条例で定めるところにより，公正な方法で選考して，当該公営住宅の入居者を決定しなければならないとされている。

✗ 住生活基本法で国及び都道府県が策定することとされているのは，住宅建設計画ではなく，**住生活基本計画**である。住生活基本法の施行に伴い，住宅建設計画法は廃止となった。

○ 空き家を不法に占拠することは**住居侵入罪**（住居不法侵入・建造物不法侵入）等の違法行為に該当する可能性がある。**スコッター** ▶57 （squatters）によって顕在化する，住宅困窮者へ支援と施策の必要性は世界的に大きな社会問題となっている。

▶57
**スコッター**
空き家や空き地などを無断で占拠する人々のこと。

▶58
**住生活基本計画（全国計画）**
国民の住生活の安定確保に関する基本的な計画。①良質な住宅ストックの形成及び将来世代への承継，②良好な居住環境の形成，③多様な居住ニーズが適切に実現される住宅市場の環境整備，④住宅の確保に特に配慮を要する者の居住の安定の確保などを目標として基本的施策が定められている。

現代社会と福祉

| 法律 | | 法の目的 |
|---|---|---|
| 高齢者の居住の安定確保に関する法律（高齢者住まい法） | 平成13年4月6日法律第26号 | 高齢者が日常生活を営むために必要な福祉サービスの提供を受けることができる良好な居住環境を備えた高齢者向けの賃貸住宅等の登録制度を設けること，賃貸住宅について終身建物賃貸借制度を設ける等の措置を講じること等により，高齢者の居住の安定の確保を図り，その福祉の増進に寄与すること |
| 高齢者，障害者等の移動等の円滑化の促進に関する法律（バリアフリー法） | 平成18年6月21日法律第91号 | 高齢者，障害者等の自立した日常生活及び社会生活を確保するために，公共交通機関の旅客施設や車両等，道路，路外駐車場，公園施設，建築物の構造及び設備を改善する措置等を講じて，移動上及び施設の利用上の利便性及び安全性の向上の促進を図り，公共の福祉の増進に資すること |
| 住宅確保要配慮者に対する賃貸住宅の供給の促進に関する法律（住宅セーフティネット法） | 平成19年7月6日法律第112号 | 住宅確保要配慮者に対する賃貸住宅の供給の促進に関し，基本方針の策定，賃貸住宅供給促進計画の作成，賃貸住宅の登録制度等について定めることにより，住宅確保要配慮者に対する賃貸住宅の供給の促進に関する政策を総合的・効果的に推進し，国民生活の安定向上と社会福祉の増進に寄与すること |

219

| | | |
|---|---|---|
| ☐ ☐ | **230**<br>33回30 | 日本が批准した「国際人権規約（社会権規約）」にいう「相当な生活水準の権利」では，住居は対象外とされている。 |

## 福祉政策と労働政策

| | | |
|---|---|---|
| ☐ ☐ | **231**<br>27回31 | ワーク・ライフ・バランスは，マイノリティの雇用率を高めるための福祉政策である。 |
| ☐ ☐ | **232**<br>31回30 | 社会福祉法は，市町村に対して，福祉人材センターの設置を義務づけている。 |

### ●労働施策総合推進法

| | | |
|---|---|---|
| ☐ ☐ | **233**<br>33回31 | 「労働施策総合推進法」において，国は日本人の雇用確保のため不法に就労する外国人への取締りを強化しなければならない，とされている。 |
| ☐ ☐ | **234**<br>33回31 | 「労働施策総合推進法」により，国は子を養育する者が離職して家庭生活に専念することを支援する施策を充実しなければならない。 |
| ☐ ☐ | **235**<br>33回31 | 「労働施策総合推進法」において，事業主は，職場において行われる優越的な関係を背景とした言動であって，業務上必要かつ相当な範囲を超えたものによりその雇用する労働者の就業環境が害されることのないよう，必要な措置を講じなければならない，とされている。 |
| ☐ ☐ | **236**<br>33回31 | 「労働施策総合推進法」において，国は労働者が生活に必要な給与を確保できるよう労働時間の延長を容易にする施策を充実しなければならない，とされている。 |

× 1979年（昭和54年）に日本が批准した国際人権規約（社会権規約）では、「相当な生活水準の権利(the right of everyone to an adequate standard of living)」として、食糧や衣類のみならず住居もその水準の内容に含んでいる。

▶59
**国際人権規約（社会権規約）**
国際人権規約における「経済的，社会的及び文化的権利に関する国際規約」のことである。

× ワーク・ライフ・バランスとは，主に仕事と生活の調和を意味する。設問にある，マイノリティの雇用率に関してはこの考えにはない。

▶60
**ワーク・ライフ・バランス**
内閣府によると、「国民一人ひとりがやりがいや充実感を感じながら働き，仕事上の責任を果たすとともに，家庭や地域生活などにおいても，子育て期，中高年期といった人生の各段階に応じて多様な生き方が選択・実現できる」ことを指す。

× 市町村に福祉人材センターの設置は義務づけられていない。福祉人材センターには，都道府県福祉人材センターと中央福祉人材センターがあり，都道府県福祉人材センターは都道府県知事から指定された社会福祉法人が担う。

▶61
**都道府県福祉人材センター**
社会福祉事業等従事者の確保に関する調査研究，社会福祉事業等従事者に対する研修，無料の職業紹介，就業の促進に関する情報の提供，相談その他の援助等を行う。

× 法の名称に表されているように対象は，日本人ではなく労働者である。法では，国が専門的知識・技術をもつ外国人の就業の促進，在留外国人への雇用機会の確保のため，必要な施策を充実することが規定されている。なお，国は不法就労を防止し，労働市場の需給調整機能が適切に発揮されるよう努めるとされている。（関連キーワード▶62参照）

▶62
**労働施策総合推進法**
正式名称は，「労働施策の総合的な推進並びに労働者の雇用の安定及び職業生活の充実等に関する法律」である。旧・雇用対策法。

× 子を養育する者の雇用継続等を目指しており，「離職して家庭生活に専念することを支援」していない。国が取り組む施策として，女性の雇用の継続，円滑な再就職の促進，母子家庭の母等の雇用の促進等の必要な施策の充実が規定されている。

○ 選択肢のとおり。「雇用管理上の措置等」として定められている。

× 法によると，国が総合的に取り組まなければならないのは，「労働時間の延長を容易にする施策」ではなく，労働条件の改善，均衡のとれた待遇の確保に関する施策を充実することである。

| | 237 33回31 | 「労働施策総合推進法」により，事業主は，事業規模の縮小等に伴い離職を余儀なくされる労働者について，求職活動に対する援助その他の再就職の援助を行うよう努めなければならない。 |

## ●介護休業

| | 238 31回29 | 介護休業を取得することができる対象家族には，配偶者と子は含まれない。 |

| | 239 31回29 | 期間を定めて雇用される者は，雇用の期間にかかわらず介護休業を取得することができない。 |

| | 240 31回29 | 介護休業は，2週間以上の常時介護を必要とする状態にある家族を介護するためのものである。 |

| | 241 31回29改変 | 一人の対象家族についての介護休業の申出の回数には，制限がある。 |

| | 242 31回29 | 一人の対象家族についての介護休業の合計は，150日までである。 |

## ●介護と雇用

| | 243 29回31 | 「平成24年版働く女性の実情」（厚生労働省）によると，雇用者総数に占める介護をしている者の年齢階級別割合は，「45～49歳」が最も高い。 |

| | 244 29回31改変 | 「平成24年版働く女性の実情」（厚生労働省）によると，介護をしている雇用者のうち介護休業を取得した人の割合は，女性より男性の方が高い。 |

222

◯ 選択肢のとおり。「事業主の責務」として定められている。

✕ 育児・介護休業法で、介護休業を取得できる対象家族として、配偶者（婚姻の届出をしていないが、事実上婚姻関係と同様の事情にある者を含む）、父母及び子並びに配偶者の父母が定められている。

▶63
育児・介護休業法
正式名称は、「育児休業、介護休業等育児又は家族介護を行う労働者の福祉に関する法律」である。

✕ 育児・介護休業法において、期間を定めて雇用される者も要件を満たせば介護休業を取得することができることが定められている。同一の事業主に引き続き1年以上雇用されていること、介護休業開始予定日から93日経過する日から6か月を経過する日までに労働契約期間が満了することが明らかでないことの両方を満たす場合に申出ができる。

◯ 育児・介護休業法では、介護休業とは、要介護状態にある対象家族を介護するためにする休業を指す。なお、同法でいう「要介護状態」とは介護保険制度とは異なり、負傷、疾病又は身体上若しくは精神上の障害により、2週間以上の期間にわたり常時介護を必要とする状態を指す。

◯ 介護休業の申出の回数には3回までの制限がある。育児・介護休業法改正前までは、申出は通算93日以内で原則1回限りだったが、改正法施行後の2017年（平成29年）1月より通算93日を3回に分割できるようになった。

✕ 一人の対象家族についての介護休業期間の合計は93日までである。

✕ 雇用者総数に占める介護をしている者の年齢階級別割合で最も高いのは、男女ともに「55～59歳」である。次に高いのは男性では「60～64歳」、女性では「50～54歳」となっている。

◯ 介護をしている雇用者のうち介護休業を取得した人の割合は、女性2.9％、男性3.5％と男性の方が高い。

| | 245 29回31 | 「平成24年版働く女性の実情」(厚生労働省)によると，仕事と介護の両立のために勤務先に希望する支援として，「出社・退社時刻を自分の都合で変えられる仕組み」と「残業をなくす・減らす仕組み」の割合が高い。 |

| | 246 29回31 | 「平成24年版働く女性の実情」(厚生労働省)によると，介護をしている雇用者のうち介護休暇を取得した人の割合は，5割を超えている。 |

| | 247 29回31 | 「平成24年版働く女性の実情」(厚生労働省)によると，家族の介護等を理由とする離職者数は，男性が女性より多い。 |

## ●最低賃金

| | 248 31回31改変 | 特定最低賃金額は，地域別最低賃金額を上回るものでなければならない。 |

| | 249 31回31 | 地域別最低賃金額は，労働者の生計費を考慮せずに決定される。 |

| | 250 31回31 | 地域別最低賃金額は，労使が行う賃金交渉によって決定される。 |

| | 251 31回31 | 最低賃金の適用を受ける使用者は，労働者にその概要を周知しなければならない。 |

| | 252 31回31 | 支払能力のない事業者は，地域別最低賃金の減額適用を受けることができる。 |

○ 仕事と介護の両立のために勤務先に希望する支援としては，「出社・退社時刻を自分の都合で変えられる仕組み」（30.5％）と「残業をなくす・減らす仕組み」（29.4％）の割合が高い。続けて，「介護サービス利用費用の助成」（26.4％）があげられている。

× 介護をしている雇用者のうち介護休暇を取得した人の割合は2.3％である。女性2.2％，男性2.5％で男性のほうが高く，年齢では，「40～44歳」が最も高く3.2％，「30～39歳」が2.8％となっている。

× 家族の介護等を理由とする離職者数は，一貫して男性より女性が多い。なお，離職者数は年度によって増減を繰り返しているが，男性の占める割合は上昇傾向にある。

○ 特定最低賃金は，業務の性質上地域別最低賃金よりも高い賃金を支払う必要があると判断された賃金額を指すため，地域別最低賃金を上回っている。特定最低賃金が適用される産業には，鉄鋼業，自動車関連業，機械器具製造業などがある。（関連キーワード▶64参照）

× 最低賃金法で，地域別最低賃金額は，労働者の生計費や賃金，通常の事業の賃金支払能力を考慮して定められなければならないとされており，労働者の生計費を考慮するにあたっては，労働者が健康で文化的な最低限度の生活を営むことができるよう，生活保護にかかる施策との整合性に配慮するものとされている。

× 地域別最低賃金額は，労使が行う賃金交渉によって決定されるものではない。厚生労働大臣又は都道府県労働局長が，一定の地域ごとに，中央最低賃金審議会又は地方最低賃金審議会の調査審議を求め，その意見を聴いて，地域別最低賃金額の決定を行う。

○ 最低賃金の適用を受ける使用者は，最低賃金の概要を，常時作業場の見やすい場所に掲示し，又はその他の方法で，労働者に周知させるための措置をとらなければならないとされている。なお，最低賃金に，通勤手当，皆勤手当，時間外勤務手当等は含まれない。

× 減額は，使用者が都道府県労働局長の許可を受けたときで，精神又は身体の障害により著しく労働能力の低い者，試用期間中の者，職業訓練を受ける者等である労働者に対して，適用することができる。

▶64
地域別最低賃金と特定最低賃金
地域別最低賃金は各都道府県で1つずつ設定され，特定最低賃金は特定の産業又は職業ごとに最低賃金審議会が最低賃金額を設定している。

現代社会と福祉

## ●社会福祉士の役割

**253**
32回31
社会保障審議会福祉部会福祉人材確保専門委員会の「ソーシャルワーク専門職である社会福祉士に求められる役割等について」(2018年(平成30年))において,社会福祉士には,地域課題の解決の拠点となる場づくり,ネットワーキングなどを通じて,地域住民の活動支援を行うことが求められている。

**254**
32回31改変
社会保障審議会福祉部会福祉人材確保専門委員会の「ソーシャルワーク専門職である社会福祉士に求められる役割等について」(2018年(平成30年))において,地域住民が主体的に地域課題を把握して解決を試みている場合は,協働し,連携することが求められる。

**255**
32回31
社会保障審議会福祉部会福祉人材確保専門委員会の「ソーシャルワーク専門職である社会福祉士に求められる役割等について」(2018年(平成30年))において,地域課題の解決に必要な新たな社会資源の創出は,社会福祉士の専権的な職務であるとされている。

**256**
32回31
社会保障審議会福祉部会福祉人材確保専門委員会の「ソーシャルワーク専門職である社会福祉士に求められる役割等について」(2018年(平成30年))において,地域で表出されにくいニーズの発見は,民生委員に一任するとされている。

**257**
32回31改変
社会保障審議会福祉部会福祉人材確保専門委員会の「ソーシャルワーク専門職である社会福祉士に求められる役割等について」(2018年(平成30年))において,社会福祉士は,地元の商店や営利企業とも連携を進めることが必要である。

〇 社会福祉士はソーシャルワークの専門職として，地域共生社会の実現に向けて多様化・複雑化する地域の課題に対応するため，ほかの専門職や地域住民との協働，福祉分野をはじめとする各施設・機関等との連携といった役割を担っていくことが期待されている。

〇 社会福祉士は，地域住民等とも協働しつつ，多職種と連携することが求められている。

✕ 社会福祉士は，ソーシャルワークの機能を発揮し，地域の福祉ニーズを把握し，既存資源の活用や資源の開発を行う役割を担うことが期待されている。だが社会資源の創出は，社会福祉士以外の人や組織が行うこともできるため，社会福祉士の専権的な職務とはいえない。

✕ 社会福祉士には，地域住民等とも協働しつつ，多職種と連携しながら，課題を抱えた個人や世帯への包括的な支援のみならず，顕在化していない課題への対応といった役割を担うことが求められている。

〇 社会福祉士が連携をする対象には，地域住民だけではなく，社会福祉法人や医療法人，ボランティア，特定非営利活動法人，教育機関，地元に根付いた商店や企業等も含まれる。社会福祉士はこうした人たちが地域社会の構成員であるという意識をもって，連携を進めることが必要である。

地域福祉の
理論と方法

# 地域福祉の基本的考え方

## 概念と範囲

### ●定義

**1** 29回32
岡村重夫は，生活課題を貨幣的ニードと非貨幣的ニードに分類し，後者に対応する在宅福祉サービスを充実することを重視した。

**2** 29回32
永田幹夫は，地域社会で発生する生活課題の解決を図るために，地域住民の主体的で協働的な問題解決プロセスを重視した。

**3** 29回32
真田是は，在宅福祉サービスを整備することで，社会福祉サービスを必要とする個人や家族の自立を地域社会の場において図ることを重視した。

**4** 29回32
三浦文夫は，生活問題とその解決のための政策，そして地域社会の産業構造の変革も視野に入れた生活の共同的維持・再生産の地域的システムを重視した。

**5** 29回32
右田紀久惠は，地方自治体における福祉政策の充実や住民自治を基底に据えた自治型地域福祉を重視した。

**6** 28回32
マッキーヴァー（MacIver, R.）は，教会，学校，会社のような意図的につくられた機能的・結社的集団をコミュニティとして捉えた。

### ●その他

**7** 29回34改変
結は，田植えの時期など一時的に大勢の人手を必要とする際に，地域で助け合う共同労働のことである。

**8** 29回34
頼母子講（タノモシコウ）は，共済的・金融的機能を持ち，経済的救済を目的とした組織のことをいう。

✗ 設問は三浦文夫の学説に関する説明である。**岡村重夫**[1]は，地域住民の地域社会で発生する生活課題について，可能な限りその地域で解決を図ることを目指し，**住民の主体的な問題解決の過程を重視した。**

✗ 設問は岡村重夫の学説に関する説明である。**永田幹夫**[2]は，地域福祉の具体的展開のために**新たなサービス供給体制の創出を図ること**を重視した。

✗ 設問は永田幹夫の学説に関する説明である。**真田 是**は，**地域における住民運動を地域の福祉力にしていくこと**を重視し，住民の自治組織が社会福祉に注目することの必要性を提起している。

✗ 設問は真田是の学説に関する説明である。**三浦文夫**は，公的責任による生活保護などの貨幣的ニードから，**対人サービスや在宅福祉サービスなどの非貨幣的ニードを充足させること**の必要性を指摘した。

○ 設問のとおり。**右田紀久恵**は福祉ニーズを生活問題としてとらえ，その問題解決に向けた**住民の主体的な参加**を重視し，地方自治体と住民との協働の必要性についても提起している。

✗ **マッキーヴァー**は，村落や地域社会など共同生活の領域を**コミュニティ**とし，教会，学校，会社のような利害関心によって意図的につくられた集団を**アソシエーション**として捉えた。

○ 設問のとおり。例えば，ある田植えを近隣の仲間が手伝い，別の日には別の田植えを仲間が手伝うという仕組みが結で，**相互に労力を提供し合い，助け合う。**

○ 設問のとおり。頼母子講は**共済的・金融的機能**[3]を持つ。

---

▶1
**岡村重夫**
岡村は，地域福祉の構成要素を，①コミュニティケア，②一般組織化活動と福祉組織化活動，③予防的社会福祉に分類した。

▶2
**永田幹夫**
永田は，地域福祉の構成要素を，①在宅福祉サービス，②環境改善サービス，③組織活動の3要素に分類した。

▶3
**共済的・金融的機能**
例えば5人が集まり，一人ひとりが1万円ずつ出せば，5万円が集まる。そしてその5万円を一人が受け取り，次の集まりでも同様に，一人ひとりが1万円ずつ出せば5万円が集まるので，前回とは異なる一人がその5万円を受け取る。

地域福祉の理論と方法

| | 9<br>29回34 | 七分積金制度は，生活に困窮する者の救済を目的とした儒教的徳治主義を象徴とする天皇の慈恵政策のことをいう。 |
|---|---|---|

| | 10<br>29回34 | 五保の制は，生活に困窮する者がいた場合には，まずは親族間での相互扶助を重視した制度のことをいう。 |
|---|---|---|

| | 11<br>29回34 | 戸令（コリョウ）は，五戸を一組として，共助の機能を持った農耕と貢納のための組織のことをいう。 |
|---|---|---|

## 地域福祉の理念

### ●権利擁護

| | 12<br>28回41 | 日常生活自立支援事業は，成年被後見人は利用できない。 |
|---|---|---|

| | 13<br>33回37 | 日常生活自立支援事業は，判断能力の不十分な精神障害者等に対して住宅を購入するための銀行からの借入れの契約などを支援している。 |
|---|---|---|

### ●地域移行

| | 14<br>31回33 | 地域移行支援とは，住まい・医療・介護・予防・生活支援を一体的に提供することで，在宅の限界点を高めることをいう。 |
|---|---|---|

### ●ソーシャルインクルージョン（社会的包摂）

| | 15<br>31回33 | ソーシャルインクルージョンとは，全ての人々を孤独や孤立，排除や摩擦から援護し，社会の構成員として包み支え合う社会を目指すことをいう。 |
|---|---|---|

### ●ソーシャルアクション

| | 16<br>29回35 | 戦前の方面委員による救護法制定・実施の運動は，ソーシャルアクションの事例とされる。 |
|---|---|---|

**✕** 七分積金制度は，松平定信により設けられた院外救済制度であり，住民から集めた江戸町費の7分を積金として積み立て，凶荒時の救済や孤児あるいは貧民の救済に活用した。

**✕** 設問は戸令に関する説明である。**五保の制は，近隣の5戸を1つの組（グループ）として，納税や治安維持のために創設された。**

**✕** 設問は五保の制に関する説明である。**戸令では，救済の対象を細かく分け，はじめに親族間による相互扶助を行い，それでも難しい場合には近隣（地域）社会が救済することが求められていた。**

**◯** 成年被後見人は，契約の内容について判断することが困難なため，日常生活自立支援事業を利用することはできない。

▶4
**日常生活自立支援事業**
判断能力が不十分な人が地域において自立した生活を送れるように，契約に基づき，福祉のサービスの利用援助等を行うものである。都道府県・指定都市社会福祉協議会が実施主体となり，基幹的な市町村社会福祉協議会が実務を担っている。

**✕** 日常生活自立支援事業による支援に，住宅購入のための借入れ契約の支援は含まれない。

**✕** 地域移行支援とは，障害者支援施設等及び精神科病院に入所・入院している障害者に対して，住居の確保や障害福祉サービスの体験利用・体験宿泊など地域生活へ移行するための支援を行うものである。

**◯** ソーシャルインクルージョン▶5は，「社会的包摂」などと訳され，全ての人々を社会の一員として受け入れ支え合うという社会政策の理念である。

▶5
**ソーシャルインクルージョン**
ヨーロッパでは1980年代に取り上げられるようになり，日本では「社会的な援護を要する人々に対する社会福祉のあり方に関する検討会」報告書（2000年（平成12年））で基本理念として盛り込まれた。

**◯** 設問のとおり。**方面委員**は担当地域や各家庭を調査し，貧困の状況を把握しながら救護活動を行っており，貧困の実態を個別に把握することが可能であった。こうした彼らの活動から，法制定の必要性が認識され，**救護法制定・実施運動に発展し，救護法の制定に結びついた。**

地域福祉の理論と方法

233

| 17 29回35 | ソーシャルアクションは，コミュニティオーガニゼーションと密接に関わるソーシャルワークの方法である。 |

| 18 29回35 | ソーシャルアクションは当事者の活動に限られ，福祉専門職は関わらないとされる。 |

| 19 29回35 | ソーシャルアクションの展開過程には，住民の理解の促進及び世論形成は含まれない。 |

## ●その他

| 20 33回34 | 社会保障審議会の「市町村地域福祉計画及び都道府県地域福祉支援計画策定指針の在り方について」(2002年(平成14年))は，専門のコンサルタントに計画の策定を請け負わせるべきであると提言した。 |

| 21 31回32改変 | 「これからの地域福祉のあり方に関する研究会」報告書(2008年(平成20年))では，地域住民の生活課題を踏まえて共助を拡大することの重要性が指摘された。 |

| 22 33回34 | 厚生労働省の「これからの地域福祉のあり方に関する研究会報告書」(2008年(平成20年))は，制度の対象とならない生活課題は，行政が原則として関与せず，住民同士の支え合いによって解決していく必要があると提言した。 |

| 23 33回34 | 社会保障審議会の「生活困窮者の生活支援の在り方に関する特別部会報告書」(2013年(平成25年))は，生活保護受給者が増加する中で，中間的就労を通じた生活困窮者の社会参加よりも一般就労を重視すべきであると提言した。 |

○ 設問のとおり。ソーシャルアクション[6]の展開過程は，主に，問題の把握，要求の明確化，行動計画の策定，世論の喚起，住民集会や署名活動，行政機関などへの要求，活動の総括，となる。このような展開過程は，地域を基盤として展開されるコミュニティオーガニゼーションと深い関わりをもつ。

✕ ソーシャルアクションは，活動する者が限定されるものではない。とりわけ福祉専門職は，当事者がおかれている環境やニーズを把握していることが多く，ソーシャルアクションを通じて，サービス提供や法制度のあり方について世論に訴えかける役割が期待される。

✕ ソーシャルアクションの展開過程には，地域住民の理解及び世論形成が不可欠である。ソーシャルアクションは，地域住民等が抱えるニーズを充足するために社会全体に訴えかける活動であるため，学習会を開催し問題把握を行い，住民集会や署名活動などを通して広く理解を求めていく。

✕ 市町村地域福祉計画及び都道府県地域福祉支援計画の策定にあたっては，地域福祉推進役の地域住民，学識経験者，福祉・保健・医療関係者等が参加する計画策定組織を設置することが示されている。

○ 「これからの地域福祉のあり方に関する研究会」報告書では，基本的な福祉ニーズは公的な福祉サービスで対応する原則を踏まえつつ，地域の多様なニーズへの的確な対応を図る上で，自立した個人が主体的にかかわり支え合う「新たな支え合い」(共助)の領域を拡大し，強化する必要性が提起された。

✕ 報告書では，基本的な福祉ニーズは公的な福祉サービスで対応する原則を踏まえつつ，地域における多様なニーズへの対応を図るため，市場，行政，非営利セクターがそれぞれの弱点を補い合い，住民の生活課題に対応することが必要であるとしている。

✕ 報告書では，就労の場だけではなく，直ちに一般就労を求めることが困難な者に対する段階的な社会参加の場として，一般就労に向けた支援つき訓練の場(中間的就労)を位置づけている。

▶6
ソーシャルアクション
社会福祉の向上を目指し，組織をつくり，関係各方面に圧力をかけたり，行政機関に直接的にはたらきかける行為のこと。

地域福祉の理論と方法

□
□ **24**
33回34
厚生労働省の「地域力強化検討会最終とりまとめ」(2017年(平成29年))は，地域共生社会の実現に向けて，地域住民が多機関協働の中核を担う必要があると提言した。

□
□ **25**
33回34
厚生労働省の「地域共生社会推進検討会最終とりまとめ」(2019年(令和元年))は，既存の地域資源と狭間のニーズを持つ者との間を取り持つ，新たな参加支援の機能が重要であると提言した。

□
□ **26**
31回32
生活困窮者自立支援法(2013年(平成25年))では，生活困窮者の自立の促進と尊厳の保持とともに生活困窮者支援を通じた地域づくりが基本理念とされた。

□
□ **27**
31回32
「医療介護総合確保推進法」(2014年(平成26年))では，地域包括ケアシステムという用語が初めて法律に明記された。

□
□ **28**
31回32
「新たな時代に対応した福祉の提供ビジョン」(2015年(平成27年))では，分野別の専門的相談支援体制の強化に向けての改革の必要性が提示された。

□
□ **29**
31回32
社会福祉法の改正(2017年(平成29年))では，市町村地域福祉計画について，3年ごとに，調査，分析及び評価を行うこととされた。

□
□ **30**
31回33
ソーシャルキャピタルとは，地域における公共的建築物や公共交通といった物的資本の整備状況を示すことをいう。

□
□ **31**
31回33
ノーマライゼーションとは，障害のある人に，障害のない人と同じような暮らしが可能となる生活条件を作り出していく考え方のことをいう。

✕ とりまとめでは，生活困窮者自立支援制度における自立相談支援機関や地域包括支援センター，基幹相談支援センター，社会福祉協議会，社会福祉法人，医療法人，NPO法人，行政など，さまざまな機関がその中核的な役割を担うとしている。

◯ とりまとめでは，新たな参加支援として既存の地域資源と狭間のニーズを持つ者との間を取り持つ機能を創設することが求められるとし，具体的なスキームを提示している。

◯ 設問のとおり。生活困窮者に対する自立の支援では，地域における支援業務を行う関係機関及び民間団体との緊密な連携，その他必要な支援体制の整備に配慮して行うことが示されている。

✕ 地域包括ケアシステムという用語が法律で初めて明記されたのは，国民会議の審議を受け，社会保障制度改革の全体像と進め方を規定した「持続可能な社会保障制度の確立を図るための改革の推進に関する法律」(2013年(平成25年))である。（関連キーワード▶7参照）

✕ 「新たな時代に対応した福祉の提供ビジョン」では，複合的な課題を抱える者等に対する包括的な支援システムの構築が提起された。その背景として福祉ニーズの多様化・複雑化を踏まえ，単独の相談機関では十分に対応できない，いわゆる「制度の狭間」の課題が指摘された。

✕ 社会福祉法の改正(2017年(平成29年))で，市町村は，定期的に，策定した市町村地域福祉計画について調査，分析及び評価を行うよう努めるものとすると規定されている(第107条第3項)。

✕ ソーシャルキャピタルは，「社会関係資本」と訳される場合が多く，人々のつながりや社会的ネットワークなど，人間関係がもつ資源としての側面を指す。パットナム(Putnam, R.D.)は，その構成要素として，社会的ネットワーク，信頼，互酬性の規範をあげた。

◯ ノーマライゼーションは，すべての障害者の日常生活の様式や条件を，障害のない人と同じような暮らしが可能となる社会環境や生活様式に可能な限り近づけることを目指す考え方であり，そのための方法をいう。

▶7
**医療介護総合確保推進法**
正式名称は，「地域における医療及び介護の総合的な確保を推進するための関係法律の整備等に関する法律」である。地域包括ケアシステム構築とそのための財源や法律の整備を規定している。

▶8
**新たな時代に対応した福祉の提供ビジョン**
厚生労働省新たな福祉サービスのシステム等のあり方検討プロジェクトチームが出した「誰もが支え合う地域の構築に向けた福祉サービスの実現―新たな時代に対応した福祉の提供ビジョン―」という報告書のことである。

▶9
**社会福祉法の改正**
2017年(平成29年)の改正では，市町村地域福祉計画及び都道府県地域福祉支援計画の策定を任意から努力義務にするとともに，高齢者，障害者，児童等の福祉の各分野に関し共通して取り組むべき事項を横断的に記載する上位計画とすることが示された。

地域福祉の理論と方法

# 地域福祉の発展過程

## ●海外

**32** （27回33）
ロンドンで設立された慈善組織協会（1869年）は，慈善活動を組織化するとともに友愛訪問を実施し，ソーシャルワークの形成に大きな影響を与えた。

**33** （27回33）
「ベヴァリッジ報告」（1942年）は，社会保障制度の基礎となるとともに，地方自治体におけるパーソナル・ソーシャル・サービスを中心とした組織改革をもたらした。

**34** （29回33）
シーボーム報告（1968年）は，社会サービスにおけるボランティアの役割は，専門家にできない新しい社会サービスを開発することにあることを強調した。

**35** （29回33）
エイブス報告（1969年）は，地方自治体がソーシャルワークに関連した部門を統合すべきであることを勧告した。

**36** （29回33改変）
ウォルフェンデン報告（1978年）は，民間組織（ボランタリー組織）の将来のあり方について検討した報告書である。

### 整理しておこう！

#### イギリス・アメリカの地域福祉に関する主な報告書と概要

| | | |
|---|---|---|
| レイン報告（米） | 1939年 | 全米社会事業会議において採択された。コミュニティ・オーガニゼーションの基本的な体系をまとめ，その目標を「資源とニーズを調整すること」とした。 |
| ベヴァリッジ報告（英） | 1942年 | 「社会保険と関連サービス」と題する報告書。社会保険を中核とする社会保障制度を体系化。戦後社会保障の基礎となった。 |
| シーボーム報告（英） | 1968年 | 「地方自治体と関連する対人福祉サービスに関する委員会報告」と題する報告書。地方自治体における社会サービス部局の再編成と対人福祉サービスにおけるソーシャルワークを確立。「地方自治体社会サービス法」（1970年）の成立へ。 |

○ 慈善組織協会は，濫給や漏給，職業乞食の発生などの弊害を解決するために設立された。社会事業の近代化を促し，ソーシャルワークの形成に大きな影響を与えた。

✕ パーソナル・ソーシャル・サービスを中心とした組織改革を勧告したのは，シーボーム報告(1968年)である。

✕ 設問はエイブス報告の内容である。シーボーム報告では，分野別にサービスが提供されるのではなく，単一の部局による包括的なアプローチが目指された。

✕ 設問はシーボーム報告の内容である。エイブス報告は，社会福祉分野のボランティアの役割に関する報告書である。ボランティアには新しい社会サービスを開発する役割があり，ソーシャルワーカーから押しつけられるものではないとした。

○ 設問のとおり。社会サービスの供給システムについて，インフォーマル部門，公的部門，民間営利部門，民間非営利部門に分け，福祉多元主義を打ち出し，コミュニティケアを展開するためには各部門の連携が重要であるとして，とりわけインフォーマルネットワークを重視した。

▶10
シーボーム報告
イギリスでは1960年代後半に，移民の流入や失業，貧困化を背景とする非行や犯罪などの「インナーシティ問題」が顕在化する。それらを検討するために設置されたのが，シーボーム委員会である。同報告では，福祉サービスの資源不足や分割されたサービスの提供という課題の対策として，地方自治体に社会福祉部を設置し，パーソナル・ソーシャル・サービスを提供することが勧告された。

| ウォルフェンデン報告<br>(英) | 1978年 | 「ボランタリー組織の将来」と題する報告書。社会サービスのシステムを，公的サービスのほかインフォーマルな支援ネットワークなど多様な供給主体によるとする福祉多元主義として確認。 |
|---|---|---|
| バークレイ報告<br>(英) | 1982年 | ソーシャルワーカーの役割と任務，実際の活動についての報告。コミュニティ・ソーシャルワークの概念，展開方法，役割等について言及。 |
| グリフィス報告<br>(英) | 1988年 | 「コミュニティケア―行動計画のための指針―」と題する報告書。コミュニティケアにおける財政責任とマネジメント責任。「国民保健サービス及びコミュニティケア法」(1990年)の成立へ。 |
| ワグナー報告<br>(英) | 1988年 | 「入所施設ケア―積極的選択」と題して刊行。コミュニティケアが求められる中でも入所施設のあり方を積極的に探求。 |

| □ □ | **37**<br>29回33 | バークレイ報告（1982年）は，コミュニティを基盤としたカウンセリングと社会的ケア計画を統合した実践であるコミュニティソーシャルワークを提唱した。 |

| □ □ | **38**<br>29回33 | グリフィス報告（1988年）は，コミュニティケアの基礎となるナショナル・ミニマムの概念を提唱した。 |

| □ □ | **39**<br>26回32 | イギリスのNHS及びコミュニティケア法では，地方自治体が必要なサービスを多様な供給主体から購入して，継ぎ目のないサービスを提供することを目標としていた。 |

| □ □ | **40**<br>29回35 | 欧米におけるソーシャルアクションの源流は，1960年代のアメリカの福祉権活動とされている。 |

## ●国内

| □ □ | **41**<br>28回34 | 日本におけるセツルメント運動は，アダムス（Adams, A.）が岡山博愛会を設立したことに始まるとされている。 |

| □ □ | **42**<br>28回34改変 | 片山潜は，セツルメントの拠点としてキングスレー・ホールを開設した。 |

| □ □ | **43**<br>32回32 | 中央慈善協会は，全国の主要な都市で展開されていたセツルメント運動の組織化を図ることを目的として設立された。 |

| □ □ | **44**<br>32回32 | 共同募金会は，関東大震災によって被災した人々を援助するために，政府の呼び掛けによって設立された。 |

| □ □ | **45**<br>32回32 | 方面委員制度は，岡山県で発足した済世顧問制度を始まりとし，後に方面委員令により全国的な制度として普及した。 |

| □ □ | **46**<br>33回33 | 方面委員制度は，岡山県知事である笠井信一によって，地域ごとに委員を設置する制度として1918年（大正7年）に創設された。 |

○ 設問のとおり。ソーシャルワーカーの役割と任務について検討された報告書である。これまで行われてきたカウンセリング中心主義からコミュニティ志向へ移行するためには、ソーシャルワーカーの「心のもち方」が重要であると指摘している。

✕ グリフィス報告では、コミュニティケア進展の遅れは財政保障の仕組みがないためであるとして、地方自治体がコミュニティケアの財政責任をもつことなどが提案された。

○ NHS及びコミュニティケア法では、地方自治体の役割を直接的なサービス提供者としてではなく、条件整備主体[11]へ役割転換していくことを提起した。

✕ 欧米におけるソーシャルアクションの源流は、19世紀後半のアメリカにおける社会改良運動にみられる。

▶11
**条件整備主体**
地方自治体社会サービス部の役割で、営利・非営利のさまざまなサービスの競争を促しつつ、利用者に最も適したサービスを契約に基づいて民間から購入し手配すること。

○ 設問のとおり。岡山博愛会は、1891年(明治24年)にアダムスによって設立された日本で最初のセツルメントといわれている。

○ キングスレー・ホールは、1897年(明治30年)に東京の神田三崎町に設立された。

✕ 中央慈善協会[12]は慈善活動に関する調査の実施や、慈善活動を行っている団体間の連絡調整などを行うことを目的として、1908年(明治41年)に設立された。

✕ 1947年(昭和22年)に社会事業共同募金中央委員会が発足し、同年に「国民たすけあい運動」として共同募金運動が始まった。なお、関東大震災は1923年(大正12年)に発生した。

○ 設問のとおり。方面委員制度は、現在の民生委員制度の源流とされている。

✕ 方面委員制度を考案・創設したのは、笠井信一[13]ではなく、大阪府知事の林市蔵である。

▶12
**中央慈善協会**
初代会長は渋沢栄一。1921年(大正10年)に社会事業協会、1924年(大正13年)に中央社会事業協会、1947年(昭和22年)には日本社会事業協会となった。1951年(昭和26年)には、全日本民生委員連盟、同胞援護会と合併し、中央社会福祉協議会が設立、やがて全国社会福祉協議会に発展した。

▶13
**笠井信一**
岡山県知事であった笠井信一は、1917年(大正6年)に済世顧問制度を創設した。

地域福祉の理論と方法

241

| | **47** 33回33 | 方面委員は，救護法の実施促進運動において中心的な役割を果たし，同法は1932年(昭和7年)に施行された。 |

| | **48** 32回32改変 | 市町村社会福祉協議会は，1951年(昭和26年)の社会福祉事業法の制定時には法制化されていなかった。 |

| | **49** 32回33 | 1960年代に徳島県社会福祉協議会等に設置された善意銀行は，住民が支援を必要とする個人・団体に対して労力・技術・金品等を提供した場合に，銀行が費用を助成する仕組みである。 |

| | **50** 32回33改変 | 1970年代に開始された学童・生徒のボランティア活動普及事業は，学童・生徒のボランティア活動の促進を目的として，指定を受けた小・中・高等学校において実施される事業である。 |

| | **51** 32回33 | 1980年代以降，全国に広がった住民参加型在宅福祉サービスは，有償性・非営利性・会員制を主な特徴とし，地域で支援を必要とする人々に対して家事援助・外出支援等のサービスを提供する活動である。 |

## 整理しておこう！

### 日本の地域福祉の源流をつくった人物

　日本の地域福祉の源流としては，イギリスの慈善組織協会(1869年設立)やセツルメント運動(1884年にトインビー・ホールの創設)などの影響を受けた明治期にさかのぼることができる。ここでは，江戸時代末期から明治期にかけて生まれ，社会活動を行った人物についてまとめておこう。

| 渋沢栄一 | 1840～1931<br>(天保11)(昭和6) | 1867年(慶応3年)にパリに渡り，近代産業を見て，帰国後，静岡で日本最初の商法会所を設立した。その後，大蔵省に勤め，退官後，第一国立銀行創設など数多くの企業・事業体にかかわった。引退後も，多様な社会事業に貢献している。 |
|---|---|---|
| 小河滋次郎 | 1863～1925<br>(文久3)(大正14) | 内務省に入り，監獄行政を担当した後，大阪府知事に招かれ，済世事業指導嘱託となる。1918年(大正7年)，林市蔵知事のもとで，方面委員制度の創設に努めた。 |

○ 設問のとおり。1931年（昭和6年）2月に，全国方面委員代表者大会において天皇への救護法の実施請願の上奏が決議され，1932年（昭和7年）1月に救護法が施行された。

▶14
救護法
救護法は1929年（昭和4年）に公布されたものの，財源措置がとられなかったため施行時期は未定となっていた。

○ 1951年（昭和26年）に中央社会福祉協議会（後の全国社会福祉協議会）が設立され，都道府県社会福祉協議会とともに法制化された。市区町村社会福祉協議会が法制化されたのは，1983年（昭和58年）であった。

✕ 善意銀行は，個人や団体，企業などからの寄附を受け付け，集まった寄附金や物品を希望する個人や福祉施設等に配分する仕組みであり，費用を助成するものではない。

○ 学童・生徒のボランティア活動普及事業は，ボランティア協力校として指定された小学校，中学校，高校が，学校を単位としたボランティア活動の普及を目指すものである。

○ 住民参加型在宅福祉サービスは，サービスを必要とする側とサービスを提供する側の双方が会員になり，支え合う仕組みであり，有償ではあるが営利を目的としない。

地域福祉の理論と方法

| 石井十次 | 1865～1914<br>（慶応元）（大正3） | 岡山医学校在学中の1887年（明治20年），岡山孤児院を創設した。熱心なキリスト教信者で，1906年（明治39年）に岡山孤児院は東北冷害救済のため収容人数が1200人という規模になった。その後，生まれ故郷の宮崎県茶臼原に拠点を移し児童福祉活動を続けた。 |
|---|---|---|
| 賀川豊彦 | 1888～1960<br>（明治21）（昭和35） | キリスト教徒の社会事業家で，1909年（明治42年）より神戸市新川の貧民街で伝道を開始し，その半生を『死線を越えて』（1920年）にまとめた。アメリカに留学するが主な活動は日本に帰国してからで，1919年（大正8年），関西労働連盟会を組織し，1921年（大正10年），神戸川崎・三菱造船所のストライキを指導し，また生活協同組合や農民組合運動にもかかわった。 |
| 牧賢一 | 1904～1976<br>（明治37）（昭和51） | 桜楓会託児所付設巣鴨労働夜学校で働くが，桜楓会から寄贈を受けた巣鴨託児所を「西窓学園」と改称して聴覚障害女性の家とし，丸山千代園長とともに新しいセツルメント活動を推進した。社会福祉協議会の啓蒙書として『社会福祉協議会読本』（1953年）や『コミュニティ・オーガニゼーション概論』（1966年）等がある。 |

243

| | 52<br>32回33 | 1990年代に全国で実施されたふれあいのまちづくり事業は，障害者等の社会参加を保障することを目的として，市町村が公共施設などにおけるバリアフリー化を促進するための事業である。 |

| | 53<br>32回33 | 2000年代に道路運送法の改正により法制化された福祉有償運送は，社会福祉施設が所有する福祉車両を要援護者等に有償で貸し出す仕組みである。 |

## 地域福祉における住民参加の意義

| | 54<br>24回35改変 | 社会福祉法では，市町村は，地域福祉計画を策定するときは，地域住民，社会福祉事業を経営する者及び社会福祉に関する活動を行う者の意見を反映させるよう努めるものとされた。 |

| | 55<br>30回35 | 社会福祉法の規定では，地域住民，社会福祉を目的とする事業を経営する者及び社会福祉に関する活動を行う者は，相互に協力して地域福祉の推進に努めなければならない。 |

| | 56<br>33回36 | 社会福祉法において，地域住民等は，支援関係機関と連携して地域生活課題の解決を図るよう留意するとされている。 |

## 地域福祉におけるアウトリーチの意義

| | 57<br>24回41 | 専門職がニーズを抱える住民宅を訪問したり，住民が生活する地域に出向いていくアウトリーチは，地域福祉ニーズを把握する方法の一つである。 |

# 地域福祉の主体と対象

## 地域福祉の主体

| | 58<br>31回33 | 住民主体の原則とは，行政の指導の下で地域住民が主体となって行う地域活動の原則のことをいう。 |

✗ ふれあいのまちづくり事業は，市町村社会福祉協議会が実施主体となり，高齢者，障害者等に対して，地域の状況に即した福祉サービスを提供し，主体的な活動ができるよう体制整備を図ることを目的とした事業である。

✗ 福祉有償運送は，NPO，公益法人，社会福祉法人等が，実費の範囲内で，自らが所有する自家用自動車を使用して，要介護者，身体障害者等の会員に対して行う個別輸送サービスをいう。

▶15
**自家用自動車**
タクシーなどの「緑ナンバー」の事業用自動車ではない，「白ナンバー」の自動車のこと。

○ 設問のとおり。社会福祉法第107条第2項で規定されている。

○ 設問のとおり。社会福祉法第4条第2項には，地域住民，社会福祉を目的とする事業を経営する者及び社会福祉に関する活動を行う者は，地域福祉の推進役として位置づけられている。

○ 社会福祉法第4条第3項で，地域住民等は，地域福祉の推進に当たり，地域生活課題の解決に資する支援を行う関係機関（支援関係機関）との連携等により課題の解決を図るよう特に留意するものとすることが規定されている。

○ アウトリーチは，地域住民の生活環境に直接的にふれ，感じることのできる方法であり，地域福祉ニーズ把握としては効果的である。

✗ 住民主体の原則は，地域で暮らす住民自身が，地域における社会福祉活動に関心をもち，問題を共有しその解決に向けて参加することをいう。

**59**
33回36改変
社会福祉法において，社会福祉事業を経営する者は，地域福祉を推進する主体に含まれるとされている。

**60**
33回36
社会福祉法において，社会福祉に関する活動を行う者は，地域福祉を推進する主体である市町村に協力しなければならないとされている。

**61**
33回36
社会福祉法において，福祉サービスの利用者は，支援を受ける立場であることから，地域福祉を推進する主体には含まれないとされている。

## 地域福祉の対象

**62**
31回36
災害対策基本法における避難行動要支援者とは，本人が同意し，提供した情報に基づいて避難行動要支援者名簿に登載された者をいう。

**63**
31回36
「ホームレス自立支援法」におけるホームレスとは，都市公園，河川，道路，駅舎その他の施設を故なく起居の場所とし，日常生活を営んでいる者をいう。

**64**
31回36
生活困窮者自立支援法における生活困窮者とは，最低限度の生活を維持できていない者をいう。

**65**
33回37
生活困窮者自立支援法は，生活困窮者における経済的困窮だけでなく，地域社会からの孤立についても支援の対象としている。

**66**
33回37
住居確保給付金は，18歳未満の子を持つ母子世帯に対して，生活保護法に基づく住宅扶助の一環として家賃相当額を給付するものである。

⭕ 設問のとおり。社会福祉法第4条第2項において，「地域住民，社会福祉を目的とする事業を経営する者及び社会福祉に関する活動を行う者」の三者を「地域住民等」と定義し，地域住民等は，「相互に協力し，(中略) 地域福祉の推進に努めなければならない」と規定している。

❌ 社会福祉に関する活動を行う者は，地域福祉を推進する主体である「地域住民等」に含まれる。市町村は推進主体に位置づけられてはいない。

❌ 福祉サービスの利用者も，地域住民の一員であるため，地域福祉を推進する主体に含まれる。

❌ 市町村長は，避難行動要支援者名簿を作成しておかなければならないが，その作成にあたっては，「本人が同意し，提供した情報」によらなくても，市町村長が保有する要配慮者に関する情報を，名簿の作成に必要な限度で利用することができるとされている (災害対策基本法第49条の10第3項)。(関連キーワード▶16参照)

▶16
**避難行動要支援者**
要配慮者のうち，災害が発生し，又は災害が発生するおそれがある場合に自ら避難することが困難な者であって，その円滑かつ迅速な避難の確保を図るため特に支援を要するもの (災害対策基本法第49条の10第1項)。

⭕ ホームレス自立支援法第2条で，「ホームレス」とは，都市公園，河川，道路，駅舎その他の施設を故なく起居の場所とし，日常生活を営んでいる者と定義されている。

▶17
**ホームレス自立支援法**
正式名称は，「ホームレスの自立の支援等に関する特別措置法」である。

❌ 「生活困窮者」とは，現に経済的に困窮し，最低限度の生活を維持することができなくなるおそれのある者である (生活困窮者自立支援法第3条第1項)。

⭕ 生活困窮者自立支援法第2条第1項において，「生活困窮者に対する自立の支援は，(中略) 地域社会からの孤立の状況その他の状況に応じて，包括的かつ早期に行われなければならない」と明記されている。また，都道府県等の任意事業である「生活困窮者一時生活支援事業」(第3条第6項) の対象者として「現在の住居を失うおそれのある生活困窮者であって，地域社会から孤立しているもの」が挙げられている (同項第2号ロ)。

❌ 住居確保給付金は，生活困窮者自立支援法に基づき，離職などで住居を失った者，または失うおそれの高い者を対象に，就職に向けた活動を行うことを条件に，一定期間，家賃相当額を支給するものである。

| | 67<br>31回36 | ひきこもり対策推進事業におけるひきこもりとは，様々な要因の結果として社会的参加を回避し，原則的には1年以上家庭にとどまり続けていることをいう。 |

| | 68<br>31回36改変 | 「障害者虐待防止法」における，養護者による障害者虐待とは，身体的虐待，性的虐待，心理的虐待，放棄・放置，経済的虐待の五つのことをいう。 |

## 社会福祉法

| | 69<br>30回35 | 社会福祉法の規定では，市町村は，地域福祉計画の策定において，福祉サービス利用者の意見聴取をしなければならない。 |

| | 70<br>32回36改変 | 社会福祉法の規定では，市町村は，地域生活課題の解決に資する支援が包括的に提供される体制の整備に努めなければならない。 |

| | 71<br>32回36 | 社会福祉法の規定では，市町村は，市町村地域福祉計画を市町村社会福祉協議会が策定する地域福祉活動計画と一体的に策定しなければならない。 |

| | 72<br>32回36 | 社会福祉法の規定では，都道府県は，福祉サービスを必要とする地域住民の地域生活課題を把握し，支援関係機関と連携して解決を図るよう留意しなければならない。 |

| | 73<br>32回36 | 社会福祉法の規定では，社会福祉を目的とする事業を経営する者は，地域福祉の推進に係る取組を行う他の地域住民等に助言と指導を行わなければならない。 |

| | 74<br>32回36 | 社会福祉法の規定では，国及び地方公共団体は，地域福祉の推進のために必要な各般の措置を講ずるよう努めなければならない。 |

× 「ひきこもり」とは，原則的には6か月以上にわたって概ね家庭にとどまり続けている状態を指す（「ひきこもりの評価・支援に関するガイドライン」）。同ガイドラインでいうひきこもりとは，現に支援を必要としている，精神保健・福祉・医療の支援対象としてのひきこもりであるとされている。

○ 「養護者による障害者虐待」とは，養護者による身体的虐待，性的虐待，心理的虐待，放棄・放置，養護者又は障害者の親族による経済的虐待である（障害者虐待防止法第2条第6項）。

▶18
障害者虐待防止法
正式名称は，「障害者虐待の防止，障害者の養護者に対する支援等に関する法律」である。

× 福祉サービス利用者の意見聴取をするのではなく，「あらかじめ，地域住民等（地域住民，社会福祉を目的とする事業を経営する者及び社会福祉に関する活動を行う者）の意見を反映させるよう努めるとともに，その内容を公表するよう努める」（社会福祉法第107条第2項）とされている。

○ 設問のとおり（社会福祉法第106条の3第1項）。

× 市町村地域福祉計画と地域福祉活動計画との一体的策定は義務づけられていない。ただし，「地域共生社会の実現に向けた地域福祉の推進について」（通知）の中で，両計画の一体的な策定や，内容の一部共有など，相互に連携を図ることが求められている。

× 地域住民の地域生活課題を把握し，支援関係機関と連携して解決を図るよう留意するものとされているのは，都道府県ではなく地域住民等である（社会福祉法第4条第3項）。

▶19
地域住民等
「地域住民，社会福祉を目的とする事業を経営する者及び社会福祉に関する活動を行う者」（社会福祉法第4条第2項）のことであり，地域福祉の推進に努める主体として位置づけられている。

× 社会福祉法に，設問のような規定はない。同法第5条で，社会福祉を目的とする事業を経営する者は，提供する多様な福祉サービスについて，利用者の意向を十分に尊重し，地域福祉の推進に係る取組を行う他の地域住民等との連携を図るよう努めなければならないと規定されている。

○ 設問のとおり（社会福祉法第6条第2項）。

# 地域福祉に係る組織，団体及び専門職や地域住民

## 行政組織と民間組織の役割と実際

### ●国及び地方公共団体

**75**
33回36
社会福祉法において，国及び地方公共団体は，地域住民等が取り組む地域生活課題の解決のための活動に関与しなければならないとされている。

### ●市町村

**76**
29回41
市町村は，地域福祉計画において，福祉圏域を定めることとされている。

**77**
29回41
市町村は，障害福祉計画において，障害保健福祉圏域を定めることとされている。

**78**
29回41改変
市町村は，市町村子ども・子育て支援事業計画において，教育・保育提供区域を定めることとされている。

**79**
29回41
市町村は，二次医療圏において，特殊な医療が提供できる体制を構築することとされている。

**80**
29回41
市町村は，介護保険事業計画において，日常生活圏域を定めることとされている。

### ●社会福祉法人

**81**
30回38
社会福祉法人は，社会福祉事業以外の収益事業を行うことを禁止されている。

❌ 国及び地方公共団体は，地域住民等が取り組む地域生活課題の解決のための活動に関与するのではなく，地域住民等が取り組む地域生活課題の解決に資する支援が包括的に提供される体制の整備を講ずるよう努めることとされている（社会福祉法第6条第2項）。

❌ 市町村が，地域福祉計画に福祉圏域を定めるという規定はない。ただし，市町村が，必要に応じて地域福祉圏域を設定することは考えられる。

❌ 障害保健福祉圏域は，複数市町村を含む広域圏域として都道府県障害福祉計画の中で各都道府県が定める。

⭕ 設問のとおり。子ども・子育て支援法第61条第2項第1号に，市町村は，地理的条件，人口，交通事情その他の社会的条件，教育・保育を提供するための施設の整備の状況等を総合的に勘案して教育・保育提供区域を定めるものと規定されている。

❌ 二次医療圏とは，特殊な医療を除く一般の入院にかかる医療を提供する区域である。最先端，高度な技術を必要とする特殊な医療を提供する圏域は三次医療圏であり，都道府県の区域を単位として設定される。

⭕ 日常生活圏域は，市町村介護保険事業計画において設定される。介護保険法第117条第2項第1号に，市町村が，地理的条件，人口等の社会的条件，介護給付等対象サービスを提供するための施設の整備の状況その他の条件を総合的に勘案して日常生活圏域を定めるものと規定されている。

❌ 社会福祉法人は，社会福祉事業に支障がない限り，収益事業を行うことができる（社会福祉法第26条第1項）。

| | 82 32回39 | 社会福祉法の改正（2016年（平成28年））では，社会福祉法人は，収入の一定割合を地域における公益的な取組の実施に充てなければならないとされた。 |

| | 83 33回39 | 社会福祉法人の公益事業における剰余金については，他の社会福祉法人が行っている社会福祉事業への寄附が認められている。 |

| | 84 31回37 | 厚生労働省の「社会保障審議会福祉部会報告書～社会福祉法人制度改革について～」（2015年（平成27年））では，社会福祉法人の今日的意義は，他の事業主体ではできない様々な福祉ニーズを充足することにより，地域社会に貢献していくことにあるとした。 |

## ●特定非営利活動法人

| | 85 30回38 | 特定非営利活動法人は，市町村の認可により設立できる。 |

| | 86 32回35改変 | 特定非営利活動促進法では，特定非営利活動法人の役員のうち，報酬を受ける者の数が，役員総数の3分の1以下であることとされている。 |

| | 87 30回33改変 | 特定非営利活動法人の活動分野は，「保健，医療又は福祉の増進を図る活動」が最も多い。 |

| | 88 32回39改変 | 「平成29年度特定非営利活動法人に関する実態調査」（内閣府）によれば，NPO法人の収入は，「事業収益」が大半を占めている。 |

**✕** 2016年（平成28年）の社会福祉法改正において，社会福祉法人の公益性・非営利性を踏まえて地域における公益的な取組の実施に関する責務が規定された（同法第24条第2項）。日常生活又は社会生活上の支援を必要とする人々に対して，法人の費用負担によって無料又は低額な料金で福祉サービスを積極的に提供することが示されているものの，法人収入の一定割合を充てなければならないとは記されていない。（関連キーワード▶20参照）

**✕** 「社会福祉法人の認可について」では，「公益事業において剰余金を生じたときは，当該法人が行う社会福祉事業又は公益事業に充てること」とされている。▶21

**◯** 社会福祉法人は，その公益性及び非営利性を踏まえ，各法人が創意工夫を凝らした多様な「地域における公益的な取組」を行うことが推進されている。

**✕** 特定非営利活動法人の認証権・監督権をもつ所轄庁は，原則として主たる事務所が所在する都道府県の知事である。ただし，事務所が指定都市の区域内のみに所在する場合は，当該指定都市の長が所轄庁となる（特定非営利活動促進法第9条）。

**◯** 設問のとおり（特定非営利活動促進法第2条第2項第1号ロ）。

**◯** 特定非営利活動法人（NPO法人）の認証数（活動分野別・複数回答）によれば，最も多い活動分野は，「保健，医療又は福祉の増進を図る活動」である。次に「社会教育の推進を図る活動」「子どもの健全育成を図る活動」「活動団体の運営又は活動に関する連絡，助言又は援助の活動」と続く。

**◯** 「平成29年度特定非営利活動法人に関する実態調査」によれば，NPO法人の収入の内訳は，「事業収益」（77.0%）が大半を占めている。なお，その他の収益の割合は，「会費」（2.8%），「寄附金」（8.0%），「補助金・助成金」（10.9%），「その他収益」（1.3%）となっている。

---

▶20
**社会福祉充実残額**
2016年（平成28年）の社会福祉法改正により，法人が保有する財産から，事業継続に必要な財産を除いた際に，再投下できる財産（社会福祉充実残額）が生じる場合には，法人が策定する社会福祉充実計画に基づいて，所轄庁の承認を得た上で，社会福祉事業や地域公益事業，その他の公益事業に再投資していくこととなった（社会福祉法第55条の2）。

▶21
**「社会福祉法人の認可について」**
平成12年12月1日障第890号・社援第2618号・老発第794号・児発第908号厚生省大臣官房障害保健福祉部・社会・援護局・老人保健福祉局・児童家庭局長連名通知。

地域福祉の理論と方法

253

| | 89 | 所轄庁の認定を受けた認定特定非営利活動法人に対して寄附した個人又は法人 |
|---|---|---|
| | 33回39 | は，税制上の優遇措置を受けることができる。 |

| | 90 | 「令和元年度市民の社会貢献に関する実態調査」(内閣府) によれば，2018年 (平 |
|---|---|---|
| | 33回39 | 成30年) に市民が寄附をした相手で最も多かったのは特定非営利活動法人であっ |
| | | た。 |

● 社会福祉協議会

| | 91 | 全国社会福祉協議会の「社協・生活支援活動強化方針」(2018年 (平成30年)) では， |
|---|---|---|
| | 31回37 | 市町村社会福祉協議会が生活困窮者の自立支援を中心に活動を展開していくこと |
| | | とした。 |

| | 92 | 1951年 (昭和26年) に，現在の全国社会福祉協議会の前身となる中央慈善協会が |
|---|---|---|
| | 30回32 | 設立された。 |

---

### 整理しておこう！

## 社会福祉協議会

　源流は1908年 (明治41年) に設立された中央慈善協会。1951年 (昭和26年) に現在の全国社会福祉協議会が設立され，同年に制定された社会福祉事業法にも規定がおかれた (このときは全社協と都道府県社協のみ)。

　地域福祉推進の中核としての役割が課されており，社会福祉施設，民生委員・児童委員，住民組織，福祉団体などの参加により構成されている。関係行政庁の職員も，社協の役員になることができるが，役員の総数の5分の1を超えてはならない。

　社会福祉法では，地域福祉の推進を図ることを目的とする団体と規定され，都道府県社協と市町村社協は協力して「福祉サービス利用援助事業」に関する事業の実施，普及及び啓発を行う。

　市町村社協は，1又は同一都道府県内の2以上の市町村の区域内において設立されるが，広域的に事業を実施することにより効果的な運営が見込まれる場合には，区域を越えて活動することができる。

　また，社会福祉事業を経営する者又は社会福祉に関する活動を行う者から参加の申し出があったときは，正当な理由がなければ拒んではならない。

**◯** 特定非営利活動促進法第71条において，「個人又は法人が，認定特定非営利活動法人等に対し，その行う特定非営利活動に係る事業に関連する寄附又は贈与をしたときは，(中略)寄附金控除等の特例の適用があるものとする」と規定されている。

**✕** 調査によると，寄附をした相手で最も多かったのは「共同募金会(赤い羽根)」で37.2％となっている。特定非営利活動法人は12.4％で6番目に多い。

**✕** 「社協・生活支援活動強化方針」[22]では，地域共生社会の実現に向けて，さまざまな地域課題に対応する社会福祉協議会の事業展開の方向性が示されている。強化方針の柱は，「あらゆる生活課題への対応」と「地域のつながりの再構築」であり，社会福祉法人・福祉施設，民生委員・児童委員等との連携・協働が重視されている。

**✕** 全国社会福祉協議会の前身となる中央慈善協会の創設は，1908年(明治41年)10月である。1951年(昭和26年)1月には，GHQ及び厚生省の指導により，日本社会事業協会(旧・中央慈善協会)，全日本民生委員連盟，同胞援護会の3団体が合併し中央社会福祉協議会が設立された。

▶22
**社協・生活支援活動強化方針**
正式名称は，「『社協・生活支援活動強化方針』―地域共生社会の実現に向けた事業・活動の展開」である。

▶23
**全国社会福祉協議会**
社会福祉協議会の全国組織。社会福祉法第111条の「社会福祉協議会連合会」にあたる。厚生労働省等国の機関との協議，各社会福祉協議会との連絡・調整，福祉に関する調査・研究，出版等の活動を行う。

地域福祉の理論と方法

| | 市町村社会福祉協議会 | 都道府県社会福祉協議会 |
|---|---|---|
| 法定化 | 1983年(昭和58年) | 1951年(昭和26年) |
| 構成要件 | ・地域福祉の推進を図ることを目的とする団体であること<br>・区域内における社会福祉事業を経営する者の参加<br>・区域内における社会福祉に関する活動を行う者の参加<br>・区域内における社会福祉事業又は更生保護事業を経営する者の過半数の参加(指定都市にあっては，これに加えて地区社会福祉協議会の過半数の参加) | ・地域福祉の推進を図ることを目的とする団体であること<br>・区域内における市町村社協の過半数の参加<br>・区域内における社会福祉事業又は更生保護事業を経営する者の過半数の参加 |
| 事業内容 | ① 社会福祉事業の企画及び実施<br>② 社会福祉に関する活動への住民の参加のための援助<br>③ 社会福祉事業に関する調査，普及，宣伝，連絡，調整及び助成<br>④ ①～③のほか，社会福祉事業の健全な発達を図るために必要な事業 | ① 市町村社協が行う事業であって各市町村を通ずる広域的な見地から行うことが適切なもの<br>② 社会福祉事業に従事する者の養成及び研修<br>③ 社会福祉事業の経営に関する指導及び助言<br>④ 市町村社協の相互の連絡及び事業の調整 |

**93** 30回32 1962年 (昭和37年) に, 全国社会福祉協議会は「社会福祉協議会基本要項」の中で, 社会福祉協議会の基本的機能はコミュニティ・オーガニゼーションの方法を地域社会に適用することであるとした。

**94** 30回32改変 1962年 (昭和37年) に, 全国社会福祉協議会は「社会福祉協議会基本要項」の中で, 「住民主体の原則」を初めて明文化した。

**95** 30回32 1979年 (昭和54年) に, 全国社会福祉協議会は「在宅福祉サービスの戦略」の中で, ボランティアが行政サービスを代替すべきであると提言した。

**96** 30回32 1983年 (昭和58年) に, 都道府県社会福祉協議会による事業が拡大する中で, 都道府県社会福祉協議会が法的に位置づけられた。

**97** 31回35 社会福祉法によると, 都道府県社会福祉協議会は, 広域的見地から市町村社会福祉協議会を監督する。

**98** 31回35 社会福祉法によると, 市町村社会福祉協議会は, 市町村地域福祉計画と一体となった地域福祉活動計画を策定するとされている。

**99** 32回37改変 社会福祉法の規定では, 都道府県社会福祉協議会は, 福祉サービスの苦情を解決するための運営適正化委員会を設置する。

**100** 32回37 社会福祉法の規定では, 市町村社会福祉協議会は, 生活支援コーディネーター (地域支え合い推進員) を配置し, 制度では対応できないニーズに対応する。

**101** 32回37 社会福祉法の規定では, 市町村社会福祉協議会は, 役員の総数の3分の1を関係行政庁の職員で構成しなければならない。

⭕ 設問のとおり。社会福祉協議会の基本的な性格・機能・組織等は，1950年（昭和25年）策定「社協組織の基本要綱及び構想」の中で既に規定されていたが，その後の社会情勢の変化と社会福祉協議会の発展を受け，その条項を改定したものが「社会福祉協議会基本要項」である。

⭕ 「社会福祉協議会基本要項」では，社会福祉協議会の目的と機能，組織体系を整理し，社会福祉協議会の基本理念に「住民主体の原則」を位置づけた。

❌ 「在宅福祉サービスの戦略」では，在宅福祉サービスを公私が連携して充足する方策が示された。報告書では，社会福祉政策は，貨幣的ニーズに対応する経済保障を含む社会的諸施策の機能を代替，補完する時期が終わり，現金給付では対応できない非貨幣的ニーズが主要な課題であると示した。

❌ 都道府県社会福祉協議会は，1951年（昭和26年）に中央社会福祉協議会（現・全国社会福祉協議会）とともに結成され，同年6月に社会福祉事業法（現・社会福祉法）で法制化された。

❌ 都道府県社会福祉協議会は，市町村社会福祉協議会の相互の連絡及び事業の調整を行うこととされているが（社会福祉法第110条第1項第4号），監督する立場にはない。

❌ 市町村が策定する市町村地域福祉計画は，社会福祉法第107条に規定されている（策定は努力義務）が，地域福祉活動計画は社会福祉法に規定されていない。

⭕ 設問のとおり（社会福祉法第83条）。（関連キーワード▶26参照）

❌ 生活支援コーディネーター（地域支え合い推進員）は，介護保険法に規定される地域支援事業（同法第115条の45）に基づいて配置される。

❌ 社会福祉法に，設問のような規定はない。なお，同法第109条第5項に，「関係行政庁の職員は，市町村社会福祉協議会及び地区社会福祉協議会の役員となることができる。ただし，役員の総数の5分の1を超えてはならない」と規定されている。

▶24
中央社会福祉協議会
1951年（昭和26年）6月に社会福祉事業法の成立で法定組織として承認され，1955年（昭和30年）に全国社会福祉協議会と名称が改変された。

▶25
市町村社会福祉協議会
指定都市ではその区域内における地区社会福祉協議会の過半数及び社会福祉事業又は更生保護事業を経営する者の過半数が，指定都市以外の市町村ではその区域内における社会福祉事業又は更生保護事業を経営する者の過半数が参加すると規定されている。

▶26
運営適正化委員会
福祉サービス利用援助事業の適正な運営確保と福祉サービスに関する利用者等からの苦情の適切な解決のために設置される。人格が高潔で，社会福祉に関する識見を有し，社会福祉，法律又は医療に関し学識経験を有する者で構成される。

地域福祉の理論と方法

257

**102**
31回35
社会福祉法によると，市町村社会福祉協議会は，「社会福祉事業」よりも広い範囲の事業である社会福祉を目的とする事業に関する企画及び実施を行う。

**103**
32回37
社会福祉法の規定では，市町村社会福祉協議会は，第一種社会福祉事業の経営に関する指導及び助言を行う。

**104**
32回37
社会福祉法の規定では，市町村社会福祉協議会は，市町村の区域内における社会福祉事業又は更生保護事業を経営する者の過半数が参加する。

**105**
31回35
社会福祉法によると，市町村社会福祉協議会は，主要な財源確保として共同募金事業を行っている。

**106**
30回35
社会福祉法の規定では，市町村社会福祉協議会は，地域福祉コーディネーターを配置しなければならない。

**107**
30回38
市町村社会福祉協議会は，社会福祉法で地域福祉活動計画を策定することが義務づけられている。

**108**
33回39改変
「社会福祉協議会活動実態調査等報告書2018」（全国社会福祉協議会）によれば，住民から会費を徴収している市町村社会福祉協議会は過半数であった。

## ●民生委員・児童委員

**109**
33回33
民生委員法は，各都道府県等で実施されていた制度の統一的な発展を図るため，1936年（昭和11年）に制定された。

**110**
33回33改変
民生委員は，旧生活保護法で補助機関とされていたが，1950年（昭和25年）に制定された生活保護法では協力機関とされた。

○ 「社会福祉を目的とする事業」については，市町村社会福祉協議会がその企画及び実施を行うこととされている（社会福祉法第109条第1項第1号）。

× 社会福祉法に，設問のような規定はない。なお，都道府県社会福祉協議会が行う事業として，「社会福祉を目的とする事業の経営に関する指導及び助言」が規定されている（同法第110条第1項第3号）。▶27

○ 設問のとおり（社会福祉法第109条第1項）。

× 共同募金会以外の者は，共同募金事業を行ってはならない（社会福祉法第113条第3項）。市町村社会福祉協議会の財源は，会費，寄附金，共同募金からの配分金，市町村からの補助金，介護保険事業による収入などである。

× 社会福祉法に設問のような規定はない。

× 地域福祉活動計画とは，市町村社会福祉協議会が定める地域福祉推進のための行動計画であるが，社会福祉法では地域福祉活動計画に関する規定はない。

○ 報告書によると，2018年度（平成30年度）において，すべての社協のうちの87.0％が住民会員制度（全住民を呼びかけ対象とするもの）が「ある」と回答し，住民から会費を徴収している社協は半数以上であることがわかる。

× 民生委員法が制定されたのは1948年（昭和23年）である。方面委員を全国統一の制度として運用していくため，1936年（昭和11年）に方面委員令が公布された（施行は1937年（昭和12年）1月）。▶28

○ 設問のとおり。1950年（昭和25年）に制定された生活保護法では，補助機関として新たに社会福祉主事が置かれ，民生委員は協力機関として位置づけられ，今日に至る。▶29

▶27
**社会福祉を目的とする事業**
ここでいう「社会福祉を目的とする事業」は，社会福祉法第2条において定義されている「社会福祉事業」（第一種社会福祉事業及び第二種社会福祉事業）よりも広い範囲の事業を指すものとされている。

▶28
**方面委員**
救護法において方面委員は補助機関（救護委員）として位置づけられた。

▶29
**民生委員**
民生委員の基本的な性格としては，①自主性，②奉仕性，③地域性が示されている。民生委員は，都道府県知事の推薦によって，厚生労働大臣が委嘱している。児童福祉法に基づく児童委員を兼務している。また，2000年（平成12年）の民生委員法の改正により，名誉職規定が削除され，給与を支給しない旨が明確にされた。

地域福祉の理論と方法

| | 111 33回33 | 全国の民生委員は，社会福祉協議会と協力して，「居宅ねたきり老人実態調査」を全国規模で1968年（昭和43年）に実施した。 |

| | 112 29回38 | 民生委員・児童委員の定数は，厚生労働大臣の定める基準を参酌して，市町村の区域ごとに都道府県の条例で定められている。 |

| | 113 32回38 | 民生委員は，市町村内の小学校区ごとに1名配置する。 |

| | 114 30回34 | 民生委員の任期は5年である。 |

## 整理しておこう！

## 民生委員

民生委員に関する問題は繰り返し出題されている。その中でも，頻出事項である民生委員制度のあゆみ，民生委員の特徴と職務内容について理解しておこう。

### 民生委員制度のあゆみ

| 年 | 概要 |
|---|---|
| 1917（大正6） | 岡山県知事の笠井信一が済世顧問制度を創設 |
| 1918（大正7） | 大阪府知事の林市蔵が顧問の小河滋次郎の協力で方面委員制度を発足 |
| 1936（昭和11） | 方面委員令公布 |
| 1946（昭和21） | 民生委員令として改称 |
| 1948（昭和23） | 民生委員法制定 |

### 民生委員の特徴

| | |
|---|---|
| 任期 | 3年（補欠の任期は，前任者の残任期間） |
| 給与 | なし（活動費は支給） |
| 位置づけ | 行政の協力機関 |
| 役職 | 非常勤特別職の地方公務員 |

○ 在宅で長期間寝たきり状態にある70歳以上の高齢者が全国で20万人以上存在するとした「居宅ねたきり老人実態調査」の結果は、在宅福祉サービスの重要性を広く社会に知らしめることとなった。

○ 設問のとおり。民生委員法第4条第1項に、民生委員・児童委員の定数は、厚生労働大臣の定める基準を参酌して、市（特別区を含む）町村の区域ごとに都道府県の条例で定めることが規定されている。

✕ 民生委員は市（特別区を含む）町村の区域に置くと規定されている（民生委員法第3条）が、「小学校区ごとに1名配置する」とはされていない。

✕ 民生委員の任期は3年（民生委員法第10条）で再任は可能である。

#### 民生委員の職務内容

①住民の生活状態を必要に応じ、適切に把握する
②援助を必要とする者がその有する能力に応じ自立した日常生活を営むことができるよう生活に関する相談、助言、その他の援助を行う
③援助を必要とする者が福祉サービスを適切に利用するために必要な情報の提供、その他の援助を行う
④社会福祉を目的とする事業を経営する者又は社会福祉に関する活動を行う者と連携し、その事業又は活動を支援する
⑤社会福祉法に定める福祉に関する事務所（福祉事務所）その他の関係行政機関の業務に協力する
⑥必要に応じて、住民の福祉の増進を図るための活動を行う

#### 区域または事項を担当する民生委員・児童委員配置基準表

| | 区分 | 配置基準 |
|---|---|---|
| 1 | 東京都区部及び指定都市 | 220から440までの間のいずれかの数の世帯ごとに1人 |
| 2 | 中核市及び人口10万人以上の市 | 170から360までの間のいずれかの数の世帯ごとに1人 |
| 3 | 人口10万人未満の市 | 120から280までの間のいずれかの数の世帯ごとに1人 |
| 4 | 町村 | 70から200までの間のいずれかの数の世帯ごとに1人 |

| | | |
|---|---|---|
| ☐☐ | **115**<br>29回38 | 補欠で着任した民生委員・児童委員は，着任日から起算して3年を任期とすると定められている。 |
| ☐☐ | **116**<br>30回34 | 民生委員の職務に関する規定では，その職務に関して必要と認める意見を直接関係各庁に具申することができる。 |
| ☐☐ | **117**<br>29回38 | 民生委員は，市町村長の推薦によって，都道府県知事から委嘱される。 |
| ☐☐ | **118**<br>30回34改変 | 民生委員の推薦は，都道府県知事が厚生労働大臣に対して行う。 |
| ☐☐ | **119**<br>29回38改変 | 民生委員は，民生委員協議会を組織しなければならない。 |
| ☐☐ | **120**<br>32回38 | 民生委員協議会は，民生委員の職務上必要があるときに関係各庁に意見することができる。 |
| ☐☐ | **121**<br>32回38 | 民生委員は，職務上知り得た特定の要援護者個人の情報を広く地域住民と共有してもよい。 |
| ☐☐ | **122**<br>32回38改変 | 民生委員は，その職務に関して都道府県知事の指揮監督を受ける。 |
| ☐☐ | **123**<br>30回34 | 児童委員は，児童福祉法に基づく推薦委員会により選任され，それに基づき厚生労働大臣が委嘱する。 |
| ☐☐ | **124**<br>29回38 | 児童福祉法に定める児童委員は，本人の申出によって，民生委員との兼務を辞退することができる。 |

× 民生委員法第10条に,民生委員の任期は**3年**とし,補欠の民生委員の任期は,**前任者の残任期間**とすることが規定されている。

× 民生委員の職務規定で直接関係各庁への意見具申に関する規定はない。民生委員法第14条では,**民生委員の職務**として,住民の生活状態の把握,生活に関する相談助言などの活動が定められている。

× 民生委員は,都道府県知事の推薦によって,**厚生労働大臣**から委嘱される(民生委員法第5条第1項)。

○ 民生委員・児童委員の委嘱では,まず地域住民の中から,社会福祉に対する理解と熱意があり地域の実情に精通した者を候補者とする。その後,**都道府県知事が市町村の民生委員推薦会**から推薦された候補者について,**地方社会福祉審議会**の意見を聴いて(努力義務)推薦し,**厚生労働大臣**が委嘱する。

○ 設問のとおり。民生委員法第20条第1項に「**民生委員**は,都道府県知事が市町村長の意見をきいて定める区域ごとに,**民生委員協議会**を組織しなければならない」と規定されている。

○ **民生委員協議会**▶30は,民生委員の職務に関して必要と認める意見を関係各庁に具申することができる(民生委員法第24条第2項)。

× **民生委員・児童委員**に対しては,自治会・民間事業者・自治体などから地域住民の生活状態等の**個人情報**が適切に提供されることが望ましいという見解を示しているが,民生委員の職務が円滑に実施されるために提供されるものであり,地域住民と広く共有するためのものではない。

○ 設問のとおり(民生委員法第17条第1項)。

× 児童委員は,民生委員法による**民生委員**が充てられる。そのため,児童委員の推薦は民生委員法第5条第2項の規定に基づく民生委員の推薦と同様の方法がとられる。▶31

× 児童福祉法第16条第2項に「民生委員法による民生委員は,児童委員に充てられたものとする」と,**民生委員は児童委員と兼務である**ことが記されている。

▶30
**民生委員協議会**
都道府県知事が市町村長の意見をきいて定める区域ごとに民生委員によって組織され,担当する区域又は事項を定めることや,職務に関する連絡及び調整をすることなどを任務とする。

▶31
**児童委員**
児童委員は,児童及び妊産婦への支援のため,①生活環境の把握,②必要な情報の提供,援助,指導,③社会福祉を目的とする事業を経営する者等への活動支援,④児童福祉司,社会福祉主事の職務への協力,などを行う。

|  | **125**<br>30回34 | 主任児童委員は，児童委員の職務とともに，児童福祉の機関と児童委員との連絡調整を行う。 |

|  | **126**<br>32回38 | 主任児童委員は，児童虐待の早期発見と介入のため児童相談所に配属される。 |

|  | **127**<br>31回37 | 全国民生委員児童委員連合会の「これからの民生委員・児童委員制度と活動のあり方に関する検討委員会報告書」(2018年(平成30年))では，民生委員・児童委員に対して給与を支給することとした。 |

## ●共同募金

|  | **128**<br>30回33 | 共同募金は，地域福祉の推進に関わる第一種社会福祉事業である。 |

|  | **129**<br>30回38改変 | 共同募金会は，都道府県を単位に設立されている。 |

|  | **130**<br>30回35 | 社会福祉法の規定では，共同募金会は，共同募金を行うには，市町村社会福祉協議会の意見を聴き，配分委員会の承認を得て，共同募金の目標額を公告しなければならない。 |

|  | **131**<br>29回40 | 共同募金会の呼び掛けにより集められた災害義援金は，全て被災自治体の復興事業に充てられている。 |

|  | **132**<br>33回39 | 共同募金によって集められた資金は，市町村，社会福祉事業・社会福祉を目的とする事業を経営する者などに配分されている。 |

○ 主任児童委員は，児童委員の職務について，児童福祉の関係機関と児童委員との連絡調整を行うとともに，児童委員の活動に対する援助及び協力を行う（児童福祉法第17条第2項）。その際，主任児童委員が児童委員としての職務を行うことを妨げない（同条第3項）。

✕ 主任児童委員は，児童相談所に配属されない。

✕ 「これからの民生委員・児童委員制度と活動のあり方に関する検討委員会報告書」には，民生委員・児童委員に対して給与を支給するという記述はない。

○ 設問のとおり（社会福祉法第113条第1項）。なお，共同募金会以外の者は共同募金事業を行ってはならず，その名称に共同募金会やこれと紛らわしい文字を用いてはならない（同条第3項・第4項）。

○ 設問のとおり。なお，共同募金会には配分委員会がおかれることとなっており（社会福祉法第115条第1項），共同募金会は寄附金の配分にあたっては配分委員会の承認を得なければならない（同法第117条第2項）。（関連キーワード▶33参照）

✕ 共同募金会があらかじめ意見を聴くよう定められているのは，市町村社会福祉協議会ではなく，都道府県社会福祉協議会である（社会福祉法第119条）。

✕ 共同募金会により集められた災害義援金は，被災者に配布される。義援金に関する法制度はないが，防災基本計画の中で地方公共団体は義援金収集団体と配分委員会を組織し，義援金の使用について協議の上で定めることが記されている。

✕ 社会福祉法第112条では，寄附金を「その区域内において社会福祉事業，更生保護事業その他の社会福祉を目的とする事業を経営する者（国及び地方公共団体を除く。）に配分することを目的とする」旨が明記されている。

▶32
共同募金
都道府県の区域を単位として，毎年厚生労働大臣が定める期間内（10月1日 から12月31日まで）に行われる寄附金の募集であって，その寄附金は地域内において社会福祉事業，更生保護事業等を経営する者に配分される。

▶33
共同募金に関する改正
2000年（平成12年）の社会福祉法の改正に伴い，①募金の目的に「地域福祉の推進」を付加，②過半数配分規定の廃止，③配分委員会設置の義務づけ，④寄附金の積み立てを可能とすること，といった改正が行われた。

**133**
31回37
中央共同募金会の「参加と協働による『新たなたすけあい』の創造」(2016年(平成28年))では，共同募金を災害時の要援護者支援に特化していくこととした。

**134**
32回39改変
共同募金実績額の推移をみると，年間の募金総額(一般募金と歳末助けあい募金の合計)は，1995年(平成7年)から2019年(令和元年)までの約20年間，一貫して増加している。

## ●ボランティア

**135**
32回35
災害対策基本法では，ボランティアによる防災活動が災害時において果たす役割が重要であることから，国及び地方公共団体は，その自主性を尊重しつつ，ボランティアとの連携に努めなければならないとされている。

**136**
32回35
社会福祉法では，市町村社会福祉協議会が，ボランティアコーディネーターを配置しなければならないとされている。

**137**
32回35
学校教育法では，全ての小中学校でボランティア活動など社会奉仕体験活動を実施しなければならないとされている。

**138**
32回35
社会福祉法では，災害救助法が適用される災害が発生した場合，都道府県共同募金会は，当該都道府県の区域内に限って災害ボランティアセンターの経費に準備金を拠出しなければならないとされている。

**139**
27回40
社会福祉法第4条にいう「社会福祉に関する活動を行う者」には，ボランティア等が想定されている。

## ●生活協同組合

**140**
30回38
消費生活協同組合は，福祉に関する事業を行うことができる。

✗ 共同募金を災害時の要援護者支援に特化するのではなく、災害時の民間の支援活動を支える取組みを推進することとした。具体的な取組みとして、①準備金制度運用等の見直しと被災者支援活動における準備金の活用促進、②中・大規模災害に対応したボランティア・NPO活動を支える新たな支援金の仕組みづくりがあげられている。

✗ 年間の募金総額は、約20年間、一貫して減少している。

○ 災害対策基本法では、国及び地方公共団体とボランティアとの連携についての努力義務が示されている(第5条の3)。

✗ ボランティアコーディネーターは、社会福祉協議会のボランティアセンターや民間のボランティア協会、福祉施設や病院、大学のボランティアセンターなどで配置が進んでいるが、特定の組織に配置を義務づける法令上の規定はない。

✗ 学校教育法では、小中高等学校でボランティア活動など社会奉仕体験活動の充実に努めることを定めているが(第31条)、「実施しなければならない」という規定はない。

✗ 社会福祉法では、都道府県共同募金会は、災害等準備金として寄附金の一部を積み立てることができることとその準備金の全部又は一部を当該都道府県の区域外の区域へ拠出することができることを定めている(第118条第1項・第2項)。

○ 社会福祉法第4条第2項の「社会福祉に関する活動を行う者」には、ボランティアやNPO、住民団体などが想定されている。

○ 消費生活協同組合が実施できる事業の1つに、「高齢者、障害者等の福祉に関する事業であって組合員に利用させるもの」がある(消費生活協同組合法第10条第1項第7号)。

## ●地域包括支援センター

**141**
29回37
包括的支援事業の中には，地域包括支援センター以外の主体にも委託できるものがある。

**142**
29回39
地域包括支援センター運営協議会の構成員は，当該自治体の関係部署の職員で組織される。

## ●地域ケア会議

**143**
29回37
市町村が地域ケア会議を開催する際には，当該地域の住民を参加させなければならない。

**144**
31回37
厚生労働省の「地域力強化検討会最終とりまとめ」(2017年(平成29年))では，介護保険法を改正し，多機関協働による支援の中核機関を地域ケア会議で決めることとした。

## ●その他

**145**
29回40
災害ボランティアセンターは，災害救助法の規定により，社会福祉協議会が設置することとされている。

**146**
29回40
災害救助法が適用される災害において被災し，当座の生活費を必要とする世帯に対しては，生活福祉資金の緊急小口資金の特例貸与が実施される。

**147**
29回40
生活支援相談員は，被災者生活再建支援法の規定により配置されることとされている。

⭕ 地域支援事業実施要綱によると，**包括的支援事業**のうち，**社会保障充実分**である①在宅医療・介護連携推進事業，②生活支援体制整備事業，③認知症総合支援事業，④地域ケア会議推進事業については，**地域包括支援センター以外に委託**することも可能とされている。

❌ **地域包括支援センター運営協議会**は，自治体職員以外の者でも構成員になることができる。 ▶34

❌ 地域住民を参加させなければならないという義務規定はない。地域ケア会議の構成員は，**介護支援専門員，保健医療及び福祉に関する専門的知識を有する者**，民生委員その他の関係者，関係機関及び関係団体とされている（介護保険法第115条の48第1項）。

❌ 「地域力強化検討会最終とりまとめ」では，包括的な支援体制を整備するため，**社会福祉法を改正**することとした。具体的には，地域づくりに関するさまざまな取組みが相互に連携・協働し，地域生活課題を解決したり，地域福祉を推進することが目指された。また，国及び地方公共団体の責務も示された（社会福祉法第6条第2項，第106条の3）。

❌ 災害救助法は，応急的に必要な救助を実施し，被災者の保護と社会の秩序の保全を図ることを目的とした法律であり，**災害ボランティアセンターに関する規定はない**。災害ボランティアセンターの設置者は，**自治体，ボランティア，NGOや社会福祉協議会**など多様である。

⭕ 生活福祉資金の緊急小口資金の特例貸与の対象は，災害救助法の適用となった地域及び被災のため特例措置が必要な地域に住所を有し当座の生活費を必要とする世帯である。 ▶35

❌ **被災者生活再建支援法**には，被災地に配置される**生活支援相談員**に関する規定はない。大規模災害の発生に伴い，避難所や仮設住宅における被災者の見守り・相談支援を実施する相談員として，**市町村社会福祉協議会**により生活支援相談員が配置されている。

---

▶34
**地域包括支援センター運営協議会**
地域包括支援センター運営協議会の目的は，地域包括支援センターの各事務の評価等を行い，センターの適切，公正かつ中立な運営の確保を目指すことである。運営協議会の構成員は，利用者や被保険者の意見を反映することができるように選定する必要がある。

▶35
**緊急小口資金**
通常，低所得世帯に当座の生活費の貸付を行うものであるが，大規模災害が発生した際には，被災世帯もその貸付対象に含める等の特例措置が講じられる。

| **148**<br>29回40改変 | 福祉避難所は，要配慮者とその家族・支援者を利用対象としている。 |

| **149**<br>33回37 | 災害対策基本法は，福祉避難所に，介護支援専門員の配置を義務づけている。 |

| **150**<br>33回37改変 | ひきこもり地域支援センター設置運営事業は，ひきこもりの状態にある本人や家族からの相談や訪問支援を行うことにより，早期に適切な関係機関につなぐ。 |

| **151**<br>30回33 | 介護保険制度の地域密着型サービスの運営推進会議は，都道府県が設置する。 |

| **152**<br>29回39改変 | 市町村は，「障害者総合支援法」で定める基幹相談支援センターを自ら設置することができる。 |

| **153**<br>30回33 | 福祉公社などの住民参加型在宅福祉サービス団体は，介護保険制度を補完することを目的に設立された。 |

# 専門職や地域住民の役割と実際

## ●介護支援専門員

| **154**<br>29回39 | 介護支援専門員の負う秘密保持義務は，その職を辞した後においては適用されない。 |

## ●生活支援コーディネーター

| **155**<br>29回37 | 「生活支援コーディネーター」(地域支え合い推進員)は，専門職として社会福祉協議会に配置されなければならない。 |

⭕ 災害対策基本法施行令では，福祉避難所を「主として高齢者，障害者，乳幼児その他の特に配慮を要する者（要配慮者）を滞在させることが想定されるもの」（第20条の6第5号）とされている。加えて，「福祉避難所の確保・運営ガイドライン」では，福祉避難所の利用対象として要配慮者の家族まで含めて差し支えないとの解釈が示されている。

❌ 災害対策基本法に，福祉避難所[36]に対する特定職種の人的配置を義務づける規定はない。

▶36
**福祉避難所**
主として高齢者，障害者，乳幼児その他の特に配慮を要する者（要配慮者）を滞在させることを想定した避難所である（災害対策基本法施行令第20条の6第5号）。

⭕ ひきこもり地域支援センターでは，社会福祉士，精神保健福祉士，臨床心理士等の資格をもつ「ひきこもり支援コーディネーター」が，ひきこもり状態の利用者やその家族に対して，電話や来所相談に加え訪問支援を活用し，早期に適切な関係機関につなぐなどの自立への支援（相談支援）を行う。

❌ 運営推進会議は，各事業所が自ら設置すべきものである。

⭕ 設問のとおり。障害者総合支援法[37]第77条の2に，市町村は基幹相談支援センターを設置することができ，一般相談支援事業を行う者その他の厚生労働省令で定める者に対して事業及び業務の実施を委託することができることが規定されている。

▶37
**障害者総合支援法**
正式名称は，「障害者の日常生活及び社会生活を総合的に支援するための法律」である。

❌ 福祉公社[38]は，2000年（平成12年）施行の介護保険制度より早い時期に発足しており，介護保険制度の補完が設立目的ではない。

▶38
**福祉公社**
1980年（昭和55年）に武蔵野市福祉公社が設立され，翌年から事業が始められた。行政機関では困難なきめ細かい相談や心理的支援を行い，すべての市民の安心した老後生活を保障することが設立目的である。

❌ 介護支援専門員は，正当な理由なしにその業務に関して知り得た人の秘密を漏らしてはならない。辞職した後においても同様である。

❌ 生活支援コーディネーター（地域支え合い推進員）の配置先は，社会福祉協議会に限定されていない。生活支援コーディネーターの職種や配置場所については，一律に限定せず，地域の実情に応じた多様な主体を活用することが期待されている。

地域福祉の理論と方法

271

|  | 156 | 生活支援体制整備事業の生活支援コーディネーター（地域支え合い推進員）は，|
| 33回40 | 原則として民生委員・児童委員から選出される。|

## ●相談支援員

|  | 157 | 生活困窮者自立支援制度における主任相談支援員は，社会福祉士でなければなら |
| 29回39 | ない。|

## ●認知症サポーター

|  | 158 | 認知症サポーターは，地域包括支援センターから委嘱されて活動する。|
| 30回36 |

|  | 159 | 認知症サポーター養成事業は，認知症高齢者に対して有償で在宅福祉サービスの |
| 33回40 | 提供を行う人材の育成を目的としている。|

## ●市民後見人

|  | 160 | 権利擁護人材育成事業の養成者のうち，成年後見人等として選任されている市民 |
| 33回40改変 | 後見人の数は，2019年度（平成31年度）末で3万人を超えている。|

## ●その他

|  | 161 | 「新しい総合事業」（介護予防・生活支援サービス事業）は，多様な主体が参画し多 |
| 29回37改変 | 様なサービスを充実することで，効果的な支援を可能とし，地域の支え合いの体 |
|  | 制づくりを推進することを目的とする。|

❌ 「地域支援事業実施要綱」▶39では，生活支援コーディネーター（地域支え合い推進員）について，「市民活動への理解があり，多様な理念をもつ地域のサービス提供主体と連絡調整できる立場の者であって，国や都道府県が実施する研修を修了した者が望ましい」としているが，特定の資格要件は定められていない。

❌ 生活困窮者自立支援制度における主任相談支援員は，社会福祉士や精神保健福祉士等の配置を検討することが求められているが，社会福祉士でなければならないというわけではない。（関連キーワード▶40参照）

❌ 認知症サポーター▶41は，地域包括支援センターから委嘱されて活動するのではない。各地で開催されている認知症サポーター養成講座の受講を修了した人がサポーターになることができる。

❌ 「認知症サポーター等養成事業実施要綱」によると，認知症サポーター養成事業▶42は，「認知症に関する正しい知識を持ち，地域や職域において認知症の人や家族を支援する認知症サポーター等を養成することにより，認知症の人や家族が安心して暮らし続けることのできる地域づくりを推進する」ことを目的としている。

❌ 「成年後見制度利用促進施策に係る取組状況調査結果」によると，市民後見人については，2019年（平成31年）4月1日時点では，権利擁護人材育成事業▶43の養成者1万6003人のうち，登録者数は6999人，成年後見人等の受任者数は1430人となっている。

⭕ 設問のとおり。市町村には，市場を通じて提供される事業者によるサービスだけでなく，住民主体の自発的な活動を含めた新たな担い手を創出していくことが期待されている。

---

**▶39**
**「地域支援事業実施要綱」**
平成18年6月9日老発第0609001号厚生労働省老健局長通知。

**▶40**
**生活困窮者自立相談支援事業に従事する職員**
「生活困窮者自立相談支援事業等実施要綱」の中で，自立相談支援機関に，「主任相談支援員，相談支援員及び就労支援員を配置することを基本とする」と明記されている。

**▶41**
**認知症サポーター**
認知症について正しく理解し，認知症の人や家族を温かく見守り，支援する応援者としての役割が求められる。地域住民，金融機関等の従業員，小・中・高等学校の生徒など，1264万人以上の認知症サポーターが誕生している。

**▶42**
**「認知症サポーター等養成事業実施要綱」**
平成18年7月12日老計発第0712001号厚生労働省老健局計画課長通知。

**▶43**
**権利擁護人材育成事業**
成年後見制度を利用する前段階における援助を通じ，成年後見制度の利用に至るまで途切れることのないよう対応できる人材を養成することを目的として，2015年度（平成27年度）に創設された。

地域福祉の理論と方法

**162**
33回40
地域自殺対策強化事業におけるゲートキーパー養成研修の対象には，民間企業等の管理職，かかりつけ医，民生委員・児童委員，地域住民等が含まれる。

**163**
30回36
日常生活自立支援事業における専門員は，原則として社会福祉士，精神保健福祉士等であって，一定の研修を受けた者である。

**164**
33回40
日常生活自立支援事業における専門員は，支援計画の作成や契約の締結に関する業務を行うとされている。

**165**
30回36改変
認知症地域支援推進員は，市町村に配置され市町村の医療・介護等の支援ネットワーク構築の支援等を行う。

**166**
30回36
認知症ケア専門士は，認知症ケアに対する学識と技能及び倫理観を備えた専門の国家資格である。

**167**
30回36
介護相談員は，登録を行った後，介護相談員であることを証する文書が都道府県から交付される。

**168**
29回39
福祉用具の販売や賃貸を行う事業者は，老人及び心身障害者が福祉用具を適切に利用できるよう努めなければならない。

**169**
30回33
住民主体の地域福祉活動は，専門機関の支援を求めないで進めることが望ましい。

○ 「地域自殺対策強化事業実施要綱」[44]によると，自殺の危険性の高い人の早期発見，早期対応を図るため，民間企業等の管理職，かかりつけ医，民生委員・児童委員，地域住民等，さまざまな分野でのゲートキーパーの養成が目指されている。

○ 日常生活自立支援事業における専門員は，専門的知識が必要とされるため，原則として高齢者や障害者等に対する援助経験を有する社会福祉士，精神保健福祉士等であり，一定の研修を受けた者であることが日常生活自立支援事業実施要領に明記されている。

○ 「福祉サービス利用援助事業について」（厚生労働省）によると，専門員は申請者の実態把握や本事業の対象者であることの確認業務，支援計画作成，契約の締結業務，生活支援員の指導等を行うとされている。

○ 認知症地域支援推進員[45]は，地域包括支援センター，市町村本庁などに配置され，認知症の医療や介護の専門的知識及び経験を有する医師，保健師，看護師，社会福祉士，精神保健福祉士などが担う。

× 認知症ケア専門士は，国家資格ではなく，日本認知症ケア学会が認定する資格である。認知症介護従事者の自己研鑽及び生涯学習の機会提供を目的に設けられた。

× 介護相談員であることを証する文書を交付するのは，都道府県ではなく市町村である。介護相談員は，介護サービス提供の場を訪ね，サービスを利用する者等の話を聞き，相談に応じる等の活動を行う。利用者と介護サービス提供事業者が問題を解決するよう橋渡し役を務めることが期待されている。[46]

○ 設問のとおり。福祉用具の研究開発及び普及の促進に関する法律第5条で「事業者等の責務」が規定されており，福祉用具の販売又は賃貸の事業を行う者は，老人及び心身障害者の心身の特性並びにこれらの者のおかれている環境を踏まえ，利用者が福祉用具を適切に利用できるように努めなければならないと規定している。

× 住民主体の地域福祉活動においても住民と専門職・専門機関の協働が必要である。

▶44
「地域自殺対策強化事業実施要綱」
平成28年4月1日社援発0401第23号 厚生労働省社会・援護局長通知。

▶45
認知症地域支援推進員の職務
医療・介護等の支援ネットワーク構築のほか，認知症対応力向上のための支援，相談支援・支援体制構築などを行い，認知症の人や家族を支援する相談業務等を行う。

▶46
介護相談員
「介護相談員派遣等事業の実施について」によると，介護相談員は，都道府県が実施主体となる研修又はボランティアの養成に取り組む公益団体などが実施する専門の研修を受講し，事業活動の実施にふさわしい人格と熱意を有する者が対象として登録される。

地域福祉の理論と方法

## 地域福祉の推進方法

### ネットワーキング

**170**
31回39
地域福祉の推進には，個人支援レベル，機関・団体の活動者や実務者レベル，それらの代表者レベルの各種の重層的な連携が想定される。

**171**
31回39
NPOなどのアソシエーション型組織と自治会のような地域コミュニティ型組織は，それぞれ目的や活動圏域等が異なるため連携することなく活動している。

**172**
31回39
民生委員児童委員協議会は，その職務の遂行に当たって，当該市町村の自治会連合会と連携することが法定化されている。

**173**
31回39
プラットフォーム型の連携とは，地域生活課題への対応を協議するため，固定化された代表者が行う会議のことである。

**174**
31回39
小地域ネットワーク活動は，要支援者を専門機関が発見し，地域住民が見守るという，双方の責任分担を明確にした見守りのための連携の仕組みである。

### 地域における社会資源の活用・調整・開発

**175**
25回40改変
権利擁護を推進していくための社会資源として市民後見人の養成が重要な課題となっているが，市民後見人は，後見人，保佐人及び補助人になることができる。

⭕ 地域福祉を推進するためには，さまざまなレベルで連携が求められている。そのためには，地域ケア会議や地域福祉計画の策定委員会など，地域福祉に関する人や組織が協働する場をいかにして設定するかも，地域福祉を推進する上で重要な課題になる。

❌ 地域福祉を推進するためには，当該地域で活動するアソシエーション型組織と地域コミュニティ型組織の連携が求められている。両者は組織の性格や活動理念が異なるため連携するのは必ずしも容易なことではないが，実際に両者が連携して効果的に活動している事例も各地で展開されている。

❌ 民生委員協議会の任務の1つとして，「民生委員の職務に関して福祉事務所その他の関係行政機関との連絡に当たること」があげられているが（民生委員法第24条第1項第3号），自治会連合会との連携については法定化されていない。

❌ プラットフォーム型の連携とは，さまざまな専門性や強みをもつ組織や団体が集まり，立場の違いを超えて連携することで，単一の組織や団体では解決できない地域生活課題に対応することを目指すものである。

❌ 小地域ネットワーク活動は，専門機関が要支援者の発見を一手に担い，地域住民は見守りだけを行うというように役割が固定化された仕組みではない。

⭕ 市民後見人は被後見人の判断能力の程度に応じて，後見人，保佐人及び補助人になることができる。なお，高齢者や障害者に対する市民後見人の育成や研修の実施等については，老人福祉法や障害者の日常生活及び社会生活を総合的に支援するための法律（障害者総合支援法）に規定されている。

| | | |
|---|---|---|
| □ □ | **176**<br>25回40 | インフォーマルな社会資源である住民の活動について，単にニーズ充足のために専門職が活用するという姿勢は，住民の主体性を損なう可能性がある。 |

## 地域における福祉ニーズの把握方法と実際

| | | |
|---|---|---|
| □ □ | **177**<br>33回41 | ニーズ推計とは，ニーズを一定の基準で分類し，その類型ごとに出現率の推計等を行い，それに対応するサービスの種類や必要量を算出する手法である。 |

| | | |
|---|---|---|
| □ □ | **178**<br>33回41 | パブリックコメントとは，利害関係者や学識経験者を集めて意見を聴き，予算や法律・規則の制定を行う手法のことである。 |

| | | |
|---|---|---|
| □ □ | **179**<br>30回39 | 実践課題の解決を重視するアクションリサーチは，研究者や専門家を関与させずに，当事者自身が地域ニーズを把握するのに適した方法である。 |

| | | |
|---|---|---|
| □ □ | **180**<br>30回39 | 特定のテーマを掘り下げるフォーカスグループインタビューは，単一の地域ニーズに焦点化するのに適した方法である。 |

| | | |
|---|---|---|
| □ □ | **181**<br>27回39 | 個別インタビューの録音は，対象者の抵抗感や警戒感を招くため避けるべきである。 |

| | | |
|---|---|---|
| □ □ | **182**<br>30回39 | 困難な課題を抱えた住民や利用者の声を直接聞く個別インタビューは，地域ニーズの全体像を把握するのに適した方法である。 |

| | | |
|---|---|---|
| □ □ | **183**<br>32回40 | 社会福祉協議会が地域において行う福祉調査では，高齢者の訪問介護サービスに関するニーズの総量を具体的に推計するために，福祉総合相談窓口の担当者に聞き取り調査を行った。 |

○ 設問のとおり。例えば，日常生活における隣近所のあいさつや助け合いなどの活動に**専門職が介入**し，孤独死防止の安否確認システムの協力を促すことによって，それまで自然にできていた行動に対して負担感や義務感が生じ，活動が停滞していくことがある。

○ **ニーズ推計**により，いつまでに，**どのようなサービス（サービス内容）**を，**どのくらい（サービス量）**整備する必要があるのか，具体的に示すことが可能となる。

× **パブリックコメント**は，国が政令や省令を制定したり，市区町村等が条例を定めたり各種計画等を策定するに当たり，事前に案を示し，**国民や地域住民などから広く意見を求める**ものである。

× **アクションリサーチ**とは，研究者や専門家が現実の社会現象や問題を自らの研究対象とするだけでなく，その問題の解決に向けて積極的に関与する手法である。研究者による関与は，当事者や実践家と協働しながら進められるのが一般的である。

× **フォーカスグループインタビュー**とは，例えば「民生委員」や「子育て中の母親」など，特定の属性をもつ人々を1か所に集めてインタビューを行う手法である。この手法は，一度に多様なニーズを得られやすいことが特徴であるため，特定のテーマを掘り下げることに適しているわけではない。

× 得られたデータを分析する際，**逐語記録**が必要な場合があるので，音声データの録音は必要である。ICレコーダーなどの記録機器を使用する場合には，対象者に**使用の許可を得る**必要がある。

× **個別インタビュー**の基本的な目的は，あくまで調査対象者が抱える個人的なニーズを詳細に聞き取る点にある。地域ニーズの全体像を把握するためには，すべての住民を対象としたアンケート調査などを実施する必要がある。

× 地域における**ニーズの総量**を推計するには，**量的なデータの収集と分析**が必要となるため，担当者への聞き取り調査といった**質的調査**の手法は有効ではない。

| | | |
|---|---|---|
| ☐☐ | **184**<br>32回40 | 社会福祉協議会が地域において行う福祉調査では，障害のある当事者のニーズを把握するため，フォーカスグループインタビューを行った。 |
| ☐☐ | **185**<br>32回40 | 社会福祉協議会が地域において行う福祉調査では，在宅で暮らす後期高齢者のニーズの全体像を把握するために，高齢者個人へのアンケート調査の回答フォームを社会福祉協議会のホームページ上に設置し，調査を実施した。 |
| ☐☐ | **186**<br>27回39 | 住民懇談会は平日だけではなく，日曜・祝日にも開催するなどして，多くの住民の参加を得て福祉ニーズを集約する。 |
| ☐☐ | **187**<br>32回40 | 社会福祉協議会が地域において行う福祉調査では，実際に虐待のおそれのある個別事例の検討会を，当該小地域における住民懇談会で実施した。 |
| ☐☐ | **188**<br>30回39 | 地域住民等が地域課題などを話し合いながら意見を集約していく方法である住民座談会は，地域ニーズを質的に把握するのに適した方法である。 |
| ☐☐ | **189**<br>32回40 | 社会福祉協議会が地域において行う福祉調査では，災害時要援護者のニーズを視覚的に把握するために，デジタル地図の上に様々な情報を表示するGIS（地理情報システム）を用いた。 |
| ☐☐ | **190**<br>28回38 | 災害対策基本法では，避難行動要支援者名簿は，市町村の条例に特別の定めがあれば，本人の同意がなくても，平常時から民生委員や消防機関等に提供できる。 |

## 地域ケアシステムの構築方法と実際

| | | |
|---|---|---|
| ☐☐ | **191**<br>24回39 | 「地域福祉のあり方研究会報告書」では，住民の地域福祉活動で発見された生活課題を共有化し，社会資源の調整や新たな活動の開発，ネットワーク形成を図るといった役割を担う地域福祉のコーディネーターが必要であるとされた。 |
| ☐☐ | **192**<br>32回39 | 厚生労働省の「これからの地域福祉のあり方に関する研究会」報告書（2008年（平成20年））では，住民の地域福祉活動の資金は原則として公的財源によるとされている。 |

⭕ 障害のある当事者等，特定のカテゴリに属する集団のニーズを把握する上で，フォーカスグループインタビューは有効である。

❌ 高齢者では，インターネットのホームページ上のアンケートフォームを通じた回答になじみがない人が多いことも考えられるため，調査方法としては適切ではない。

⭕ 住民懇談会では，住民の意見や生活の状況を広く把握するため，開催日を工夫する等，多くの住民の参加が望まれる。住民懇談会は，市町村福祉行政における住民参加の手法の1つである。

❌ 虐待リスクのようにプライバシーの保護が重要となる個別事例の検討を，地域住民が地域や生活についてざっくばらんに話し合う住民懇談会のような場で行うべきではない。

⭕ 住民座談会は，地域福祉計画の策定過程において用いられることも多く，その際は，単に地域ニーズを把握するだけでなく，住民たちが対話を通じてさまざまな私的利害や立場の違いを乗り越え，相互理解を深めることも重視される。

⭕ GIS（Geographic Information System）を活用して地域情報（人口，年齢構成，世帯類型や食料品店，公共施設等）を地図上に示すことで，災害時要援護者のニーズなどを視覚的に把握することができる。

⭕ 設問のとおり（災害対策基本法第49条の11第2項）。

⭕ 「地域福祉のあり方研究会報告書」[▶47]のなかの「Ⅳ．地域福祉を推進するために必要な条件とその整備方策」において，地域福祉のコーディネーターが必要であると述べられている。

❌ 「これからの地域福祉のあり方に関する研究会」報告書では，住民の地域福祉活動の資金は，「住民自ら負担するか，自ら集めることが原則である」とし，「資金を地域で集めることができる仕組みが必要である」と指摘している。

▶47
「地域福祉のあり方研究会報告書」
正式名称は，「地域における『新たな支え合い』を求めて―住民と行政の協働による新しい福祉―」である。
新たな地域福祉の意義や役割として，①地域における「新たな支え合い」（共助）を確立する，②地域で求められる支え合いの姿，③地域の生活課題に対応する，④住民が主体となり参加する場，⑤ネットワークで受け止める，⑥地域社会再生の軸としての福祉，などを提言している。

地域福祉の理論と方法

281

**193**
32回39
厚生労働省の「地域力強化検討会最終とりまとめ」(2017年(平成29年))では，地域の課題を地域で解決していく財源として，クラウドファンディングやSIB (Social Impact Bond)等を取り入れていくことも有効であるとされている。

**194**
29回37
地方公共団体は，介護保険の被保険者が住み慣れた地域で自立生活を営めるよう，その求めに応じて居住先を確保しなければならない。

**195**
31回41
介護保険法の改正(2014年(平成26年))で，市町村に地域ケア会議が必置の機関として法定化された。

**196**
31回41
生活支援体制整備事業に規定された地域福祉コーディネーターが市町村に配置され，協議体づくりが進められている。

**197**
31回41
介護予防・日常生活支援総合事業では，ボランティア，NPO，民間企業，協同組合などの多様な主体がサービスを提供することが想定されている。

**198**
31回41
在宅医療・介護連携推進事業には，地域住民への普及啓発が含まれる。

**199**
31回41
介護保険法では，要介護認定に関わる主治医の意見に認知症初期集中支援チームの，地域での活用に関する記載が義務づけられた。

〇 「地域力強化検討会最終とりまとめ」では，地域の課題を地域で解決していくために必要とされる財源を確保するために，①共同募金によるテーマ型募金や市町村共同募金委員会の活用・推進，②クラウドファンディングやSIB（Social Impact Bond），ふるさと納税，社会福祉法人による地域における公益的な取組等を取り入れていくことが有効であるとしている。

✕ 地方公共団体には地域包括ケアシステムの構築が求められているが，被保険者の求めに応じて居住先を確保することまでは義務づけられてはいない。

✕ 介護保険法上，市町村による地域ケア会議の設置については努力義務規定となっている（第115条の48第1項）。

✕ 生活支援体制整備事業に規定されているのは生活支援コーディネーター（地域支えあい推進員）である。

〇 「介護予防・日常生活支援総合事業ガイドライン」では「生活支援等サービスの体制整備にあたっては，市町村が中心となって，元気な高齢者をはじめ，住民が担い手として参加する住民主体の活動や，NPO，社会福祉法人，社会福祉協議会，地縁組織，協同組合，民間企業，シルバー人材センターなどの多様な主体による多様なサービスの提供体制を構築」する必要があるとしている。

〇 在宅医療・介護連携推進事業の事業項目の1つとして「地域住民への普及啓発」がある。具体的には「在宅医療・介護連携に関する講演会の開催，パンフレットの作成・配布等により，地域住民の在宅医療・介護連携の理解を促進する」こと等があげられている。

✕ 介護保険法にこのような規定はない。認知症初期集中支援チームは，認知症総合支援事業における認知症初期集中支援事業に位置づけられ，2018年度（平成30年度）までに全市町村で配置することが義務づけられた。

▶48
生活支援体制整備事業
2014年（平成26年）の介護保険法改正によって，地域支援事業のうちの包括的支援事業の中に生活支援体制整備事業が新たに位置づけられた（第115条の45第2項第5号）。

▶49
在宅医療・介護連携推進事業
2014年（平成26年）の介護保険法改正において，地域支援事業のうち包括的支援事業の中に新たに在宅医療・介護連携推進事業が位置づけられた（第115条の45第2項第4号）。

▶50
認知症総合支援事業
2014年（平成26年）の介護保険法改正により，地域支援事業の中に認知症総合支援事業（第115条の45第2項第6号）が規定された。

地域福祉の理論と方法

# 地域における福祉サービスの評価方法と実際

**200**
30回41
福祉サービス第三者評価に当たっては，社会福祉法で利用者調査の実施が，義務づけられている。

**201**
30回41
福祉サービス第三者評価の評価機関の認証は，全国社会福祉協議会が行っている。

**202**
30回41改変
福祉サービス第三者評価において，株式会社などの営利法人は，評価機関となることができる。

**203**
30回41
福祉サービス第三者評価の評価調査者は，養成研修を受講し，修了していなければならない。

**204**
30回41
福祉サービス第三者評価の評価結果を公表することが，社会福祉法で義務づけられている。

**205**
33回41
福祉サービス第三者評価事業における第三者評価とは，利用者の家族等によって行われる評価のことである。

**206**
33回41改変
福祉サービスのプロセス評価とは，福祉サービスが適切な手順と内容で利用者に提供されているかに着目する評価である。

**207**
33回41
プログラム評価の枠組みでは，サービスの効果を計測するための指標の設定は基本的にサービスの実施後に行われる。

✕ 社会福祉法の中に，福祉サービス第三者評価における利用者調査の義務を規定した条項はない。利用者調査の実施については「都道府県推進組織に関するガイドライン」で，「利用者の意向を把握することの重要性に鑑み，第三者評価と併せて利用者調査を実施するよう努めるものとする」とされている。

✕ 評価機関の認証は都道府県推進組織の中に設置される，第三者評価機関認証委員会において行うこととされている。

◯ 評価機関となることができる法人格の種別は規定されておらず，要件を満たせば株式会社等の営利法人も第三者評価機関として認証を受けることができる。

◯ 「福祉サービス第三者評価機関認証ガイドライン」において，評価機関の認証要件として「評価調査者は，都道府県推進組織が行う評価調査者養成研修を受講し修了していること」と規定されている。

✕ 社会福祉法の中に評価結果の公表の義務を規定した条項はない。評価結果の公表については「都道府県推進組織に関するガイドライン」において，「第三者評価機関は，事業所の同意を得て『福祉サービス第三者評価結果の公表ガイドライン』に基づき，第三者評価結果を公表する」ものとされている。

✕ 「福祉サービス第三者評価事業に関する指針」によると，福祉サービス第三者評価事業とは，社会福祉法人等の提供する福祉サービスの質を事業者及び利用者以外の公正・中立な第三者機関が専門的かつ客観的な立場から行う評価をいう。

◯ 設問のとおり。なお，福祉サービスが提供された結果，どのような成果がもたらされたかに着目する評価を，福祉サービスのアウトカム評価という。

✕ プログラム評価の枠組みにおけるサービス効果の計測のための指標の設定は，サービスの立案と同時に行われる。そうすることで，中間評価で進捗状況や目標の達成状況を客観的に把握することが可能となる。

▶51
**福祉サービス第三者評価**
福祉サービス第三者評価とは，社会福祉法人等の提供する福祉サービスの質を，都道府県の認証を受けた民間の評価機関である事業者及び利用者以外の公正・中立な第三者機関が，専門的かつ客観的な立場から行った評価をいう。

▶52
**都道府県推進組織**
都道府県推進組織は，「福祉サービス第三者評価機関認証要件を策定することとされており，第三者評価機関認証委員会はその要件に基づいて認証を行う。

福祉行財政と
福祉計画

# 福祉行政の実施体制

## 国の役割

### ●法定受託事務と自治事務

**1**
29回46改変
「地方分権一括法」の施行によって，養護老人ホームへの入所措置は市町村の自治事務となった。

**2**
30回42
地方公共団体の事務は，機関委任事務，法定受託事務，自治事務の3つに分類される。

**3**
30回42
社会福祉法人の認可事務は，自治事務である。

---

### 整 理 し て お こ う ！

#### 法定受託事務と自治事務

　1999年（平成11年）の「地方分権の推進を図るための関係法律の整備等に関する法律」（地方分権一括法）により，地方自治法をはじめとする関連法が見直され，それまでの国が上級で地方が下級という日本の中央集権的な行財政モデルを抜本的に転換し，国と地方は対等な関係であるとされた。

　それまでの「機関委任事務」「団体委任事務」「団体事務」の区分が廃止され，国の業務を地方公共団体が委託されて実施する法定受託事務とそれ以外の自治事務に区分された。

　法定受託事務には，国が本来実施すべき仕事を都道府県・市町村・特別区に処理させる第1号法定受託事務と，都道府県が本来実施すべき仕事を市町村・特別区に処理させる第2号法定受託事務がある。第1号及び第2号法定受託事務の内容は，地方自治法別表第1・第2に列挙されている。

　また，自治事務とは，地方公共団体が処理する事務のうち，法定受託事務以外のものをいう。

○ 設問のとおり。1999年(平成11年)の地方分権一括法によって、機関委任事務、団体委任事務及び固有事務の区分は廃止され、自治体の事務は**法定受託事務**と**自治事務**の2種類となった。団体委任事務であった養護老人ホーム等への**入所措置**は、市町村の**自治事務**となった。

✕ 現行の地方公共団体の事務は、**法定受託事務**と**自治事務**の2つに分類される。

✕ 社会福祉法人の認可事務は、法定受託事務である。

▶1
**地方分権一括法**
正式名称は、「地方分権の推進を図るための関係法律の整備等に関する法律」である。

▶2
**法定受託事務と自治事務**
以前は、機関委任事務と団体委任事務、固有事務に区分されていたが、1999年(平成11年)に制定された地方分権の推進を図るための関係法律の整備等に関する法律(地方分権一括法)によりこの区分が廃止され、法定受託事務と自治事務が創設された。

福祉行財政と福祉計画

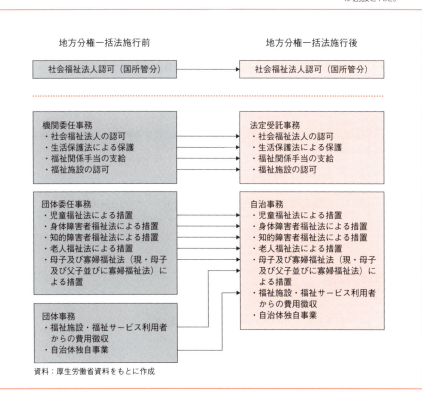

資料:厚生労働省資料をもとに作成

289

| | 4 30回42 | 生活保護の決定事務は，法定受託事務である。 |

| | 5 30回42 | 児童扶養手当の給付事務は，自治事務である。 |

| | 6 30回42改変 | 養護老人ホームへの入所措置は，自治事務である。 |

## ●費用の負担

| | 7 32回43 | 国は，救護施設の入所措置に要する費用の4分の3を負担する。 |

| | 8 32回43 | 国は，養護老人ホームの入所措置に要する費用の4分の3を負担する。 |

| | 9 32回43改変 | 国は，婦人相談所の行う一時保護に要する費用の2分の1を負担する。 |

| | 10 32回43 | 国は，母子生活支援施設の母子保護の実施に要する費用の4分の3を負担する。 |

| | 11 32回43 | 国は，児童養護施設の入所措置に要する費用の4分の3を負担する。 |

## 都道府県の役割

| | 12 32回42 | 特別区を設置できるのは，都に限定されている。 |

○ 設問のとおり。法定受託事務については地方自治法第2条第9項に規定されており，同法の別表第1では生活保護の決定事務が第1号法定受託事務であることが明記されている。

× 児童扶養手当の給付事務は，第1号法定受託事務である。

○ 設問のとおり。老人福祉法に基づく養護老人ホームへの入所措置に関する事務は，地方自治法第2条第8項に規定する自治事務である。

○ 設問のとおり。救護施設は，生活保護法第38条に規定された保護施設の1つである。同法第75条第1項第1号で，国は，政令で定めるところにより，市町村及び都道府県が支弁した保護費，保護施設事務費及び委託事務費の4分の3を負担しなければならない，と規定されている。

× 養護老人ホームの入所措置に要する費用は，市町村が10分の10を負担することになっており，国の負担はない。

○ 国は，都道府県が支弁した婦人相談所に要する費用及び婦人相談所の行う一時保護に要する費用の10分の5（2分の1）を負担する（売春防止法第40条第1項）。

× 母子生活支援施設の母子保護の実施に要する費用は，国と地方自治体が2分の1ずつを負担することになっている（児童福祉法第53条）。

× 児童養護施設の入所措置に要する費用については，都道府県がその全額を支弁する（児童福祉法第50条第7号）が，同法第53条において，国がその2分の1を負担することとされている。

× 2012年（平成24年）の「大都市地域における特別区の設置に関する法律」の制定・施行により，道府県も特別区を設置することが可能となった。

▶3
**第1号法定受託事務**
第1号法定受託事務とは，国が本来果たすべき役割に係る事務であって，国においてその適正な処理を特に確保する必要があるもののうち，国に代わって都道府県，市町村又は特別区が処理するものとされる事務である。これに対し，都道府県が本来果たすべき役割に係る事務であって，都道府県においてその適正な処理を特に確保する必要があるもののうち，都道府県に代わって市町村又は特別区が処理するものとされている事務を，第2法定受託事務という。

▶4
**地方自治体の負担**
地方自治体分については，都道府県立施設において実施される場合には都道府県が2分の1，実施主体が市町村で市町村立施設又は私立施設において実施される場合には都道府県と市町村で4分の1ずつ負担する（児童福祉法第50条第6号，第51条第3号，第55条）。

▶5
**道府県における特別区の設置**
人口200万以上の指定都市又は一の指定都市及びそれに隣接する同一道府県内の市町村の総人口が200万以上となる場合，道府県と関連市町村の合意を経て住民投票が行われ，過半数の賛成があったときは，市町村を廃止し特別区を設置することができる。特別区を包括する道府県は，地方自治法その他の法令の適用について都とみなされるが，名称が都となるわけではない。

**13** 32回42 都道府県が処理する社会福祉に関する事務は，機関委任事務である。

**14** 29回43 後期高齢者医療は都道府県が保険者となる。

**15** 29回44 介護保険法によれば，都道府県は，指定する介護老人福祉施設の行う介護福祉施設サービスの利用に対して，施設介護サービス費を支給しなければならない。

**16** 31回42 都道府県は，介護保険法の規定により，介護保険の保険者とされている。

**17** 33回42 都道府県は，介護保険法に基づき，地域密着型サービス事業者の指定を行う。

**18** 33回42 都道府県は，老人福祉法に基づき，養護老人ホームへの入所措置を行う。

**19** 31回42 都道府県は，「障害者総合支援法」の規定により，介護給付の支給決定を行う。

**20** 31回42 都道府県は，児童福祉法の規定により，障害児入所施設に入所させる権限を持つ。

**21** 31回42 都道府県は，知的障害者福祉法の規定により，障害者支援施設に入所させる権限を持つ。

**22** 33回42 都道府県は，生活困窮者自立支援法に基づき，生活困窮者自立相談支援事業を行う。

❌ 1999年（平成11年）の「地方分権の推進を図るための関係法律の整備等に関する法律」（地方分権一括法）（一部を除き2000年（平成12年）4月1日施行）により機関委任事務は廃止され，地方自治体が行う事務は，自治事務と法定受託事務に区分された。

❌ 後期高齢者医療制度の保険者は，後期高齢者医療広域連合である。後期高齢者医療広域連合は都道府県単位で設置され，都道府県内のすべての市町村が加入する（高齢者の医療の確保に関する法律（高齢者医療確保法）第48条）。

❌ 施設介護サービス費を支給するのは，都道府県ではなく市町村である（介護保険法第48条第1項）。

❌ 介護保険の保険者は市町村及び特別区である（介護保険法第3条第1項）。

❌ 介護保険法に基づき，地域密着型サービス事業者の指定を行うのは，市町村である（第42条の2及び第78条の2）。

❌ 老人福祉法に基づき，養護老人ホームへの入所措置を行うのは，市町村である（老人福祉法第5条の4第1項）。（関連キーワード▶6参照）

❌ 障害者総合支援法の規定による介護給付の支給決定を行うのは市町村（特別区を含む）である（法第19条第1項）。

⭕ 設問のとおり。都道府県は，必要があると認めたときに，児童を里親等に委託し，又は乳児院，児童養護施設，障害児入所施設等に入所させる措置を採らなければならない（児童福祉法第27条第1項第3号）。

❌ 市町村は，18歳以上の知的障害者につき，やむを得ない事由により介護給付費等の支給を受けることが著しく困難であると認めるときは，障害者支援施設等に入所させる措置を採らなければならない（知的障害者福祉法第16条第1項第2号）。

⭕ 生活困窮者自立支援法に基づき，生活困窮者自立相談支援事業を行うのは，福祉事務所を設置する自治体であり，福祉事務所は都道府県と市（特別区を含む）に設置義務があるため，正しい。

▶6
福祉八法改正法
老人福祉法等の一部を改正する法律（福祉八法改正法。1990年（平成2年）公布，1993年（平成5年）施行）により，特別養護老人ホーム，養護老人ホームへの入所決定権は都道府県から町村に移譲され，入所措置を行うのは「都道府県，市及び福祉事務所を設置する町村」から「市町村」となった。

▶7
障害者総合支援法
正式名称は，「障害者の日常生活及び社会生活を総合的に支援するための法律」である。

|  | 23 33回42 | 都道府県は，子ども・子育て支援法に基づき，市町村子ども・子育て支援事業計画を定めるに当たって参酌すべき標準を定める基本指針を策定する。 |

## 市町村の役割

|  | 24 29回43 | 介護保険では市町村で組織する広域連合が保険者となることができる。 |

|  | 25 32回42改変 | 広域連合は，介護保険事業に関する事務を処理できるとされている。 |

|  | 26 32回42 | 中核市の指定要件として，人口数は50万以上と定められている。 |

|  | 27 29回46 | 平成の大合併によって，市の数は減少した。 |

|  | 28 29回44 | 児童福祉法によれば，市町村は，児童養護施設への入所申請があった場合，入所の措置を採らなければならない。 |

|  | 29 29回44改変 | 子ども・子育て支援法によれば，認定子ども園を利用する場合，保護者は，市町村から教育・保育給付認定を受けなければならない。 |

|  | 30 31回42改変 | 市町村は，老人福祉法の規定により，特別養護老人ホームに入所させる権限を持つ。 |

|  | 31 33回42改変 | 市町村は，「障害者総合支援法」に基づき，介護給付費の支給決定を行う。 |

× 子ども・子育て支援法に基づき，市町村子ども・子育て支援事業計画を定めるに当たって参酌すべき標準を定める基本指針を策定するのは，内閣総理大臣である（第60条第1項）。

○ 設問のとおり。介護保険法第3条第1項において，介護保険の保険者は市町村及び特別区と位置づけられているが，複数の市町村で組織する広域連合や一部事務組合などの特別地方公共団体も保険者となることができる。

○ 設問のとおり。広域連合は，地方自治法が規定する特別地方公共団体である「地方公共団体の組合」の一種である（同法第284条第1項）。

× 中核市は，人口20万以上の市の申出に基づき政令で指定される（地方自治法第252条の22第1項及び第252条の24第1項）。(関連キーワード▶9参照)

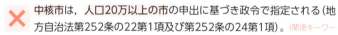

× 平成の大合併によって減少したのは町村の数であり，市の数は増加した。

× 児童養護施設への入所の措置は，市町村ではなく都道府県が行う。

○ 設問のとおり。認定こども園を利用する場合，保護者は市町村から教育・保育給付認定を受けなければならない（子ども・子育て支援法第20条第1項）。

○ 市町村は必要に応じて，当該市町村の設置する養護老人ホーム又は特別養護老人ホームに入所させる等の措置を採らなければならない（老人福祉法第11条）。

○ 障害者総合支援法に基づき，介護給付費の支給決定を行うのは，市町村である（第19条第1項）。

▶8 広域連合
2021年（令和3年）4月1日現在で116の広域連合が存在するが，そのうちの多くが介護保険事業，後期高齢者の医療制度にかかる事務を処理している（総務省「広域連合の設置状況（令和3年4月1日現在）」）。

▶9 政令指定都市
政令指定都市は，人口50万以上の市で政令で指定される（地方自治法第252条の19第1項）。なお，一般市は人口5万以上が要件となっており（同法第8条第1項第1号），それ未満の場合は町村となる。

▶10 平成の大合併
平成の大合併が始められた年の1999年（平成11年）3月31日時点で2562あった町村の数は，2010年（平成22年）3月31日時点で941まで大幅に減少した一方で，市の数は670から786とむしろ増加した（総務省「『平成の合併』による市町村数の変化」）。

295

| | 32 29回44 | 障害者総合支援法によれば,市町村は,介護給付費等を支給決定障害者等に代わって,指定障害福祉サービス事業者等に支払うことはできない。 |

| | 33 32回42 | 政令指定都市は,婦人相談所を設置することができる。 |

| | 34 29回44改変 | 生活保護法によれば,保護の実施機関は,保護の開始の申請のあった日から14日以内に決定内容を申請者に通知しなければならない。 |

## 行政の役割（措置等）

| | 35 27回45 | 措置制度では,措置権者とサービス利用者の間の委託契約に基づいてサービスが提供される。 |

| | 36 27回45 | 利用契約方式をとる制度の下でも,やむを得ない事由がある場合には,措置制度が適用される。 |

## 福祉の財源

### ●国，地方の財源

| | 37 26回43改変 | 現行の消費税率10％は,国税の消費税7.8％と地方税の消費税2.2％を合わせた税率である。 |

| | 38 29回46 | 「三位一体の改革」によって,国庫補助金及び地方交付税が削減された。 |

**✕** 市町村は，介護給付費等を支給決定障害者等に代わって，**指定障害福祉サービス事業者等に支払うことができる**（障害者総合支援法第29条第4項）。

**◯** 設問のとおり。都道府県は婦人相談所を設置しなければならず（売春防止法第34条第1項），**指定都市は婦人相談所を設置することができる**（同条第2項）。

**◯** 設問のとおり。生活保護法第24条第3項では「保護の実施機関は，**保護の開始の申請があったときは，保護の要否，種類，程度及び方法を決定し，申請者に対して書面をもって，これを通知しなければならない」とし，同条第5項では「第3項の通知は，申請のあった日から**14日以内**にしなければならない」と明記されている。

**✕** 措置とは，**契約ではなく，行政庁が行う**行政処分**であり，施設の入所や在宅サービスの利用，金品の給付・貸与といったことを行政庁が決定する。

**◯** 設問のとおり。例えば，契約によって必要な介護サービスの提供を受けることが著しく困難な65歳以上の高齢者については，市町村による**やむを得ない事由による措置**が適用される場合がある（老人福祉法第10条の4，第11条）。

**◯** 設問のとおり。**地方消費税**（都道府県税）は都道府県に収入されるが，その50％は市町村に按分して交付されている。（関連キーワード▶11参照）

**◯** 2004年度（平成16年度）から2006年度（平成18年度）までを対象期間として，まず**国庫補助負担金の4兆円分が廃止され**，続いて3兆円分の国から地方への税源移譲が行われた。他方，一般財源である**地方交付税も5兆円分削減された。

---

**▶11**
**税の種類**
税を課税ベースで分類すると，所得課税（所得税や法人税，道府県民税，市町村民税，事業税など），消費課税（消費税や酒税，たばこ税，揮発油税など），資産課税（相続税，贈与税，固定資産税，自動車税など）がある。

**▶12**
**地方交付税**
地方交付税とは，地方公共団体間の財源の不均衡を調整し，どの地域に住む国民にも一定の行政サービスを提供できるよう財源を保障するためのもので，いわば「国が地方に代わって徴収する地方税」である。なお，2020年（令和2年）4月1日より，地方交付税に充てられる消費税の割合は19.5％となる。

福祉行財政と福祉計画

**39** 29回43　介護保険の財源として，国は各保険者に対し介護給付及び予防給付に要する費用の25％を一律に負担する。

**40** 30回44　国は，市町村が支弁した生活保護費の4分の3を負担する。

**41** 30回44　国は，市町村が支弁した生活困窮者住居確保給付金の支給に要する費用の全額を負担する。

**42** 30回44　国は，市町村が支弁した児童福祉法に規定される保育に要する費用の3分の1を負担する。

**43** 30回44改変　国は，市町村が支弁した「障害者総合支援法」に規定する障害福祉サービス費等負担対象額の2分の1を負担する。

**44** 30回44　国は，市町村が支弁した養護老人ホームへの入所措置に要する費用の4分の3を負担する。

**45** 33回43　生活困窮者自立支援法に基づき，生活困窮者家計改善支援事業の費用には国庫負担金が含まれる。

**46** 33回43　生活保護法に基づき，保護費には国庫補助金が含まれる。

**47** 33回43　介護保険法に基づき，介護給付費には国庫負担金が含まれる。

**✕** 介護保険の財源として国が一律に負担するのは定率20％である。ただし，これとは別に，調整交付金として5％に相等する額を交付する。

▶13
**調整交付金**
各市町村における第1号被保険者に占める75歳以上の高齢者の割合，所得段階別の割合等に応じて市町村に対して調整交付される。

**◯** 設問のとおり。国は，政令で定めるところにより，市町村及び都道府県が支弁した保護費，保護施設事務費及び委託事務費の4分の3を負担しなければならない（生活保護法第75条第1項第1号）。

**✕** 生活困窮者住居確保給付金は，都道府県，市又は福祉事務所を設置する町村のうちのいずれかがその支給に要する費用を支弁することとなるが，いずれの場合も，国が支弁された費用の4分の3を負担する（生活困窮者自立支援法第15条第1項第2号及び第4号）。

**✕** 私立の保育所，幼稚園及び認定こども園における保育の費用や，家庭的保育事業等における保育の費用については，国は市町村が支弁した額から一般事業主からの拠出金充当額を控除した額の2分の1を負担する（子ども・子育て支援法第68条第1項）。一方，公立保育所については，地方税による一般財源又は地方交付税によって市町村が全額負担する。

**◯** 設問のとおり。国は障害者総合支援法に規定される市町村が支弁する障害福祉サービス費等負担対象額の100分の50を負担する，とされている（障害者総合支援法第95条第1項第1号）。

**✕** 養護老人ホームへの入所措置に要する費用は，全額，市町村の負担である。三位一体改革により2005年度（平成17年度）より，養護老人ホーム等保護費負担が廃止され，財源移譲された。

**✕** 生活困窮者自立支援法に基づき，生活困窮者家計改善支援事業に要する費用の一部を，国は補助することができる（国庫補助金）。 （関連キーワード▶14参照）

▶14
**国の負担及び補助**
必須事業である自立相談支援事業の実施及び住居確保給付金の支給に要する費用に対しては，国がその4分の3を負担する（国庫負担金）が，任意事業である家計改善支援事業等に要する費用については，国は補助することができる（国庫補助金）。

**✕** 生活保護法第75条第1項第1号において，国は，市町村及び都道府県が支弁した保護費，保護施設事務費及び委託事務費の4分の3を負担しなければならないとされている。

**◯** 介護保険法第121条第1項第1号において，国は，介護給付及び予防給付に要する費用の100分の20（施設等給付については100分の15）を負担するとされている。

福祉行財政と福祉計画

| 48 33回43 | 身体障害者福祉法に基づき，身体障害者手帳の交付措置の費用には国庫補助金が含まれる。 |

| 49 33回43改変 | 「障害者総合支援法」に基づき，地域生活支援事業の費用には国庫補助金が含まれる。 |

## ●保険料財源

| 50 28回42 | 介護保険第一号被保険者の保険料率は，所得に応じて3段階に分かれている。 |

| 51 28回42 | 年金を受給している介護保険第一号被保険者の保険料は，すべて年金からの特別徴収（天引き）が行われる。 |

| 52 28回42改変 | 介護保険第一号被保険者のうち，一定額以上の所得がある場合の利用者負担割合は2割又は3割である。 |

| 53 29回43 | 後期高齢者医療の給付に要する費用の3分の2は，保険料で賄われている。 |

## ●民間の財源

| 54 29回42改変 | 共同募金は，都道府県の区域を単位として募集される。 |

| 55 29回42 | 共同募金を行う事業は，第二種社会福祉事業である。 |

| 56 29回42 | 共同募金会以外の者は，共同募金事業を行うことが禁止されている。 |

× 都道府県知事が行う身体障害者手帳の交付措置にかかる費用に対する国の負担や補助はない。

○ 障害者総合支援法第95条第2項第2号において，市町村及び都道府県が行う地域生活支援事業に要する費用の100分の50以内を，国は補助することができるとされている。

× 第一号被保険者の保険料率は，「市町村民税世帯全員が非課税」か「市町村民税本人が非課税，世帯に課税者がいる」か「市町村民税本人が課税」かによって9段階の設定がなされている（介護保険法施行令第38条第1項）。

× 年金を受給している第一号被保険者の保険料徴収には，特別徴収（年金からの天引き）のほか，普通徴収（納入の通知をすることによって徴収）がある（介護保険法第131条）。（関連キーワード▶15参照）

▶15
特別徴収と普通徴収
原則として年間の年金受給額が18万円以上の者に対しては特別徴収で，18万円未満の者には普通徴収となっている。

○ 設問のとおり。介護保険の利用者負担は原則1割の応益負担であるが，一定額以上の所得がある場合の負担割合は2割又は3割である。

× 後期高齢者医療の給付に要する費用のうち，保険料で賄われているのは約1割であり，残りは公費（税金）約5割，国保・被用者保険からの支援金（後期高齢者支援金）約4割，高齢者の保険料約1割で賄われている（高齢者医療確保法第4章第4節）。

○ 設問のとおり。社会福祉法第112条で，共同募金とは，都道府県の区域を単位として，毎年1回，厚生労働大臣の定める期間内に限ってあまねく行う寄附金の募集であると規定されている。

× 共同募金を行う事業は，第一種社会福祉事業である。社会福祉法第113条第1項では，「共同募金を行う事業は，（中略）第一種社会福祉事業とする」と規定されている。

○ 設問のとおり。社会福祉法第113条第3項では，「共同募金会以外の者は，共同募金事業を行ってはならない」と規定されている。

福祉行財政と福祉計画

|   | 57 29回42 | 共同募金は，社会福祉を目的とする事業を経営する者以外にも配分される。 |

|   | 58 29回42 | 国は，共同募金により募集された寄附金の配分について関与できる。 |

## ●その他の財源

|   | 59 23回42 | 介護保険における居宅介護サービス費の支給は，指定事業者が代理受領すること により，結果として応能負担原則に基づく利用者負担を実現している。 |

|   | 60 29回43改変 | 国民健康保険と健康保険との間では，財政調整が行われている。 |

# 福祉行政の組織及び団体の役割

## ●福祉事務所

|   | 61 28回44 | 都道府県の設置する福祉事務所は，身体障害者福祉法，知的障害者福祉法に定め る事務のうち，都道府県が処理することとされているものをつかさどる。 |

|   | 62 28回44 | 町村が福祉事務所を設置した場合には，社会福祉主事を置くこととされている。 |

## ●児童相談所

|   | 63 30回45 | 市町村は，児童相談所を設置しなければならない。 |

✕ 共同募金は，社会福祉を目的とする事業を経営する者以外の者に配分してはならない（社会福祉法第117条第1項）。

✕ 国は，寄附金の配分について関与できない。社会福祉法第117条第4項では，「国及び地方公共団体は，寄附金の配分について干渉してはならない」と規定されている。

✕ 居宅介護サービス費は，通常は被保険者の利用した指定サービス事業者に全体の9割分が支給される代理受領方式で行われている。一方，利用者の負担額は残りの1割分となり，応益負担原則に基づいている。

◯ 設問のとおり。高齢者医療制度では，75歳以上の高齢者（後期高齢者）について現役世代からの支援金と公費で約9割を賄うとともに，65 ～ 74歳の高齢者（前期高齢者）については保険者間の財政調整を行う仕組みが設けられている。▶16

▶16
財政調整
具体的には，協会けんぽ，健保組合等の被用者保険から前期高齢者納付金を徴収し，これを前期高齢者の加入数の多い市町村国保等に前期高齢者交付金として交付することで，市町村国保等の財政を支援する（高齢者医療確保法第2章）。

✕ 都道府県の設置する福祉事務所は，従来までは身体障害者福祉法，知的障害者福祉法を含む従来の福祉六法▶17に定める事務のうち，都道府県が処理することとされているものをつかさどることとなっていたが，現在は福祉三法（生活保護法，児童福祉法及び母子及び父子並びに寡婦福祉法）に定める事務をつかさどる。

▶17
福祉六法
生活保護法，児童福祉法，身体障害者福祉法，知的障害者福祉法，老人福祉法，母子及び父子並びに寡婦福祉法の総称。

◯ 設問のとおり。社会福祉法第18条第1項に「都道府県，市及び福祉に関する事務所を設置する町村に，社会福祉主事を置く」と規定されている。なお，福祉事務所のない町村には任意設置となっている（同条第2項）。

▶18
児童相談所設置市
2021年（令和3年）4月現在，東京都港区，世田谷区，荒川区及び江戸川区，横須賀市，金沢市並びに明石市が児童相談所設置市に定められている。

✕ 児童相談所を設置しなければならないのは，都道府県，指定都市および政令で指定する市（特別区を含む）（児童相談所設置市）である（児童福祉法第12条第1項，第59条の4第1項，同法施行令第45条の2）。

福祉行財政と福祉計画

303

## ● 身体障害者更生相談所

**64**
30回45
都道府県は，身体障害者更生相談所を設置しなければならない。

## ● 婦人相談所

**65**
30回45改変
都道府県は，婦人相談所を設置しなければならない。

## ● 地域包括支援センター

**66**
23回43
地域包括支援センターは，介護保険法に基づき設置され，介護予防ケアマネジメント業務，総合相談支援業務，権利擁護業務及び包括的・継続的ケアマネジメント支援業務を行うこととされている。

**67**
33回44
都道府県は，地域包括支援センターを設置しなければならない。

## ● 基幹相談支援センター

**68**
33回44
都道府県は，基幹相談支援センターを設置しなければならない。

## ● 精神保健福祉センター

**69**
33回44
都道府県は，精神保健福祉センターを設置しなければならない。

## ● 発達障害者支援センター

**70**
33回44
都道府県は，発達障害者支援センターを設置しなければならない。

○ 都道府県は，身体障害者更生相談所を設置しなければならない（身体障害者福祉法第11条第1項）。なお，指定都市は，任意で設置することができる（地方自治法施行令第174条の28第1・2項）。

○ 設問のとおり。都道府県は，婦人相談所を設置しなければならない（売春防止法第34条第1項）。なお，指定都市は任意で設置することができる（同条第2項）。

○ 地域包括支援センターは，設問にあるような機能を果たすために，2005（平成17）年の介護保険法改正で設けられた。保健師，主任介護支援専門員，社会福祉士が配置されており，相互に連携しながら業務にあたることとされている。

× 地域包括支援センターは，市町村が任意で設置することができる（介護保険法第115条の46第2項）。

× 基幹相談支援センターは，市町村が任意で設置することができる（障害者総合支援法第77条の2第2項）。

○ 設問のとおり。精神保健及び精神障害者福祉に関する法律第6条において，都道府県は精神保健福祉センターを「置くものとする」とされており，その設置は義務である。都道府県のほか政令指定都市にも設置の義務がある。

× 発達障害者支援センターは，都道府県が任意で設置することができる（発達障害者支援法第14条第1項）。

## ●母子健康包括支援センター

**71** 33回44改変 市町村は，母子健康包括支援センターを設置するよう努めなければならない。

## ●保健所

**72** 30回45 市町村は，保健所を設置しなければならない。

## ●社会福祉協議会

**73** 25回44改変 市町村社会福祉協議会は，都道府県をまたがる2以上の市町村の区域内において設置することができない。

## ●介護保険審査会

**74** 28回43 介護保険の要介護認定に不服があるときは，介護保険審査会に審査請求することができる。

# 福祉行政における専門職の役割

## ●福祉事務所の現業員，査察指導員

**75** 29回45 都道府県の社会福祉主事は，都道府県に設置する福祉事務所において，老人福祉法，身体障害者福祉法，知的障害者福祉法に関する事務を行う。

## ●児童福祉司

**76** 33回45 児童相談所には，児童福祉司の配置が義務づけられている。

○ 設問のとおり。母子保健法第22条第1項において，市町村は，必要に応じ，母子健康包括支援センターを「設置するように努めなければならない」。

✗ 保健所を設置しなければならないのは，都道府県，指定都市，中核市，その他の政令で定める市又は特別区である（地域保健法第5条第1項）。

○ 設問のとおり。ただし，同一都道府県内であれば2つ以上の市町村の区域にまたがって設置することは可能である（社会福祉法第109条第1項）。

○ 設問のとおり。介護保険法第183条第1項では，保険給付に関する処分（要介護認定等に関する処分を含む）又は保険料等に関する処分に不服がある者は，介護保険審査会に審査請求をすることができると規定されている。

✗ 都道府県の社会福祉主事が，都道府県に設置する福祉事務所において行う事務は，生活保護法，児童福祉法，母子及び父子並びに寡婦福祉法に関する事務である（社会福祉法第18条第3項）。

○ 設問のとおり。都道府県（指定都市及び中核市並びに児童相談所設置市を含む）は，児童相談所に児童福祉司を置かなければならない（児童福祉法第13条第1項等）。

| | **77** | 児童福祉司は，社会福祉士として2年以上児童福祉事業に従事した者のうちから |
|---|---|---|
| | 29回45 | 任用しなければならない。 |

## ●身体障害者福祉司

| | **78** | 身体障害者更生相談所には，身体障害者福祉司の配置が義務づけられている。 |
|---|---|---|
| | 33回45改変 | |

| | **79** | 身体障害者福祉司は，市及び福祉事務所を設置する町村では，その設置する福祉 |
|---|---|---|
| | 29回45改変 | 事務所に配置することができる。 |

## ●知的障害者福祉司

| | **80** | 都道府県福祉事務所には，知的障害者福祉司の配置が義務づけられている。 |
|---|---|---|
| | 33回45 | |

| | **81** | 知的障害者福祉司は，都道府県の設置する知的障害者更生相談所に配置されなけ |
|---|---|---|
| | 29回45 | ればならない。 |

---

整理しておこう！

### 福祉の専門職・相談員

| 名称 | 根拠法 | 配置機関 |
|---|---|---|
| 社会福祉主事 | 社会福祉法 | ・都道府県，市及び福祉事務所を設置する町村に置く。<br>・福祉事務所を設置しない町村に置くことができる。 |
| 身体障害者福祉司 | 身体障害者福祉法 | ・都道府県の身体障害者更生相談所に置かなければならない。<br>・市町村の福祉事務所に置くことができる。 |
| 身体障害者相談員 | 身体障害者福祉法 | ・市町村の委託を受けて業務を行う。 |
| 知的障害者福祉司 | 知的障害者福祉法 | ・都道府県の知的障害者更生相談所に置かなければならない。<br>・市町村の福祉事務所に置くことができる。 |
| 知的障害者相談員 | 知的障害者福祉法 | ・市町村の委託を受けて業務を行う。 |

**✕** 児童福祉司に任用されるための要件は，社会福祉士であること以外にも複数ある。また，2年以上児童福祉事業に従事した後に任用資格を得るのは，社会福祉士ではなく社会福祉主事である（児童福祉法第13条第3項，同法施行規則第6条）。

**◯** 設問のとおり。都道府県は，身体障害者更生相談所に身体障害者福祉司を置かなければならない（身体障害者福祉法第11条の2第1項）。

**◯** 設問のとおり。市町村の設置する福祉事務所では，身体障害者福祉司の配置は任意である（身体障害者福祉法第11条の2第2項）。

**✕** 知的障害者福祉司を置かなければならないのは，都道府県が設置する知的障害者更生相談所である（知的障害者福祉法第13条第1項）。

**◯** 設問のとおり。都道府県は，知的障害者更生相談所を設けなければならず（知的障害者福祉法第12条第1項），そこに知的障害者福祉司をおかなければならない（同法第13条第1項）。

| 名称 | 根拠法 | 配置機関 |
|---|---|---|
| 精神保健福祉相談員 | 精神保健及び精神障害者福祉に関する法律 | ・都道府県及び市町村は，精神保健福祉センター及び保健所その他これらに準ずる施設に置くことができる。 |
| 児童福祉司 | 児童福祉法 | ・都道府県は児童相談所に置かなければならない。 |
| 母子・父子自立支援員 | 母子及び父子並びに寡婦福祉法 | ・都道府県知事，市長及び福祉事務所を管理する町村長は，委嘱するものとする。 |
| 婦人相談員 | 売春防止法 | ・都道府県知事は，委嘱するものとする。<br>・市長は，委嘱することができる。 |
| 民生委員・児童委員 | 民生委員法<br>児童福祉法 | ・市町村の区域に置く（都道府県知事の推薦により厚生労働大臣が委嘱）。<br>・民生委員は児童委員に充てられたものとする。 |

福祉行財政と福祉計画

## ●その他

**82**
29回45
主任介護支援専門員は，保健師，社会福祉士と共に福祉事務所に配置されなければならない。

**83**
33回45
婦人相談所には，母子・父子自立支援員の配置が義務づけられている。

**84**
33回45
精神保健福祉センターには，精神保健福祉相談員の配置が義務づけられている。

# 福祉行財政の動向

## 福祉行政の動向

**85**
31回44
医療と介護の最近の改革において，市町村は，介護保険及び国民健康保険の財政を一体的に管理運営する責任を担うこととなった。

**86**
31回44
医療と介護の最近の改革において，医療計画と介護保険事業計画の整合性を確保するため，介護保険事業計画の計画期間は5年に変更された。

**87**
31回44改変
医療と介護の最近の改革において，住民の健康づくりや効率的な医療・介護の提供体制の構築等の地域課題に取り組むため，都道府県に保険者協議会が設置されることとなった。

**88**
31回44
医療と介護の最近の改革において，介護保険施設として，新たに介護医療院が設置された。

✕ 主任介護支援専門員，保健師，社会福祉士を配置することとされているのは，福祉事務所ではなく地域包括支援センターである（介護保険法施行規則第140条の66第1号イ）。

✕ 婦人相談所には「所長その他所要の職員を置く」こととされている（売春防止法第34条第4項）が，職員の資格については明確に定められていない。

✕ 都道府県及び市町村は，精神保健福祉センターや保健所等の施設に精神保健福祉相談員を「置くことができる」（精神保健福祉法第48条第1項）が，配置は義務づけられていない。

✕ 2018年（平成30年）4月から国民健康保険の保険者に都道府県が加わり（国民健康保険法第3条第1項），市町村から国民健康保険事業費納付金を徴収するなど（法第75条の7第1項），財政運営の責任主体となった。

✕ 医療計画の計画期間がおおむね5年から6年に変更され（医療法第30条の6第2項），医療計画の中間見直しの時期と介護保険事業（支援）計画の1サイクル3年が終了する時期が一致することとなった。

◯ 医療保険各法の保険者及び後期高齢者広域連合は，都道府県ごとに，保険者協議会を組織するよう努めなければならない（高齢者の医療の確保に関する法律第157条の2第1項）。

◯ 2018年（平成30年）4月から，従来より廃止が決められている介護療養型医療施設の機能（日常的な医学管理や看取り・ターミナル等）を引き継ぎつつ，生活施設としての機能を兼ね備えた新たな介護保険施設として介護医療院が創設された。

▶19
保険者協議会
特定健診・保健指導の実施等に関する保険者間の連絡調整，保険者に対する必要な助言又は援助，医療費などに関する情報の調査及び分析の業務を行う（同条第2項）。

# 福祉財政の動向

**89** 31回43改変　2020年度（令和2年度）の国の一般会計歳出予算の社会保障関係費の中で，年金給付費は介護給付費よりも多い。

**90** 31回43改変　2020年度（令和2年度）の国の一般会計歳出予算の社会保障関係費の中で，少子化対策費は雇用労災対策費よりも多い。

**91** 31回43改変　2020年度（令和2年度）の国の一般会計歳出予算の社会保障関係費の中で，生活扶助等社会福祉費は年金給付費よりも多い。

**92** 31回43改変　2020年度（令和2年度）の国の一般会計歳出予算の社会保障関係費の中で，保健衛生対策費は生活扶助等社会福祉費よりも多い。

**93** 31回43改変　2020年度（令和2年度）の国の一般会計歳出予算の社会保障関係費の中で，介護給付費は医療給付費よりも多い。

**94** 33回46改変　「令和3年版地方財政白書」（総務省）における地方財政の状況（普通会計）をみると，都道府県及び市町村の歳入純計決算額では，地方交付税の割合が最も大きい。

**95** 33回46改変　「令和3年版地方財政白書」（総務省）における地方財政の状況（普通会計）をみると，都道府県の目的別歳出では，土木費の割合が最も大きい。

**96** 33回46改変　「令和3年版地方財政白書」（総務省）における地方財政の状況（普通会計）をみると，市町村の目的別歳出では，民生費の割合が最も大きい。

**97** 33回46改変　「令和3年版地方財政白書」（総務省）における地方財政の状況（普通会計）をみると，都道府県の性質別歳出では，公債費の割合が最も大きい。

⭕ 年金給付費は12兆5232億円で社会保障関係費35兆8608億円のうちの34.9％，介護給付費は3兆3838億円で9.4％であった。

⭕ 少子化対策費[20]は3兆387億円で社会保障関係費全体の8.5％，雇用労災対策費は395億円で0.1％であった。

❌ 生活扶助等社会福祉費[21]は4兆2027億円で社会保障関係費全体の11.7％，年金給付費は12兆5232億円で34.9％であった。

❌ 保険衛生対策費は5184億円で社会保障関係費全体の1.4％，生活扶助等社会福祉費は4兆2027億円で11.7％であった。

❌ 介護給付費は3兆3838億円で社会保障関係費全体の9.4％，医療給付費は12兆1546億円で33.9％であった。

❌ 「令和3年版地方財政白書」で2019年度（令和元年度）における都道府県及び市町村の歳入純計決算額をみると，地方税（39.9％）の割合が最も大きい。次いで地方交付税（16.2％），国庫支出金（15.3％）の順となっている。

❌ 都道府県の目的別歳出では，教育費（20.6％）の割合が最も大きい。これは，都道府県が政令指定都市を除く市町村立義務教育諸学校教職員の人件費を負担していることなどによる。

⭕ 市町村の目的別歳出では，民生費（36.7％）の割合が最も大きい。これは，市町村では，児童福祉や生活保護に関する事務（町村については福祉事務所を設置している町村）等の社会福祉事務の比重が高いことなどによる。（関連キーワード▶22参照）

❌ 都道府県の性質別歳出では，補助費等（27.3％）の割合が最も大きい。なお，人件費も25.4％と大きくなっているが，これは，都道府県が政令指定都市を除く市町村立義務教育諸学校教職員の人件費を負担していることなどによるものであり，市町村の人件費（16.7％）の割合を上回っている。

---

**▶20**
**少子化対策費**
少子化対策費には，児童手当の給付に要する費用等の財源となる子ども・子育て支援年金特別会計への繰入のほか，子ども・子育て支援法に基づく施設型給付費等のうちの国の負担する額等を含む子ども・子育て支援推進費などが含まれる。

**▶21**
**生活扶助等社会福祉費**
生活扶助等社会福祉費には，生活保護制度の生活扶助費等負担金等を含む生活保護等対策費のほか，障害者の自立支援等の財源となる障害保健福祉費，後期高齢者医療の負担軽減措置の財源となる医療保険給付諸費などが含まれる。

**▶22**
**市町村で民生費の歳出額が多い理由**
歳出総額に占める目的別歳出の構成比をみると，市町村においては，児童福祉，生活保護に関する事務等の社会福祉事務の比重が高いこと等により民生費が最も大きな割合（36.7％）となっている。他方，都道府県においては，市町村立義務教育諸学校教職員の人件費を負担していること等により教育費が20.6％と最も大きな割合を占める。

福祉行財政と福祉計画

313

**98**
33回46改変
「令和3年版地方財政白書」（総務省）における地方財政の状況（普通会計）をみると，市町村の性質別歳出では，扶助費の割合が最も大きい。

**99**
32回44改変
2019年度（令和元年度）の地方公共団体の目的別歳出純計決算額のうち，民生費は教育費に次いで多い。

**100**
32回44改変
2019年度（令和元年度）の都道府県の民生費の目的別歳出では，生活保護費の割合が最も高い。

**101**
32回44改変
2019年度（令和元年度）の都道府県の民生費の性質別歳出では，扶助費の割合が最も高い。

**102**
32回44改変
2019年度（令和元年度）の市町村の民生費の目的別歳出では，児童福祉費の割合が最も高い。

**103**
32回44改変
2019年度（令和元年度）の市町村の民生費の性質別歳出では，扶助費の割合が最も高い。

**104**
30回43改変
2019年度（令和元年度）の民生費の目的別の内訳をみると，生活保護費の歳出金額が最も多い。

**105**
30回43改変
2019年度（令和元年度）の民生費の目的別の内訳をみると，児童福祉費の歳出金額が2番目に多い。

**106**
30回43改変
2019年度（令和元年度）の民生費の目的別の内訳をみると，老人福祉費の歳出金額が3番目に多い。

○ 市町村の性質別歳出では，扶助費（23.3％）の割合が最も大きい。これは市町村において，児童手当の支給や生活保護に関する事務（町村については福祉事務所を設置している町村）等の社会福祉関係事務が行われていることなどによるものであり，都道府県の扶助費（2.2％）の割合を大きく上回っている。

✕ 市町村と都道府県を合わせた地方公共団体の目的別歳出純計決算額のうち，最も多いのが民生費[▶23]（26兆5337億円，26.6％）で，教育費がそれに次ぐ（17兆5235億円，17.6％）。

✕ 都道府県の民生費の目的別歳出で最も割合が高いのは，老人福祉費（3兆3287億円，40.7％）であり，生活保護費（2425億円，3.0％）ではない。

✕ 都道府県の民生費の性質別歳出で最も割合が高いのは，補助費等[▶24]（5兆8807億円，71.9％）であり，扶助費（8217億円，10.0％）ではない。

○ 市町村の民生費の目的別歳出で最も割合が高いのは，児童福祉費（8兆5754億円，39.4％）である。市町村では児童福祉費は幼児教育・保育の無償化の実施，児童手当制度の拡充によって増加し，10年前の2009年度（平成21年度）と比べると1.7倍にまでなっている。

○ 市町村の民生費の性質別歳出で最も割合が高いのは，扶助費[▶25]（13兆1851億円，60.5％）であり，次いで，国民健康保険事業会計（事業勘定）・介護保険事業会計・後期高齢者医療事業会計等に対する繰出金（4兆5120億円，20.7％），人件費（1兆6253億円，7.5％）と続く。

✕ 都道府県と市町村を合わせた生活保護費の歳出は3兆9302億円であり，民生費の目的別歳出のうち14.8％を占めている。

✕ 都道府県と市町村を合わせた児童福祉費の歳出は9兆1951億円であり，民生費の目的別歳出[▶26]のうち34.7％を占めており，民生費の他の費目に比べ歳出金額が最も多い。なお，2番目に多いのは，社会福祉費（6兆8362億円，25.8％）である。

○ 都道府県と市町村を合わせた老人福祉費の歳出は6兆3822億円であり，民生費の目的別歳出のうち24.1％を占め3番目に多い。

---

**▶23**
**民生費**
地方公共団体の経費のうち，社会福祉関係法のなかで，いわゆる福祉六法を中心にした社会福祉の実施に要する費用を指す。

**▶24**
**補助費等**
補助費等には，他の地方公共団体（市町村，同級他団体）や国，法人等に対する支出のほか，法適用企業（地方公営企業法の規定の全部又は一部を適用している企業）の公営事業会計に対する負担金・補助金も含まれる。

**▶25**
**扶助費**
扶助費とは，生活保護，老人・児童・障害者へのさまざまな支援に要する経費のことであり，児童手当，生活保護に要する経費，自立支援給付費等がこれに含まれる。

**▶26**
**民生費の目的別歳出**
「社会福祉費」「老人福祉費」「児童福祉費」「生活保護費」「災害救助費」に分類されている。

福祉行財政と福祉計画

**107**
30回43改変
2019年度（令和元年度）の特別会計事業の費目のうち，介護保険事業費の歳出金額は後期高齢者医療事業費を上回る。

## 福祉計画の意義と目的

### 福祉計画における住民参加の意義

**108**
24回47改変
次世代育成支援対策推進法では，市町村行動計画の策定に当たって，市町村はあらかじめ，住民の意見を反映させるために必要な措置を講ずるものと定めている。

**109**
25回47
市町村は，次世代育成支援対策推進法による市町村行動計画を策定し，又は変更しようとするときは，あらかじめ，事業主，労働者その他の関係者の意見を反映させるために必要な措置を講ずるよう努めなければならない。

**110**
24回47
健康増進法では，市町村健康増進計画の策定に当たって，市町村はあらかじめ，住民及び事業者の意見を反映させるために必要な措置を講ずるものと定めている。

### 福祉行財政と福祉計画の関係

**111**
26回45
市町村は，市町村障害福祉計画に規定する障害福祉サービスの見込量に基づき，利用者負担額を定めなければならない。

**112**
30回48改変
第7期介護保険事業計画の基本指針では，2025年度（令和7年度）の介護需要等の見込みを示した上で，地域包括ケアシステムの特色を明確にすることが求められている。

× 介護保険事業費の歳出決算額は11兆391億円であり，後期高齢者医療事業費の16兆1884億円を下回る。

○ 設問のとおり。なお，次世代育成支援行動計画の策定は，都道府県，市町村は任意であるが，従業員が101人以上の事業主に策定が義務づけられている。

○ 設問のとおり。なお，市町村は，市町村行動計画を策定し，又は変更しようとするときは，あらかじめ，住民の意見を反映させるために必要な措置を講ずるものとすると定められている（次世代育成支援対策推進法第8条第3項）。

▶27
**市町村行動計画**
地域における子育ての支援や母性ならびに乳児および幼児の健康の確保および増進など，次世代育成支援対策の実施に関する計画のことである。

× 設問のような規定はない。なお，健康増進法では，市町村健康増進計画の策定は努力義務とされている。一方，都道府県健康増進計画の策定は義務づけられている。

× 障害者の日常生活及び社会生活を総合的に支援するための法律（障害者総合支援法）において，障害福祉サービスの利用者負担は，家計の負担能力その他の事情をしん酌して政令で定める額であり，上限額が設定されているとともに軽減措置も採られている。

○ 第7期介護保険事業計画の基本指針では，団塊の世代が後期高齢者となる2025年（令和7年）に向けて，地域包括ケアシステムの実現に必要な取組をより一層発展させていく必要があることとされた。

# 福祉計画の主体と方法

## 福祉計画の主体

**113** 30回46 厚生労働大臣は，介護保険事業に係る保険給付の円滑な実施を確保するための基本的な指針を定める。

**114** 30回46 厚生労働大臣は，都道府県が老人福祉計画に確保すべき老人福祉事業の量の目標を定めるに当たって従うべき基準を定める。

**115** 30回46 厚生労働大臣は，障害者基本法に規定される障害者基本計画を作成しなければならない。

**116** 30回46 厚生労働大臣は，市町村が市町村地域福祉計画を策定する際に参酌すべき基準を定める。

**117** 30回46改変 内閣総理大臣は，子ども・子育て支援事業計画の基本的な指針を定める。

## 福祉計画の種類

### ●地域福祉計画

**118** 29回46 1990（平成2）年の，いわゆる福祉関係八法改正によって，自治体に地域福祉計画の策定が義務づけられた。

**119** 30回48 地域福祉計画は，社会福祉法の制定（2000年（平成12年））により，市町村にその策定が義務づけられた。

○ 厚生労働大臣は，医療・介護総合確保促進法に規定する総合確保方針に即して，**介護保険事業に係る保険給付の円滑な実施を確保するための基本的な指針**を定めるものとされている（介護保険法第116条第1項）。

× 厚生労働大臣は，**市町村が市町村老人福祉計画**において確保すべき老人福祉事業の量の目標を定めるにあたって**参酌すべき標準**を定める（老人福祉法第20条の8第5項）。

× **障害者基本計画**を作成しなければならないのは，厚生労働大臣ではなく**政府**である（障害者基本法第11条第1項）。

× 地域福祉計画は地域主権の考え方に基づく法定福祉計画であり，市町村が**市町村地域福祉計画**を策定する際に参酌すべき基準はない。

○ 設問のとおり。**内閣総理大臣**は，子ども・子育て支援法第60条に基づき，子ども・子育て支援事業計画の基本的な指針を定めている。

× 1990年（平成2年）の福祉関係八法改正によって自治体に策定が義務づけられたのは，**老人保健福祉計画**である。地域福祉計画の策定が法定化されたのは2000年（平成12年）の社会福祉法の改正によってである。（社会福祉法第107条，第108条）。

× 地域福祉計画は，2000年（平成12年）の社会福祉法の制定時に法制化されたが，その策定は**任意**とされた。なお，2017年（平成29年）6月の改正により，2018年（平成30年）4月からは策定が**努力義務**となった。

---

▶28
**医療・介護総合確保促進法**
正式名称は，「地域における医療及び介護の総合的な確保の促進に関する法律」である。

▶29
**子ども・子育て支援事業計画の基本的な指針**
「教育・保育及び地域子ども・子育て支援事業の提供体制の整備並びに子ども・子育て支援給付並びに地域子ども・子育て支援事業及び仕事・子育て両立支援事業の円滑な実施を確保するための基本的な指針」（平成26年内閣府告示第159号）。

福祉行財政と福祉計画

| □ 120 □ 31回47 | 市町村地域福祉計画では，社会福祉を目的とする事業に従事する者の確保又は資質の向上に関する事項を定める。 |

| □ 121 □ 30回47 | 市町村地域福祉計画の社会福祉法上の計画期間は5年を一期とする。 |

| □ 122 □ 32回47 | 地域福祉計画が社会福祉法に規定されたのは，1990年(平成2年)の福祉関係八法改正より以前のことである。 |

## ●老人福祉計画

| □ 123 □ 30回47 | 市町村老人福祉計画の老人福祉法上の計画期間は5年を一期とする。 |

| □ 124 □ 29回47 | 市町村は，市町村老人福祉計画と市町村介護保険事業計画のうち，いずれか一つを策定すればよい。 |

## ●介護保険事業計画

| □ 125 □ 29回48改変 | 市町村介護保険事業計画では，居宅要介護被保険者に係る医療との連携に関する事項を策定するよう努めるとされている。 |

| □ 126 □ 30回47改変 | 市町村介護保険事業計画の介護保険法上の計画期間は3年を一期とする。 |

| □ 127 □ 29回47 | 都道府県介護保険事業支援計画は，医療計画との整合性の確保が図られたものでなければならない。 |

✕ 社会福祉を目的とする事業に従事する者の確保又は資質の向上に関する事項は，都道府県地域福祉支援計画に定めるものとする（社会福祉法第108条第1項第3号）。

✕ 市町村地域福祉計画の計画期間については，社会福祉法に特段の定めはない。ただし，「市町村地域福祉計画及び都道府県地域福祉支援計画策定指針の在り方について（一人ひとりの地域住民への訴え）」（社会保障審議会福祉部会，2002年）では，他の計画との調整が必要であることから計画期間を概ね5年とし，3年で見直すことが適当であるとしている。

✕ 地域福祉計画は，2000年（平成12年）の社会福祉事業法の改正により，社会福祉法に規定された。（関連キーワード▶30参照）

✕ 市町村老人福祉計画については，計画期間は定められていない。ただし，介護保険事業計画と一体のものとして作成され，実質的には3年を基本として策定される。

✕ 市町村は，市町村老人福祉計画と市町村介護保険事業計画の二つを，「一体のものとして」作成しなければならない（老人福祉法第20条の8第7項及び介護保険法第117条第6項）。

〇 設問のとおり。市町村介護保険事業計画では，居宅要介護被保険者に係る医療との連携に関する事項その他の被保険者の地域における自立した日常生活の支援のため必要な事項を定めるよう努める（任意記載事項）とされている（介護保険法第117条第3項第6号）。

〇 市町村は，介護保険法第117条に基づき，厚生労働大臣が定める基本指針に即して，3年を一期とする市町村介護保険事業計画を定める。

〇 設問のとおり。都道府県介護保険事業支援計画は，医療法に規定する医療計画との「整合性の確保が図られたものでなければならない」（介護保険法第118条第9項）とされている。

▶30
社会福祉法の改正
市町村地域福祉計画及び都道府県地域福祉支援計画の策定については2018年（平成30年）の法改正により，任意とされていたものが努力義務とされたほか，地域における高齢者の福祉，障害者の福祉，児童の福祉その他の福祉の各分野における共通的な事項を記載する，いわゆる「上位計画」として位置づけられた。

▶31
基本指針
「介護保険事業に係る保険給付の円滑な実施を確保するための基本的な指針」（令和3年1月29日厚生労働省告示第29号）

福祉行財政と福祉計画

**128** 29回48 都道府県介護保険事業支援計画では，各年度の介護保険施設の種類ごとの必要入所定員総数を定める。

**129** 29回48 都道府県介護保険事業支援計画では，各年度の認知症対応型共同生活介護の必要利用定員総数を定める。

**130** 29回48 都道府県介護保険事業支援計画では，各年度の地域包括支援センターの整備量を定める。

**131** 29回48 都道府県介護保険事業支援計画では，各年度の地域支援事業に関する見込量の確保のための方策を行う。

**132** 31回47 都道府県介護保険事業支援計画では，介護給付等対象サービスの種類ごとの量の見込みを基に，市町村の介護保険料を定める。

**133** 32回48 第7期介護保険事業計画（2018年度（平成30年度）開始）によって，地域包括支援センターが，創設されることになった。

**134** 32回48 第7期介護保険事業計画（2018年度（平成30年度）開始）によって，市町村が実施主体となる地域支援事業が開始された。

**135** 32回48 第7期介護保険事業計画（2018年度（平成30年度）開始）によって，介護保険事業計画が，初めて地域包括ケア計画と位置づけられた。

**136** 32回48 第7期介護保険事業計画（2018年度（平成30年度）開始）の「基本指針」において，医療法に規定される医療計画との整合性を確保することの重要性が明記された。

**◯** 設問のとおり。**都道府県介護保険事業支援計画**では，**各年度の介護保険施設の種類ごとの必要入所定員総数その他の介護給付等対象サービスの量の見込み**を定めることとされている（介護保険法第118条第2項第1号）。

**✕** 各年度の認知症対応型共同生活介護の必要利用定員総数を定めるのは，**市町村介護保険事業計画**においてである（介護保険法第117条第2項第1号）。

**✕** 都道府県介護保険事業支援計画において，各年度の地域包括支援センターの整備量を定めるという規定はない。また，地域包括支援センターで実施される事業である**地域支援事業**は，**市町村が行う事業**である（介護保険法第115条の45）。

**✕** 各年度の地域支援事業に関する見込量の確保のための方策を定めるよう努める（任意記載事項）とされているのは，都道府県介護保険事業支援計画ではなく，**市町村介護保険事業計画**においてである（介護保険法第117条第3項第2号）。

**✕** 第1号被保険者から徴収される**介護保険料**は，市町村が市町村介護保険事業計画において定める介護給付等対象サービスの見込量等に基づいて算定した保険給付に要する費用の予想額などに照らし，**市町村**が条例にて定める（介護保険法第129条第2項・第3項）。

**✕** 地域包括支援センターは，2005年（平成17年）の介護保険法の改正時に創設された。（関連キーワード▶32参照）

**✕** 地域支援事業は，2005年（平成17年）の介護保険法の改正時に創設され，2006年度（平成18年度）から実施されている。

**✕** 介護保険事業計画が，初めて地域包括ケア計画と位置づけられたのは，第6期介護保険事業計画（2014年度（平成26年度）開始）である。

**◯** 2018年度（平成30年度）以降，**市町村介護保険事業計画，都道府県介護保険事業支援計画及び医療計画**の作成・見直しのサイクルが一致することとなった。これを受け，**基本指針**には効率的で質の高い医療提供体制の構築及び在宅医療・介護の充実等の地域包括ケアシステムの構築が一体的に行われるよう，これらの計画の整合性を確保することの重要性が明記された。

---

福祉行財政と福祉計画

▶32
**介護保険法の改正**
2005年（平成17年）の法改正では，予防重視型システムへの転換が大きな柱となったほか，高齢者が要介護状態になっても住み慣れた地域での生活を継続できることを目指して地域密着型サービスなど新たなサービス体系が確立された。地域包括支援センターは公正・中立な立場から地域における介護予防ケアマネジメント業務や総合相談，権利擁護などを担う機関として創設され，保健師，社会福祉士，主任介護支援専門員の3職種が連携して業務にあたることとされた。

▶33
**基本指針**
正式名称は，「介護保険事業に係る保険給付の円滑な実施を確保するための基本的な指針」（平成30年3月13日厚生労働省告示第57号）のことである。

323

| | 137 32回48 | 第7期介護保険事業計画（2018年度（平成30年度）開始）によって，第7期の第一号被保険者の保険料が全市町村で引き上げられた。 |

## ●障害者計画

| | 138 30回48 | 障害者基本計画策定の目的が，障害者基本法改正（2011年（平成23年））により，障害者の福祉及び障害の予防に関する施策の推進を図ることとされた。 |

## ●障害福祉計画

| | 139 31回47 | 都道府県障害福祉計画では，各年度の指定障害者支援施設の必要入所定員総数を定める。 |

| | 140 30回47 | 市町村障害福祉計画の障害者総合支援法上の計画期間は5年を一期とする。 |

| | 141 31回47改変 | 市町村障害福祉計画では，各年度における指定障害福祉サービス，指定地域相談支援又は指定計画相談支援の種類ごとの必要な量の見込みを定める。 |

| | 142 29回47 | 市町村障害者計画と市町村障害福祉計画は，一体のものとして策定されなければならない。 |

| | 143 29回47 | 市町村は，市町村障害福祉計画を定めたときは，厚生労働大臣に提出しなければならない。 |

| | 144 32回47 | 障害福祉計画が障害者自立支援法に規定されたのは，1990年（平成2年）の福祉関係八法改正より以前のことである。 |

✗ 厚生労働省の集計（2018年（平成30年））によると，第7期計画期間における第一号被保険者の保険料基準額を引き上げた保険者は全体の78.0％，保険料基準額を据え置いた保険者は16.3％，保険料基準額を引き下げた保険者は5.7％であった。

✗ 障害者基本計画の策定の**目的**は，以前は設問のとおりであったが，2011年（平成23年）の障害者基本法の改正により，「障害者の**自立及び社会参加の支援等のための施策の総合的かつ計画的な推進を図る**」こととなった。

◯ 都道府県障害福祉計画では，各年度の指定障害者支援施設の必要入所定員総数を定める（障害者総合支援法第89条第2項第3号）。 ▶34

✗ 市町村は，厚生労働大臣が定める基本指針に即して**市町村障害福祉計画**を定める。現行の基本指針では，第6期障害福祉計画の計画期間について，「令和3年度から令和5年度まで」と3年を一期としている。 ▶35

◯ 各年度における指定障害福祉サービス，指定地域相談支援又は指定計画相談支援の種類ごとの必要な量の見込みは，**市町村障害福祉計画**で定める（障害者総合支援法第88条第2項第2号）。

✗ **市町村障害福祉計画**は，**市町村障害者計画**と「**調和が保たれたものでなければならない**」とされているが（障害者総合支援法第88条第7項），「**一体のものとして策定されなければならない**」という規定はない。

✗ 市町村は，**市町村障害福祉計画**を定め，又は変更したときは，遅滞なく，これを**都道府県知事に提出**しなければならないとされている（障害者総合支援法第88条第12項）。なお，**都道府県障害福祉計画**については，**厚生労働大臣に提出**しなければならないとされている（同法第89条第9項）。

✗ 障害福祉計画が規定された障害者自立支援法（現・障害者総合支援法）は，2005年（平成17年）に制定された。

▶34
**都道府県障害福祉計画**
都道府県障害福祉計画には，このほか，①障害福祉サービス，相談支援及び地域生活支援事業の提供体制の確保に係る目標に関する事項，②当該都道府県が定める区域ごとに当該区域における各年度の指定障害福祉サービス，指定地域相談支援又は指定計画相談支援の種類ごとの必要な量の見込み，③地域生活支援事業の種類ごとの実施に関する事項を定めるものとする。

▶35
**基本指針**
「障害福祉サービス等及び障害児通所支援等の円滑な実施を確保するための基本的な指針」（平成29年厚生労働省告示第116号。令和2年5月19日改正）

福祉行財政と福祉計画

## ●障害児福祉計画

**145**
31回47
市町村障害児福祉計画では，指定障害児入所施設等における入所児支援の質の向上のための事項を定める。

## ●その他

**146**
29回47改変
市町村子ども・子育て支援事業計画は，内閣総理大臣の定める基本指針に即して策定される。

**147**
30回47
市町村子ども・子育て支援事業計画の子ども・子育て支援法上の計画期間は5年を一期とする。

**148**
30回48改変
都道府県子ども・子育て支援事業支援計画では，地域子ども・子育て支援事業の従事者の確保などの措置を定めるものとされている。

**149**
31回44
地域医療構想は，医療計画と介護保険事業支援計画の内容を包含する構想である。

**150**
30回48
都道府県健康増進計画では，健康増進法改正（2014年（平成26年））により，特定健康診査等の具体的な実施方法を定めている。

**151**
29回46
介護保険法の施行によって，新ゴールドプランが策定された。

**✕** 指定障害児入所施設等の障害児入所支援の質の向上のために講ずる措置に関する事項は，都道府県障害児福祉計画において定めるよう努めるものとする（児童福祉法第33条の22第3項第3号）。

**◯** 設問のとおり。内閣総理大臣は，子ども・子育て支援のための施策を総合的に推進するための基本的な指針（基本指針）を定め（子ども・子育て支援法第60条第1項），市町村子ども・子育て支援事業計画及び都道府県子ども・子育て支援事業支援計画は，この基本指針に即して策定されなければならない（同法第61条第1項及び第62条第1項）。

**◯** 市町村は，内閣総理大臣が定める基本指針に即して，5年を一期とする市町村子ども・子育て支援事業計画を定める（子ども・子育て支援法第61条第1項）。

**◯** 地域子ども・子育て支援事業は市町村が行うが，この事業に従事する者の確保やその資質の向上のために講ずる措置に関する事項は，都道府県子ども・子育て支援事業支援計画で定めるものとされている（子ども・子育て支援法第62条第1項及び第2項第3号）。

**✕** 地域医療構想[▶36]は医療計画の一部として策定されるものであり（医療法第30条の4第2項第7号），医療計画と介護保険事業支援計画の内容を包含するものではない。

**✕** 特定健康診査等（特定健康診査及び特定保健指導）の具体的な実施方法を定めるのは，高齢者の医療の確保に関する法律第19条に基づき医療保険の保険者（国民健康保険にあっては市町村）が定める特定健康診査等実施計画であり，都道府県健康増進計画ではない。

**✕** 新ゴールドプラン（新・高齢者保健福祉推進十か年戦略）が策定されたのは1994年（平成6年）のことであり，2000年（平成12年）4月の介護保険法施行以前のことである。

▶36
**地域医療構想**
2014年（平成26年）6月に成立した「地域における医療及び介護の総合的な確保を推進するための関係法律の整備等に関する法律」（医療介護総合確保推進法）によって制度化されたものであり，①高度急性期機能，②急性期機能，③回復期機能，④慢性期機能の4つの医療機能ごとの2025年（令和7年）の必要病床量を推計するものである。

福祉行財政と福祉計画

327

**152**
32回47
「新ゴールドプラン」が策定されたのは，1990年（平成2年）の福祉関係八法改正より以前のことである。

**153**
32回47
「エンゼルプラン」が策定されたのは，1990年（平成2年）の福祉関係八法改正より以前のことである。

**154**
32回47
社会福祉施設緊急整備5か年計画が策定されたのは，1990年（平成2年）の福祉関係八法改正より以前のことである。

## 福祉計画の策定過程

**155**
31回46
市町村地域福祉計画の策定委員会の長は，当該市町村の住民の中から選出することとされている。

**156**
31回46改変
第6期障害福祉計画（2021年度（令和3年度）開始）を作成するための基本指針では，ニーズ調査の実施方法としてデルファイ法が推奨されている。

**157**
31回46改変
第8期介護保険事業計画（2021年度（令和3年度）開始）を作成するための基本指針では，PDCAサイクルの活用がうたわれている。

## 福祉計画の策定方法と留意点

**158**
31回45
市町村地域福祉計画と市町村老人福祉計画は，一体のものとして作成されなければならない。

✗ 新ゴールドプランは，1994年（平成6年）に策定された。1993年度（平成5年度）に策定された全国の地方老人保健福祉計画において，ゴールドプランの目標値を大きく上回る高齢者保健福祉サービスを整備する必要性が明らかになったことを受けてのことであった。

▶37
新ゴールドプラン
正式名称は，「新・高齢者保健福祉推進十か年戦略」である。

✗ エンゼルプランは，1994年（平成6年）に策定された。

▶38
エンゼルプラン
正式名称は，「今後の子育て支援のための施策の基本的方向について」である。

○ 社会福祉施設緊急整備5か年計画は，1971年（昭和46年）に策定された。

✗ 市町村地域福祉計画を策定・変更しようとするときは，あらかじめ地域住民等の意見を反映させるよう努めることとされているが（社会福祉法第107条第2項），策定委員会の長を地域住民の中から選出するという規定はない。

✗ 第6期障害福祉計画を作成するための基本指針では，ニーズ調査については，アンケートやヒアリング等，地域の実情や作業日程等を勘案しつつ，適切な方法により実施することが適当であるとしている。デルファイ法は，専門家集団に対してアンケート等を行い，その結果をフィードバックすることを繰り返すことで意見を収束させる手法である。

▶39
基本指針
「障害福祉サービス等及び障害児通所支援等の円滑な実施を確保するための基本的な指針」（平成29年厚生労働省告示第116号。令和2年5月19日改正）で示されている。

○ 第8期介護保険事業計画を作成するための基本指針では，高齢者の自立支援や重度化防止の取組を推進するために，PDCAサイクルを活用して市町村の保険者機能及び都道府県の保険者支援の機能を強化していくことが重要であるとしている。

▶40
基本指針
「介護保険事業に係る保険給付の円滑な実施を確保するための基本的な指針」（令和3年厚生労働省告示第29号）で示されている。

✗ 市町村老人福祉計画と一体のものとして作成されなければならないのは，市町村介護保険事業計画である（老人福祉法第20条の8第7項）。なお，市町村老人福祉計画は，市町村地域福祉計画等と調和が保たれたものでなければならない（同法第20条の8第8項）。

整理しておこう！

## 主な福祉計画，他の福祉計画との関係と計画期間

　法律で定められている主な福祉計画については，内容だけでなく，計画期間や他の福祉計画との関係についても押さえておきたい。

表　主な福祉計画，他の福祉計画との関係と計画期間

| 根拠法 | 計画名 | 他の福祉計画との関係 | 計画期間 |
|---|---|---|---|
| 社会福祉法 | 市町村地域福祉計画 | 規定なし | 概ね5年とし3年で見直すことが適当<br>※策定指針による考え方 |
| | 都道府県地域福祉支援計画 | | |
| 老人福祉法 | 市町村老人福祉計画 | ・市町村介護保険事業計画と一体のものとして作成されなければならない<br>・社会福祉法の規定による市町村地域福祉計画その他の法律の規定による計画であって老人の福祉に関する事項を定めるものと調和が保たれたものでなければならない | 規定なし<br>※介護保険事業（支援）計画と一体 |
| | 都道府県老人福祉計画 | ・都道府県介護保険事業支援計画と一体のものとして作成されなければならない<br>・社会福祉法の規定による都道府県地域福祉支援計画その他の法律の規定による計画であって老人の福祉に関する事項を定めるものと調和が保たれたものでなければならない | |
| 介護保険法 | 市町村介護保険事業計画 | ・市町村老人福祉計画と一体のものとして作成されなければならない<br>・地域における医療及び介護の総合的な確保の促進に関する法律に規定する市町村計画との整合性の確保が図られたものでなければならない<br>・社会福祉法の規定による市町村地域福祉計画その他の法律の規定による計画であって要介護者等の保健，医療，福祉または居住に関する事項を定めるものと調和が保たれたものでなければならない | 3年を1期 |
| | 都道府県介護保険事業支援計画 | ・都道府県老人福祉計画と一体のものとして作成されなければならない<br>・地域における医療及び介護の総合的な確保の促進に関する法律に規定する都道府県計画，医療法の規定による医療計画との整合性の確保が図られたものでなければならない<br>・社会福祉法の規定による都道府県地域福祉支援計画，高齢者の居住の安定確保に関する法律の規定による高齢者居住安定確保計画その他の法律の規定による計画であって要介護者 | |

| 根拠法 | 計画名 | 他の福祉計画との関係 | 計画期間 |
|---|---|---|---|
| | | 等の保健，医療，福祉または居住に関する事項を定めるものと調和が保たれたものでなければならない | |
| 障害者基本法 | 市町村障害者計画 | 規定なし | 規定なし |
| | 都道府県障害者計画 | | |
| 障害者の日常生活及び社会生活を総合的に支援するための法律（障害者総合支援法） | 市町村障害福祉計画 | ・市町村障害児福祉計画と一体のものとして作成することができる<br>・障害者基本法の規定による市町村障害者計画，社会福祉法の規定による市町村地域福祉計画その他の法律の規定による計画であって障害者等の福祉に関する事項を定めるものと調和が保たれたものでなければならない | 2021（令和3）年度～2023（令和5）年度 |
| | 都道府県障害福祉計画 | ・都道府県障害児福祉計画と一体のものとして作成することができる<br>・障害者基本法の規定による都道府県障害者計画，社会福祉法の規定による都道府県地域福祉支援計画その他の法律の規定による計画であって障害者等の福祉に関する事項を定めるものと調和が保たれたものでなければならない<br>・医療法の規定による医療計画と相まって，精神科病院に入院している精神障害者の退院の促進に資するものでなければならない | |
| 児童福祉法 | 市町村障害児福祉計画 | ・市町村障害福祉計画と一体のものとして作成することができる<br>・障害者基本法の規定による市町村障害者計画，社会福祉法の規定による市町村地域福祉計画その他の法律の規定による計画であって障害児の福祉に関する事項を定めるものと調和が保たれたものでなければならない | 2021（令和3）年度～2023（令和5）年度 |
| | 都道府県障害児福祉計画 | ・都道府県障害福祉計画と一体のものとして作成することができる<br>・障害者基本法の規定による都道府県障害者計画，社会福祉法の規定による都道府県地域福祉支援計画その他の法律の規定による計画であって障害児の福祉に関する事項を定めるものと調和が保たれたものでなければならない | |

福祉行財政と福祉計画

| | 159 31回45 | 市町村障害福祉計画と市町村障害者計画は，一体のものとして作成することができる。 |
|---|---|---|

| | 160 31回45 | 市町村老人福祉計画と市町村介護保険事業計画は，一体のものとして作成されなければならない。 |
|---|---|---|

| | 161 31回45改変 | 市町村子ども・子育て支援事業計画と「教育振興基本計画」は，調和が保たれたものでなければならない。 |
|---|---|---|

| | 162 31回45 | 都道府県介護保険事業支援計画と都道府県地域福祉支援計画は，一体のものとして作成されなければならない。 |
|---|---|---|

| | 163 32回45改変 | 都道府県介護保険事業支援計画を定めたとき，又は変更したときは厚生労働大臣に提出しなければならない。 |
|---|---|---|

| | 164 32回45 | 都道府県における子どもの貧困対策についての計画を定めたとき，又は変更したときは内閣総理大臣に提出しなければならない。 |
|---|---|---|

| | 165 32回45 | 都道府県障害福祉計画を定めたとき，又は変更したときは内閣総理大臣に提出しなければならない。 |
|---|---|---|

| | 166 32回45 | 都道府県老人福祉計画を定めたとき，又は変更したときは内閣総理大臣に提出しなければならない。 |
|---|---|---|

**✕** 市町村障害福祉計画と一体のものとして作成することができるのは，市町村障害児福祉計画である（障害者総合支援法第88条第6項）。なお，市町村障害福祉計画は，市町村障害者計画や市町村地域福祉計画等と調和が保たれたものでなければならないこととされている（同法第88条第7項）。

**◯** 市町村老人福祉計画と市町村介護保険事業計画は，一体のものとして作成されなければならない（老人福祉法第20条の8第7項，介護保険法第117条第6項）。

**◯** 市町村子ども・子育て支援事業計画は，市町村地域福祉計画や教育振興基本計画等と調和が保たれたものでなければならない（子ども・子育て支援法第61条第6項）。

▶41
**教育振興基本計画**
教育基本法第17条第2項の規定により市町村が定める「教育の振興のための施策に関する基本的な計画」のことである。

**✕** 都道府県介護保険事業支援計画と一体のものとして作成されなければならないのは，都道府県老人福祉計画である（介護保険法第118条第6項）。なお，都道府県介護保険事業支援計画は，都道府県地域福祉支援計画等と調和が保たれたものでなければならない（介護保険法第118条第10項）。

**◯** 介護保険法第118条第11項において，「都道府県は，都道府県介護保険事業支援計画を定め，又は変更したときは，遅滞なく，これを厚生労働大臣に提出しなければならない」と規定されている。

**✕** 子どもの貧困対策の推進に関する法律では，都道府県及び市町村には，政府が定める大綱を勘案して，子どもの貧困対策についての計画を定める努力義務が課されており（第9条第1項及び第2項），計画を策定・変更した場合は「遅滞なく，これを公表しなければならない」（同条第3項）とされているが，提出については規定されていない。

**✕** 障害者総合支援法第89条第9項において，「都道府県は，都道府県障害福祉計画を定め，又は変更したときは，遅滞なく，これを厚生労働大臣に提出しなければならない」と規定されている。

**✕** 老人福祉法第20条の9第7項において，「都道府県は，都道府県老人福祉計画を定め，又は変更したときは，遅滞なく，これを厚生労働大臣に提出しなければならない」と規定されている。

福祉行財政と福祉計画

| □ 167 | 都道府県子ども・子育て支援事業支援計画を定めたとき，又は変更したときは内 |
|---|---|
| □ 32回45 | 閣総理大臣に提出しなければならない。 |

## 福祉計画の評価方法

| □ 168 | 市町村は，市町村子ども・子育て支援事業計画の実施状況に関する政策評価を毎 |
|---|---|
| □ 31回46改変 | 年実施している。 |

| □ 169 | 介護給付の適正化における介護給付費通知事業は，シングル・システム・デザイン |
|---|---|
| □ 31回46 | 法によって評価される。 |

| □ 170 | 市町村自殺対策計画の実績について評価を行うと法律に明記されている。 |
|---|---|
| □ 32回46 | |

| □ 171 | 市町村介護保険事業計画の実績について評価を行うと法律に明記されている。 |
|---|---|
| □ 32回46 | |

| □ 172 | 市町村障害者計画の実績について評価を行うと法律に明記されている。 |
|---|---|
| □ 32回46 | |

| □ 173 | 市町村子ども・子育て支援事業計画の実績について評価を行うと法律に明記され |
|---|---|
| □ 32回46 | ている。 |

○ 設問のとおり。子ども・子育て支援法第62条第6項において，「都道府県は，都道府県子ども・子育て支援事業支援計画を定め，又は変更したときは，遅滞なく，これを内閣総理大臣に提出しなければならない」と規定されている。

○ 子ども・子育て支援事業計画を作成するための基本指針では，市町村は，各年度において，計画に基づく施策の実施状況等について点検・評価し，その結果を公表するとともに，それに基づいて対策を実施することとされている。

✕ 介護給付費通知事業は，利用者本人（家族）に対し介護サービスの請求状況や費用等について通知を行うことで，利用者や事業者に対して適切なサービス利用を普及啓発することを趣旨としたものであり，その評価にシングル・システム・デザイン法が用いられることはない。

✕ 市町村自殺対策計画の策定は，自殺対策基本法第13条第2項に規定されている。しかし，その実績に関する評価について，同法には明記されていない。ただし，厚生労働省「市町村自殺対策計画策定の手引」（2017年（平成29年））に「推進状況の評価・公表」等が定められている。

○ 設問のとおり。介護保険法第117条第7項において，「市町村は，（中略）市町村介護保険事業計画の実績に関する評価を行うものとする」と規定されている。また，市町村には「評価の結果を公表するよう努めるとともに，これを都道府県知事に報告するものとする」ことが求められている（同条第8項）。

✕ 市町村障害者計画の策定は，障害者基本法第11条第3項に規定されている。しかし，その実績に関する評価について，同法には明記されていない。ただし「市町村障害者計画策定指針」（1995年（平成7年））には「市町村は，計画の実施状況について，定期的に調査，把握する」と定められている。

✕ 市町村子ども・子育て支援事業計画の策定は，子ども・子育て支援法第61条に規定されている。しかし，その「達成状況の点検及び評価」については，法律ではなく，基本指針に明記されている。

▶42
基本指針
「教育・保育及び地域子ども・子育て支援事業の提供体制の整備並びに子ども・子育て支援給付並びに地域子ども・子育て支援事業及び仕事・子育て両立支援事業の円滑な実施を確保するための基本的な指針」（平成26年内閣府告示第159号）で示されている。

▶43
シングル・システム・デザイン法
社会福祉の実践現場において1つの事例について介入前後を比較し，問題の変化と援助との因果関係をとらえることで介入効果を測定する方法である。

▶44
基本指針
「教育・保育及び地域子ども・子育て支援事業の提供体制の整備並びに子ども・子育て支援給付並びに地域子ども・子育て支援事業及び仕事・子育て両立支援事業の円滑な実施を確保するための基本的な指針」（平成26年内閣府告示第159号）。

| □ | **174** |
|---|---|
| □ | 32回46 |

市町村老人福祉計画の実績について評価を行うと法律に明記されている。

## 福祉計画の実際

### 福祉計画の実際

| □ | **175** |
|---|---|
| □ | 31回48 |

第5期障害福祉計画（2018年度（平成30年度）開始）を作成するための基本指針では，障害者等の自己決定の尊重と意思決定の支援が，基本理念に新たに追加されている。

| □ | **176** |
|---|---|
| □ | 31回48 |

第5期障害福祉計画（2018年度（平成30年度）開始）を作成するための基本指針では，2018年度（平成30年度）から，障害児の支援の提供体制を確保するため，障害児福祉計画を併せて策定することとされている。

| □ | **177** |
|---|---|
| □ | 31回48改変 |

第6期障害福祉計画（2021年度（令和3年度）開始）を作成するための基本指針では，地域生活から福祉施設入所への移行のための数値目標が掲げられている。

| □ | **178** |
|---|---|
| □ | 31回48改変 |

第6期障害福祉計画（2021年度（令和3年度）開始）を作成するための基本指針では，就労移行支援事業等を通じた，福祉施設から一般就労への移行者数は，2019年度（令和元年度）実績の1.27倍以上に設定されている。

| □ | **179** |
|---|---|
| □ | 31回48改変 |

第6期障害福祉計画（2021年度（令和3年度）開始）を作成するための基本指針では，児童発達支援センターを各都道府県に少なくとも1か所以上設置することが基本となっている。

✗ 市町村老人福祉計画の策定は，老人福祉法第20条の8に規定されている。しかし，その実績に関する評価について，同法には**明記されていない**。ただし，市町村老人福祉計画と「**一体のものとして**」(同法第20条の8第7項)作成することが求められている**市町村介護保険事業計画**にかかる**基本指針**▶45には，「第7期市町村介護保険事業計画及び市町村老人福祉計画の作成又は推進に係る課題を分析し，かつ，評価して，その結果を第8期市町村介護保険事業計画の作成に活用することが重要である」とされている。

▶45
**基本指針**
「介護保険事業に係る保険給付の円滑な実施を確保するための基本的な指針」(令和3年厚生労働省告示第29号)

---

## 福祉行財政と福祉計画

✗ 障害者等の自己決定の尊重と意思決定の支援▶46が基本的理念に位置づけられたのは，**第4期障害福祉計画**(2015年度(平成27年度)開始)を作成するための基本指針からである。第3期までの基本指針では「障害者等の自己決定と自己選択の尊重」とされていた。

▶46
**障害者等の意思決定の支援**
厚生労働省「障害福祉サービス等の提供に係る意思決定支援ガイドライン」(平成29年3月31日 障発0331第15号厚生労働省社会・援護局障害保健福祉部長通知)では，意思決定支援の定義や基本的原則などが示されている。

○ 2016年(平成28年)の児童福祉法の改正により，2018年(平成30年)4月から市町村及び都道府県に**障害児福祉計画**(**市町村障害児福祉計画，都道府県障害児福祉計画**)の作成が義務づけられた(児童福祉法第33条の20第1項，第33条の22第1項)。

✗ 福祉施設入所者の地域生活への移行に関する，2023年度(令和5年度)末までの目標値▶47が示されている。

▶47
**目標値**
福祉施設入所者の地域生活への移行に関する目標値として，2019年度(令和元年度)末時点の施設入所者数の6%以上が自立訓練事業等を利用し，グループホーム，一般住宅など地域生活へ移行するとともに，施設入所者数を1.6%以上削減することが基本とされている。

○ 福祉施設の利用者のうち，**就労移行支援事業等**▶48を通じて，2023年度(令和5年度)中に**一般就労**に移行する者の目標値は，2019年度(令和元年度)の一般就労への移行実績の**1.27倍以上**を基本とするとされている。

✗ 児童発達支援センターは，2023年度(令和5年度)末までに**各市町村**に少なくとも1か所以上設置することが基本とされている。

▶48
**就労移行支援事業等**
生活介護，自立訓練，就労移行支援，就労継続支援を行う事業をいう。

☐ **180** 33回48改変 「市町村地域福祉計画策定状況等調査結果（令和2年4月1日時点）」によれば，「地域における高齢者の福祉，障害者の福祉，児童の福祉その他の福祉に関し，共通して取り組むべき事項」として，最も多くの市町村地域福祉計画に位置づけられている事項は，「居住に課題を抱える者への横断的な支援の在り方」である。

☐ **181** 33回48改変 「市町村地域福祉計画策定状況等調査結果（令和2年4月1日時点）」によれば，「地域における高齢者の福祉，障害者の福祉，児童の福祉その他の福祉に関し，共通して取り組むべき事項」として，最も多くの市町村地域福祉計画に位置づけられている事項は，「地域住民等が集う拠点の整備や既存施設等の活用」である。

☐ **182** 33回48改変 「市町村地域福祉計画策定状況等調査結果（令和2年4月1日時点）」によれば，「地域における高齢者の福祉，障害者の福祉，児童の福祉その他の福祉に関し，共通して取り組むべき事項」として，最も多くの市町村地域福祉計画に位置づけられている事項は，「自殺対策の効果的な展開も視野に入れた支援の在り方」である。

☐ **183** 33回48改変 「市町村地域福祉計画策定状況等調査結果（令和2年4月1日時点）」によれば，「地域における高齢者の福祉，障害者の福祉，児童の福祉その他の福祉に関し，共通して取り組むべき事項」として，最も多くの市町村地域福祉計画に位置づけられている事項は，「保健医療，福祉等の支援を必要とする犯罪をした者等への社会復帰支援の在り方」である。

☐ **184** 33回48改変 「市町村地域福祉計画策定状況等調査結果（令和2年4月1日時点）」によれば，「地域における高齢者の福祉，障害者の福祉，児童の福祉その他の福祉に関し，共通して取り組むべき事項」として，最も多くの市町村地域福祉計画に位置づけられている事項は，「生活困窮者のような各分野横断的に関係する者に対応できる体制」である。

✖ 「居住に課題を抱える者への横断的な支援の在り方」を，「地域における高齢者の福祉，障害者の福祉，児童の福祉その他の福祉に関し，共通して取り組むべき事項」として計画に位置づけている市町村は，地域福祉計画を「策定済み」と回答した市町村1405のうちの471市町村（33.5％）であり，回答としてあがった「その他」を除く全16事項中，13番目である。

✖ 「地域住民等が集う拠点の整備や既存施設等の活用」を，「地域における高齢者の福祉，障害者の福祉，児童の福祉その他の福祉に関し，共通して取り組むべき事項」として計画に位置づけている市町村は991市町村（70.5％）で，全16事項中，2番目である。

✖ 「自殺対策の効果的な展開も視野に入れた支援の在り方」を，「地域における高齢者の福祉，障害者の福祉，児童の福祉その他の福祉に関し，共通して取り組むべき事項」として計画に位置づけている市町村は473市町村（33.7％）で，全16事項中，12番目である。

✖ 「保健医療，福祉等の支援を必要とする犯罪をした者等への社会復帰支援の在り方」を，「地域における高齢者の福祉，障害者の福祉，児童の福祉その他の福祉に関し，共通して取り組むべき事項」として計画に位置づけている市町村は234市町村（16.7％）で，全16事項中，最も少ない。

⭕ 「生活困窮者のような各分野横断的に関係する者に対応できる体制」を，「地域における高齢者の福祉，障害者の福祉，児童の福祉その他の福祉に関し，共通して取り組むべき事項」として計画に位置づけている市町村は1082市町村（77.0％）で，全16事項中，最も多い。

▶49
「地域における高齢者の福祉，障害者の福祉，児童の福祉その他の福祉に関し，共通して取り組むべき事項」
社会福祉法第107条第1項第1号に掲げられている事項のことである。

福祉行財政と福祉計画

# 社会保障

# 現代社会における社会保障制度の課題

## 人口動態の変化，少子高齢化

**1** 33回49改変
「人口推計（2019年（令和元年）10月1日現在）」によると，2019年の総人口は前年に比べ減少した。

**2** 30回49改変
2010年（平成22年）以降，日本の総人口は増加に転じた。

**3** 30回49改変
「人口推計（2019年（令和元年）10月1日現在）」によると，都道府県別の高齢化率をみると，東京都の高齢化率は全国平均より高い。

**4** 30回49改変
高齢化率が7％を超えてから14％に達するまでの所要年数を比較すると，日本の方がフランスよりも短い。

**5** 33回49
「令和元年（2019）人口動態統計月報年計（概数）」によると，2019年の合計特殊出生率は前年より上昇した。

**6** 33回49
「日本の将来推計人口（平成29年推計）」の出生中位（死亡中位）の仮定によると，2065年の平均寿命は男女共に90年を超えるとされている。

**7** 33回49
「日本の将来推計人口（平成29年推計）」の出生中位（死亡中位）の仮定によると，老年（65歳以上）人口は2042年にピークを迎え，その後は減少に転じるとされている。

**8** 33回49
「日本の将来推計人口（平成29年推計）」の出生中位（死亡中位）の仮定によると，2065年の老年（65歳以上）人口割合は約50％になるとされている。

○ 2019年（令和元年）10月1日現在の日本の総人口は**1億2617万人**で，前年に比べ**28万人減少**している。

× 日本の人口は戦後ほぼ一貫して伸び続け2008年（平成20年）に**1億2808万人**とピークに達した。それ以降は人口減少に転じ，今後さらなる減少が予測されている。

× **高齢化率**[▶1]は28.4％（全国平均）である。都道府県別の高齢化率をみると，最も高いのは秋田県（37.2％）であり，高知県（35.2％），島根県（34.3％），山口県（34.3％）と続く。反対に最も低いのは沖縄県（22.2％）であり，東京都（23.1％），愛知県（25.1％）の順となっている。

○ 高齢化率が7％を超えて14％に達するまでの所要年数を比較すると，フランスが115年，スウェーデンが85年，イギリスが46年，ドイツが40年であるのに対し，日本は1970年（昭和45年）に7％を超え1994年（平成6年）に14％に達したため，所要年数は**24年**である。

× 2019年（令和元年）の合計特殊出生率は**1.36**で，前年の1.42より**低下**している。合計特殊出生率は2016年（平成28年）から連続して低下している。

× 2065年の平均寿命（出生時の平均余命）は男性84.95年，女性91.35年と推計されている。**男性は90年を超えていない。**

○ 老年人口は，第二次ベビーブーム世代が老年人口に入った後の2042年に**3935万人**でピークとなり，その後は減少に転じ，2065年には3381万人になると推計されている。

× 2065年の高齢化率（老年人口の割合）は**38.4％**と推計されているため，**50％には達していない。**

---

**▶1**
**高齢化率**
総人口に占める65歳以上人口の割合を高齢化率（老年人口比率）という。一般に7％を超えると高齢化社会，14％を超えると高齢社会，21％を超えると超高齢社会と呼ばれる。

社会保障

## 労働環境の変化

**9** 30回49改変
「令和2年版厚生労働白書」によると，2019年（令和元年）における生産年齢人口は，高齢者人口を上回っている。

**10** 30回49
「平成28年版厚生労働白書」によると，65～69歳の労働力人口比率を2005年（平成17年）と2015年（平成27年）で比較すると，低下している。

**11** 27回49
「平成25年版厚生労働白書」において，正社員と比べ，非正規雇用の労働者が抱える課題として，「健康保険，厚生年金が適用されている比率が低い」ことが挙げられている。

# 社会保障の概念や対象及びその理念

## 社会保障の概念と範囲

**12** 33回50
「平成29年版厚生労働白書」によると，戦後の社会保障制度の目的は，「広く国民に安定した生活を保障するもの」であったが，近年では「生活の最低限度の保障」へと変わってきた。

**13** 33回50
1950年（昭和25年）の「社会保障制度に関する勧告」における社会保障制度の定義には，社会保険，国家扶助，治安維持及び社会福祉が含まれている。

## 社会保障の役割と意義

**14** 33回50
「平成29年版厚生労働白書」によると，社会保障には，生活のリスクに対応し，生活の安定を図る「生活安定・向上機能」がある。

⭕ 設問のとおり。2019年（令和元年）の生産年齢人口（15～64歳）の割合は59.5%，高齢者人口（65歳～）の割合は28.4%である。

❌ 65～69歳の労働力人口（就業者＋完全失業者）は，2005年（平成17年）が34.8%（男性46.7%，女性24.0%）であるのに対し，2015年（平成27年）が42.7%（男性54.1%，女性32.0%）となっている。

⭕ 社会保険などの適用状況について格差が生じていることが挙げられており，2010年（平成22年）の調査では，健康保険の適用状況は，正社員99.5%，正社員以外52.8%，厚生年金の適用状況は，それぞれ99.5%，51.0%と記されている。

❌ 社会保障制度の目的は，1950年（昭和25年）の「社会保障制度に関する勧告」当時の救貧や防貧といった「生活の最低限度の保障」から，近年では「広く国民に安定した生活を保障するもの」へと変わってきた。

❌ 1950年（昭和25年）の「社会保障制度に関する勧告」における社会保障制度の定義には，社会保険，国家扶助，公衆衛生及び社会福祉が含まれているが，治安維持は含まれていない。

⭕ 社会保障の主な機能として，①生活安定・向上機能，②所得再分配機能，③経済安定機能の3つをあげている。「生活安定・向上機能」は，さまざまな生活上のリスクに対応することで，生活の安定を図り，安心をもたらす機能である。

|  | 15 33回50 | 「平成29年版厚生労働白書」によると，社会保障の「所得再分配機能」は，現金給付にはあるが，医療サービス等の現物給付にはない。 |

|  | 16 33回50 | 「平成29年版厚生労働白書」によると，社会保障には，経済変動の国民生活への影響を緩和し，経済を安定させる「経済安定機能」がある。 |

## 社会保障制度の発達

### ●わが国の社会保障制度の発達

|  | 17 29回49 | 日本の社会保障の歴史上，被用者を対象とした社会保険制度として，まず健康保険法が施行され，その後，厚生年金保険法が施行された。 |

|  | 18 31回53 | 健康保険法（1922年（大正11年））により，農業従事者や自営業者が適用対象となった。 |

|  | 19 29回49 | 日本の社会保障の歴史上，最初に実施された公的医療保険制度は，国民健康保険である。 |

|  | 20 29回49改変 | 第二次世界大戦後，社会福祉の制度は生活保護法，児童福祉法，身体障害者福祉法の順に施行された。 |

|  | 21 30回52 | 社会保障制度が本格的に整備されるようになった第二次世界大戦後，厚生年金保険制度が創設された。 |

✗ 現金給付だけでなく，医療サービスや保育などの現物給付（サービス給付）による方法も含まれる。社会保障の「所得再分配機能」とは，所得を個人や世帯の間で移転させることにより，国民の生活の安定を図る機能である。

◯ 社会保障の「経済安定機能」とは，景気変動を緩和し，経済を安定させる機能である。

◯ 健康保険法は1922年（大正11年）に制定されたが，翌年9月に発生した関東大震災の復興のため実施は5年延期され，1927年（昭和2年）からの実施であった。その後，1941年（昭和16年）に労働者年金保険法が制定されたが，1944年（昭和19年）に厚生年金保険法に名称変更された。

▶2
健康保険法
当初は，報酬が年間1200円未満の，いわゆるブルーカラーを対象としていた。ホワイトカラーを対象とする職員健康保険法は，1942年（昭和17年）に健康保険法と統合された。

✗ 1922年（大正11年）に制定された健康保険法の対象は被用者（一定規模以上の事業所に雇用される工場労働者等）のみであった。農業従事者や自営業者が適用対象となったのは1938年（昭和13年）に制定された国民健康保険法や，1958年（昭和33年）の国民健康保険法全面改正によってである。

✗ 最初に実施された公的医療保険制度は，1927年（昭和2年）実施の健康保険である。その後，わが国の農村は昭和恐慌によって疲弊し，衛生水準も低かった。そのため，国民の大半を占めていた農業従事者等の保健衛生水準の向上を目的として1938年（昭和13年）に国民健康保険法が成立し，同年中に施行された。

▶3
国民健康保険法
1958年（昭和33年）に制定された国民健康保険法（新法）に基づいて，すべての市町村で強制加入が実施され，国民皆保険体制が実現したのは，1961年（昭和36年）である。

◯ 設問の通り。第二次世界大戦後の混乱期には，緊急性の高い分野から福祉法制が制度化されてきたが，1946年（昭和21年）に旧生活保護法が制定されたのをはじめとして，1947年（昭和22年）に児童福祉法，1949年（昭和24年）に身体障害者福祉法が制定された。

✗ 厚生年金保険制度の前身である労働者年金保険制度が創設されたのが1941年（昭和16年），その後1944年（昭和19年）に適用対象の拡大等の制度改正が行われ，その際，名称も現在の「厚生年金保険」に改められた。

347

**22**
27回50
1950年の社会保障制度審議会勧告は，日本の社会保障制度について，租税を財源とした社会扶助制度を中心に充実させるとした。

**23**
30回52
国民年金法が1959年（昭和34年）に制定され，自営業者等にも公的年金制度を適用することにより，国民皆年金体制が実現することになった。

**24**
29回49
国民皆年金は，基礎年金制度の導入によって実現した。

**25**
31回53
老人福祉法（1963年（昭和38年））により，国民皆保険が実現した。

**26**
31回53
老人保健法（1982年（昭和57年））により，高額療養費制度が創設された。

**27**
31回53
介護保険法（1997年（平成9年））により，老人保健施設が創設された。

**28**
31回53
健康保険法等の改正（2006年（平成18年））による「高齢者医療確保法」により，75歳以上の高齢者が別建ての制度に加入する後期高齢者医療制度が創設された。

**29**
29回49
後期高齢者医療制度は，介護保険制度と同時に創設された。

✕ 1950年（昭和25年）の社会保障制度審議会「社会保障制度に関する勧告」（1950年勧告）では，社会保障制度の中心は「社会保険制度でなければならない」とした。

◯ 国民年金法は1959年（昭和34年）に制定，1961年（昭和36年）に全面的に施行され，これによりいわゆる国民皆年金が実現した。

✕ わが国では，1961年（昭和36年）4月の国民年金法の実施により，基本的に20歳以上60歳未満のすべての国民が何らかの公的年金制度に強制加入となる「国民皆年金」が実現した。その後，1986年（昭和61年）の年金制度改正によって，国民年金制度がすべての者に共通の「基礎年金制度」として再編成され，厚生年金や共済年金は原則として報酬比例の年金を支給する基礎年金の上乗せ制度へと変更された。

✕ 国民皆保険は1961年（昭和36年）に実現されている。国民皆保険の達成は健康保険法と国民健康保険法によって実現されており，1963年（昭和38年）に制定された老人福祉法は無関係である。

✕ 高額療養費制度が創設されたのは1973年（昭和48年）である。この1973年（昭和48年）は福祉元年と呼ばれ，老人医療費無料化がスタートした年でもあった。1982年（昭和57年）制定の老人保健法は，1973年（昭和48年）にはじまった老人医療費無料化を廃止したことで有名な法律である。

✕ 老人保健施設は，老人保健法の1986年（昭和61年）改正によって創設された。

◯ 後期高齢者医療制度は，2006年（平成18年）の健康保険法等改正による高齢者医療確保法によって創設され，2008年（平成20年）4月から実施された（老人保健制度に代わる制度である）。

✕ 後期高齢者医療制度は，1982年（昭和57年）制定の老人保健法を継承する制度として2008年（平成20年）に制定されたもので，75歳以上の高齢者の医療の安定確保を目的としている。それに対して介護保険制度は，急増する介護ニーズへの対応の社会化を目的として，1997年（平成9年）に創設されたものである。

▶4
**1950年勧告**
1950年（昭和25年）に社会保障制度審議会がまとめた「社会保障制度に関する勧告」に対し，社会保険又は社会扶助などの方法により経済保障で対応するとし，国家扶助による最低生活の保障，公衆衛生，社会福祉の向上を掲げ，わが国の社会保障制度を定義づけた。

社会保障

| 30 32回49 | 1950年（昭和25年）の社会保障制度審議会の勧告では，日本の社会保障制度は租税を財源とする社会扶助制度を中心に充実すべきとされた。 |

| 31 32回49 | 1961年（昭和36年）に国民皆保険が実施され，全国民共通の医療保険制度への加入が義務づけられた。 |

| 32 32回49 | 1972年（昭和47年）に児童手当法が施行され，事前の保険料の拠出が受給要件とされた。 |

| 33 32回49 | 1983年（昭和58年）に老人保健制度が施行され，後期高齢者医療制度が導入された。 |

| 34 32回49 | 1995年（平成7年）の社会保障制度審議会の勧告で，介護サービスの供給制度の運用に要する財源は，公的介護保険を基盤にすべきと提言された。 |

| 35 24回55改変 | ドイツでは，1883年に世界で初めて社会保険が制度化された。 |

| 36 24回55 | フランスでは，1930年代の世界的な不況のなかで，ラロック・プランが作成され，社会保障の普遍化の方針を打ち出して，世界各国に大きな影響を与えた。 |

| 37 26回50 | アメリカでは，世界恐慌の中，ニューディール政策が実施され，その一環として低所得者向けの公的医療扶助制度であるメディケイドが創設された。 |

**✕** 1950年（昭和25年）の社会保障制度審議会の勧告の趣旨は，「保険的方法」（社会保険）と「直接公の負担」（租税）の2つの方法を適宜組み合わせて社会保障制度を充実させていくことであり，社会扶助制度を中心に充実させていくとは述べていない。

**✕** 1961年（昭和36年）より実施された国民皆保険は，選択肢にあるような全国民共通の統一的な医療保険制度への加入を義務づけるものではなく，国民健康保険制度を土台としつつ，政管健保，組合健康保険，各種共済などの複数の制度のいずれかに加入するというものであった。

**✕** 1972年（昭和47年）に施行された児童手当法は，租税を財源（ただし一部事業主負担を含む）とする社会手当制度であり，事前の保険料の拠出は受給要件とはされていない。

**✕** 1983年（昭和58年）に施行された老人保健制度に代わる形で，2008年（平成20年）に後期高齢者医療制度が高齢者の医療の確保に関する法律（高齢者医療確保法）によって創設され，これにより老人保健制度は廃止された。

**○** 記述の通りである。2000年（平成12年）の介護保険法施行までの介護サービスの供給は，主として老人福祉法に基づく措置制度を通じて行われており，その主たる財源は租税であった。

**○** ドイツのビスマルク（Bismarck, O.）首相は，1883年に世界で最初の社会保険制度である疾病保険法，翌年の1884年に災害補償法，1889年に養老（老齢）及び廃疾（障害）保険法を制定した。

**✕** ラロック・プランは1945年に策定された。社会保障局長官のラロック（Larroque, P.J.）が策定した計画で，主に被用者を対象としていた社会保険制度から，全国民を対象とする普遍的な社会保障制度へ拡充することを内容とした。

**✕** アメリカでメディケイド（低所得者向け公的医療扶助制度）が創設されたのは，1965年である。ニューディール政策[5]は，1929年の世界大恐慌による経済的破綻や大量失業などに対して，ルーズベルト大統領が1933年から実施した数々の社会政策のことを指す。（関連キーワード▶6参照）

社会保障

▶5
**ニューディール政策**
アメリカのルーズベルト大統領が1929年の世界恐慌に対処するために行った政府の市場介入による需要喚起，雇用創出などを目的とした経済政策。

▶6
**メディケイドとメディケア**
1965年に創設された。メディケイドは，公的資金を財源に，低所得者に公的医療扶助を行う。メディケアは65歳以上の者，障害年金受給者，慢性腎臓病患者等を対象とする医療保険制度である。

## 社会保障の財源と費用

### 社会保障の財源

**38**
29回50改変
「平成30年度社会保障費用統計」によると，社会保障財源をみると，公費負担の割合が最も高い。

**39**
27回51改変
「平成30年度社会保障費用統計」によると，公費負担の内訳は，地方自治体より国の方が多い。

### 社会保障給付費

#### ●社会保障給付費の規模

**40**
29回50改変
「平成30年度社会保障費用統計」によると，社会保障給付費の対国内総生産比は20％を超えている。

**41**
32回50改変
「平成30年度社会保障費用統計」によると，2018年度（平成30年度）の社会保障給付費は，150兆円を超過した。

#### ●社会支出の内訳

**42**
29回50改変
「平成30年度社会保障費用統計」によると，政策分野別社会支出の構成割合が最も高いのは，「家族」に対する支出である。

**43**
29回50改変
「平成30年度社会保障費用統計」によると，政策分野別社会支出のうち，「住宅」支出の構成割合は10％を超えている。

**44**
32回50改変
「平成28年度社会保障費用統計」によると，2015年度（平成27年度）における社会支出の国際比較によれば，日本の社会支出の対国内総生産比は，フランスよりも低い。

✗ 2018年度（平成30年度）の社会保障財源は132兆5963億円である。その財源を項目別にみると，最も多いのが社会保険料の72兆5890億円（54.7％）であり，次が公費負担（国その他の公費含む）で50兆3870億円（38.0％）である。

▶7
**社会保障財源**
「社会保険料」は事業主拠出と被保険者拠出で構成されている。「公費負担」は国と地方がそれぞれ負担している。「他の収入」には運用収入や積立金からの受け入れが含まれる。

○ 「平成30年度社会保障費用統計」によれば，公費負担は，国が33兆5990億円（25.3％），地方自治体が16兆7879億円（12.7％）である。国の方が地方自治体よりも多い。

○ 社会保障費用統計によると2018年度（平成30年度）の社会保障給付費は121兆5408億円である。対国内総生産（GDP）比では22.16％である。

▶8
**社会保障給付費**
社会保障制度を通じて，1年間に国民に移転した費用の総額をいう。

✗ 2018年度（平成30年度）の社会保障給付費は121兆5408億円であり，150兆円は超えていない。

✗ 2018年度（平成30年度）の政策分野別社会支出で最も大きいのは「高齢」の57兆6766億円（46.0％），次いで大きいのは「保健」の42兆1870億円（33.6％）である。「家族」分野に対する支出は9兆547億円で7.2％である。

✗ 2018年度（平成30年度）の住宅分野への支出額は6084億円で社会支出全体に占める割合は0.5％である。わが国は主要先進諸国のなかでは最も住宅分野への社会支出が少なくなっている。

○ 2015年度（平成27年度）の社会支出の国際比較によると，日本の社会支出の対国内総生産比は22.15％，フランスは32.12％で，日本のほうが低くなっている。

## ●社会保障給付費の内訳

□ **45** 「平成30年度社会保障費用統計」によると，部門別社会保障給付費の対国内総生産比をみると，「年金」が最も高い。
29回50改変

□ **46** 「平成30年度社会保障費用統計」では，機能別（「高齢」，「保健医療」，「家族」，「失業」など）の社会保障給付費の構成比では，「失業」が20％を超えている。
28回51改変

□ **47** 「平成30年度社会保障費用統計」によると，2018年度（平成30年度）の社会保障給付費を部門別（「医療」，「年金」，「福祉その他」）にみると，「福祉その他」の割合は1割に満たない。
32回50改変

---

### 整理しておこう！

#### 社会保障給付費

　国家試験では毎年必ずといっていいほど，国立社会保障・人口問題研究所（http://www.ipss.go.jp/）から公表される社会保障給付費についての問題が出題されているので，社会保障給付費の概要を押さえておこう。

　なお，平成22年度版からは，名称を「社会保障費用統計」と改訂し，ILO基準による社会保障給付費に加えて，国際比較が可能なOECD基準の社会支出の集計結果を追加して公表している。

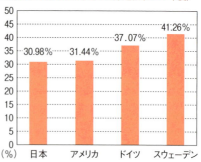

社会支出の対国民所得比の国際比較（2017年度）

資料：OECD Social Expenditure Database による。
　　　国内総生産・国民所得については，日本は内閣府「平成30年版国民経済計算年報」，諸外国はOECD Annual National Accounts Database による。
出典：国立社会保障・人口問題研究所「平成30年度社会保障費用統計」

〇 設問のとおり。2018年度（平成30年度）におけるわが国の部門別社会保障給付費は「年金」が55兆2581億円，「医療」が39兆7445億円，「福祉その他」は26兆5382億円となっている。対国内総生産比でみると，「年金」が10.08％，「医療」が7.25％，「福祉その他」が4.84％となり，「年金」が最も高い。 (関連キーワード▶9参照)

✕ 2018年度（平成30年度）の機能別の社会保障給付費の構成比は，「高齢」が47.1％と最も大きく，次いで「保健医療」31.3％となっている。「失業」は1.2％で，20％を超えていない。

✕ 2018年度（平成30年度）の部門別社会保障給付費のうち，「医療」は39兆7445億円で総額の32.7％，「年金」は55兆2581億円で45.5％，「福祉その他」は26兆5382億円で21.8％となっている。

▶9
部門別社会保障給付費，機能別社会保障給付費
社会保障給付費は，部門別に分類する場合と機能別に分類する場合がある。部門別に分類する場合は「医療」「年金」「福祉その他」の3項目であり，機能別に分類する場合は「高齢」「遺族」「障害」「労働災害」「保健医療」「家族」「失業」「住宅」「生活保護その他」の9項目である。

社会保障

### 平成30年度社会保障給付費

| 社会保障給付費の総額 | 121兆5408億円 | |
|---|---|---|
| 社会保障給付費の対国民所得比 | 30.06％ | |
| 国民1人当たりの社会保障給付費 | 96万1200円 | |
| 部門別社会保障給付費 | 「年金」45.5％，「医療」32.7％，「福祉その他」21.8％ | |
| 機能別社会保障給付費 | 「高齢」47.1％，「保健医療」31.3％，「家族」7.1％，「遺族」5.3％，「障害」3.9％，「生活保護その他」2.8％，「失業」1.2％，「労働災害」0.8％，「住宅」0.5％ | |
| 社会保障給付費に対する高齢者関係給付費 | 66.5％ | |
| 社会保障財源 | 収入総額　132兆5963億円 | 社会保険料　72兆5890億円（54.7％） |
| | | 公費負担　50兆3870億円（38.0％） |
| | | 他の収入　9兆6203億円（7.3％） |

| | 48 | 「平成30年度社会保障費用統計」によると，2018年度（平成30年度）の社会保障 |
|---|---|---|
| | 32回50改変 | 給付費を機能別（「高齢」，「保健医療」，「家族」，「失業」など）にみると，「家族」の割合は1割に満たない。 |

## 国民負担率

| | 49 | 2019年度（令和元年度）の国民所得に対する租税及び社会保障負担の割合は，約 |
|---|---|---|
| | 30回50改変 | 25％であった。 |

# 社会保険と社会扶助の関係

## 社会保険の概念と範囲

| | 50 | 日本の社会保険の給付は，実施機関の職権により開始される。 |
|---|---|---|
| | 28回50 | |

## 社会扶助の概念と範囲

| | 51 | 日本の公的扶助制度は個別の必要に応じて給付を行う。 |
|---|---|---|
| | 28回50 | |

# 公的保険制度と民間保険制度の関係

## 公的施策と民間保険の現状

| | 52 | 民間保険では，加入者の保険料は均一でなければならない。 |
|---|---|---|
| | 31回50 | |

◯ 2018年度（平成30年度）の機能別社会保障給付費のうち，「高齢」が47.1％で最も大きく，次いで「保健医療」が31.3％で，この2つの機能で78.4％と全体の8割近くを占めている。「家族」の割合は7.1％で，全体の1割にも満たない。

✕ 国民所得に対する租税及び社会保障負担の割合とは「国民負担率」のことである。2019年度（令和元年度）の国民負担率は44.4％である。

▶10
国民負担率
2019年度（令和元年度）の国民負担率は，44.4％（租税負担率25.8％，社会保障負担率18.6％）である。国民負担率に財政赤字を加えたものを潜在的国民負担率という。

✕ 社会保険の給付は，実施機関の職権により開始されない。法令に基づく要件により給付が行われる。一方，公的扶助（生活保護）では，急迫した状況にあるときは，実施機関は職権をもって保護を開始しなければならないとされている（生活保護法第25条）。

◯ 生活保護法第9条では，「保護は，要保護者の年齢別，性別，健康状態等その個人又は世帯の実際の必要の相違を考慮して，有効且つ適切に行うものとする」と，必要即応の原則が規定されている。したがって，公的扶助は個別の必要に応じて給付を行う原則をもつ。

▶11
給付・反対給付均等の原則
給付内容（保険金の額）が同一である場合，拠出される保険料は，被保険者のリスク発生確率に見合ったものでなければならないという原則である。

✕ 民間保険では，給付・反対給付均等の原則により，加入者の保険料は均一ではなく，その人のリスク発生確率に見合ったものでなければならない。

社会保障

357

| | 53<br>31回50 | 生命保険など民間保険の保険料が，所得税の所得控除の対象になることはない。 |

| | 54<br>31回50 | 民間保険には低所得者に対する保険料の減免制度がある。 |

| | 55<br>31回50 | 社会保険では，各個人が自由に制度に加入・脱退することは認められていない。 |

| | 56<br>31回50 | 社会保険は，各被保険者の保険料とそれにより受け取るべき給付の期待値が一致するように設計されなければならない。 |

## 社会保障制度の体系

### 年金保険制度の概要

| | 57<br>30回51 | 国民年金の保険者は，日本年金機構である。 |

| | 58<br>31回49 | 老齢基礎年金は，給付に要する費用の3分の2が国庫負担で賄われている。 |

| | 59<br>30回52 | オイルショックに伴う急激なインフレに対処するため，1973年（昭和48年）改正により，厚生年金の給付水準を一定期間固定することとした。 |

| | 60<br>30回52 | 持続可能な制度にする観点から，2004年（平成16年）改正により，老齢厚生年金の支給開始年齢を段階的に65歳から67歳に引き上げた。 |

× 民間保険のうち，生命保険料，介護医療保険料，個人年金保険料，地震保険料等の保険料は，所得税の保険料控除の対象となる。 ▶12

× 民間保険では，収支相等の原則や給付・反対給付均等の原則といった保険を成立させるための原則や法則が貫徹されなければならない。そのため，加入者の所得に応じて保険料を減免する仕組みは民間保険では設けられていない。 ▶13

○ 社会保険の各制度では，加入すべき人の要件が法律により定められており，その加入要件に該当する人は必ずその制度に加入しなければならない（強制加入）。脱退についても同様である。

× これは民間保険の給付・反対給付均等の原則のことである。社会保険では，保険料を所得に応じて負担するなど，「給付・反対給付均等の原則」が修正されている。

▶12
**保険料控除**
負担すべき所得税額を算定する元となる所得額を算定する際，支払った保険料を収入から差し引き（＝控除し），所得額を少なく算定することにより，所得税負担を軽減するための仕組みである。

▶13
**収支相等の原則**
保険が成り立つためには，給付に必要な総額に等しい保険料の総額が拠出されることが必要という原則である。

× 国民年金（及び厚生年金）の保険者は国（政府）である。

× 老齢基礎年金の給付に要する費用は，保険料が2分の1，国庫負担が2分の1で賄われている。

× 1973年（昭和48年）の年金制度改正では，標準年金の給付水準が5万円に引き上げられると同時に，賃金スライドや物価スライドの導入が行われている。厚生年金の給付水準を一定期間固定するといった制度改正は行われていない。

× 2004年（平成16年）の年金制度改正では，①基礎年金の国庫負担割合の引き上げ，②保険料上限固定及び年金給付水準自動調整（いわゆるマクロ経済スライド）のしくみの導入，③年金額改定方式の見直しが主な内容であり，老齢厚生年金支給開始年齢の引き上げは行われていない。

**61**
30回52
将来の無年金者の発生を抑える観点から，2012年（平成24年）改正により，老齢基礎年金の受給資格期間を25年から30年に延長した。

**62**
30回50
2014年度（平成26年度）以降，基礎年金の国庫負担割合を恒久的に2分の1とする財源は，所得税と消費税で賄われている。

**63**
32回51
厚生年金の被保険者に病気やケガが発生してから，その症状が固定することなく1年を経過し，一定の障害の状態にある場合は，障害厚生年金を受給できる。

**64**
32回51改変
育児休業期間中の厚生年金保険料は，被保険者分と事業主分が免除される。

## 医療保険制度の概要

**65**
30回50改変
後期高齢者医療制度の財源に占める後期高齢者支援金の割合は，約40％である。

**66**
32回51
健康保険の被保険者が病気やケガのために会社を休んだときは，標準報酬月額の2分の1に相当する額が傷病手当金として支給される。

**67**
32回53
後期高齢者医療制度には，75歳以上の全国民が加入する。

✗ 2012年（平成24年）改正では，受給資格期間が**25年から10年に短**縮することが規定された。これが実際に実施されたのは2017年（平成29年）8月からである。

✗ 基礎年金の財源には，国の一般会計からの受入（**国庫負担**）が含まれる。一般会計の歳入は，所得税，消費税，法人税や国債などで構成されているため，所得税と消費税のみで国庫負担が賄われているわけではない。

✗ 障害厚生年金の受給要件の1つとして，障害認定日（障害の原因となった病気・ケガについての初診日から**1年6か月を過ぎた日**又は1年6か月以内にその病気やケガが治った日（＝症状が固定した日））に，障害の程度が法令で定める状態であることが必要である。（関連キーワード▶14参照）

⭕ 育児休業，介護休業等育児又は家族介護を行う労働者の福祉に関する法律（育児・介護休業法）による育児休業期間中は，厚生年金保険料（及び健康保険保険料）は事業主の申出にもとづき，**被保険者分だけでなく事業主分も免除される**。

⭕ 設問のとおり。**後期高齢者医療制度の財源構成（患者負担分を除く）は，公費5割，後期高齢者支援金4割，後期高齢者保険料1割**である。

✗ 傷病手当金の支給額（1日当たりの金額）は，「支給開始日以前の12か月間の各標準報酬月額の平均額」÷30日×（2/3）で算定される。このため2分の1ではなく，**3分の2**に相当する額となる。

✗ 後期高齢者医療制度は原則75歳以上の者に加えて，**一定の障害があると認定された65歳以上の者**も加入する。さらに，75歳以上の生活保護受給者は適用除外となっているため，全国民が加入しているとはいえない。

▶14
**障害厚生年金**
厚生年金保険加入中に初診日がある人が受給できる。障害の程度が重い方から1級，2級，3級となり，一時金としての障害手当金がある。

社会保障

□ **68** 後期高齢者の医療費は，後期高齢者の保険料と公費で折半して負担する。
□ 32回53

□ **69** 都道府県は，当該都道府県内の市町村とともに国民健康保険を行う。
□ 32回53

---

**整 理 し て お こ う ！**

## 後期高齢者医療制度（長寿医療制度）

　老人保健法は，2008年（平成20年）4月より，「高齢者の医療の確保に関する法律」に改正され，75歳以上の後期高齢者を対象とした，独立した医療制度である後期高齢者医療制度（長寿医療制度）が創設された。

**後期高齢者医療制度の運営の仕組み**
＜対象者数＞　75歳以上の高齢者と65〜74歳の障害認定者　約1810万人
＜後期高齢者医療費（2020年度（令和2年度）予算ベース）＞　18.1兆円
　給付費　16.6兆円　　患者負担　1.5兆円

**【全市町村が加入する広域連合】**

注：後期高齢者支援金について，国保50％，協会けんぽ（加入者割分）16.4％の公費負担があり，また，低所得者等の保険料軽減について公費負担がある。
資料：厚生労働省

✗ 後期高齢者医療制度の財源は，保険料（50％）と公費（50％）で折半しているが，保険料（50％）の内訳は，**後期高齢者の支払う保険料（10％）と現役世代の支払う保険料（40％）**で構成されている。また，公費（50％）については，国：都道府県：市町村が4：1：1で負担することになっている。

○ 2015年（平成27年）の「持続可能な医療保険制度を構築するための国民健康保険法等の一部を改正する法律」によって，2018年（平成30年）4月から国民健康保険制度が改正され，保険者についてこれまで市町村単独であったものに，都道府県が加わることとなった。都道府県の役割は，安定的な財政運営や効率的な事業運営の確保等である。

| 対象者 | **75歳以上の者**（又は65歳以上75歳未満の一定の障害の状態にある者） |
|---|---|
| 75歳以上の者が加入する医療保険 | ○国民健康保険又は被用者保険から脱退し，後期高齢者医療制度に加入 |
| 運営主体及び財源 | ○都道府県の区域ごとにすべての市町村が加入する**後期高齢者医療広域連合**が運営主体となり，保険料の決定や医療の給付を行う。 |
| | ○医療の給付の財源は，後期高齢者と現役世代（0～74歳）の負担関係を明確化し，**後期高齢者の保険料（約10％（令和2・3年度は11.41％））**，**後期高齢者支援金（現役世代の保険料）（約40％）**，**公費（約50％）**という割合で負担。 |
| 保険料 | ○被保険者である高齢者一人ひとりが**後期高齢者医療保険料**を負担<br>・後期高齢者医療広域連合が決定した保険料額を最寄りの**市町村に支払う**（年金から自動的に市町村に支払われる仕組み（特別徴収）を導入する）。 |
| 医療の給付 | ○医療機関で医療を受ける際には，後期高齢者医療広域連合が発行する後期高齢者医療の被保険者証1枚で医療を受けることができる。被保険者証の引き渡し（窓口での手渡し又は郵送）は市町村が行う。 |
| | ○患者負担は，**1割（現役並み所得者は3割）**で，世帯内で毎月の患者負担を自己負担限度額にとどめる**高額療養費**制度が設けられている。<br>さらに，これに加え，患者負担と介護保険の自己負担との合計額について年間の上限額が設けられ，負担が軽減されている（**高額介護合算療養費**）。 |
| 各種届出の窓口 | ○住所を移転したときなどの届出の窓口は，**市町村** |

| | | |
|---|---|---|
| □ □ | **70** 32回53 | 健康保険組合の保険料は，都道府県ごとに一律となっている。 |

| | | |
|---|---|---|
| □ □ | **71** 32回53 | 協会けんぽ（全国健康保険協会管掌健康保険）の給付費に対し，国は補助を行っていない。 |

## 介護保険制度の概要

| | | |
|---|---|---|
| □ □ | **72** 30回51改変 | 介護保険の保険者は，市町村である。 |

| | | |
|---|---|---|
| □ □ | **73** 31回49 | 介護保険の給付財源は，利用者負担を除き，都道府県が4分の1を負担している。 |

## 労災保険制度の概要

| | | |
|---|---|---|
| □ □ | **74** 30回51 | 労働者災害補償保険の保険者は，都道府県である。 |

| | | |
|---|---|---|
| □ □ | **75** 31回49改変 | 労働者災害補償保険に要する費用は，事業主の保険料で賄われている。 |

| | | |
|---|---|---|
| □ □ | **76** 33回53 | 障害厚生年金が支給される場合，労働者災害補償保険の障害補償年金は全額支給停止される。 |

✕ 都道府県ごとに一律となっているのは協会けんぽ（全国健康保険協会管掌健康保険）の保険料である。主に大企業やグループ企業の社員が加入する組合健康保険の保険料は，健康保険組合（企業）ごとに異なっている。

✕ 協会けんぽ（全国健康保険協会管掌健康保険）には，給付費の16.4％にあたる国庫補助が行われている。その半面，組合健康保険への国庫補助は行われていない。

◯ 設問のとおり。介護保険の保険者は市町村である。複数の市町村が「広域連合」を設置し，介護保険にかかわる事務・事業を共同で行っている場合もある。

✕ 介護保険の財政は，保険料50％，公費50％が基本となる。公費の50％のうち，居宅給付費の場合は，国が25％を負担する。都道府県は，居宅給付費の場合は，介護給付及び予防給付に要する費用の12.5％（介護保険施設，特定施設入居者生活介護及び介護予防特定施設入居者生活介護については国20％，都道府県17.5％）を負担する（市町村はいずれについても12.5％を負担）。すなわち，都道府県の負担分は4分の1（25％）ではなく，原則として8分の1（12.5％。なお，施設給付費については17.5％）である。

✕ 労働者災害補償保険（労災保険）の保険者は国（政府）である。なお，労災保険に関する事務は，全国の労働基準監督署が扱っている。

◯ 労働者災害補償保険（労災保険）の保険料は，事業主だけが負担し，労働者の負担はない。

✕ 障害厚生年金と労災保険の障害補償年金を受け取る場合，労災保険の障害補償年金は減額して支給される。減額される場合，両年金の合計額が調整前の障害補償年金の金額を下回らないようになっている。

| | 77 | 労働者が業務災害による療養のため休業し，賃金を受けられない日が4日以上続 |
| --- | --- | --- |
| | 32回51 | く場合は，労働者災害補償保険による休業補償給付を受けられる。 |

## 雇用保険制度の概要

| | 78 | 新規学卒者が就職できない場合には，失業者に該当し，雇用保険の被保険者でな |
| --- | --- | --- |
| | 27回52 | くても基本手当を受給することができる。 |

| | 79 | 雇用保険の基本手当は，受給資格者が労働基準監督署において失業の認定を受け |
| --- | --- | --- |
| | 25回54 | ることにより支給される。 |

| | 80 | 雇用保険制度では，保険者は，都道府県である。 |
| --- | --- | --- |
| | 29回51 | |

| | 81 | 雇用保険の介護休業給付金に対する国庫負担がある。 |
| --- | --- | --- |
| | 31回49改変 | |

| | 82 | 雇用保険制度では，基本手当は，自己の都合により退職した場合には受給できな |
| --- | --- | --- |
| | 29回51 | い。 |

| | 83 | 雇用保険制度では，教育訓練給付は，被保険者でなくなった者は受給できない。 |
| --- | --- | --- |
| | 29回51 | |

| | 84 | 雇用継続給付には，高年齢雇用継続給付及び介護休業給付がある。 |
| --- | --- | --- |
| | 29回51改変 | |

**◯** 休業補償給付は，①業務上の事由（業務災害）による負傷や疾病による療養のために，②労働することができず，③賃金を受けていない，という3つの要件を満たす場合に，第4日目から支給される。

**✕** 雇用保険法の基本手当▶15の受給資格は，被保険者が失業した日以前の2年間に，12か月以上の被保険者期間がある者である。新規学卒者は被保険者期間がないため失業者には該当せず，失業等給付の基本手当の受給はできない。

**✕** 基本手当は，受給資格者が**公共職業安定所**（ハローワーク）の窓口において失業▶16の認定を受けることにより，待期期間を経て支給される。労働基準監督署は労働条件や労働災害に関する事務を行う機関である。

**✕** 雇用保険制度の保険者（実施主体）は国である。また，**労働者災害補償保険制度**の保険者（実施主体）も国である。

**◯** 雇用保険の給付のうち，介護休業給付金は**雇用継続給付**に含まれる。雇用継続給付については，給付に要する費用の8分の1について国庫負担がなされている。

**✕** 基本手当は被保険者期間を満たしていれば，①正当な理由がなく自己都合により退職した場合は3か月を過ぎれば受給でき（3か月の受給制限），②正当な理由がある自己都合退職の場合は3か月待つことなく受給できる。

**✕** 教育訓練給付▶17は再就職を支援する制度としての側面があるため，支給要件期間（基準日までの間に同一の事業主の適用事業所に引き続き被保険者として雇用されていた期間）を満たした場合は失業中の者（被保険者でなくなった者）にも支給される。

**◯** 雇用継続給付▶18には60歳以上65歳未満の被保険者が再雇用される場合の高年齢雇用継続給付と一般被保険者が対象家族を介護するために休業する場合に支給される介護休業給付がある。

社会保障

▶15
**基本手当**
雇用保険法における失業等給付の1つであり，労働者が失業した場合に生活の安定を図るために給付されるものである。

▶16
**失業**
雇用保険法では，被保険者が離職し，労働の意思及び能力を有するにもかかわらず，職業に就くことができない状態にあることを「失業」としている（第4条第3項）。つまり，会社を退職しただけでは「失業」とは認定されない。

▶17
**教育訓練給付**
労働者の主体的な能力開発の取り組みを支援して，雇用の安定と再就職の促進を図るための給付である。受給するためには厚生労働大臣の指定する教育訓練を受講して，それを修了しなければならない。

▶18
**雇用継続給付**
高齢や介護といった雇用の継続が困難となる事由について，職業生活の安定的な継続を援助・促進するための制度である。

| | **85**<br>29回51 | 雇用保険の保険料は，全額事業主が負担する。 |

| | **86**<br>32回51 | 育児休業を取得する場合に支給される育児休業給付金は，子どもが3歳になるまでを限度とする。 |

## 家族手当制度の概要

| | **87**<br>30回55 | 児童扶養手当の費用は，国が全額負担する。 |

| | **88**<br>30回55 | 児童扶養手当の支給対象となる児童の年齢は，障害がない子どもの場合，18歳到達後最初の年度末までである。 |

| | **89**<br>27回53 | 児童手当の支給には，所得制限が設けられている。 |

| | **90**<br>27回53 | 児童手当は，第2子から支給される。 |

| | **91**<br>30回55 | 児童手当の支給対象となる児童の年齢は，12歳到達後の最初の年度末までである。 |

| | **92**<br>30回55 | 児童手当の費用は，国と地方自治体が50％ずつ負担している。 |

| | **93**<br>30回55 | 児童手当の支給額には，物価スライド制が適用されている。 |

| | **94**<br>33回53 | 特別児童扶養手当を受給している障害児の父又は母が，児童手当の受給要件を満たす場合には，児童手当を併せて受給できる。 |

**✕** 雇用保険の保険料は，雇用保険二事業[19]に要する費用を除いて労使折半となっている。雇用保険料の徴収は雇用保険法第68条第1項に労災保険料と併せて，労働保険料として事業主が一括して納付するよう定められている。

**✕** 育児休業給付は，原則として，子どもが1歳となった日の前日までである。また，一定の要件を満たした場合であっても，最大で1歳6か月又は2歳となった日の前日までである。

**✕** 児童扶養手当の費用負担は，国が3分の1，都道府県，市及び福祉事務所設置町村が3分の2である。

**◯** 児童扶養手当の支給対象となる児童の年齢は，18歳に達する日以後の最初の3月31日までであり，障害児の場合は20歳未満である（児童扶養手当法第3条）。

**◯** 児童手当制度は受給要件・給付について被用者・自営業者を区別せずに全国一律の制度としているが，父母等子の監護養育にあたる者が一定の所得以上の場合には支給されない。

**✕** 現行の児童手当制度は子の数による支給制限はなく，第1子から児童手当が支給される。（関連キーワード▶20参照）

**✕** 児童手当の支給対象となる年齢は，15歳に到達後の最初の年度末までである（児童手当法第4条）。

**✕** 児童手当の費用負担は，児童の年齢と保護者の職業（被用者・非被用者・公務員）によって異なるが，いずれの場合も国と地方自治体が50％ずつ負担するものではない。

**✕** 児童手当には物価スライド制は導入されていない。なお，児童扶養手当については，2017年（平成29年）4月より物価スライド制が導入された。

**◯** 特別児童扶養手当[21]と児童手当は，それぞれの受給要件を満たせば併給できる。

---

▶19
**雇用保険二事業**
雇用安定事業と能力開発事業のことであり，事業主に対して助成するものが多い。この二事業に要する費用については事業主のみが負担する保険料（2021年度（令和3年度）0.3%）があてられる。

社会保障

▶20
**児童手当の支給額**
◯0～3歳未満
　一律1万5000円
◯3歳～小学校修了まで
　第1, 2子：1万円
　第3子以降：
　1万5000円
◯中学生
　一律1万円
◯所得制限以上
　一律5000円

▶21
**特別児童扶養手当**
20歳未満で精神又は身体に障害を有する児童を家庭で監護，養育している父母等に支給される。

369

|  | 95<br>33回53 | 障害児福祉手当は，重度障害児の養育者に対し支給される手当である。 |

|  | 96<br>33回53 | 在宅の重度障害者は，所得にかかわらず特別障害者手当を受給できる。 |

# 年金保険制度の具体的内容

## 国民年金

|  | 97<br>33回55 | 自営業者の配偶者であって無業の者は，国民年金の第三号被保険者となる。 |

|  | 98<br>33回55 | 国民年金の第一号被保険者の保険料は，前年の所得に比例して決定される。 |

|  | 99<br>31回52 | 障害基礎年金は，障害認定日に1級，2級又は3級の障害の状態にあるときに支給される。 |

|  | 100<br>29回53 | 障害等級2級の受給者に支給される障害基礎年金の額は，老齢基礎年金の満額の1.25倍である。 |

|  | 101<br>33回55 | 障害基礎年金には，配偶者の加算がある。 |

|  | 102<br>33回53 | 出生時から重度の障害があり，保険料を納めることができなかった障害者は，保険料を追納した場合に限り，障害基礎年金を受給することができる。 |

**✕** 障害児福祉手当は、「精神又は身体に重度の障害を有する児童に」支給することにより、その「福祉の増進を図ることを目的」とする制度である。

**✕** 特別障害者手当▶22の受給には所得制限が設けられている。受給資格者本人の前年の所得、もしくはその配偶者又は扶養義務者の前年の所得が定められた基準よりも多い場合、支給は認められない。

▶22
**特別障害者手当**
精神又は身体に著しく重度の障害を有するため、日常生活において常時特別の介護を必要とする状態にある在宅の20歳以上の者に支給される。

社会保障

**✕** 国民年金の第三号被保険者▶23となるのは、「第二号被保険者の被扶養配偶者」である。自営業者は国民年金の第一号被保険者に該当するため、その配偶者で無業の者は同じく第一号被保険者となる。

**✕** 国民年金の第一号被保険者の保険料は定額であり、毎年4月に額が改定される。被保険者の前年の所得や資産の状況などは反映されない。

**✕** 障害基礎年金は、障害認定日に障害等級1級又は2級の状態にあるときに当該認定日の翌月から受けることができる。3級の障害区分は設けられていない。

**✕** 障害等級2級の支給額は、老齢基礎年金の満額と同額、1級についてはその1.25倍である。

**✕** 障害基礎年金に設けられている加算（通常の支給額に上積みで支給されるもの）は「子の加算」のみで、配偶者の加算は存在しない。

**✕** 先天性の病気等が原因で20歳前から障害がある場合は、医師等による初診日が20歳前で、かつ法令で定める障害の重さ（1級・2級）に該当するのであれば、保険料を納付していなくとも障害基礎年金を受給できる。

▶23
**国民年金の被保険者**
①20歳以上60歳未満の日本国内に住所を有する者のうち、②、③以外の者（第一号被保険者）、②厚生年金の被保険者と共済組合等の組合員又は加入者（第二号被保険者）、③②の被扶養配偶者であって20歳以上60歳未満の者（第三号被保険者）。

371

**103**
29回53
老齢基礎年金の年金額の算定には,保険料免除を受けた期間の月数が反映される。

**104**
31回52
離婚した場合,当事者の合意又は裁判所の決定があれば,婚姻期間についての老齢基礎年金の分割を受けることができる。

**105**
31回52
老齢基礎年金は,25年間保険料を納付して満額の支給が受けられる。

**106**
31回52
老齢基礎年金は,65歳以降75歳まで支給開始を遅らせることができ,この場合,年金額の増額がある。

**107**
33回55改変
国民年金において,学生納付特例制度の適用を受けた期間は,老齢基礎年金の受給資格期間には算入される。

**108**
31回52
国民年金の第一号被保険者を対象とする独自の給付として,付加年金がある。

**109**
29回53
老齢基礎年金の年金額は,マクロ経済スライドによる給付水準の調整対象から除外されている。

**110**
33回55
障害基礎年金を受給していると,国民年金の保険料納付は免除される。

**111**
29回53改変
遺族基礎年金は,国民年金の被保険者等が死亡した場合に,その者の子を有しない配偶者には支給されない。

○ 老齢基礎年金の年金額（支給額）は，各年度ごとに定められる老齢基礎年金額（満額）を基準として，これに国民年金被保険者期間における保険料納付実績を反映させる形で算出される。被保険者期間において国民年金保険料免除を受けた期間の月数は，老齢基礎年金額に反映される。

✕ 離婚時の年金分割は，一定の条件のもと，婚姻期間中の厚生年金記録を当事者間で分割する制度である。老齢基礎年金には適用されない。なお，原則として，離婚等をした日から2年以内に請求しなければならない。

✕ 満額の老齢基礎年金[24]は，25年間保険料を納付した場合ではなく，40年間（の全期間）保険料を納付した場合に受けることができる。

✕ 年金の支給開始を遅らせることは繰下げ受給とも呼ばれている。老齢基礎年金は，66歳以降70歳までの間で申し出たときから老齢年金を繰下げて請求することができる。繰下げ受給の場合には，請求時の年齢に応じた増額率が一生適用されることになる。

○ 国民年金保険料の学生納付特例制度[25]，納付猶予制度，免除制度の適用を受けた期間は，老齢基礎年金の受給資格期間に算入される。ただし，学生納付特例制度，納付猶予制度の適用を受け，保険料の追納をしなかった期間は，老齢基礎年金の受給額には反映されない。

○ 国民年金の第一号被保険者及び任意加入被保険者に対する付加年金は，定額保険料に付加保険料を上乗せして納めることで受給できるものである。この付加年金は定額のため，物価スライドによる増額・減額はない。

✕ 老齢基礎年金額も，マクロ経済スライド[26]による給付水準の調整対象に含まれている。

○ 設問は，国民年金保険料の「法定免除」に関する記述である。このほか，生活保護受給者も法定免除の対象者に該当する。

○ 設問のとおり。遺族基礎年金は，国民年金の被保険者等が死亡した場合に，その者の「子のある配偶者」又は「子（婚姻している場合は除く）」に支給される。なお，この場合の「子」とは，18歳に到達した年度の末日までにある子，又は20歳未満で障害年金の障害等級1・2級の障害をもつ子をいう。

[社会保障]

▶24
老齢基礎年金の受給資格期間
2017年（平成29年）7月までは，保険料納付済期間が25年以上ないと老齢基礎年金の受給資格を得ることができなかったが，同年8月からは10年に短縮されている。

▶25
学生納付特例制度
一定以下の所得しかないために年金保険料を支払うことができない者の申請によって，国民年金保険料の支払いを要しないとするものである。

▶26
マクロ経済スライド
政府による年金額の算定方式のうち，賃金の伸び率から被保険者数，年金受給期間の伸び率を考慮し給付水準を決定する方式をいう。日本の年金額の算定方式は，このマクロ経済スライド方式と保険料水準固定方式（将来の保険料を固定し，その収入の範囲内で給付水準を自動的に調整する仕組み）の組み合わせとなっている。

373

| | 112 | 死亡した被保険者の子が受給権を取得した遺族基礎年金は，生計を同じくするその子の父または母がある間は支給停止される。 |
| --- | --- | --- |
| | 32回52 | |

| | 113 | 死亡した被保険者の子が受給権を取得した遺族基礎年金は，その子が婚姻した場合でも引き続き受給できる。 |
| --- | --- | --- |
| | 32回52 | |

| | 114 | 遺族基礎年金は，死亡した被保険者の孫にも支給される。 |
| --- | --- | --- |
| | 32回52 | |

## 厚生年金

| | 115 | 遺族基礎年金の受給権を有する妻の遺族厚生年金の受給権は，受給権を取得した日から5年を経過したときに消滅する。 |
| --- | --- | --- |
| | 29回53 | |

| | 116 | 受給権を取得した時に，30歳未満で子のいない妻には，当該遺族厚生年金が10年間支給される。 |
| --- | --- | --- |
| | 32回52 | |

| | 117 | 遺族厚生年金の額は，死亡した者の老齢基礎年金の額の2分の1である。 |
| --- | --- | --- |
| | 32回52 | |

## 医療保険制度の具体的内容

### 国民健康保険

| | 118 | 国民健康保険組合の保険者は，国である。 |
| --- | --- | --- |
| | 30回51改変 | |

| | 119 | 国民健康保険には，被用者の一部も加入している。 |
| --- | --- | --- |
| | 33回51 | |

⭕ 遺族基礎年金の受給権のある子に対する支給が停止される事由は2つある。1つ目は配偶者が遺族基礎年金の受給権を有するときであり，2つ目は生計を同じくするその子の母（または父）があるときである。

❌ 子が受給権を失う理由（失権事由）の1つに，婚姻（事実婚を含む）があげられる。このほかにも，本人が死亡したときや養子となったとき（ただし直系血族や直系姻族の養子となったときは除く）も受給権は消滅する。

❌ 遺族基礎年金の対象者は死亡した者によって生計を維持されていた子のある配偶者と子（18歳到達年度の末日を経過していない子又は1級・2級の障害の状態にある20歳未満の子）であり，孫は含まれない。

❌ 遺族厚生年金の受給権が，受給権を取得した日から5年間を経過したときに消滅するのは，受給権を取得した段階で30歳未満かつ子のない妻についてである。遺族厚生年金の受給権を取得したすべての妻に該当するわけではない。

❌ 平成16年（2004年）の年金制度の改正時に若齢期の妻に対する遺族厚生年金が見直され，夫の死亡時に30歳未満で子のない妻に対する遺族厚生年金は5年間の有期給付となった。

❌ 遺族厚生年金の年金額は，死亡した者の報酬比例の年金額（老齢厚生年金の計算による）の4分の3である。老齢基礎年金ではなく，2分の1でもない。

❌ 国民健康保険の保険者には，都道府県，市町村（特別区を含む）と国民健康保険組合とがある。

⭕ 被用者であっても，短時間労働者（アルバイト，パートなど）や非適用事業所で働く者は，国民健康保険に加入する場合がある。

▶27
国民健康保険組合
同種の事業又は業務に従事するものを組合員として組織される公法人（国民健康保険法第13条第1項，第14条）である。これらの国保組合は，市町村によって運営されているわけではなく，それ自体が保険者としての機能を果たしている。

社会保障

## 健康保険

**120**
31回49
健康保険の給付費に対する国庫補助はない。

**121**
30回51
健康保険の保険者は，全国健康保険協会及び健康保険組合である。

**122**
33回51
協会けんぽ（全国健康保険協会管掌健康保険）の保険料率は，全国一律である。

**123**
33回51
医師など同種の事業又は業務に従事する者は，独自に健康保険組合を組織することができる。

**124**
33回51
健康保険の被扶養者が，パートタイムで働いて少しでも収入を得るようになると，国民健康保険に加入しなければならない。

**125**
33回51改変
日本で正社員として雇用されている外国人が扶養している外国在住の親は，健康保険の被扶養者となれない。

## 諸外国における社会保障制度の概要

**126**
29回55
アメリカには，国民保健サービス（NHS）と呼ばれる，原則無料の医療保障制度がある。

**127**
29回55改変
アメリカには，高齢者向けのメディケアという公的な医療保障制度がある。

✕ 国庫は，健康保険に対して，毎年度の予算の範囲内において**事務費を負担するものとされている**（健康保険法第151条）ほか，給付費についても国庫補助がなされている。

○ 設問のとおり（健康保険法第4条）。**全国健康保険協会は主として中小企業の被用者を適用対象とし**，健康保険組合には主として大企業の被用者が加入している。　(関連キーワード▶28参照)

✕ 協会けんぽの保険料率は，全国一律ではなく，都道府県で異なっている。

✕ 医師など同種の事業又は業務に従事する者は，**独自に国民健康保険組合を組織することができる**。健康保険組合は主に大企業の従業員が加入する保険である。

✕ 健康保険の被扶養者がパートタイムで働く場合は，**年間収入が130万円を超えると**健康保険の被扶養者から外れ，自ら国民健康保険や健康保険の被保険者となる。

○ 健康保険法の改正により，2020年（令和2年）4月1日から，被扶養者の要件に新たに「**日本国内に住所を有すること（国内居住要件）**」が追加されており，設問の場合には，被扶養者となれない。

✕ 国民保健サービス（NHS）は，イギリスの医療制度である。国営の医療機関がすべての市民を対象に原則無料で包括的な保健医療サービスを行うための制度であるが，近年は財政難から患者の自己負担が課せられている。

○ 設問のとおり。**メディケア**は，アメリカにおける障害者や65歳以上の高齢者のための健康保険制度である。これとあわせて，低所得者のための医療制度である**メディケイド**が制度化されている。

---

**社会保障**

▶28
**療養の給付**
医療保険における「療養の給付」とは，主に以下のものをいう。①診察，②薬剤などの支給，③処置・手術，④居宅における看護，⑤入院及びその看護。なお，以下のものは「療養の給付」には含まれない。①入院時の食事，②65歳以上の入院滞在費，③高度医療技術，④特別な病室，⑤訪問看護など。

▶29
**メディケイドとメディケア**
1965年に創設された。メディケイドは，公的資金を財源に，低所得者に公的医療扶助を行う。メディケアは65歳以上の者，障害年金受給者，慢性腎臓病患者等を対象とする医療保険制度である。

377

| | | |
|---|---|---|
| ☐ ☐ | **128** 31回55 | アメリカには，全国民を対象とする公的な医療保障制度が存在する。 |

| | | |
|---|---|---|
| ☐ ☐ | **129** 31回55 | イギリスには，医療サービスを税財源により提供する国民保健サービスの仕組みがある。 |

| | | |
|---|---|---|
| ☐ ☐ | **130** 29回55 | ドイツの介護保険制度では，公的医療保険の加入者が年齢にかかわらず被保険者となる。 |

| | | |
|---|---|---|
| ☐ ☐ | **131** 31回55 | ドイツの介護保険制度では，介護手当(現金給付)を選ぶことができる。 |

| | | |
|---|---|---|
| ☐ ☐ | **132** 29回55 | スウェーデンの老齢年金は，完全積立の財政方式に移行している。 |

| | | |
|---|---|---|
| ☐ ☐ | **133** 31回55 | スウェーデンには，介護保険制度が存在する。 |

| | | |
|---|---|---|
| ☐ ☐ | **134** 29回55 | フランスの医療保険では，外来診療に要した費用は保険者から直接医療機関に支払われるのが原則である。 |

| | | |
|---|---|---|
| ☐ ☐ | **135** 31回55 | フランスの医療保険制度では，被用者，自営業者及び農業者が同一の制度に加入している。 |

✕ アメリカには全国民を対象とした公的医療保険は存在しない。民間医療保険に加入することが一般的で, 公的医療制度はメディケア (高齢者・障害者) とメディケイド (低所得者) に限られている。

○ イギリスの医療制度は税方式 (税財源方式) を中心としており, 日本のような社会保険方式ではない。

○ 設問のとおり。ドイツの介護保険は医療保険と連動しており, 0歳以上の法定医療保険の被保険者が同時に介護保険の強制適用の対象となる。介護保険における給付についても年齢による受給資格の制限がない。

○ ドイツの介護保険制度は, 在宅介護の場合に, 現物給付 (日本における訪問介護等) ではなく介護手当 (現金給付) を選択することができる (現物給付と介護手当の組み合わせも可能)。

✕ スウェーデンの老齢年金は, 所得比例年金, 積立年金, 最低保証年金の3つの給付から構成されており, このうち所得比例年金と積立年金はともに社会保険を基礎としている。所得比例年金は賦課方式で運営され, 積立年金は積立方式による確定拠出制度となっている。最低保証年金は, 物価水準をもとに設定された最低保証年金額と所得比例年金等で支給される年金支給額との差額部分を補てんするものである。

✕ スウェーデンの介護制度は社会保険方式ではなく税方式であるため, 介護保険制度は存在しない。

✕ フランスの公的医療保険制度では, 医療費の支給は原則として償還払い制が採用されており, 医療機関に対し患者が直接医療費を支払ったのち, 一定の割合 (70 ～ 80％程度) が保険で払い戻される仕組みとなっている。

✕ フランスの医療保険制度は, 被用者保険 (職域ごと) と非被用者保険 (自営業者等) に分かれているため, 同一の医療保険に加入しているのではない。

社会保障

379

# 障害者に対する支援と
# 障害者自立支援制度

# 障害者の生活実態とこれを取り巻く社会情勢, 福祉・介護需要

## 障害者の生活実態とこれを取り巻く社会情勢

**1** 31回56 「平成28年生活のしづらさなどに関する調査（全国在宅障害児・者等実態調査）」によれば，障害者手帳の種類別でみると，精神障害者保健福祉手帳所持者数が最も多い。

**2** 31回56 「平成28年生活のしづらさなどに関する調査（全国在宅障害児・者等実態調査）」によれば，身体障害者手帳所持者のうち，65歳以上の者は3分の2を超えている。

**3** 31回56改変 「平成28年生活のしづらさなどに関する調査（全国在宅障害児・者等実態調査）」によれば，療育手帳所持者数は，前回の調査時（平成23年）よりも増加している。

**4** 31回56 「平成28年生活のしづらさなどに関する調査（全国在宅障害児・者等実態調査）」によれば，精神障害者保健福祉手帳所持者のうち，最も多い年齢階級は「20歳〜29歳」である。

**5** 31回56 「平成28年生活のしづらさなどに関する調査（全国在宅障害児・者等実態調査）」によれば，身体障害者手帳所持者のうち，障害の種類で最も多いのは内部障害である。

**6** 32回56 「平成28年生活のしづらさなどに関する調査（全国在宅障害児・者等実態調査）」によれば，身体障害者手帳を所持している身体障害児（0〜17歳）では，内部障害が最も多い。

**7** 32回56改変 「平成28年生活のしづらさなどに関する調査（全国在宅障害児・者等実態調査）」によれば，「障害者手帳所持者等」（65歳未満）で，「今後の暮らしの希望」をみると，「今までと同じように暮らしたい」が最も多い。

**8** 32回56 「平成28年生活のしづらさなどに関する調査（全国在宅障害児・者等実態調査）」によれば，「障害者手帳所持者等」（65歳未満）で，「困った時の相談相手」をみると，家族が最も多い。

**✕** 障害者手帳の種類別では，身体障害者手帳が428万7000人，療育手帳が96万2000人，精神障害者保健福祉手帳が84万1000人となっており身体障害者手帳所持者が最も多い。(関連キーワード▶1参照)

**◯** 65歳以上の身体障害者手帳所持者は311万2000人であり全体の72.6％を占めている。年齢階級別では「70歳以上」が253万6000人（59.2％）で最も多く，次いで「65歳～69歳」が57万6000人（13.4％），「60歳～64歳」が33万1000人（7.7％）の順である。

**◯** 療育手帳所持者総数は，2011年（平成23年）が62万2000人，2016年（平成28年）が96万2000人であることから増加している。

**✕** 精神障害者保健福祉手帳所持者のうち，最も多い年齢階級は「40歳～49歳」で17万9000人（21.3％）である。次いで多い年齢階級は「70歳以上」が15万5000人（18.4％），「50歳～59歳」が14万1000人（16.8％），「30歳～39歳」が11万8000人（14.0％）の順となっている。

**✕** 身体障害者手帳所持者のうち，障害の種類で最も多いのは「肢体不自由」で193万1000人（45.0％）である。次いで「内部障害」が124万1000人（28.9％），「障害種別不詳」が46万2000人（10.8％）である。

**✕** 身体障害者手帳を所持している身体障害児は，肢体不自由の3万6000人（52.9％）が最も多い。次いで内部障害の1万5000人（22.1％）となっている。

**◯** 「障害者手帳所持者等」▶2（65歳未満）で，「今後の暮らしの希望」をみると，「今までと同じように暮らしたい」が72.0％と最も多い。

**◯** 「障害者手帳所持者等」（65歳未満）で，「困った時の相談相手」をみると，家族が70.5％と最も多い。次いで医療機関が37.8％，行政機関が37.5％の順となっている。

---

**▶1**
**生活のしづらさなどに関する調査（全国在宅障害児・者等実態調査）**
従来の身体障害児・者等実態調査と知的障害児（者）基礎調査を統合・拡大して，2011年（平成23年）に初めて実施された，在宅の障害児・者等の生活実態とニーズを把握することを目的とした調査。第2回目は2016年（平成28年）12月1日を調査日として実施された。

**▶2**
**障害者手帳所持者等**
障害者手帳所持者及び障害者手帳非所持でかつ「障害者総合支援法」に基づく自立支援給付等を受けている者のことである。

障害者に対する支援と障害者自立支援制度

383

**9** 32回56 「平成28年生活のしづらさなどに関する調査（全国在宅障害児・者等実態調査）」によれば、「障害者手帳所持者等」（65歳未満）で、「外出の状況」をみると、「1ヶ月に1～2日程度」が最も多い。

**10** 32回56 「平成28年生活のしづらさなどに関する調査（全国在宅障害児・者等実態調査）」によれば、「障害者手帳所持者等」（65歳未満）で、「障害者総合支援法」に基づく福祉サービスを利用している者は半数を超えている。

**11** 33回56 「平成28年生活のしづらさなどに関する調査（全国在宅障害児・者等実態調査）」によれば、65歳未満の障害者手帳所持者で、「特に生活のしづらさは無かった」と答えた者は半数を超えている。

**12** 33回56 「平成28年生活のしづらさなどに関する調査（全国在宅障害児・者等実態調査）」によれば、65歳以上の障害者手帳所持者の「障害の原因」は、「事故・けが」が最も多い。

**13** 33回56 「平成28年生活のしづらさなどに関する調査（全国在宅障害児・者等実態調査）」によれば、65歳以上の障害者手帳所持者の3分の2以上が、介護保険法に基づくサービスを利用している。

**14** 27回62改変 「令和元年度障害者虐待対応状況調査」（厚生労働省）によると、養護者による虐待の種別・類型別（複数回答）では「心理的虐待」が最も多い。

**15** 27回62改変 「令和元年度障害者虐待対応状況調査」（厚生労働省）によると、障害者福祉施設従事者等による虐待では、被虐待障害者の年齢階級別でみると、「65歳以上」が最も多い。

**16** 33回62改変 「令和元年度障害者虐待対応状況調査」（厚生労働省）によれば、障害者福祉施設従事者等により虐待を受けた者の障害種別は、知的障害が最も多い。

**17** 33回62改変 「令和元年度障害者虐待対応状況調査」（厚生労働省）によれば、障害者福祉施設従事者等による虐待行為の類型は、性的虐待が最も多い。

**✕** 「障害者手帳所持者等」（65歳未満）で，「外出の状況」をみると，「毎日」が32.9%と最も多い。次いで「1週間に3 〜 6日程度」が30.9%，「1週間に1 〜 2日程度」が15.9%の順となっている。

**✕** 「障害者手帳所持者等」（65歳未満）で，障害者総合支援法に基づく福祉サービスを利用している者は**32.0%**であり，半数を超えていない。

**✕** 生活のしづらさの頻度の状況は，65歳未満の障害者手帳所持者で「毎日」が35.9%で最も多く，次いで「特に生活のしづらさは無かった」が24.9%であった。

**✕** 65歳以上の障害者手帳所持者の「障害の原因」は，「病気」が58.0%で最も多く，次いで「加齢」が22.6%，「事故・けが」が12.9%となっている。

▶3
**「障害の原因」**
65歳未満の障害者手帳所持者でも，「病気」が36.4%で最も多く，次いで「わからない」が34.6%，「その他」が16.3%の順となっている。

**✕** 65歳以上の障害者手帳所持者で介護保険法に基づくサービスを利用している者は，34.4%である。

**✕** 「令和元年度障害者虐待対応状況調査」によると，**養護者による虐待の種別・類型別**（複数回答）では，身体的虐待が最も多い。身体的虐待63.9%，心理的虐待29.5%，経済的虐待20.7%，放棄・放置15.0%，性的虐待3.9%の順である。

▶4
**「令和元年度障害者虐待対応状況調査」**
正式名称は，「令和元年度『障害者虐待の防止，障害者の養護者に対する支援等に関する法律』に基づく対応状況等に関する調査結果報告書」である。

**✕** 「65歳以上」は全体の6.3%（46人）で，決して多いわけではない。障害者福祉施設従事者等による虐待を被虐待障害者の年齢階級別でみると，〜 19歳19.0%，20 〜 29歳18.7%，40 〜 49歳18.5%の順である。

**◯** 「令和元年度障害者虐待対応状況調査」によれば，障害者福祉施設従事者等による障害者虐待における被虐待者の障害種別をみると，知的障害が78.7%と最も多い。

▶5
**「令和元年度障害者虐待対応状況調査」**
「令和元年度『障害者虐待の防止，障害者の養護者に対する支援等に関する法律』に基づく対応状況等に関する調査結果報告書」のことである。

**✕** 障害者福祉施設従事者等による障害者虐待における虐待行為の類型をみると，身体的虐待が52.7%と最も多く，次いで心理的虐待40.0%，性的虐待13.2%の順となっている。

## 障害者の福祉・介護需要

**18** 33回56改変
「社会福祉施設等調査」(2019年(令和元年))によれば，就労移行支援サービス，就労継続支援(A型)サービス及び就労継続支援(B型)サービスのうち，利用実人員が最も多いのは就労継続支援(B型)サービスである。

**19** 33回56改変
「社会福祉施設等調査」(2019年(令和元年))によれば，障害児通所支援等事業所のうち，利用実人員が最も多いのは，放課後等デイサービスである。

# 障害者福祉制度の発展過程

## 障害者福祉制度の発展過程

### ●国際的な発展

**20** 32回57
1981年(昭和56年)の国際障害者年で主題として掲げられたのは，合理的配慮であった。

**21** 31回57
障害者の権利に関する条約(2014年(平成26年)批准)では，「合理的配慮」という考え方が重要視された。

### ●日本の発展

**22** 33回58
1949年(昭和24年)の身体障害者福祉法は，障害者福祉の対象を傷痍軍人に限定した。

**23** 30回57改変
児童福祉施設入所中に18歳以上となる知的障害者が増加する問題に対応するため，精神薄弱者福祉法(現・知的障害者福祉法)が制定された。

**24** 32回57
1960年(昭和35年)に成立した精神薄弱者福祉法は，ノーマライゼーションを法の理念とし，脱施設化を推進した。

○ 就労継続支援（B型）サービスの利用実人員が33万2487人で最も多く，次いで就労継続支援（A型）サービスが8万6031人，就労移行支援サービスが4万62人である。

○ 障害児通所支援等事業所のうち，利用実人員が最も多いのは，放課後等デイサービス（36万5513人）である。次いで児童発達支援サービス（14万3459人）である。

× 国際障害者年で主題として掲げられたのは「完全参加と平等」である。

○ 障害者の権利に関する条約では合理的配慮が重要視されている。▶6

× 1949年（昭和24年）に制定された身体障害者福祉法は，対象を「別表に掲げる身体上の障害がある18歳以上の者であって，都道府県知事から身体障害者手帳の交付を受けたもの」（同法第4条）としている。

○ 設問のとおり。国立知的障害児施設（現・国立児童自立支援施設）に入所している知的障害児が延長して施設に在籍できるよう特例措置がとられたが，18歳以上の知的障害者の援護が課題となり，精神薄弱者福祉法（現・知的障害者福祉法）を制定するに至った。

× 精神薄弱者福祉法（現・知的障害者福祉法）は，精神薄弱者の福祉を図ることを目的とし，「精神薄弱者援護施設（現・知的障害者援護施設）」を規定し，施設化を推進した。

▶6
合理的配慮
障害者の権利に関する条約第2条において，合理的配慮とは「障害者が他の者との平等を基礎として全ての人権及び基本的自由を享有し，又は行使することを確保するための必要かつ適当な変更及び調整であって，特定の場合において必要とされるものであり，かつ，均衡を失した又は過度の負担を課さないものをいう」と定義されている。

| | 25 33回58 | 1980年代に日本で広がった自立生活運動は，デンマークにおける知的障害者の親の会を中心とした運動が起源である。 |

| | 26 33回58 | 1950年（昭和25年）の精神衛生法は，精神障害者の私宅監置を廃止した。 |

| | 27 32回57 | 1995年（平成7年）に精神保健法が精神保健及び精神障害者福祉に関する法律に改正され，保護者制度が廃止された。 |

| | 28 30回57 | 学生や主婦で任意加入期間中に国民年金制度に加入していなかったために無年金になった障害者を対象に，障害基礎年金制度が創設された。 |

| | 29 30回57 | 支援費制度の実施により，身体障害者，知的障害者，障害児のサービスについて，利用契約制度が導入された。 |

| | 30 33回58改変 | 2010年（平成22年）に発足した障がい者制度改革推進会議における検討の結果，障害者自立支援法は改正され，「障害者総合支援法」となった。 |

| | 31 30回57 | 「障害者総合支援法」の施行により，同法による障害者の範囲に発達障害者が新たに含まれた。 |

---

## 整理しておこう！

### 障害者の権利に関する条約

　障害者の権利に関する条約（障害者権利条約）は，障害者の人権及び基本的自由の享有を確保し，障害者の固有の尊厳の尊重を促進することを目的として，障害者の権利の実現のための措置等について定める条約である。

　この条約の主な内容は，次のとおりである。
❶一般原則：障害者の尊厳，自律及び自立の尊重，無差別，社会への完全かつ効果的な参加及び包容等
❷一般的義務：合理的配慮の実施を怠ることを含め，障害に基づくいかなる差別もなしに，すべての障害者のあらゆる人権及び基本的自由を完全に実現することを確保し，及び促進すること等
❸障害者の権利実現のための措置：身体の自由，拷問の禁止，表現の自由等の自由権的権利及び教育，

| | |
|---|---|
| × | 1980年代に日本で広がった自立生活運動（IL運動）は，アメリカの重度障害がある大学生の抗議運動が起源である。 |
| ○ | 1950年（昭和25年）に制定された精神衛生法により，精神障害者の私宅監置は廃止された。 |
| × | 保護者制度が廃止されたのは，2013年（平成25年）の精神保健福祉法の改正による。この改正では，ほかにも医療保護入院や精神医療審査会の見直しなどが行われた。 |
| × | 無年金になった障害者を対象に創設されたのは特別障害給付金制度である。（関連キーワード▶9参照） |
| ○ | 2003年（平成15年）に実施された支援費制度により，身体障害者（居宅サービス・施設サービス），知的障害者（居宅サービス・施設サービス），障害児（居宅サービス）について利用契約制度が導入された。 |
| ○ | 設問のとおり。2012年（平成24年）6月に制定された「地域社会における共生の実現に向けて新たな障害保健福祉施策を講ずるための関係法律の整備に関する法律」により，障害者自立支援法は障害者総合支援法に題名改正された（2013年（平成25年）4月1日施行）。 |
| × | 2010年（平成22年）に行われた障害者自立支援法の改正により，同法による障害者の範囲に発達障害者が明文化された（（旧）障害者自立支援法第4条第1項）。 |

▶7
精神障害者の私宅監置
1900年（明治33年）に制定された精神病者監護法に規定された。ただし，私宅監置する場合は，行政にその旨を申請しなければならなかった。

▶8
精神保健福祉法
正式名称は，「精神保健及び精神障害者福祉に関する法律」である。

▶9
特別障害給付金制度の対象者
1991年（平成3年）3月以前に国民年金に任意加入であった学生，また，1986年（昭和61年）3月以前に国民年金に任意加入であった被用者等の配偶者であって，当時任意加入していなかった期間内に初診日があり，障害基礎年金の1級，2級相当の障害の状態にある者（ただし，65歳に達する日の前日までに当該障害状態に該当した者）が対象者である。

労働等の社会権的権利について締約国がとるべき措置等を規定。社会権的権利の実現については漸進的に達成することを許容
❹条約の実施のための仕組み：条約の実施及び監視のための国内の枠組みの設置。障害者の権利に関する委員会における各締約国からの報告の検討

障害者権利条約は，2006年12月13日に国連総会において採択され，2008年5月3日に発効した。日本は，2007年（平成19年）9月28日にこの条約に署名し，2014年（平成26年）1月20日に批准書を国際連合事務総長に寄託した。これにより障害者権利条約は，2014年2月19日より，日本において効力を生じることとなった。

**32**
31回57
「障害者差別解消法」(2013年(平成25年))では，障害を理由とした不当な差別的取扱いの禁止について，民間事業者に努力義務が課された。

**33**
32回57改変
2013年(平成25年)に成立した「障害者差別解消法」では，障害者を社会モデルに基づいて定義している。

**34**
29回57
2005年(平成17年)に制定された障害者自立支援法では，各法律に分かれていた障害者施策を，身体障害，知的障害，精神障害だけでなく難病も含めて一本化した。

**35**
29回57
2005年(平成17年)に制定された障害者自立支援法では，既存の障害者施設サービスを，日中活動の場と生活の場に分離した。

**36**
29回57
2005年(平成17年)に制定された障害者自立支援法では，新たな就労支援事業として，重度身体障害者授産施設を創設した。

---

整 理 し て お こ う ！

## 障害者支援の基盤的思想の流れ

　第一次世界大戦をきっかけに障害者のリハビリテーションが登場し，第二次世界大戦後の人権擁護の流れの中でノーマライゼーションが登場した。国際障害者年及び国連・障害者の十年を経て，リハビリテーションとノーマライゼーションは障害者支援の基盤的思想として世界的に受け入れられるようになった。今日では，先進諸国・開発途上国ともに地域の障害者支援においてこれらの思想が実現されつつある。

　右の表は，第二次世界大戦後の主な思想の流れである。

**✗** 障害者差別解消法[▶10]では，障害を理由とした不当な差別的取扱いの禁止について，国・地方公共団体等並びに民間事業者に**法的義務**が課された。

**▶10**
**障害者差別解消法**
正式名称は，「障害を理由とする差別の解消の推進に関する法律」である。

**○** 設問のとおり。社会モデルとは，障害者が日常・社会生活で受ける制限は，心身の機能の障害のみならず，社会におけるさまざまな障壁と相対することによって生ずるという考え方である。なお，障害者基本法に規定している「障害者」も社会モデルに基づいて定義している。

**✗** 難病が含まれるようになったのは，障害者自立支援法が改正されて障害者総合支援法[▶11]が施行された2013年（平成25年）4月からである。「治療方法が確立していない疾病その他の特殊の疾病であって政令で定めるものによる障害の程度が厚生労働大臣が定める程度である者」が，障害者総合支援法第4条第1項の「障害者」の定義に追加された。

**▶11**
**障害者総合支援法**
正式名称は，「障害者の日常生活及び社会生活を総合的に支援するための法律」である。

**○** 設問のとおり。障害者自立支援法では従来の障害者施設サービスを昼間のサービス（日中活動の場）と夜間のサービス（生活の場）に分けており，利用者はこれらのサービスを組み合わせて利用することができるようになった。

**✗** 重度身体障害者授産施設[▶12]が創設されたのは1964年（昭和39年）である。

**▶12**
**重度身体障害者授産施設**
2003年（平成15年）4月からの支援費制度の導入に伴い廃止された。

| 年 | 主な事項 |
|---|---|
| 1948 | 国連「世界人権宣言」採択 |
| 1969 | 社会の進歩と開発に関する宣言 |
| 1971 | 国連「知的障害者の権利宣言」採択 |
| 1975 | 国連「障害者の権利宣言」採択 |
| 1980 | WHO「国際障害分類（ICIDH）」発表 |
| 1981 | 国連「国際障害者年」（テーマ：「完全参加と平等」） |
| 1982 | 国連「障害者に関する世界行動計画」採択 |
| 1983 | 「国連・障害者の十年」（1983 ～ 1992年） |
| 1990 | アメリカで「ADA（障害をもつアメリカ人法）」公布 |
| 1993 | 国連「障害者の機会均等化に関する標準規則」採択 |
| 2001 | WHO「国際生活機能分類（ICF）」採択 |
| 2008 | 国連「障害者の権利に関する条約」発効 |

障害者に対する支援と障害者自立支援制度

| | **37** 29回57改変 | 2005年（平成17年）に制定された障害者自立支援法では，対象者の障害程度区分に応じて，一定のサービスを利用できるようにした。 |

| | **38** 29回57 | 2005年（平成17年）に制定された障害者自立支援法では，安定的な財源確保のため，介護保険財源からの調整交付金制度を導入した。 |

| | **39** 31回57 | 「障害者虐待防止法」（2011年（平成23年））における障害者虐待には，障害者福祉施設従事者によるものは除外された。 |

## 整理しておこう！

### 日本の障害者福祉制度の発展

　第二次世界大戦前の日本の障害者福祉施策は，主に傷病軍人を対象としたものであった。戦後の1946年（昭和21年），日本国憲法が公布され，個人の尊重（第13条），法の下の平等（第14条），国民の生存権と国の任務（第25条）に関する規定が盛り込まれた。障害者への福祉施策は国家による公的な責任によってなされるという原則が示されたことで，障害者福祉を目的とした立法の必要性が高まってきた。そうした中，1949年（昭和24年）に，日本としては初の障害者福祉関連の法律となる身体障害者福祉法が成立し，翌1950年（昭和25年）4月1日から施行されたことで，日本の障害者福祉制度の発展が始まった。

| 年 | 主な事項 |
|---|---|
| 1946（昭和21） | 日本国憲法（1947年（昭和22年）5月3日施行） |
| 1947（昭和22） | 児童福祉法（1948年（昭和23年）1月施行） |
| 1949（昭和24） | 身体障害者福祉法（1950年（昭和25年）4月施行） |
| 1950（昭和25） | 精神衛生法（1950年（昭和25年）5月施行） |
| 1960（昭和35） | 精神薄弱者福祉法（1960年（昭和35年）4月施行）<br>身体障害者雇用促進法（1960年（昭和35年）7月施行） |
| 1970（昭和45） | 心身障害者対策基本法（1970年（昭和45年）5月施行） |
| 1983（昭和58） | 障害者対策に関する長期計画（～1992年（平成4年）） |
| 1987（昭和62） | 精神衛生法の精神保健法への題名改正（1988年（昭和63年）7月施行）<br>「障害者対策に関する長期計画」後期重点施策（～1992年（平成4年））<br>身体障害者雇用促進法の障害者の雇用の促進等に関する法律への題名改正（1988年（昭和63年）4月施行） |
| 1990（平成2） | 福祉関係八法の改正（児童・身体障害者・知的障害者に対する在宅福祉サービスの推進（1991年（平成3年）1月施行）） |
| 1993（平成5） | 精神保健法の改正（グループホームの法定化（1994年（平成6年）4月施行））<br>心身障害者対策基本法の障害者基本法への題名改正（1993年（平成5年）12月施行）<br>障害者対策に関する新長期計画（～2002年（平成14年）） |

⭕ 障害者自立支援法では，**介護給付と訓練等給付**が創設され，介護給付については**障害程度区分の審査・判定**が行われ，市町村は障害程度区分等を勘案して，利用できるサービスの種類や量を決定する。（関連キーワード▶13参照）

❌ 障害者自立支援法では，**介護保険財源からの調整交付金制度**は導入されていない。

❌ 障害者虐待防止法における障害者虐待は，**障害者福祉施設従事者による虐待**も含まれる（第2条第2項）。その他，障害者虐待には養護者や使用者によるものも規定されている。

▶13
**障害支援区分**
2012年（平成24年）6月の改正により，それまでの「障害程度区分」から，障害の多様な特性その他の心身の状態に応じて必要とされる標準的な支援の度合を総合的に示す「障害支援区分」に改められた（2014年（平成26年）4月1日施行）。

▶14
**障害者虐待防止法**
正式名称は「障害者虐待の防止，障害者の養護者に対する支援等に関する法律」である。

| 年 | 主な事項 |
|---|---|
| 1995（平成7） | 精神保健法の精神保健及び精神障害者福祉に関する法律（精神保健福祉法）への題名改正（1995年（平成7年）7月施行）<br>障害者プラン～ノーマライゼーション7か年戦略～（～2002年（平成14年）） |
| 1998（平成10） | 精神薄弱者福祉法の知的障害者福祉法への題名改正（1999年（平成11年）4月施行） |
| 1999（平成11） | 精神保健福祉法の改正（ホームヘルプサービス・ショートステイの法定化（2002年（平成14年）4月施行）） |
| 2000（平成12） | 社会福祉基礎構造改革による身体障害者福祉法・知的障害者福祉法・児童福祉法等の改正（支援費制度の導入（2003年（平成15年）4月施行）） |
| 2002（平成14） | 身体障害者補助犬法（2002年（平成14年）10月施行） |
| 2003（平成15） | 心神喪失等の状態で重大な他害行為を行った者の医療及び観察等に関する法律（医療観察法）（2005年（平成17年）7月施行）<br>障害者基本計画（～2012年（平成24年））<br>重点施策実施5か年計画（新障害者プラン）（～2007年（平成19年）） |
| 2004（平成16） | 発達障害者支援法（2005年（平成17年）4月施行） |
| 2005（平成17） | 障害者自立支援法（2006年（平成18年）4月施行） |
| 2006（平成18） | 高齢者，障害者等の移動等の円滑化の促進に関する法律（バリアフリー新法）（2006年（平成18年）12月施行） |
| 2008（平成20） | 重点施策実施5か年計画（後期5か年計画）（～2012年（平成24年）） |
| 2010（平成22） | 障害者自立支援法の改正（2010年（平成22年）12月施行）<br>児童福祉法の改正（2010年（平成22年）12月施行） |
| 2011（平成23） | 障害者虐待の防止，障害者の養護者に対する支援等に関する法律（障害者虐待防止法）（2012年（平成24年）10月施行） |
| 2012（平成24） | 障害者自立支援法の障害者の日常生活及び社会生活を総合的に支援するための法律（障害者総合支援法）への題名改正（2013年（平成25年）4月施行） |
| 2013（平成25） | 障害を理由とする差別の解消の推進に関する法律（障害者差別解消法）（2016年（平成28年）4月施行） |
| 2014（平成26） | 「障害者の権利に関する条約」の批准 |

障害者に対する支援と障害者自立支援制度

| 40 33回58 | 1960年（昭和35年）の身体障害者雇用促進法は，児童福祉施設に入所している18歳以上の肢体不自由者が増加する問題に対応するために制定された。 |

| 41 31回57 | 「障害者雇用促進法」の改正（2013年（平成25年））では，雇用分野における障害を理由とした不当な差別的取扱いの禁止について，努力義務が課された。 |

| 42 32回57 | 2018年（平成30年）に閣議決定された障害者基本計画（第4次）では，命の重さは障害によって変わることはないという価値観を社会全体で共有できる共生社会の実現に寄与することが期待されている。 |

## ●障害者とスポーツ

| 43 30回56 | スペシャルオリンピックスは，オリンピックの直後に当該開催地で行われる。 |

| 44 30回56 | パラリンピックは，イギリスの病院での脊髄損傷者が参加する競技会の開催がきっかけとなった。 |

| 45 30回56 | デフリンピックは，知的障害者による国際スポーツ大会として誕生した。 |

| 46 30回56 | ゆうあいピックは，全国障害者スポーツ大会から独立して誕生した。 |

| 47 30回56改変 | フェスピック競技大会は，身体障害者を対象に展開された。 |

✕ 1960年（昭和35年）の身体障害者雇用促進法（現・障害者の雇用の促進等に関する法律）は，ILO（国際労働機関）が1955年（昭和30年）に第99号「障害者の職業更生に関する勧告」を出したことと，高度経済成長による労働者不足に対応するために制定された。 （関連キーワード▶15参照）

✕ 障害者雇用促進法▶16の改正では，雇用分野における障害を理由とした不当な差別的取扱いの禁止について法的義務が課された。

⭕ 障害者基本計画（第4次）では，「一人ひとりの命の重さは障害の有無によって少しも変わることはない」という当たり前の価値観を国民全体で共有できる共生社会の実現に寄与することが期待されている。本計画は，2018年度（平成30年度）から2022年度（令和4年度）の5年間を対象としている。

✕ オリンピックの直後に当該開催地で行われるのはパラリンピックである。スペシャルオリンピックスは，知的障害のある人たちにさまざまなスポーツトレーニングと競技会を提供する国際的なスポーツ組織である。

⭕ パラリンピックは，第二次世界大戦で脊髄損傷者となったイギリスの傷痍軍人に対してリハビリテーションを図るための競技会が，病院で開催されたことがきっかけであった。

✕ デフリンピックは，聴覚障害のある「ろう者」の国際総合競技大会として誕生した。

✕ ゆうあいピックとは「全国知的障害者スポーツ大会」の愛称であり，2001年（平成13年）に全国身体障害者スポーツ大会と統合し，全国障害者スポーツ大会が誕生した。

⭕ 設問のとおり。本大会は，日本の呼び掛けによりフェスピック圏（極東・南太平洋地域）の国々の身体障害者スポーツの振興やスポーツを通じての社会参加を重要な目的とし，1975年（昭和50年）から2006年（平成18年）まで9回開催された。

▶15
精神薄弱者福祉法の制定
身体障害者雇用促進法が制定されたのと同じ年の1960年（昭和35年），児童福祉施設に入所している18歳以上の知的障害者が増加する問題に対応するため，精神薄弱者福祉法（現・知的障害者福祉法）が制定された。

▶16
障害者雇用促進法
正式名称は，「障害者の雇用の促進等に関する法律」である。

障害者に対する支援と障害者自立支援制度

# 障害者総合支援法

## ●「障害者」の定義

**48**
29回61改変
「障害者総合支援法」における「障害者」は，18歳以上の者とされている。

## ●障害福祉サービス

**49**
31回58改変
療養介護とは，医療を必要とし，常時介護を要する障害者に，機能訓練，看護，医学的管理の下における介護等を行うサービスである。

**50**
31回58
行動援護とは，外出時の移動中の介護を除き，重度障害者の居宅において，入浴，排せつ，食事等の介護等を行うサービスである。

**51**
27回57
視覚障害者に対する同行援護は，障害支援区分2以上の者が対象である。

**52**
27回57
50歳以上の者に対する生活介護は，障害支援区分2（障害者支援施設に入所する場合は区分3）以上の者が対象である。

**53**
27回57
医療型短期入所は，医療機関及び医師の常勤配置のある障害者支援施設において実施できる。

**54**
31回58
自立生活援助とは，一人暮らし等の障害者が居宅で自立した生活を送れるよう，定期的な巡回訪問や随時通報による相談に応じ，助言等を行うサービスである。

**55**
31回58
就労移行支援とは，通常の事業所の雇用が困難な障害者に，就労の機会を提供し，必要な訓練などを行うサービスである。

○ 設問のとおり。障害者総合支援法では，18歳未満の者は「障害児」，18歳以上の者は「障害者」と区別されている。

○ 療養介護とは，主として昼間において，病院で機能訓練，療養上の管理，看護，医学的管理の下における介護及び日常生活上の世話を行うサービスである（障害者総合支援法第5条6項）。

✕ 行動援護とは，行動する際に生じ得る危険を回避するために必要な援護，外出時における移動中の介護，排せつ，食事等の介護その他行動する際に必要な支援を行うサービスである（障害者総合支援法第5条第5項）。知的障害・精神障害により行動上著しい困難を有し，常時介護を要する障害児・者が対象となる。

✕ 同行援護の利用にあたっては，障害支援区分の認定を必要としない。
(関連キーワード▶17参照)

○ 設問のとおり。50歳以上の者に対する生活介護は，障害支援区分が区分2（障害者支援施設に入所する場合は区分3）以上の者である。

✕ 医療型短期入所は，病院，診療所，介護老人保健施設又は介護医療院において実施されており，そこに障害者支援施設は含まれない。

○ 自立生活援助は2018年（平成30年）4月から新設された訓練等給付に位置づくサービスで，障害者支援施設や共同生活援助（グループホーム）を利用していた障害者が，居宅で自立した日常生活を送れるように相談や助言等を行うサービスである（障害者総合支援法第5条第16項）。

✕ 就労移行支援とは，一般企業等への就労を希望し，雇用されることが可能と見込まれる障害者に，一定期間，就労に必要な知識・能力の向上のために必要な訓練を行うサービスである（障害者総合支援法第5条第13項）。標準利用期間は2年間である。

▶17
同行援護の利用対象者
同行援護については，「身体介護を伴う場合」は障害支援区分が区分2以上に該当する者が対象で，「身体介護を伴わない場合」は障害支援区分の認定は必要とされていなかったが，2018年（平成30年）4月1日からは身体介護を伴うか否かにかかわらず障害支援区分の認定は必要とされなくなった。

**56** 31回58　就労継続支援とは，就労を希望し，通常の事業所の雇用が可能な障害者に，就労のために必要な訓練などを行うサービスである。

**57** 30回59　就労継続支援Ａ型のサービスの利用には，障害支援区分の認定が必要である。

**58** 30回59　就労継続支援Ａ型のサービスの利用には，暫定支給決定の仕組みがある。

**59** 30回59　就労継続支援Ａ型のサービスを利用する際，サービスの利用者負担は不要である。

**60** 30回59改変　就労継続支援Ａ型のサービスの利用期間については，法令上の定めがない。

**61** 33回59　「障害者総合支援法」に基づく共生型サービスは，障害児が健常児と共に学校教育を受けるための支援を行うものである。

**62** 33回59　「障害者総合支援法」に基づく障害福祉サービスである行動援護は，介護保険の給付を受けることができる者でも必要に応じて利用できる。

**63** 33回59改変　「障害者総合支援法」に基づく障害福祉サービスである就労移行支援の利用には，障害支援区分の認定は必要ない。

**64** 33回59　「障害者総合支援法」に基づく障害福祉サービスである生活介護を利用する場合は，暫定支給決定が行われる。

**65** 33回59　障害児に関する障害福祉サービスの利用者負担は不要である。

✕ 就労継続支援とは，一般企業等での就労が困難な障害者に，就労の場を提供するとともに知識・能力向上のための必要な訓練を行うサービスである（障害者総合支援法第5条第14項）。A型（雇用型）とB型（非雇用型）に区別される。（関連キーワード▶18参照）

✕ 訓練等給付の対象となる障害福祉サービスは障害支援区分による利用制限はないので，基本的に認定を必要としない。

◯ 就労継続支援A型は暫定支給が決定される。訓練等給付の場合の訓練や就労に関する評価は，暫定支給決定の後に行われる。▶19

✕ 障害者総合支援法に基づく障害福祉サービスを利用した場合は，基本的に費用の一部を利用者が負担することになっている。

◯ 就労継続支援A型・B型は利用期間について法令上の定めはない。

✕ 共生型サービスは，2018年（平成30年）に創設されたサービス体系である。▶20 65歳以上は介護保険法が優先となるため，障害者が65歳以上になっても，使い慣れた事業所においてこれまでと同様のサービスを利用することができるように新設された。

◯ 「サービス内容や機能から，介護保険サービスには相当するものがない障害福祉サービス固有のものと認められるもの（同行援護，行動援護，自立訓練（生活訓練），就労移行支援，就労継続支援等）については，当該障害福祉サービスに係る介護給付費等を支給する」と通知されている。▶21

◯ 一般企業への就労を希望する者に，一定期間，就労に必要な知識や能力の向上のために必要な訓練を行う就労移行支援は，障害支援区分の認定は求められない。

✕ 生活介護は，介護給付費の支給対象サービスのため，障害支援区分の認定が必要となり，暫定支給は行われない。

✕ 障害福祉サービスには，利用者が障害者であるか障害児であるかにかかわりなく，家計の負担能力その他の事情をしん酌して政令で定める額が負担上限月額として定められている。

---

▶18
**就労継続支援の利用対象者**
利用対象者は，就労継続支援A型は「通常の事業所に雇用されることは困難だが，雇用契約に基づく就労が可能な65歳未満の障害者」で，就労継続支援B型は「通常の事業所で雇用されることは困難で，雇用契約に基づく就労が困難な者」と定められている。

▶19
**暫定支給決定**
①当該事業の継続利用についての利用者の最終的な意向の確認，②当該サービスの利用が適切かどうかの客観的な判断を行うための期間（暫定支給決定期間）を設定した短期間の支給決定であり，暫定支給決定期間は2か月以内の範囲で市町村が個別のケースに応じて設定する。

▶20
**共生型サービス**
介護保険法における，訪問介護，通所介護，短期入所生活介護を障害福祉サービスの居宅介護（重度訪問介護），生活介護等や児童発達支援及び放課後等デイサービス，短期入所として利用することができるものである。

▶21
**通知**
「障害者自立支援法に基づく自立支援給付と介護保険制度との適用関係等について」（平成19年3月28日障企発 第0328002号・障障発第0328002号厚生労働省社会・援護局障害保健福祉部企画課・障害福祉課長連名通知）

障害者に対する支援と障害者自立支援制度

● **相談支援**

□ **66** 特定相談支援事業として，計画相談支援を行う。
□ 29回59

□ **67** 特定相談支援事業として，障害児相談支援を行う。
□ 29回59

□ **68** 特定相談支援事業として，地域移行支援を行う。
□ 29回59

□ **69** 特定相談支援事業として，地域定着支援を行う。
□ 29回59

## 整理しておこう！

### 相談支援の充実

「障がい者制度改革推進本部等における検討を踏まえて障害保健福祉施策を見直すまでの間において障害者等の地域生活を支援するための関係法律の整備に関する法律」（平成22年法律第71号）による改正で，相談支援の充実が図られた（2012年（平成24年）4月施行）。

**1 一般相談支援事業・特定相談支援事業**

| 一般相談支援事業 | 基本相談支援及び地域相談支援のいずれも行う。 |
|---|---|
| 特定相談支援事業 | 基本相談支援及び計画相談支援のいずれも行う。 |

**2 基本相談支援**

地域の障害者等の福祉に関する問題について，障害者等，障害児の保護者又は障害者等の介護者からの相談に応じ，必要な情報の提供や助言を行い，併せて市町村及び指定障害福祉サービス事業者等との連絡その他の便宜を総合的に提供する。地域生活支援事業として実施される。

**3 地域相談支援**

・地域移行支援及び地域定着支援をいう。

| 地域移行支援 | 障害者支援施設，のぞみの園等に入所している障害者又は精神科病院（精神科病院以外の病院で精神病室が設けられているものを含む。）に入院している精神障害者に対して，住居の確保その他の地域における生活に移行するための活動に関する相談その他の便宜を供与する。 |
|---|---|
| 地域定着支援 | 居宅において単身等の状況において生活する障害者に対して，当該障害者との常時の連絡体制を確保し，障害の特性に起因して生じた緊急の事態等において相談その他の便宜を供与する。 |

設問のとおり。特定相談支援事業には基本相談支援と計画相談支援が含まれる(障害者総合支援法第5条第18項)。

 特定相談支援事業に障害児相談支援は含まれない。

 地域移行支援は，特定相談支援事業ではなく，一般相談支援事業として行われる(障害者総合支援法第5条第18項)。

 地域定着支援は，特定相談支援事業ではなく，一般相談支援事業として行われる。

### 4 計画相談支援
・サービス利用支援及び継続サービス利用支援をいう。

| | |
|---|---|
| サービス利用支援 | 障害者等の心身の状況，その置かれている環境，サービス等の利用に関する意向等を勘案し，利用するサービス等の内容等を定めたサービス等利用計画案を作成し，支給決定等が行われた後に，当該支給決定等の内容を反映したサービス等利用計画の作成を行う。 |
| 継続サービス利用支援 | サービス等利用計画が適切であるかどうかを一定期間ごとに検証し，その結果等を勘案してサービス等利用計画の見直しを行い，サービス等利用計画の変更等を行う。 |

### 5 障害児相談支援(児童福祉法)

| | |
|---|---|
| 障害児支援利用援助 | 障害児の心身の状況，その置かれている環境，障害児通所支援の利用に関する意向等を勘案し，利用する障害児通所支援の内容等を定めた障害児支援利用計画案を作成し，通所給付決定等が行われた後に，当該給付決定等の内容を反映した障害児支援利用計画の作成を行う。 |
| 継続障害児支援利用援助 | 障害児支援利用計画が適切であるかどうかを一定期間ごとに検証し，その結果等を勘案して障害児支援利用計画の見直しを行い，障害児支援利用計画の変更等を行う。 |

## ● 自立支援医療

□ **70**
□ 29回58
市町村は，精神通院医療について支給認定を行う。

## ● 地域生活支援事業

□ **71**
□ 30回58
地域活動支援センターは，「障害者総合支援法」に規定されている。

□ **72**
□ 28回62
障害者基本法では，市町村の行う地域生活支援事業について規定されている。

## ● 障害福祉計画

□ **73**
□ 29回58改変
厚生労働大臣は，自立支援給付の円滑な実施を確保するための基本的な指針を定める。

## ● 審査請求

□ **74**
□ 29回58
都道府県知事は，介護給付費等に係る処分の審査請求事案を取り扱う。

# 障害者総合支援法における組織及び団体の役割と実際

## 国・市町村・都道府県の役割

□ **75**
□ 32回59
市町村は，障害支援区分の認定のための調査を，指定一般相談支援事業者等に委託することができる。

□ **76**
□ 32回59
市町村は，障害支援区分の認定に関する審査判定業務を行わせるため，協議会を設置する。

× 精神通院医療は，都道府県が支給認定を行う。なお，更生医療と育成医療については市町村が支給認定を行う。

○ 地域活動支援センターは，障害者総合支援法第5条第27項に規定されており，同法第77条第1項第9号により市町村地域生活支援事業に位置づけられている。

× 市町村の行う地域生活支援事業（市町村地域生活支援事業）は，障害者基本法ではなく障害者総合支援法に規定されている。

○ 厚生労働大臣は，障害福祉サービス及び相談支援並びに市町村及び都道府県の地域生活支援事業の提供体制を整備し，自立支援給付及び地域生活支援事業の円滑な実施を確保するための基本的な指針（基本指針）を定めると規定されている（障害者総合支援法第87条第1項）。（関連キーワード▶23参照）

○ 設問のとおり。市町村の介護給付費等又は地域相談支援給付費等に係る処分に不服がある者は，都道府県知事に対して審査請求をすることができる（障害者総合支援法第97条第1項）。（関連キーワード▶24参照）

○ 設問のとおり（障害者総合支援法第20条第2項）。

× 障害支援区分の認定に関する審査判定業務を行わせるために設置されるのは，市町村審査会である（障害者総合支援法第15条，第21条）。

▶22
**市町村地域生活支援事業の必須事業**
①理解促進研修・啓発事業，②自発的活動支援事業，③相談支援事業，④成年後見制度利用支援事業，⑤成年後見制度法人後見支援事業，⑥意思疎通支援事業，⑦日常生活用具給付等事業，⑧手話奉仕員養成研修事業，⑨移動支援事業，⑩地域活動支援センター機能強化事業がある。

▶23
**基本指針に定める事項**
障害者総合支援法第87条第2項に，①障害福祉サービス及び相談支援の提供体制の確保に関する基本的事項，②障害福祉サービス，相談支援並びに市町村及び都道府県の地域生活支援事業の提供体制の確保に係る目標に関する事項，③市町村障害福祉計画及び都道府県障害福祉計画の作成に関する事項，④その他自立支援給付及び地域生活支援事業の円滑な実施を確保するために必要な事項，があげられている。

▶24
**障害者介護給付費等不服審査会**
都道府県知事は，条例で定めるところにより，審査請求の事件を取り扱わせるため，障害者介護給付費等不服審査会をおくことができる（障害者総合支援法第98条第1項）。

**77**
32回59改変
市町村は，市町村障害福祉計画を策定しなければならない。

**78**
32回59
市町村は，指定障害福祉サービス事業者の指定を行う。

**79**
32回59
市町村は，高次脳機能障害に対する支援普及事業などの特に専門性の高い相談支援事業を行う。

**80**
28回60
都道府県は，介護給付費等の支給決定を行う。

**81**
28回60
都道府県は，自立支援医療の更生医療を実施する。

**82**
29回58
都道府県知事は，指定特定相談支援事業者の指定を行う。

**83**
27回58
都道府県は，補装具費の支給を行う。

## 基幹相談支援センターの役割

**84**
31回60
基幹相談支援センターは，「障害者総合支援法」に基づく協議会の運営の中心的な役割を担うこととされている機関である。

⭕ 設問のとおり。障害者総合支援法第88条では，「市町村は，基本指針に即して，障害福祉サービスの提供体制の確保その他この法律に基づく業務の円滑な実施に関する計画（市町村障害福祉計画）を定めるものとする」とある。

❌ 指定障害福祉サービス事業者の指定は，都道府県知事が行う（障害者総合支援法第29条第1項）。なお，大都市等の特例により，政令指定都市市長及び中核市市長は，指定障害福祉サービス事業者の指定を行う。

❌ 「高次脳機能障害及びその関連障害に対する支援普及事業」は，「専門性の高い相談支援事業」として，都道府県が行う地域生活支援事業である（障害者総合支援法第78条第1項，「地域生活支援事業等の実施について」（平成18年8月1日障発第0801002号））。

❌ 介護給付費等の支給決定を行うのは，都道府県ではなく市町村である（障害者総合支援法第19条第1項）。

❌ 自立支援医療のうち，更生医療及び育成医療を実施するのは市町村である。

❌ 指定特定相談支援事業者は，市町村長が指定する（障害者総合支援法第51条の17第1項第1号）。

❌ 補装具費の支給を行うのは，都道府県ではなく市町村である（障害者総合支援法第76条第1項）。

⭕ 「地域生活支援事業等の実施について」（平成18年8月1日障発第0801002号）において，「基幹相談支援センターは，地域の実情に応じて市町村が設置する協議会の運営の委託を受ける等により，地域の障害者等の支援体制の強化を図る」と規定されているため，協議会を運営する中心的な役割を担うことになる。

▶25
協議会
障害者総合支援法第89条の3において「地方公共団体は，単独で又は共同して，障害者等への支援の体制の整備を図るため，関係機関，関係団体並びに障害者等及びその家族並びに障害者等の福祉，医療，教育又は雇用に関連する職務に従事する者その他の関係者により構成される協議会を置くように努めなければならない」と規定されている。

障害者に対する支援と障害者自立支援制度

## 国民健康保険団体連合会の役割

**85**
27回58
国民健康保険団体連合会は，市町村から委託を受けて介護給付費等の支払業務を行う。

## 労働関係機関の役割

**86**
30回58
地域障害者職業センターは，「障害者総合支援法」に規定されている。

# 障害者総合支援法における専門職の役割と実際

## サービス管理責任者

**87**
23回133
居宅介護事業所の規模に応じて，サービス管理責任者が配置される。

---

### 整 理 し て お こ う ！

## 地域生活支援事業と個別給付との違い

|  | 地域生活支援事業<br>（相談支援，コミュニケーション支援，日常生活用具の給付等，移動支援，地域活動支援センター等） |
|---|---|
| 性格 | 地域の実情や利用者の状況に応じて，自治体が柔軟な形態で実施することが可能な事業 |
| 費用の流れ | 自治体が実施（自治体は自ら事業を実施，又は事業者に事業を委託等により実施） |
| 利用者 | 実施主体の裁量 |
| 利用料 | 実施主体の裁量 |
| 事業実施に当たっての基準 | 実施主体の裁量（一部設備運営基準あり：地域活動支援センター，福祉ホーム） |
| 財源 | 補助金（一部交付税措置あり）<br>（負担割合：国1／2，県・市1／4） |

⭕ 設問のとおり。**国民健康保険団体連合会**は，市町村から委託を受けて，介護給付費，訓練等給付費，特定障害者特別給付費，地域相談支援給付費及び計画相談支援給付費の審査及び**支払に関する業務を行う。**

❌ 地域障害者職業センターは，障害者の雇用の促進等に関する法律（障害者雇用促進法）第22条に規定されている。

❌ 居宅介護事業所については，規模にかかわらずサービス管理責任者を配置する旨の規定はない。**サービス提供責任者**については，居宅介護の事業の規模に応じて配置される。

▶26
**国民健康保険団体連合会**
都道府県・市町村（特別区含む）・国民健康保険組合が共同して設立し，都道府県知事の認可を受けて成立する。介護給付費等の審査及び支払業務のほか，国民健康保険の診療報酬及び介護保険の介護報酬にかかる審査及び支払業務等を行う。

▶27
**サービス提供責任者**
居宅介護，重度訪問介護，同行援護，行動援護及び重度障害者等包括支援の事業所ごとに置かれる。サービス内容を記載した居宅介護計画等の作成やサービスの利用の申し込みの調整などの業務を行う。

| 個別給付<br>（ホームヘルプ，ショートステイ，自立訓練，就労移行支援等） |
| --- |
| 介護，就労訓練といった個別の明確なニーズに対応した給付 |
| 利用者本人に対する給付（実際には，事業者が代理受領） |
| 障害支援区分認定＊，支給決定が必要<br>＊介護給付は18歳以上のみ必要（同行援護は不要），訓練等給付は認定なし（入浴，排せつ又は食事等の介護を伴う共同生活援助は認定あり） |
| 応能負担 |
| 指定基準，設備運営基準等あり |
| 負担金<br>（負担割合：国1／2，県・市1／4） |

| | 88 |
|---|---|
| | 23回133 |

サービス管理責任者は，原則として直接サービスの提供を行う生活支援員と同じ者でなければならない。

## 相談支援専門員

| | 89 |
|---|---|
| | 25回57 |

相談支援専門員は，サービス利用支援においてサービス等利用計画を変更するとともに，関係者との連絡調整を行う。

## 障害者総合支援法における多職種連携，ネットワーキングと実

### 労働関係機関関係者との連携

| | 90 |
|---|---|
| | 25回59 |

地域の関係機関との連携による障害者就労支援チームは，障害者職業センターが中心となって設置する。

## 身体障害者福祉法

| | 91 |
|---|---|
| | 29回60 |

身体障害者が「障害者総合支援法」のサービスを利用する場合には，身体障害者手帳の交付を受ける必要がある。

| | 92 |
|---|---|
| | 31回62 |

身体障害者福祉法では，身体障害者更生相談所の業務として，必要に応じて「障害者総合支援法」に規定する補装具の処方を行うことが規定されている。

| | 93 |
|---|---|
| | 31回62 |

身体障害者福祉法において，身体障害者手帳の有効期限は2年間と規定されている。

✕ 原則として，サービス管理責任者と直接サービスの提供を行う生活支援員等とは異なる者でなければならないとされている。

▶28
サービス管理責任者
療養介護，生活介護，自立訓練，就労移行支援，就労継続支援，就労定着支援，自立生活援助，施設入所支援，共同生活援助の事業所に置かれる。個々の利用者についてアセスメント，個別支援計画の作成，定期的なモニタリング等を行い，一連のサービス提供プロセス全般に関する責任を担う。

✕ サービス等利用計画の変更及び関係者との連絡調整は，サービス利用支援ではなく継続サービス利用支援において行われる。

✕ 地域の関係機関との連携による障害者就労支援チームは，障害者職業センターではなく，公共職業安定所（ハローワーク）が中心となって設置している。

◯ 障害者総合支援法のサービスを利用する場合，身体障害者では，身体障害者手帳の交付を受ける必要がある。障害者総合支援法第4条第1項の「障害者」の定義には，「身体障害者福祉法第4条に規定する身体障害者」とあり，身体障害者福祉法の「身体障害者」の定義には，「別表に掲げる身体上の障害がある18歳以上の者であって，都道府県知事から身体障害者手帳の交付を受けたもの」とある。（関連キーワード▶29参照）

▶29
障害者の定義と障害者手帳
法律上の「身体障害者」の定義には身体障害者手帳をもっていることが要件の1つに含まれるが，他方，知的障害者福祉法における「知的障害者」及び精神保健及び精神障害者福祉に関する法律における「精神障害者」については，手帳の有無は条件とはなっていない。このため，知的障害者と精神障害者は，手帳の交付を受けていなくても障害者総合支援法のサービスを利用することができる。

◯ 身体障害者福祉法第10条第1項第2号ニに「必要に応じ，障害者の日常生活及び社会生活を総合的に支援するための法律第5条第25項に規定する補装具の処方及び適合判定を行うこと」が規定されている。

✕ 身体障害者手帳に有効期限の規定はない。障害の状態が変わった又は障害がなくなった場合には，本人から「等級変更」や「返還」の手続きを行うこととなる。

## 知的障害者福祉法

**94**
29回61
知的障害者福祉法における「知的障害者」とは，児童相談所において知的障害であると判定された者をいう。

**95**
31回62改変
知的障害者福祉法において，療育手帳の交付は規定されていない。

**96**
29回60
療育手帳の交付の申請は，知的障害者更生相談所長に対して行う。

**97**
30回62
知的障害者更生相談所では，緊急時に知的障害者の一時保護を行う。

**98**
30回62
知的障害者更生相談所では，知的障害者の医学的，心理学的及び職能的判定を行う。

**99**
30回62
知的障害者更生相談所では，成年後見人の選任を行う。

**100**
31回62
知的障害者福祉法において，知的障害者更生相談所には，社会福祉主事を置かなければならないと規定されている。

## 精神保健福祉法

**101**
29回61
「精神保健福祉法」における「精神障害者」とは，精神障害がある者であって精神障害及び社会的障壁により日常生活又は社会生活に制限を受けるものをいう。

✕ 知的障害者福祉法において「知的障害者」の定義はなされていない。なお，療育手帳の交付対象者は「児童相談所又は知的障害者更生相談所において知的障害であると判定された者」とされている（厚生事務次官通知「療育手帳制度について」（昭和48年9月27日厚生省発児第156号））。

○ 療育手帳は「療育手帳制度について」（昭和48年9月27日厚生省発児第156号）が根拠となっている。

✕ 療育手帳の交付の申請は住所地の福祉事務所の長（福祉事務所を設置しない町村は町村長及び管轄の福祉事務所の長）を経由して都道府県知事及び指定都市の長に対して行い，児童相談所又は知的障害者更生相談所において知的障害があると判定された者に対して，都道府県知事及び指定都市の市長が手帳を交付する。

✕ 知的障害者更生相談所の業務については，知的障害者福祉法に列挙されている。この中に「緊急時に知的障害者の一時保護を行う」ことは規定されていない。

○ 知的障害者更生相談所の業務として，「18歳以上の知的障害者の医学的，心理学的及び職能的判定を行う」ことが規定されている（知的障害者福祉法第11条第1項第2号ハ及び第12条第2項）。

✕ 知的障害者更生相談所の業務に「成年後見人の選任を行う」ことは規定されていない。成年後見人の選任は，家庭裁判所の業務である。

✕ 社会福祉主事ではなく，知的障害者福祉司を置かなければならない（知的障害者福祉法第13条第1項）。また，市町村が設置する福祉事務所においても，知的障害者福祉司を置くことができる（同条第2項）。

✕ 精神保健福祉法において，「精神障害者」とは「統合失調症，精神作用物質による急性中毒又はその依存症，知的障害，精神病質その他の精神疾患を有する者をいう」（第5条）と定義されている。

---

▶30
「知的障害者」の定義
法律上での定義はなされていないが，例えば，2005年（平成17年）の「知的障害児（者）基礎調査」においては，「知的機能の障害が発達期（概ね18歳まで）にあらわれ，日常生活に支障が生じているため，何らかの特別の援助を必要とする状態にあるもの」とされている。

▶31
知的障害者更生相談所の業務
「知的障害者に関する相談及び指導のうち，専門的な知識及び技術を必要とするものを行うこと」「18歳以上の知的障害者の医学的，心理学的及び職能的判定を行うこと」等がある（知的障害者福祉法第11条第1項及び第12条第2項）。

▶32
医学的，心理学的及び職能的判定
市町村の長から市町村について判定を求められた場合にこれに応じること，療育手帳の交付に係る判定などがある（「知的障害者更生相談所の設置及び運営について（平成15年3月25日 障 発 第0325002号）」第2 運営，3 判定業務）。

障害者に対する支援と障害者自立支援制度

411

**102**
33回61改変
「精神保健福祉法」における精神障害者の定義に, 知的障害を有する者は含まれる。

**103**
29回60改変
手足の麻痺や音声・言語障害のない高次脳機能障害は, 精神障害者保健福祉手帳の交付対象である。

**104**
29回60
精神障害者保健福祉手帳の更新は, 5年ごとに行わなければならない。

**105**
31回62
「精神保健福祉法」において, 発達障害者支援センターの運営について規定されている。

**106**
33回61
「精神保健福祉法」によれば, 医療保護入院者を入院させている精神科病院の管理者は, 退院後生活環境相談員を選任しなければならない。

**107**
33回61
「精神保健福祉法」によれば, 精神医療審査会は, 都道府県の社会福祉協議会に設置するものとされている。

**108**
33回61
「精神保健福祉法」によれば, 精神保健指定医の指定は, 1年の精神科診療経験が要件とされている。

**109**
33回61
「精神保健福祉法」によれば, 精神障害者保健福祉手帳の障害等級は, 6級までとされている。

## 児童福祉法（障害児支援関係）

**110**
29回58
都道府県は, 障害児通所給付費の給付決定を行う。

**111**
27回61
児童発達支援は, 肢体不自由のある児童を通わせ, 医療などのサービスを提供することをいう。

〇 精神保健福祉法第5条において「この法律で「精神障害者」とは，統合失調症，精神作用物質による急性中毒又はその依存症，知的障害，精神病質その他の精神疾患を有する者をいう」と規定されている。

〇 設問のとおり。高次脳機能障害[33]によって日常生活や社会生活に制約があると診断されれば，「器質性精神障害」として精神障害者保健福祉手帳の交付対象になる。

✕ 精神障害者保健福祉手帳の更新は，5年ごとではなく，2年ごとに行わなければならない（精神保健福祉法第45条第4項）。

✕ 発達障害者支援センター[34]について規定しているのは，発達障害者支援法である。

〇 医療保護入院者を入院させている精神科病院の管理者は，精神保健福祉士等の資格を有する者のうちから，退院後生活環境相談員を選任しなければならない（精神保健福祉法第33条の4）。

✕ 精神保健福祉法第12条において，精神医療審査会は都道府県に置くものと規定されている。[35]

✕ 精神保健指定医の要件の1つとして，3年以上精神障害の診断又は治療に従事した経験を有することがあげられる（精神保健福祉法第18条第1項第2号）。

✕ 精神障害者保健福祉手帳の等級は1級から3級までである（精神保健福祉法施行令第6条第3項）。なお，手帳の等級が1級から6級まであるのは身体障害者手帳である。

✕ 障害児通所給付費の給付決定を行うのは市町村である。市町村は，障害児通所給付費等の支給の要否の決定（通所支給要否決定）を行う（児童福祉法第21条の5の7第1項）。

✕ 肢体不自由のある児童を通わせ，医療などのサービスを提供するのは医療型児童発達支援である。

▶33
**高次脳機能障害**
脳血管障害等により脳に損傷を受け，失語，失行，失認，記憶障害，社会的行動障害等の高次脳機能の障害を主たる要因とした日常生活や社会生活への不適合が生じている状態像の障害。

▶34
**発達障害者支援センター**
発達障害の早期発見，発達障害者への専門的な発達支援及び就労の支援等を行う専門機関で，都道府県・指定都市，又は都道府県知事が指定した社会福祉法人等によって運営されている。

▶35
**精神医療審査会**
精神科病院の管理者から，医療保護入院の届出や，措置入院及び医療保護入院の定期病状報告があった際の審査や，精神科病院に入院中の者又は家族等から，都道府県知事に対し，退院請求又は処遇改善請求があった際の審査を行う。

障害者に対する支援と障害者自立支援制度

**112**
27回61改変
医療型障害児入所施設は，医療の提供が必要な障害児を対象としている。

**113**
27回61
放課後等デイサービスは，障害児の生活能力の向上のために必要な訓練，社会との交流の促進などを図るためのサービスを提供することをいう。

**114**
27回61
保育所等訪問支援の目的は，障害が疑われる児童の早期発見である。

---

**整理しておこう！**

## 児童福祉法に基づく障害児支援体制

　障害児（身体に障害のある児童，知的障害のある児童，精神に障害のある児童（発達障害児を含む）又は難病による障害のある児童）に対しては，障害者総合支援法に基づくサービスとは別に，児童福祉法に基づく支援体制が整備されている。科目「障害者に対する支援と障害者自立支援制度」からは，児童福祉法に基づく障害児支援に関する問題が出題されることがあるので，障害児に向けてどのようなサービスが用意されているのか，しっかりと押さえておく必要がある。

### 1　障害児通所系

| 児童発達支援 | 児童発達支援センター等の施設に通わせ，日常生活における基本的な動作の指導，知識技能の付与，集団生活への適応訓練などの支援を行う。 |
|---|---|
| 医療型児童発達支援 | 医療型児童発達支援センター等に通わせ，児童発達支援及び治療を行う。 |
| 放課後等デイサービス | 学校（幼稚園及び大学を除く）に就学している障害児につき，授業の終了後又は休業日に児童発達支援センター等の施設に通わせ，生活能力の向上のために必要な訓練，社会との交流の促進などの支援を行う。 |
| 居宅訪問型児童発達支援 | 重度の障害の状態にある障害児の居宅を訪問し，日常生活における基本的な動作の指導，知識技能の付与，生活能力の向上に必要な訓練などの支援を行う。 |
| 保育所等訪問支援 | 保育所等の施設を訪問し，当該施設における障害児以外の児童との集団生活への適応のための専門的な支援などを行う。 |

⭕ 設問のとおり。医療型障害児入所施設では，保護，日常生活の指導，独立自活に必要な知識技能の付与及び治療を行う。

⭕ 放課後等デイサービスとは，学校（幼稚園及び大学を除く）に就学している障害児につき，放課後又は休日に児童発達支援センターその他の施設に通わせ，生活能力の向上のために必要な訓練，社会との交流の促進その他を行うことをいう。

❌ 保育所等訪問支援とは，保育所等に通う障害児又は乳児院等に入所する障害児が，障害児以外の児童との集団生活に適応することができるように，指導経験のある児童指導員等が保育所等を訪問し，専門的な支援を行うことをいう。

## 2　障害児入所系

| 福祉型障害児入所施設 | 保護，日常生活の指導及び独立自活に必要な知識技能の付与を行う。 |
|---|---|
| 医療型障害児入所施設 | 保護，日常生活の指導，独立自活に必要な知識技能の付与及び治療を行う。 |

## 3　障害児相談支援

| 障害児支援利用援助 | ・利用する障害児通所支援の種類及び内容等の事項を定めた計画（障害児支援利用計画案）を作成する。<br>・通所給付決定が行われた後に，指定障害児通所支援事業者等，関係者との連絡調整を行い，障害児支援利用計画を作成する。 |
|---|---|
| 継続障害児支援利用援助 | 障害児支援利用計画が適切であるかどうかにつき，障害児通所支援の利用状況を検証し，その結果及び障害児の心身の状況，その置かれている環境，利用に関する意向等を勘案し，障害児支援利用計画の見直しを行い，その結果に基づき，次のいずれかを行う。<br>・障害児支援利用計画を変更するとともに，関係者との連絡調整等を行う。<br>・新たな通所給付決定又は通所給付決定の変更の決定が必要であると認められる場合，障害児の保護者に対し，給付決定等に係る申請の勧奨を行う。 |

## 発達障害者支援法

**115**
32回60
発達障害者支援法によると，発達障害者とは，発達障害がある者であって発達障害及び社会的障壁により日常生活又は社会生活に制限を受けるものをいう。

**116**
32回60
発達障害者支援法によると，市町村は，個々の発達障害者の特性に応じた適切な就労の機会の確保，就労定着のための支援に努めなければならない。

**117**
32回60改変
発達障害者支援法によると，都道府県は，支援体制の課題を共有するとともに，関係者の連携の緊密化を図るため，発達障害者支援地域協議会を設置することができる。

**118**
32回60
発達障害者支援法によると，都道府県知事は，発達障害者に対する専門的な就労の支援等を障害者就業・生活支援センターに行わせることができる。

**119**
32回60
発達障害者支援法によると，都道府県知事は，該当する者に精神障害者保健福祉手帳を交付する。

## 障害者基本法

**120**
29回61
障害者基本法における「障害者」には，一時的に歩行困難になった者も含まれる。

⭕ 発達障害者支援法第2条第2項において,「「発達障害者」とは,発達障害がある者であって発達障害及び社会的障壁により日常生活又は社会生活に制限を受けるものをいい,「発達障害児」とは,発達障害者のうち18歳未満のものをいう」と定義されている。

❌ 就労の機会の確保,就労定着のための支援に努めなければならないのは,国及び都道府県である(発達障害者支援法第10条)。市町村は,児童の発達障害の早期発見,早期の発達支援,保育に関わる内容(同法第5条〜第7条)を行うものとされている。

⭕ 設問のとおり(発達障害者支援法第19条の2)。「学識経験者その他の関係者並びに医療,保健,福祉,教育,労働等に関する業務を行う関係機関及び民間団体並びにこれに従事する者により構成される発達障害者支援地域協議会を置くことができる」と規定されている。

❌ 発達障害者に対する専門的な就労の支援等を行うのは,「発達障害者支援センター」である(発達障害者支援法第14条)。ただし,「発達障害者支援センター」の指定に関しては,都道府県知事が権限を有しており,都道府県で支援を行うことも可能である。 (関連キーワード▶37参照)

❌ 発達障害者支援法には,精神障害者保健福祉手帳の交付に関する規定はされていない。精神障害者保健福祉手帳に関しては,精神保健福祉法が根拠となる。精神障害者(知的障害者は除く)は,居住地の都道府県知事から「精神障害者保健福祉手帳」が交付される(精神保健福祉法第45条)。

❌ 一時的に歩行困難になった者は「障害者」とは定義されない。障害者基本法では,「障害者」とは障害がある者であって,「障害及び社会的障壁により継続的に日常生活又は社会生活に相当な制限を受ける状態にあるものをいう」(第2条第1号)と定義されている。

▶36
**発達障害**
「自閉症,アスペルガー症候群その他の広汎性発達障害,学習障害,注意欠陥多動性障害その他これに類する脳機能の障害であってその症状が通常低年齢において発現するものとして政令で定めるものをいう」とされている(発達障害者支援法第2条第1項)。

▶37
**障害者就業・生活支援センター**
発達障害者支援法第10条第1項において,国及び都道府県が,発達障害者が就労することができるようにするため,「連携を確保しつつ,個々の発達障害者の特性に応じた適切な就労の機会の確保,就労の定着のための支援その他の必要な支援に努めなければならない」と規定されている。

障害者に対する支援と障害者自立支援制度

**121**
32回61
障害者基本法で，社会的障壁の定義において，社会における慣行や観念は除外されている。

**122**
32回61
障害者基本法の目的では，障害者本人の自立への努力について規定されている。

**123**
32回61改変
障害者基本法で，都道府県は，都道府県障害者計画を策定しなければならないと規定されている。

**124**
32回61
障害者基本法で，障害者政策委員会の委員に任命される者として，障害者が明記されている。

**125**
32回61
障害者基本法で，国及び地方公共団体は，重度の障害者について，終生にわたり必要な保護等を行うよう努めなければならないと規定されている。

**126**
30回57
障害者の権利に関する条約を批准するため，同条約の医学モデルの考え方を踏まえて，障害者基本法等の障害者の定義が見直された。

# 障害者差別解消法

**127**
33回57改変
「障害者差別解消法」は，障害者の権利に関する条約（2008（平成20）年5月に発効）の締結に向けて，国内法の整備の一環として制定された。

**128**
33回57
「障害者差別解消法」では，「不当な差別的取扱いの禁止」について，国・地方公共団体等には義務が，民間事業者には努力義務が課されている。

**129**
33回57
「障害者差別解消法」では，「合理的配慮の提供」について，国・地方公共団体等と民間事業者に，共に義務が課されている。

✕ 障害者基本法第2条第2項において，「障害がある者にとって日常生活又は社会生活を営む上で障壁となるような社会における事物，制度，慣行，観念その他一切のものをいう」と規定されている。

✕ 2004年（平成16年）の障害者基本法の改正により，障害者基本法の条文から，障害者本人の「自立への努力」の規定が削除された。

◯ 設問のとおり。障害者基本法第11条第2項において，「当該都道府県における障害者の状況等を踏まえ，当該都道府県における障害者のための施策に関する基本的な計画（以下「都道府県障害者計画」という。）を策定しなければならない」と規定されている。

◯ 設問のとおり。障害者基本法第33条第2項において，「政策委員会の委員は，障害者，障害者の自立及び社会参加に関する事業に従事する者並びに学識経験のある者のうちから，内閣総理大臣が任命する」と規定されている。

✕ 2004年（平成16年）の障害者基本法の改正により，重度障害者の保護等に関する規定が削除された。

✕ 障害者の権利に関する条約の社会モデルの考え方を踏まえて，障害者基本法における障害者の定義が見直され，社会的障壁の考え方が取り入れられたほか，社会的障壁の除去について合理的配慮がされなければならない旨が規定された。

◯ 設問のとおり。障害者の権利に関する条約の締結に向け，障害者差別解消法の制定（2013年（平成25年））のほかに，障害者基本法の改正，障害者総合支援法の成立，障害者雇用促進法の改正等も行われた。

✕ 「不当な差別的取扱いの禁止」については，国・地方公共団体及び民間事業者ともに義務が課されている（障害者差別解消法第7条第1項，第8条第1項）。

✕ 「合理的配慮の提供」については，国・地方公共団体に義務（障害者差別解消法第7条第2項），民間事業者には努力義務（同法第8条第2項）が課されている。

▶38
障害者差別解消法
正式名称は「障害を理由とする差別の解消の推進に関する法律」である。

▶39
合理的配慮の提供
2021年（令和3年）6月4日に公布された障害者差別解消法の一部を改正する法律により，民間事業者による社会的障壁の除去の実施にかかる合理的配慮の提供についても，義務化されることとなった（公布の日から3年以内に施行）。

障害者に対する支援と障害者自立支援制度

419

| | **130** 33回57 | 「障害者差別解消法」における障害者の定義は，障害者基本法に規定されている障害者の定義より広い。 |

| | **131** 33回57 | 「障害者差別解消法」によれば，国や地方公共団体の関係機関は，地域における障害を理由とする差別に関する相談や差別解消の取組のネットワークとして，障害者差別解消支援地域協議会を設置できる。 |

## 障害者虐待防止法

| | **132** 33回62 | 「障害者虐待防止法」によれば，養護者による虐待を受けたと思われる障害者を発見した者は，速やかに，これを都道府県に通報する義務がある。 |

| | **133** 33回62改変 | 「障害者虐待防止法」では，障害者虐待とは，養護者による障害者虐待と障害者福祉施設従事者等による障害者虐待及び使用者による障害者虐待の3類型をいうと定義されている。 |

| | **134** 33回62 | 「障害者虐待防止法」では，養護者による障害者虐待は，身体的虐待，性的虐待，心理的虐待，放置など養護を怠ること，の4種類であると定義されている。 |

## 医療観察法

| | **135** 32回62 | 医療観察制度対象者は，起訴された者に限られており，起訴されていない者は含まれない。 |

| | **136** 32回62 | 保護観察所には，対象者の社会復帰を支援する，精神保健福祉士等の専門家である社会復帰調整官が配置されている。 |

**✗** 障害者の定義は，障害者差別解消法と障害者基本法は同様であり，「身体障害，知的障害，精神障害（発達障害を含む。）その他の心身の機能の障害（以下「障害」と総称する。）がある者であって，障害及び社会的障壁により継続的に日常生活又は社会生活に相当な制限を受ける状態にあるものをいう」と規定されている。

**〇** 設問のとおり。なお，障害者差別解消支援地域協議会は，国及び地方公共団体の機関であって，医療，介護，教育その他の障害者の自立と社会参加に関連する分野の事務に従事するものにより構成される（障害者差別解消法第17条）。

**✗** 養護者による障害者虐待を受けたと思われる障害者を発見した者は，速やかに，これを市町村に通報しなければならない（障害者虐待防止法第7条）。

**〇** 設問のとおり（障害者虐待防止法第2条第2項）。

**✗** 養護者による障害者虐待は，①身体的虐待，②性的虐待，③心理的虐待，④放棄・放置（ネグレクト），⑤経済的虐待の5種類であり，これは障害者福祉施設従事者等による障害者虐待，使用者による障害者虐待でも同様である（障害者虐待防止法第2条第6項〜第8項）。

**✗** 医療観察制度の対象者は，①心神喪失又は心神耗弱と認められて不起訴処分となった者，②心神喪失を理由に無罪の判決が確定した者，③心神耗弱を理由に刑を減軽する旨の判決が確定した者であり，検察官による申立てがされた者である（医療観察法第2条第2項）。

▶40
**医療観察法**
正式名称は，「心神喪失等の状態で重大な他害行為を行った者の医療及び観察等に関する法律」である。

**〇** 保護観察所には，精神保健や精神障害者福祉等の専門家である社会復帰調整官が配置され，本制度の処遇に従事している（医療観察法第20条）。

| □ | **137** | 「医療観察法」の目的は，精神障害者の医療及び保護を行い，その自立と社会経済 |
|---|---|---|
| □ | 32回62 | 活動への参加の促進のために必要な援助を行い，精神障害者の福祉の増進及び国 |
| | | 民の精神保健の向上を図ることである。 |

| □ | **138** | 医療観察制度において，入院による医療の決定を受けた者に対しては，指定入院 |
|---|---|---|
| □ | 32回62改変 | 医療機関で，専門的な医療の提供が行われるとともに，保護観察所の長による退 |
| | | 院後の生活環境の調整が実施される。 |

| □ | **139** | 医療観察制度において，通院による医療の決定を受けた者及び退院を許可された |
|---|---|---|
| □ | 32回62 | 者は，処遇の実施計画に基づいて，期間の定めなく，地域の指定医療機関による |
| | | 医療を受ける。 |

## バリアフリー新法

| □ | **140** | バリアフリー新法では，対象となる障害者について，「高齢者，身体障害者等が円 |
|---|---|---|
| □ | 24回134改変 | 滑に利用できる特定建築物の建築の促進に関する法律(旧ハートビル法)」及び「高 |
| | | 齢者，身体障害者等の公共交通機関を利用した移動の円滑化の促進に関する法律 |
| | | (旧交通バリアフリー法)」の対象者であった身体障害者から，その範囲が拡大さ |
| | | れた。 |

## 障害者雇用促進法

| □ | **141** | 民間企業における障害者雇用促進法に基づく法定雇用率は2.0％である。 |
|---|---|---|
| □ | 26回62改変 | |

✗ 設問の記述は，精神保健福祉法第1条の目的である。

○ 設問のとおり（医療観察法第101条第1項）。なお，入院による医療の決定を受けた者に対しては，**厚生労働大臣**が指定する指定入院医療機関で，専門的な医療の提供が行われ，おおむね**18か月以内**での退院を目標と設定している。

✗ 通院による医療の決定を受けた者及び退院を許可された者は，保護観察所の長が定める処遇の実施計画に基づき，**原則3年間**（さらに2年まで延長可能）医療を受ける（医療観察法第44条）。

○ 旧ハートビル法，旧交通バリアフリー法とも，知的障害者，精神障害者はその対象に含まれていなかった。バリアフリー新法では，施策の対象を「**高齢者，障害者等**」とし，知的障害者，精神障害者を含む障害者に対象の範囲を拡大した。

▶41
バリアフリー新法
正式名称は，「高齢者，障害者等の移動等の円滑化の促進に関する法律」である。

✗ これまで民間企業における**法定雇用率**は2.0％であったが，障害者雇用促進法施行令の改正により，2018年（平成30年）4月1日より2.2％に引き上げられて，さらに2021年（令和3年）3月1日からは，**民間企業2.3％**，国・地方公共団体2.6％，教育委員会2.5％に引き上げられた。

▶42
法定雇用率
日本の労働者数（失業者数含む）に対する障害者（身体障害者，知的障害者及び精神障害者）である労働者数（失業者数含む）の割合が，法定雇用率の基準となっている。

## 整理しておこう！

# 障害者総合支援法のサービス

　障害者の日常生活及び社会生活を総合的に支援するための法律（障害者総合支援法）に規定される
サービスにはさまざまなものがあり，利用者の障害程度や生活状況を踏まえ個別に支給決定が行われ
る自立支援給付と，市町村の創意工夫により柔軟に実施できる地域生活支援事業で構成されている。

## 1　介護給付と訓練等給付の種類

| | | |
|---|---|---|
| 介護給付 | 居宅介護（ホームヘルプ） | 自宅で，入浴，排せつ，食事の介護等を行う。 |
| | 重度訪問介護 | 重度の肢体不自由者，重度の知的障害者・精神障害者で常に介護を必要とする人に，自宅で，入浴，排せつ，食事の介護，外出時における移動支援などを総合的に行う。 |
| | 同行援護 | 視覚障害者の外出時に同行し，移動に必要な情報を提供するとともに，移動の援護，排せつ，食事の介護等を行う。 |
| | 行動援護 | 自己判断能力が制限されている人が行動するときに，危険を回避するために必要な援護，外出支援を行う。 |
| | 重度障害者等包括支援 | 常に介護を必要とする人のなかでも，特に介護の必要度が高い人に，居宅介護等複数のサービスを包括的に行う。 |
| | 短期入所（ショートステイ） | 自宅で介護する人が病気の場合などに，短期間，夜間も含め施設で，入浴，排せつ，食事の介護等を行う。 |
| | 療養介護 | 医療と常時介護を必要とする人に，医療機関で機能訓練，療養上の管理，看護，介護及び日常生活の世話を行う。 |
| | 生活介護 | 常に介護を必要とする人に，昼間，入浴，排せつ，食事の介護等を行うとともに，創作的活動又は生産活動の機会を提供する。 |
| | 障害者支援施設での夜間ケア等（施設入所支援） | 施設に入所する人に，夜間や休日，入浴，排せつ，食事の介護等を行う。 |
| 訓練等給付 | 自立訓練（機能訓練・生活訓練） | 自立した日常生活又は社会生活ができるよう，一定期間，身体機能又は生活能力の向上のために必要な訓練を行う。 |
| | 就労移行支援 | 一般企業等への就労を希望する人に，一定期間，就労に必要な知識及び能力の向上のために必要な訓練を行う。 |
| | 就労継続支援（A型（雇用型），B型（非雇用型）） | 一般企業等での就労が困難な人に，働く場を提供するとともに，知識及び能力の向上のために必要な訓練を行う。 |
| | 共同生活援助（グループホーム） | 夜間や休日，共同生活を行う住居で，相談，入浴，排せつ，食事の介護等を行う。 |

厚生労働省資料を一部改変

### *2018年（平成30年）4月1日より訓練等給付に追加されたサービス

| | | |
|---|---|---|
| 訓練等給付 | 就労定着支援 | 一般就労へ移行した人に，就業に伴う生活面の課題に対応できるよう，企業や関係機関等との連絡調整や課題解決に向けて必要となる支援を行う。 |
| | 自立生活援助 | 施設入所支援等を利用していた一人暮らしを希望する人に，定期的な巡回訪問や随時の対応により，円滑な地域生活に向けた相談・助言等を行う。 |

平成28年6月3日法律第65号による改正

## 2　市町村地域生活支援事業（必須事業）の種類

| | | |
|---|---|---|
| 1 | 理解促進研修・啓発事業 | 障害者等や障害特性等に関する地域住民の理解を深めるための，又は「心のバリアフリー」の推進を図るための研修及び啓発活動を実施することにより，障害者等が日常生活及び社会生活を営む上で生じる「社会的障壁」の除去及び共生社会の実現を図ることを目的とする。 |
| 2 | 自発的活動支援事業 | 障害者等が自立した日常生活及び社会生活を営むことができるようにするための障害者等，その家族，地域住民等による地域における自発的な活動を支援することにより，「心のバリアフリー」の推進及び共生社会の実現を図る。 |
| 3 | 相談支援事業 | 障害者等，障害児の保護者又は障害者等の介護を行う者などからの相談に応じ，必要な情報の提供等の便宜を供与することや，権利擁護のために必要な援助を行うことにより，障害者等が自立した日常生活又は社会生活を営むことができるようにすることを目的とする。 |
| 4 | 成年後見制度利用支援事業 | 障害福祉サービスの利用の観点から成年後見制度を利用することが有用であると認められる知的障害者又は精神障害者に対し，成年後見制度の利用を支援することにより，これらの障害者の権利擁護を図ることを目的とする。 |
| 5 | 成年後見制度法人後見支援事業 | 成年後見制度における後見等の業務を適正に行うことができる法人を確保できる体制を整備するとともに，市民後見人の活用も含めた法人後見の活動を支援することで，障害者の権利擁護を図ることを目的とする。 |
| 6 | 意思疎通支援事業 | 聴覚，言語機能，音声機能，視覚その他の障害のため，意思疎通を図ることに支障がある障害者等に，手話通訳，要約筆記等の方法により，障害者等とその他の者の意思疎通を支援する手話通訳者，要約筆記者等の派遣等を行い，意思疎通の円滑化を図ることを目的とする。 |
| 7 | 日常生活用具給付等事業 | 障害者等に対し，自立生活支援用具等の日常生活用具を給付又は貸与すること等により，日常生活の便宜を図り，その福祉の増進に資することを目的とする。 |
| 8 | 手話奉仕員養成研修事業 | 手話で日常会話を行うのに必要な手話語彙及び手話表現技術を習得した者を養成し，意思疎通を図ることに支障がある障害者等の自立した日常生活又は社会生活を営むことができるようにすることを目的とする。 |
| 9 | 移動支援事業 | 屋外での移動が困難な障害者等について，外出のための支援を行うことにより，地域における自立生活及び社会参加を促すことを目的とする。 |
| 10 | 地域活動支援センター機能強化事業 | 障害者等を通わせ，創作的活動又は生産活動の機会の提供，社会との交流の促進等の便宜を供与する地域活動支援センターの機能を強化し，もって障害者等の地域生活支援の促進を図ることを目的とする。 |

## 3 都道府県地域生活支援事業（必須事業）の種類

| 1　専門性の高い相談支援事業 | 特に専門性の高い相談について，必要な情報の提供等の便宜を供与し，障害者等が自立した日常生活又は社会生活を営むことができるようにすることを目的とする。 |
|---|---|
| 2　専門性の高い意思疎通支援を行う者の養成研修事業 | 手話通訳者，要約筆記者，盲ろう者向け通訳・介助員，失語症者向け意思疎通支援者を養成することにより，聴覚，言語機能，音声機能等の障害のため，意思疎通を図ることに支障がある障害者等が自立した日常生活又は社会生活を営むことができるようにすることを目的とする。 |
| 3　専門性の高い意思疎通支援を行う者の派遣事業 | 特に専門性の高い意思疎通支援を行う者を派遣する体制を整備することにより，広域的な派遣や市町村での実施が困難な派遣等を可能とし，意思疎通を図ることが困難な障害者等が自立した日常生活又は社会生活を行うことができるようにすることを目的とする。 |
| 4　意思疎通支援を行う者の派遣に係る市町村相互間の連絡調整事業 | 手話通訳者，要約筆記者の派遣に係る市町村相互間の連絡調整体制を整備することにより，広域的な派遣を円滑に実施し，聴覚障害者等が自立した日常生活又は社会生活を行うことができるようにすることを目的とする。 |
| 5　広域的な支援事業 | 市町村域を超えて広域的な支援を行い，障害者等が自立した日常生活又は社会生活を営むことができるようにすることを目的とする。 |

### 整理しておこう！

## 障害者差別解消法の公布

障害を理由とする差別の解消を推進することにより、すべての国民が障害の有無によって分け隔てられることなく、相互に人格と個性を尊重し合いながら共生する社会の実現を目指すことを目的として、2013年（平成25年）6月に「障害を理由とする差別の解消の推進に関する法律」（障害者差別解消法）が公布された（2016年（平成28年）4月施行）。

### 障害を理由とする差別の解消の推進に関する法律の概要

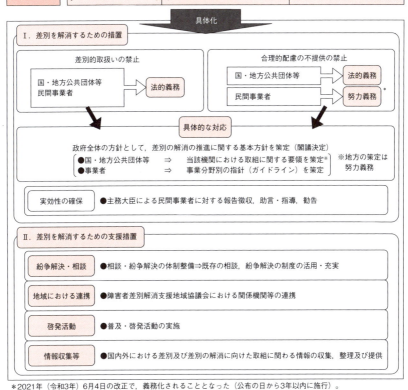

# 低所得者に対する
支援と生活保護制度

# 低所得階層の生活実態とこれを取り巻く社会情勢, 福祉需要と実際

## 低所得者層の生活実態とこれを取り巻く社会情勢, 福祉需要

### ●貧困の概念

**1** 27回63改変
ジニ係数は, その数値が大きくなるほど, 所得分布が不平等であることを表す。

**2** 27回63
一人当たり可処分所得を低い順に並べ, 中央値の半分に満たない人の割合を相対的貧困率という。

### ●低所得者の状況

**3** 31回63
「平成26年全国消費実態調査 所得分布等に関する結果」(総務省)によると, 1999年(平成11年)から2014年(平成26年)にかけて, 貧困かどうかを判断する貧困線(等価可処分所得の中央値の半分の額)が上昇している。

**4** 31回63改変
「平成29年所得再分配調査報告書」(厚生労働省)によると, 2005年(平成17年)から2017年(平成29年)にかけて, 所得再分配後のジニ係数は下降傾向にある。

**5** 31回63改変
「生活困窮者自立支援制度における支援状況調査集計結果(令和元年度)」(厚生労働省)によると, 新規相談受付件数は年間30万件を超えている。

**6** 31回63改変
「令和2年度医療扶助実態調査」(厚生労働省)によると, 医療扶助受給者の入院に係る傷病分類別構成割合のうち最も多いのは精神・行動の障害である。

### ●社会保険と生活保護の制度概念

**7** 29回67
公的扶助は画一的に給付されるが, 公的年金保険は所得に応じて給付される。

⭕ ジニ係数[1]は，0と1の間の数値で示され，社会の全員が平等ならば最小値0であり，不平等度が大きくなるほど1に近づいて所得格差が大きいことを表す。

⭕ 設問のとおり。なお，2018年（平成30年）の相対的貧困率は15.4％である。

❌ 貧困線は，1999年（平成11年）は156万円，2004年（平成16年）は145万円，2009年（平成21年）は135万円，2014年（平成26年）は132万円と下降している。

⭕ 所得再分配後のジニ係数は，2005年（平成17年）は0.3873，2017年（平成29年）は0.3721と，下降傾向にある。

❌ 令和元年度の新規相談受付件数は年間24万8398件である。

⭕ 医療扶助受給者の入院に係る傷病分類別構成割合のうち，最も多いのは「精神・行動の障害」の4万3835件で34.6％である。

❌ 公的扶助である生活保護は，実際に生活困窮の状態にあることをもって給付されるが，公的年金保険は保険料納付状況や加入期間等のルールに即して画一的に給付される。(関連キーワード▶2参照)

▶1
ジニ係数
イタリアの統計学者ジニ（Gini, C.）が考案した。生活条件の格差のうち，所得の分布の平等・不平等を測るものである。

▶2
資力調査
生活保護制度では，法律に定める要件を満たしているかどうかを確認するために，資産や所得（収入）等の状態を把握するための資力調査（ミーンズテスト）が実施される。

低所得者に対する支援と生活保護制度

| | **8** 29回67改変 | 公的扶助は貧困救済のための給付であるが，公的年金保険は貧困予防のための給付である。 |
|---|---|---|

| | **9** 29回67 | 公的扶助は原則として金銭で給付されるが，公的年金保険は原則として現物により給付される。 |
|---|---|---|

| | **10** 29回67 | 公的扶助は扶養義務者の扶養を優先するが，公的年金保険は扶養義務者の扶養を優先することなく給付される。 |
|---|---|---|

| | **11** 29回67 | 公的扶助は個人単位で給付されるが，公的年金保険は世帯単位で給付される。 |
|---|---|---|

## ●生活困窮者の支援

| | **12** 30回63 | 生活困窮者自立支援法における自立相談支援事業は，相談支援を通して生活困窮者に就職のあっせんを行う事業である。 |
|---|---|---|

---

**整理しておこう！**

## 公的扶助と社会保険の違い

　貧困に関する社会保障制度は，国家が主体となり広く国民生活を保障する仕組みであり，主として貧困者に対して生活を保障する「救貧制度」と，主として労働者が貧困に陥ることを予防する「防貧制度」との2つを中心に構成されている。前者に当たるものが生活保護に代表される「公的扶助」で，後者に当たるものが健康保険，年金保険などといった「社会保険」である。両者の違いを比較すると次のようになる。

⭕ 設問のとおり。社会保険は，リスクに備えるために保険料として拠出を求め，その状況が起きたときに保険給付を行うことによって**貧困化を予防する**。公的扶助は，それらの保険制度が機能しないか不十分な場合などに，貧困状態にある人々に対する**貧困救済のための給付**である。
(関連キーワード▶3参照)

❌ 公的年金保険は，**金銭給付**が行われる。生活保護は，生活扶助，教育扶助，住宅扶助，出産扶助，生業扶助，葬祭扶助は原則として**金銭給付**であるが，医療扶助と介護扶助は原則として**現物給付**である。(関連キーワード▶4参照)

⭕ 公的扶助の中心にある生活保護法は，**補足性の原理**を定めた第4条第2項で，民法に定める扶養義務者の扶養が，生活保護法による保護に優先することを明記している。公的年金保険には，扶養義務者による義務についての規定はない。

❌ 生活保護法は第10条に**世帯単位の原則**を規定しており，世帯を単位として保護の要否や程度を定めることとしているが，公的年金保険は，**個人単位**で給付される。

❌ **自立相談支援事業は必須事業**に位置づけられており，就労その他の自立に関する相談支援，情報提供，事業利用のための計画の作成などを行い，生活困窮者の自立までを**包括的・継続的に**支えるもので，就職のあっせんを行うものではない。

▶3
**防貧的機能と救貧的機能**
防貧的機能は貧困に陥ることを予防する機能である。救貧的機能は貧困者に対して生活を保障する機能である。

▶4
**現物給付と金銭給付**
社会保険では，年金保険，雇用保険，労災保険は金銭給付であり，医療保険，介護保険は現物給付と金銭給付の併用である。

低所得者に対する支援と生活保護制度

|  | 公 的 扶 助 | 社 会 保 険 |
|---|---|---|
| ①適用条件 | 申請 | 強制加入 |
| ②対象 | 国民一般（貧困者） | 国民一般，被用者 |
| ③費用 | 無償（公費負担） | 有償（本人拠出あり） |
| ④給付水準 | 最低生活費（差額不足分） | 賃金比例・均一 |
| ⑤給付期間 | 無期 | おおむね有期 |
| ⑥給付の開始 | 困窮の事実（資力調査） | 事故の発生（自動的） |
| ⑦受給資格 | 資力調査を受け，貧困の事実認定がなされた者 | 被保険者本人（およびその家族） |
| ⑧機能の相違 | 救貧的 | 防貧的 |

資料：『新・社会福祉士養成講座⑯低所得者に対する支援と生活保護制度（第5版）』中央法規出版，p.5，2019年

| □□ 13 30回63 | 生活困窮者自立支援法では，住居の確保を目的とした給付金を支給する制度が設けられている。 |

| □□ 14 30回63改変 | 生活困窮者自立支援法における一時生活支援事業とは，住居を持たない生活困窮者に対して食事の提供等を行う事業である。 |

| □□ 15 32回69 | 生活困窮者一時生活支援事業は，生活保護の被保護者が利用する事業である。 |

| □□ 16 30回63 | 生活困窮者自立支援法における就労準備支援事業は，3年を限度として訓練を提供する事業である。 |

| □□ 17 30回63改変 | 生活困窮者自立支援法における家計改善支援事業は，生活困窮者の家計に関する問題につき生活困窮者からの相談に応じ，必要な資金の貸付けをする事業である。 |

## ●公的扶助制度の歴史

| □□ 18 28回63 | 救護法（1929年（昭和4年））における扶助の種類は，生活扶助，生業扶助，助産の3種類であった。 |

| □□ 19 28回63 | 旧生活保護法（1946年（昭和21年））は，勤労を怠る者は保護の対象としなかった。 |

# 生活保護費と保護率の動向

| □□ 20 33回63改変 | 「生活保護の被保護者調査（2019年度確定値）」（厚生労働省）によると，保護率（人口百人当）は，16.4％である。 |

| □□ 21 30回64改変 | 「生活保護の被保護者調査（2019年度確定値）」（厚生労働省）によると，被保護実人員数（保護停止中を含む）は，約80万人である。 |

○ **住居確保給付金**の支給は，生活困窮者自立支援制度の**必須事業**として位置づけられている。福祉事務所を設置する都道府県及び市町村が，離職等により住居を失った，又はそのおそれが高い生活困窮者に対し，家賃相当を**有期**で支給する。

○ **一時生活支援事業**とは，一定の住居を持たない**生活困窮者**に対し，食事の提供，宿泊所や衣食の提供などを**有期**で行うもので，生活困窮者自立支援制度の任意事業の1つである。

× 生活困窮者一時生活支援事業は，**生活困窮者自立支援法**に基づく事業であり，生活保護の被保護者は，同法の生活困窮者には含まれない。

× 生活困窮者自立支援法施行規則では，**1年を超えない期間**とある。**就労準備支援事業**は，雇用による就業が著しく困難な生活困窮者等に対し，一定の期間内に限り，就労に必要な知識及び能力の向上のために必要な訓練を行うものである。

× 家計改善支援事業は資金の貸付けを行わない。家計の状況を適切に把握すること及び家計の改善の意欲を高めることを支援するとともに，必要な資金の貸付けのあっせんを行うものである。

× **救護法**においては，救護の種類を，生活扶助，医療，助産，生業扶助と規定しており，このほかに埋葬費の支給も行われた。

○ **旧生活保護法**は，**無差別平等原則**を規定したが，保護請求権は明記されず，また労働能力のある者，扶養義務者のある者を保護から排除する**制限扶助主義**を残した。（関連キーワード▶5参照）

▶5
**旧生活保護法の保護の範囲**
能力があるにもかかわらず，勤労の意思のない者，勤労を怠る者，生計の維持に努めない者，素行不良な者に対して保護は行われない。一方，扶養義務者が扶養できる場合には，救護法同様に，「急迫した状況にある場合を除き」保護をしないこととしている。

▶6
**保護率**
保護率とは，「被保護実人員（1か月平均）」÷「各年10月1日現在総務省推計人口（総人口）」で算出したものである。保護率の表記は，過去には‰（人口千対）で表記されていたが，2013年度（平成25年度）以降は，%（人口百対）で表記されることが多くなってきたので注意が必要である。

 2019年度（令和元年度）の**保護率**は1.64%である。

× 2019年度（令和元年度）の月平均の**被保護実人員**は207万3117人である。なお，1か月平均の**被保護世帯**は163万5724世帯である。

435

| | 22 | リーマンショック（2008年（平成20年））以降，生活保護の受給者数は増加傾向にある。 |
| --- | --- | --- |
| | 29回64改変 | |

| | 23 | 「生活保護の被保護者調査（2019年度確定値）」（厚生労働省）によると，被保護実人員（保護停止中を含む）は，1995年度（平成7年度）の時点よりも増加している。 |
| --- | --- | --- |
| | 33回63改変 | |

| | 24 | 平成景気が終了した直後，生活保護受給世帯数が生活保護法施行後，最も多くなっている。 |
| --- | --- | --- |
| | 29回64 | |

| | 25 | 被保護世帯及び被保護人員共に，2011年（平成23年）の東日本大震災を契機に増加に転じた。 |
| --- | --- | --- |
| | 32回63 | |

| | 26 | 「生活保護の被保護者調査（2019年度確定値）」（厚生労働省）によると，保護の種類別に扶助人員をみると，「生活扶助」が最も多い。 |
| --- | --- | --- |
| | 30回64改変 | |

整 理 し て お こ う ！

## 生活保護の動向（被保護実人員及び保護率）

　2019年度（令和元年度）の1か月平均の被保護実人員は207万3117人で，前年度と比べ2万3721人（1.1％）減少している。

　保護の種類別に扶助人員をみると，生活扶助が182万440人と最も多く，住宅扶助が176万9819人，医療扶助が174万2838人となっている。

　また，保護率（人口百人当）は1.64％となっている。

❌ リーマンショック後の2009年(平成21年)の生活保護受給者数は176万3572人で，増加傾向が続いていたが，2015年度(平成27年度)より減少している。2019年度(令和元年度)は207万3117人となっている。

⭕ 2019年度(令和元年度)の被保護実人員は207万3117人で，1995年度(平成7年度)の88万2229人より増加している。

❌ 1986年(昭和61年)から1991年(平成3年)に至る平成景気の後，1992年(平成4年)に58万5972世帯であった生活保護受給世帯数は，その後も増加が続いていたが，2018年度(平成30年度)より減少している。2019年度(令和元年度)は163万5724世帯である。

❌ 厚生労働省「生活保護の被保護者調査」(月次調査確定値)によると，被保護世帯は1993年(平成5年)から増加に転じ，被保護人員は1996年(平成8年)から増加に転じた。2008年(平成20年)のリーマン・ショック以降の増加が顕著となっている。

⭕ 2019年度(令和元年度)の保護の種類別扶助人員は，多い順に生活扶助，住宅扶助，医療扶助となっている。

資料：被保護者調査(平成23年度までは「福祉行政報告例」)
注：「その他の扶助」は、「出産扶助」「生業扶助」「葬祭扶助」の合計である。

低所得者に対する支援と生活保護制度

**27** 33回63改変 「生活保護の被保護者調査（2019年度確定値）」（厚生労働省）によると，保護の種類別にみた扶助人員は，教育扶助よりも住宅扶助の方が多い。

**28** 32回63改変 2000年度（平成12年度）の創設以降，介護扶助人員は一貫して増加している。

**29** 31回63改変 「生活保護の被保護者調査（2019年度確定値）」（厚生労働省）によると，2012年度（平成24年度）から2019年度（令和元年度）にかけて，世帯類型別被保護世帯数のうち母子世帯の割合は上昇している。

**30** 32回63 世帯類型別にみた被保護世帯の構成比をみると，2000年度（平成12年度）以降，「母子世帯」の割合は一貫して増加している。

**31** 29回64改変 2019年（令和元年）の生活保護受給世帯人員別内訳では，単身世帯の占める割合が最も高くなっている。

**32** 33回63改変 「生活保護の被保護者調査（2019年度確定値）」（厚生労働省）によると，保護開始の主な理由は，「傷病による」の割合が最も多い。

**33** 32回63 保護の開始理由別の被保護世帯数の推移をみると，「傷病」が一貫して増加している。

**34** 33回63改変 「生活保護の被保護者調査（2019年度確定値）」（厚生労働省）によると，保護廃止の主な理由は，「働きによる収入の増加・取得・働き手の転入」の割合が最も多い。

**35** 29回64改変 2018年度（平成30年度）の生活保護費扶助別内訳では，生活扶助費の占める割合が最も高くなっている。

**36** 29回64改変 2018年度（平成30年度）の生活保護費扶助別内訳では，介護扶助費の占める割合が最も低くなっている。

**37** 32回63 住宅扶助費の生活保護費全体に占める割合は，2000年度（平成12年度）以降，一貫して減少している。

○ 保護の種類別扶助人員は多い順に，①生活扶助，②住宅扶助，③医療扶助，④介護扶助，⑤教育扶助となっている。

○ 介護扶助人員は，増加し続けている。2019年度（令和元年度）の介護扶助人員は，39万4154人である。

✕ 世帯類型別被保護世帯数のうち母子世帯の割合は，2012年度（平成24年度）は7.4%，2015年度（平成27年度）は6.4%，2018年度（平成30年度）は5.3%，2019年度（令和元年度）は5.0%と減少している。

（関連キーワード▶7参照）

✕ 厚生労働省「生活保護の被保護者調査」（月次調査確定値）の，世帯類型別にみた被保護世帯の構成比をみると，「母子世帯」の割合は2005年（平成17年）以降減少している。一方，「高齢者世帯」は1990年（平成2年）以降，増加傾向にある。

○ 2019年度（令和元年度）の生活保護受給世帯における単身世帯は132万8403世帯（1か月平均）であり，81.6%を占める。

✕ 2019年度（令和元年度）中に保護を開始した世帯における主な保護開始理由をその構成割合でみると，「貯金等の減少・喪失」が40.2%と最も多い。

✕ 厚生労働省「生活保護の被保護者調査」（月次調査確定値）の，保護の開始理由別の被保護世帯数をみると，「傷病」は，2007年（平成19年）までは増加傾向にあったが，2008年（平成20年）からは減少している。

✕ 2019年度（令和元年度）中に保護を廃止した世帯における主な保護廃止理由をその構成割合でみると，「死亡」が43.3%と最も多い。

✕ 2018年度（平成30年度）の生活保護費のうち，医療扶助費の占める割合（49.4%）が最も高い。

✕ 2018年度（平成30年度）の介護扶助費は897億円で2.5%であり，8種類の扶助のうち4番目である。

✕ 住宅扶助費の生活保護費全体に占める割合は増加している。

▶7
世帯類型別被保護世帯の割合
2019年度（令和元年度）では，構成比は①高齢者世帯（55.1%），②障害者・傷病者世帯（25.0%），③母子世帯（5.0%），④その他の世帯（14.9%）。

低所得者に対する支援と生活保護制度

# 生活保護制度

## 生活保護法の概要

### ●目的

**38**
32回64改変
生活保護法が規定する基本原理・原則は，日本国憲法第25条に規定する理念に基づく。

**39**
30回65
生活保護法では，最低限度の生活を保障するとともに，自立を助長することを目的としている。

### ●基本原理

**40**
33回64改変
すべて国民は，生活保護法の定める要件を満たす限り，この法律による保護を受けることができる。

**41**
33回64
保護の決定は，生活困窮に陥った原因に基づいて定められている。

**42**
30回65
生活保護法では，補足性の原理により，素行不良な者は保護の受給資格を欠くとされている。

**43**
32回64
生活困窮に陥った年齢によって，保護するかしないかを定めている。

**44**
32回64
保障される最低限度の生活とは，肉体的に生存を続けることが可能な程度のものである。

○ 設問のとおり。生活保護法第1条において，「この法律は，日本国憲法第25条に規定する理念に基き，国が生活に困窮するすべての国民に対し，その困窮の程度に応じ，必要な保護を行い，その最低限度の生活を保障するとともに，その自立を助長することを目的とする」と規定されている。

○ 生活保護法第1条に，生活に困窮するすべての国民に対し，その最低限度の生活を保障するとともに，自立を助長することを目的とすると規定している。

○ 生活保護法第2条において，「すべて国民は，この法律の定める要件を満たす限り，この法律による保護を，無差別平等に受けることができる」と無差別平等の原理が規定されている。

✕ 生活保護法第2条で無差別平等の原理を定めており，生活困窮者の信条，性別，社会的身分等により優先的又は差別的な取扱いを行うことを否定するとともに，生活困窮に陥った原因による差別を否定している。

✕ 生活保護法では，無差別平等の原理により，生活困窮者の信条，性別，社会的身分等により優先的又は差別的な取扱いを否定するとともに，生活困窮に陥った原因による差別も否定している。

✕ 生活保護の受給は，年齢によって決まるのではない。生活保護法第2条において，「すべて国民は，この法律の定める要件を満たす限り，この法律による保護を，無差別平等に受けることができる」と規定されている。

✕ 生活保護法第3条において，「この法律により保障される最低限度の生活は，健康で文化的な生活水準を維持することができるものでなければならない」と規定されている。

|  | **45** 29回69 | 生活に困窮していても借金がある場合は，保護を受けることができない。 |

|  | **46** 29回65 | 扶養義務者がいる要保護者は，生活保護を受給することができない。 |

|  | **47** 33回64 | 民法に定める扶養義務者の扶養及び他の法律に定める扶助は，すべて生活保護法による保護に優先して行われる。 |

|  | **48** 30回65 | 生活保護法では，「要保護者」とは，現に保護を受けている者と定義されている。 |

## ●保護の原則

|  | **49** 33回64 | 行政庁が保護の必要な者に対して，職権で保護を行うのが原則とされている。 |

|  | **50** 27回64 | 急迫の状況の場合でも，申請の手続きをとらなければ保護を行うことはできない。 |

|  | **51** 29回69 | 急迫した状況にある場合は，資産等の調査を待たずに保護を開始することができる。 |

---

### 整 理 し て お こ う ！

## 生活保護法の基本原理と基本原則

　生活保護は，日本国憲法第25条に規定する理念に基づき，生存権の保障を具体的に実現する制度である。生活保護法の目的及び基本的な考え方は「基本原理」と呼ばれている。

　また，保護を実施する場合の「基本原則」が定められている。

**✕** 生活保護法においては，借金と生活保護受給には関係がないとする。生活保護を受給する条件は最低生活を下回っているかどうかである。

**✕** 民法に定める扶養義務者がいる場合，**扶養義務者からの扶養が生活保護に優先する**（生活保護法第4条第2項）のであって，扶養義務者がいることをもって生活保護の受給ができなくなるわけではない。(関連キーワード▶8参照)

**◯** 生活保護法第4条第2項において，「民法に定める**扶養義務者の扶養及び他の法律に定める扶助**は，すべてこの法律による保護に**優先し**て行われるものとする」と規定されている。

**✕** 要保護者とは，「現に保護を受けているといないとにかかわらず，保護を必要とする状態にある者」をいう。なお，「現に保護を受けている者」を被保護者という（生活保護法第6条）。

**✕** 生活保護法第7条に「保護は，要保護者，その扶養義務者又はその他の同居の親族の申請に基づいて開始するものとする」という申請保護の原則が定められている。

**✕** 保護は申請に基づいて開始することが運営上の原則であるが，**急迫した状況の場合は，要保護者の申請がなくても，保護の実施機関の職権で保護を行うことができる。**

**◯** 設問のとおり。生活保護法第7条には「保護は，要保護者，その扶養義務者又はその他の同居の親族の申請に基いて開始するものとする。但し，要保護者が急迫した状況にあるときは，保護の申請がなくても，必要な保護を行うことができる」と規定されている。

▶8
**保護の補足性の原理**
保護は，生活困窮者が利用し得る資産，能力その他あらゆるものの活用を要件とする。また，扶養義務，他法他施策を優先させる。なお，民法の扶養義務者とは，直系血族及び兄弟姉妹である絶対的扶養義務者と，特別の事情があるときの三親等内の親族間である相対的扶養義務者を指す。

▶9
**他の法律に定める扶助**
他の法律については一般的に，健康保険法や災害救助法，雇用保険法，国民年金法，介護保険法等各法の適用が生活保護法よりも優先する。

▶10
**申請保護の原則**
保護は，要保護者，その扶養義務者又はその他の同居の親族の申請に基づいて開始する。急迫の場合には職権により必要な保護を行う。

▶11
**職権保護**
要保護者が急迫した状況にある場合に，申請がなくとも，保護の実施機関が職権で必要な保護を行うこと。

低所得者に対する支援と生活保護制度

| 基本原理 | 基本原則 |
|---|---|
| ①国家責任の原理（法第1条） | ①申請保護の原則（法第7条） |
| ②無差別平等の原理（法第2条） | ②基準及び程度の原則（法第8条） |
| ③最低生活の原理（法第3条） | ③必要即応の原則（法第9条） |
| ④保護の補足性の原理（法第4条） | ④世帯単位の原則（法第10条） |

| | | |
|---|---|---|
| ☐ ☐ | **52**<br>30回65 | 生活保護法では，保護の基準は，国会の審議を経て，法律で定めることとなっている。 |
| ☐ ☐ | **53**<br>31回64 | 生活保護基準は，3年に1回改定される。 |
| ☐ ☐ | **54**<br>32回64改変 | 生活保護の基準は，厚生労働大臣が定める。 |
| ☐ ☐ | **55**<br>31回64 | 生活保護基準に連動して，障害基礎年金の水準が改定される。 |
| ☐ ☐ | **56**<br>33回64 | 必要即応の原則とは，要保護者の需要を基とし，そのうち，その者の金銭又は物品で満たすことのできない不足分を補う程度において保護を行うことをいう。 |
| ☐ ☐ | **57**<br>32回64 | 保護は，世帯を単位としてその要否及び程度を定めるものとする。 |
| ☐ ☐ | **58**<br>30回65改変 | 生活保護法では，保護は，世帯を単位として行われるが，特別の場合には個人を単位として行うこともできる。 |
| ☐ ☐ | **59**<br>31回64 | 生活保護に係る施策との整合性に配慮して，地域別最低賃金が決定される。 |

● 保護の実施

| | | |
|---|---|---|
| ☐ ☐ | **60**<br>29回65 | 保護の実施機関は，厚生労働省の地方厚生局である。 |
| ☐ ☐ | **61**<br>29回69 | 資力調査等に日時を要する場合は，保護の開始の申請から60日まで保護の決定を延ばすことができる。 |

✕ 保護の基準は**厚生労働大臣**が定める。生活保護法第8条の「基準及び程度の原則」に基づき，**生活保護基準**を定めている。

✕ **生活保護基準**は，**毎年**改定されている。具体的には，**生活保護法による保護の基準**(昭和38年厚生省告示第158号) として定められている。

◯ 設問のとおり。保護は**厚生労働大臣**の定める基準により測定した要保護者の需要を基として，その者の金銭，物品で満たすことのできない不足分を補う程度に行う(生活保護法第8条)。

✕ 障害基礎年金の水準，つまり年金額は，**保険料水準固定方式**と，**マクロ経済スライド方式**によって改定される。

✕ 設問は，**基準及び程度の原則**の説明である(生活保護法第8条)。(関連キーワード▶12参照)

◯ 生活保護法第10条において，「保護は，世帯を単位としてその要否及び程度を定めるものとする」と**世帯単位の原則**が規定されている。

◯ 生活保護法第10条に「保護は，**世帯を単位としてその要否及び程度を定めるものとする**。但し，これによりがたいときは，**個人を単位**として定めることができる」とある。

◯ **地域別最低賃金**は，地域における労働者の生計費及び賃金並びに通常の事業の賃金支払い能力を考慮して定められなければならない(最低賃金法第9条第2項)。

✕ 保護の実施機関は，**都道府県知事，市長及び社会福祉法に規定する福祉に関する事務所(福祉事務所)を管理する町村長**である(生活保護法第19条第1項)。

✕ 生活保護法第24条第5項に保護の実施機関は，**保護の開始及び変更の決定**について，申請があった日から**14日**以内にしなければならないが，扶養義務者の資産や収入の状況の調査に日時を要する場合その他特別な理由がある場合等には，これを**30日**まで延ばすことができると規定されている。

---

▶12
**必要即応の原則**
「保護は，要保護者の年齢別，性別，健康状態等その個人又は世帯の実際の必要の相違を考慮して，有効且つ適切に行うものとする」と規定されている(生活保護法第9条)。

▶13
**世帯分離**
世帯単位の原則の例外として世帯分離について定めている。これは，同一の世帯にいる世帯員を一定の要件を満たす場合に世帯から切り離して取り扱うことを指す。

▶14
**個人を単位とする場合**
例えば常時介護を要する高齢者がいる世帯では，世帯全体を保護の対象とせず，その者を擬制的に別世帯にして保護の対象とすることがある。このような措置を「世帯分離」という。

▶15
**労働者の生計費**
労働者の生計費を考慮するに当たっては，労働者が健康で文化的な最低限度の生活を営むことができるよう，生活保護に係る施策との整合性に配慮するものとすると，最低賃金法第9条第3項に規定されている。

低所得者に対する支援と生活保護制度

**62**
29回65
保護の実施機関は，被保護者に対して生活の維持のための指導をしてはならない。

**63**
29回65改変
保護の実施機関は，被保護者であった者について，保護を受けていた当時の雇主から報告を求めることができる。

## ●保護の種類と内容

**64**
32回65
生活扶助は，衣料品費，食料品費，葬祭費などを給付する。

**65**
29回69
生活保護法による生活扶助は，居宅よりも保護施設において行うことが優先される。

**66**
29回66
生活扶助基準第一類は，所在地域によらず設定されている。

**67**
29回66改変
生活扶助基準第一類は，男女の性別によらず設定されている。

**68**
29回66
生活扶助基準第一類は，年齢によらず設定されている。

**69**
29回66
生活扶助基準第二類は，世帯人員別に設定されている。

**70**
29回66
生活扶助基準第二類は，生活保護の受給期間に応じて設定されている。

**71**
31回64
生活扶助基準は，マーケット・バスケット方式によって設定される。

❌ 保護の実施機関は，被保護者に対して生活の維持，向上その他保護の目的達成に必要な指導又は指示をすることができる（生活保護法第27条第1項）。ただし，この指導・指示は，必要最小限にとどめなければならず，被保護者の意に反して強制し得るものと解釈してはならない。

⭕ 設問のとおり。保護の決定や実施等のために必要と認めるときは，被保護者であった者について，当時の雇主に報告を求めることができる（生活保護法第29条第1項）。

❌ 生活扶助は，食料品費，衣料品費，光熱水費，家具什器費などの日常生活の需要を満たすための給付が中心である。葬祭費は葬祭扶助から給付される。

❌ 生活保護法第30条では，生活扶助の方法として，「生活扶助は，被保護者の居宅において行うものとする」と規定している。

❌ 第一類は級地制をとっており，所在地域によって3級地6区分で設定されている。

⭕ 設問のとおり。1985年（昭和60年）3月までは，性別によっても基準額が異なっていたが，男女間の必要栄養摂取量の差が縮小したことなどの理由で，1985年（昭和60年）4月から，性別による基準の設定が廃止された。

❌ 第一類は年齢別に基準が設定されている。現在は，「0～2歳」「3～5歳」「6～11歳」「12～17歳」「18・19歳」「20～40歳」「41～59歳」「60～64歳」「65～69歳」「70～74歳」「75歳以上」の11区分である。

⭕ 第二類は，世帯の経常的な需要を満たすものであり，世帯人員別，市町村を単位とする級地別に設定されている。

❌ 第二類も第一類も，生活保護の受給期間に関係なく設定されている。

❌ 1984年（昭和59年）以降，生活扶助基準は水準均衡方式によって設定されている。

▶16
**指導及び指示**
生活保護法第27条に規定する「指導及び指示」は保護の実施機関によって行われ，被保護者がこれを遵守しない場合は同法第62条の規定により保護の停止又は廃止の処分を行うこともある。

▶17
**生活扶助**
被保護者にとっての日常の生活費にあたるもので，最も基本的な扶助である。

▶18
**級地制**
地域ごとの生活様式や立地特性などから生じる物価や生活水準の差を生活保護基準に反映させることを目的とするものである。

▶19
**生活扶助の第一類・第二類**
第一類は，食費・被服費など個人経費で年齢別11区分。第二類は，光熱水費・家具什器費など世帯共通経費で世帯人員別。地区別冬季加算あり。

▶20
**水準均衡方式**
当該年度に想定される一般国民の消費動向を踏まえると同時に，前年度までの一般国民の消費実態との均衡状態を保つための調整を行い，これをもとに生活扶助基準の改定率を決めようとする方式である。

低所得者に対する支援と生活保護制度

| | **72** 31回65 | 生活扶助には，小学生の子どもの校外活動参加のための費用が含まれる。 |

| | **73** 31回65 | 教育扶助には，小中学校への入学準備金が含まれる。 |

| | **74** 32回65 | 教育扶助は，高等学校の就学に係る学用品費について給付する。 |

| | **75** 32回65 | 住宅扶助は，家賃等のほか，補修その他住宅の維持に必要なものを給付する。 |

| | **76** 27回65 | 住宅扶助は，宿所提供施設を利用する現物給付によって行うことを原則とする。 |

| | **77** 32回65改変 | 医療扶助は，原則として現物給付によって行うものとする。 |

| | **78** 31回65 | 介護扶助には，介護保険の保険料は含まれない。 |

## 整理しておこう！

### 保護の種類と給付方法

| 保護の種類 | 給付方法（原則） | 範囲 |
|---|---|---|
| 生活扶助 | 金銭給付 | ・衣食その他日常生活の需要を満たすために必要なもの<br>・移送<br>基準生活費（第1類，第2類）と，各種加算を中心に構成されている。入院患者日用品費，介護施設入所者基本生活費，一時扶助も含まれる |
| 教育扶助 | 金銭給付 | ・義務教育に伴って必要な教科書その他の学用品・通学用品<br>・学校給食その他義務教育に伴って必要なもの（通学のための交通費，学習支援費） |
| 住宅扶助 | 金銭給付 | 住居，補修その他住宅の維持のために必要なもの |

448

✗ 義務教育の修学に必要な費用は，**教育扶助**の対象となる。

✗ 小中学校への入学準備金は，**生活扶助**のなかの**一時扶助**として支給される。

▶21
**一時扶助**
最低生活の基盤となる物資購入，出生，入学，入退院などによる臨時的な特別需要が生じた場合に認定される。

✗ 高等学校の就学に係る学用品費は，**生業扶助**から給付される。教育扶助の対象となるのは**義務教育**に必要な費用である。

○ **住宅扶助**は，住居，補修その他住宅の維持のために必要なものを給付する(生活保護法第14条)。

✗ **住宅扶助**は，家賃等の**金銭給付**が原則である。しかし，金銭給付ができないか，適切でないとき，その他保護の目的を達するために必要があるときは，**現物給付**によって行うことができる。

▶22
**住宅扶助の現物給付**
宿所提供施設の利用，又は宿所提供施設に委託して行われる。

○ 医療扶助は，**現物給付**によって行うものとする。ただし，これによることができないとき等は金銭給付によって行うことができる(生活保護法第34条)。

○ 介護保険の保険料は，**生活扶助の介護保険料加算**において支給される。

| 保護の種類 | 給付方法(原則) | 範囲 |
| --- | --- | --- |
| 医療扶助 | 現物給付 | ・診察<br>・薬剤又は治療材料<br>・医学的処置・手術及びその他の治療等<br>・居宅における療養上の管理及びその療養に伴う世話その他の看護<br>・病院又は診療所への入院及びその療養に伴う世話その他の看護<br>・移送 |
| 介護扶助 | 現物給付 | 居宅介護，福祉用具，住宅改修，施設介護，介護予防，介護予防福祉用具，介護予防住宅改修，介護予防・日常生活支援，移送 |
| 出産扶助 | 金銭給付 | 分娩の介助，分娩前及び分娩後の処置，脱脂綿・ガーゼその他の衛生材料 |
| 生業扶助 | 金銭給付 | ・生業費(生業に必要な資金・器具又は資料)<br>・技能修得費(生業に必要な技能の修得に必要な費用，高等学校等就学費)<br>・就職支度費 |
| 葬祭扶助 | 金銭給付 | 検案，死体の運搬，火葬又は埋葬，納骨その他葬祭のために必要なもの |

**79**
32回65
出産扶助は，原則として現物給付によって行うものとする。

**80**
31回65改変
生業扶助には，就職のための就職支度費が含まれる。

**81**
29回65
生業扶助には，高等学校就学費が含まれる。

**82**
31回65
葬祭扶助には，遺体の検案のための費用は含まれない。

● 保護施設の種類

**83**
25回65
保護施設には，救護施設，更生施設，医療保護施設，授産施設，宿所提供施設，養老施設の6種類がある。

**84**
25回65
保護施設を設置できるのは，都道府県，市町村，社会福祉法人及び特定非営利活動法人に限定されている。

● 被保護者の権利及び義務

**85**
26回66
被保護者は，給付される保護金品に対して租税その他の公課を課せられることがない。

**86**
28回68
被保護者は，保護を受ける権利を相続させることができる。

**87**
28回68
被保護世帯の高校生のアルバイト収入は，届出の義務はない。

✗ 出産扶助は，金銭給付によって行うものとする。ただしこれによることができないとき等は，現物給付によって行うことができる（同法第35条）。

○ 生業扶助には，生業費，技能修得費，就職支度費が含まれる。

○ 生業扶助は，生業費，技能修得費と就職支度費からなるが，そのうちの技能修得費の中に，高等学校等就学費が設けられている。

✗ 葬祭扶助には，遺体の検案のほか，死体の運搬，火葬又は埋葬，納骨その他葬祭のために必要な費用が含まれている（生活保護法第18条第1項）。

✗ 保護施設は，救護施設，更生施設，医療保護施設，授産施設，宿所提供施設の5種類である（生活保護法第38条）。（関連キーワード▶26参照）

✗ 保護施設を設置できるのは，都道府県，市町村，地方独立行政法人，社会福祉法人，日本赤十字社であり，特定非営利活動法人は設置できない。

○ 生活保護法第57条において，「被保護者は，保護金品及び進学準備給付金を標準として租税その他の公課を課せられることがない」と規定されており，これを公課禁止という。

✗ 譲渡禁止（生活保護法第59条）により，保護を受ける権利は，第三者に譲渡することができないため，相続させることはできない。

✗ 届出の義務（生活保護法第61条）により，被保護世帯に属する高校生についても，アルバイト等によって収入が得られたときは，収入の申告をする必要がある。

▶23
**出産扶助の現物給付**
助産の給付は，都道府県知事の指定を受けた助産師に委託して行われる。

▶24
**就職支度費**
就職のために必要な洋服類や身のまわり品などの購入費用など。

▶25
**高等学校等就学費**
基本額，教材代，授業料，入学料，入学考査料，通学のための交通費，学習支援費の支給がされる。

▶26
**養老施設**
養老施設は，1963（昭和38）年の老人福祉法施行で養護老人ホームとなり，老人福祉法が根拠法となった。

低所得者に対する支援と生活保護制度

## ●不服申立て

**88** 33回66　不服申立てが権利として認められたのは，旧生活保護法（1946年（昭和21年））制定時においてである。

**89** 33回66　生活保護法に定める不服申立てにおいては，審査請求は，市町村長に対して行う。

**90** 33回66　生活保護法に定める不服申立てにおいては，審査請求に対する裁決が50日以内に行われないときは，請求は認容されたものとみなされる。

**91** 33回66　生活保護法に定める不服申立てにおいては，再審査請求は，厚生労働大臣に対して行う。

**92** 33回66改変　生活保護法に定める不服申立てにおいては，当該処分についての審査請求を行わなければ，処分の取消しを求める訴訟を提起することができない。

---

### 整理しておこう！

### 被保護者の権利及び義務

#### 被保護者の権利

| | |
|---|---|
| ① **不利益変更の禁止**（法第56条） | 被保護者は，正当な理由がなければ，既に決定された保護を，不利益に変更されることがない。 |
| ② **公課禁止**（法第57条） | 被保護者は，保護金品及び進学準備給付金を標準として租税その他の公課を課せられることがない。 |
| ③ **差押禁止**（法第58条） | 被保護者は，既に給与を受けた保護金品及び進学準備給付金又はこれらを受ける権利を差し押さえられることがない。 |

不服申立てが権利として認められたのは，現行の生活保護法(1950年(昭和25年))においてである。

 審査請求[27]は，都道府県知事に対して行う(生活保護法第64条)。

 設問の場合は，請求が棄却されたとみなすことができる。[28]

 設問のとおり(生活保護法第66条第1項)。審査請求に対する都道府県知事の裁決に不服がある場合は，裁決があったことを知った日の翌日から起算して1か月以内に再審査請求[29]を行うことができる。

 処分の取消しを求める訴訟は，審査請求に対する裁決を経た後でなければ提起できない(生活保護法第69条)。

▶27
審査請求
審査請求は，処分があったことを知った日の翌日から起算して3か月以内に都道府県知事に対して行う。

▶28
審査請求の裁決
審査請求を受理した都道府県知事は，処分が違法又は不当でないかどうかを審理し，50日以内(第三者機関による諮問を受ける場合は70日以内)に裁決をしなければならない(生活保護法第65条第1項)。

▶29
再審査請求の裁決
再審査請求に対して，厚生労働大臣は，70日以内に裁決を行わなければならない(生活保護法第66条第2項)。

低所得者に対する支援と生活保護制度

| | 被保護者の義務 | |
|---|---|---|
| ① | 譲渡禁止<br>(法第59条) | 保護又は就労自立給付金若しくは進学準備給付金の支給を受ける権利は，譲り渡すことができない。 |
| ② | 生活上の義務<br>(法第60条) | 被保護者は，常に，能力に応じて勤労に励み，自ら，健康の保持及び増進に努め，収入，支出その他生計の状況を適切に把握するとともに支出の節約を図り，その他生活の維持及び向上に努めなければならない。 |
| ③ | 届出の義務<br>(法第61条) | 被保護者は，収入，支出その他生計の状況について変動があったとき，又は居住地若しくは世帯の構成に異動があったときは，すみやかに，保護の実施機関又は福祉事務所長にその旨を届け出なければならない。 |
| ④ | 指示等に従う義務<br>(法第62条) | 保護の実施機関は，被保護者に対し，生活の維持向上その他保護の目的達成に必要な指導又は指示をすることができるが，被保護者は，保護の実施機関からこれらの指導又は指示を受けたときは，これに従わなければならない。 |
| ⑤ | 費用返還義務<br>(法第63条) | 被保護者が，急迫の場合等において資力があるにもかかわらず，保護を受けたときは，保護に要する費用を支弁した都道府県又は市町村に対して，すみやかに，その受けた保護金品に相当する金額の範囲内において保護の実施機関の定める額を返還しなければならない。 |

# 生活保護制度における組織及び団体の役割と実際

## 国の役割

**93**
29回63
国は，居住地がないか，又は明らかでない被保護者の保護に要する費用の全額を負担する。

**94**
29回63改変
厚生労働大臣以外の者でも，生活保護法に基づく医療機関を指定することができる。

## 都道府県の役割

**95**
29回63
都道府県知事は，生活保護法に定める職権の一部をその管理に属する行政庁に委任することができない。

**96**
33回68
都道府県知事は，生活保護法に定める職権の一部を，社会福祉主事に委任することができる。

## 市町村の役割

**97**
29回63
福祉事務所を設置していない町村の長は，特に急迫した事由により放置することができない状況にある要保護者に対して応急的な処置として必要な保護を行う。

**98**
30回66
福祉事務所を設置していない町村は，生活保護法における保護の変更の申請を受け取ったときは，保護の変更を決定することができる。

**99**
30回66改変
保護の実施機関は，福祉事務所を設置していない町村に対し被保護者への保護金品の交付を求めることができる。

**100**
30回66
保護の開始の申請は，福祉事務所を設置していない町村を経由して行うことができない。

✗ 国は，居住地がないか，又は明らかでない被保護者の保護に要する費用の4分の3を負担し，都道府県が4分の1を負担する。

○ 医療機関の指定については，**厚生労働大臣**が国の開設した病院，診療所，薬局について指定し，**都道府県知事**がその他の病院，診療所（これらに準ずるものとして政令で定めるものを含む），薬局を指定する（生活保護法第49条）。

▶30
**指定医療機関**
生活保護法では，指定医療機関は，懇切丁寧に被保護者の医療を担当し，被保護者の医療について厚生労働大臣又は都道府県知事の行う指導に従う義務があること，診療方針及び診療報酬は，原則として国民健康保険の例によることが規定されている。

✗ 都道府県知事は，生活保護法に定める職権の一部を，その管理に属する行政庁に**委任することができる**（生活保護法第20条）。

✗ 都道府県知事は，生活保護法に定めるその職権の一部を，その管理に属する**行政庁に委任することができる**（生活保護法第20条）。

○ 福祉事務所を設置しない町村の長は，特に急迫した事由により放置することができない状況にある要保護者に対して，**応急的処置**として，必要な保護を行う（生活保護法第19条第6項）。

✗ 福祉事務所を設置していない町村は，**保護の実施機関ではないため**，保護の変更を決定することはできない。

○ 福祉事務所を設置していない町村長は，保護の実施機関又は福祉事務所長からの求めに応じて被保護者に対し**保護金品を交付する**（生活保護法第19条第7項）。

✗ 保護の開始の申請は福祉事務所を設置していない町村を経由して行うことができる（生活保護法第24条第10項）。

| | 101 30回66 | 福祉事務所を設置していない町村は，被保護者に対し必要な指導又は指示をすることができる。 |

# 生活保護制度における専門職の役割と実際

## 現業員

| | 102 33回68 | 生活保護の現業を行う所員（現業員）は，保護を決定し実施することができる。 |

| | 103 27回67 | 生活保護の現業を行う所員（地区担当員）は，保護の開始，変更，停止，廃止，被保護者への指導又は指示に関する権限を委任されている。 |

| | 104 27回67 | 生活保護の現業を行う所員（地区担当員）は，生活保護の適切な運営が行えるよう，文書担当，庶務担当，経理担当などを担う職員として配置されている。 |

| | 105 32回67 | 福祉事務所の現業を行う所員（現業員）の定数については，生活保護法で定めている。 |

| | 106 27回67改変 | 市の設置する福祉事務所にあっては，被保護世帯数80世帯に対して1人の現業を行う所員（地区担当員）を配置することが標準とされている。 |

| | 107 31回67 | 現業を行う所員は，援護，育成又は更生の措置を要する者の家庭を訪問するなどして，生活指導を行う事務をつかさどる。 |

## 査察指導員

| | 108 27回67 | 生活保護の指導監督を行う所員（査察指導員）は，都道府県知事又は市町村長の指揮監督を受けて福祉事務所の所務を掌理する。 |

| | 109 33回60改変 | 福祉事務所の指導監督を行う所員（査察指導員）及び現業を行う所員（現業員）は，生活保護法以外の業務に従事することができる。 |

✗ 福祉事務所を設置していない町村は保護の実施機関ではないため，被保護者に対する指導又は指示をすることはできない。

✗ 生活保護法第19条において，「都道府県知事，市長及び社会福祉法に規定する福祉に関する事務所(以下，「福祉事務所」という。)を管理する町村長は，(中略)この法律の定めるところにより，保護を決定し，かつ，実施しなければならない」と定めている。

✗ 保護の開始，変更，停止，廃止，被保護者への指導又は指示に関する権限を委任されているのは福祉事務所長である。

✗ 文書担当，庶務担当，経理担当などを担う職員は事務を行う所員である。

▶31
事務を行う所員
福祉事務所長の指揮監督を受けて，福祉事務所の庶務をつかさどる(社会福祉法第15条第5項)。

✗ 福祉事務所の現業を行う所員の定数は社会福祉法第16条に定められている。ただし，あくまでも標準定数であるため定数を満たさなくても罰則はない。

▶32
現業を行う所員
福祉事務所長の指揮監督を受けて，援護，育成又は更生の措置を要する者等の家庭を訪問し，又は訪問しないで，これらの者に面接し，本人の資産，環境等を調査し，保護その他の措置の必要の有無及び種類を判断し，生活指導を行う等の事務をつかさどる(社会福祉法第15条第4項)。

◯ 設問のとおり。なお，都道府県(郡部)福祉事務所では被保護世帯65世帯に1人，町村の設置する福祉事務所では被保護世帯80世帯に1人の現業を行う所員を配置することが標準とされている。

◯ 現業を行う所員は，生活指導として訪問活動における世帯状況の把握や援助方針に基づく支援を行う。

✗ 都道府県知事又は市町村長の指揮監督を受けて福祉事務所の所務を掌理するのは福祉事務所長である(社会福祉法第15条第2項)。

◯ 査察指導員及び現業員は，生活保護に関する職務の遂行に支障がない場合に，他の社会福祉又は保健医療に関する事務を行うことができる(社会福祉法第17条)。

**110**
27回67
生活保護の指導監督を行う所員(査察指導員)は，生活保護業務における管理的機能と現業を行う所員(地区担当員)に対する教育的機能と支持的機能を果たすことが求められている。

**111**
32回67
福祉事務所の指導監督を行う所員(査察指導員)，現業を行う所員(現業員)，事務を行う所員はいずれも社会福祉主事でなければならない。

**112**
31回67改変
福祉事務所の指導監督を行う所員及び現業を行う所員は，社会福祉主事でなければならない。

**113**
31回67
福祉事務所の指導監督を行う所員及び現業を行う所員は，都道府県知事又は市町村長の事務の執行に協力する機関である。

# 福祉事務所の役割と実際

## 福祉事務所の組織体系

**114**
33回68
都道府県及び市(特別区を含む)は，条例で，福祉事務所を設置しなければならない。

**115**
29回63
人口5万人未満の市は，福祉事務所を設置しなくてもよい。

**116**
31回67
厚生労働大臣の定める試験に合格しなければ，社会福祉主事になることができない。

**117**
32回67
福祉事務所に置かれている社会福祉主事は，25歳以上の者でなければならない。

⭕ 設問のとおり。指導監督を行う所員は，現業を行う所員に対する**スーパーバイザー**として，知識や技術の伝達（教育的機能），悩みや困難ケースに対する支援（支持的機能），業務の状況把握（管理的機能）といった役割が求められている。

❌ 福祉事務所の指導監督を行う所員，現業を行う所員は，社会福祉主事でなければならない（社会福祉法第15条第6項）。事務を行う所員は，特に要件の定めはない。

⭕ 指導監督を行う所員及び現業を行う所員は，社会福祉主事でなければならない（社会福祉法第15条第6項）。

❌ 社会福祉主事（福祉事務所の指導監督を行う所員及び現業を行う所員）は，「都道府県知事又は市町村長の事務の執行を補助するもの」と規定されている（生活保護法第21条）。（関連キーワード▶34参照）

⭕ 社会福祉法第14条第1項において，「**都道府県及び市**（特別区を含む。）は，条例で，福祉に関する事務所を設置しなければならない」と定められている。なお，**町村は任意で設置することができる**（同条第3項）。

❌ 市，都道府県，特別区は，福祉事務所を設置しなければならない（社会福祉法第14条第1項）。町村は福祉事務所を**設置することができる**（同条第3項）。（関連キーワード▶35参照）

❌ 社会福祉士や精神保健福祉士なども，社会福祉主事になることができる。

❌ 社会福祉主事は，**20歳以上の者**であって，人格が高潔で，思慮が円熟し，社会福祉の増進に熱意があるものとされている（社会福祉法第19条）。福祉事務所に限らず業務による年齢の設定はない。

---

▶33
**指導監督を行う所員**
福祉事務所長の指揮監督を受けて，現業事務の指導監督をつかさどる（社会福祉法第15条第3項）。

▶34
**協力機関**
民生委員は，生活保護にかかわる市町村長，福祉事務所長，社会福祉主事の事務の執行に協力するものとされている（生活保護法第22条）。

▶35
**市町村の設置する福祉事務所**
福祉六法に関する事務をつかさどる第一線の社会福祉行政機関であり，生活保護法その他社会福祉各法にかかわる相談や申請の窓口となっている。

▶36
**社会福祉主事**
社会福祉主事の任用資格については，社会福祉法第19条に規定されている。

低所得者に対する支援と生活保護制度

459

**118**
30回66
福祉事務所を設置していない町村は，社会福祉主事を置くことができる。

**119**
32回67
市が設置する福祉事務所の社会福祉主事は，生活保護法の施行について，市長の事務の執行を補助する。

**120**
32回67改変
福祉事務所の長は，都道府県知事又は市町村長（特別区の区長を含む）の指揮監督を受けて，所務を掌理する。

**121**
33回68
福祉事務所の長は，高度な判断が求められるため社会福祉士でなければならない。

**122**
31回67
福祉事務所の長は，福祉事務所の指導監督を行う所員の経験を5年以上有した者でなければならない。

# 自立支援プログラムの意義と実際

## 自立支援プログラムの目的

**123**
23回60
生活保護における自立支援プログラムの支援対象者は，提供されるプログラムを「選択・決定」しなければならない。

**124**
23回60
生活保護における自立支援プログラムの支援対象は，被保護者である。

## 自立支援プログラムの作成過程と方法

**125**
30回68
生活保護の自立支援プログラムは，各自治体の地域の実情に応じて設定されるものではない。

〇 福祉事務所を設置していない町村は，**社会福祉主事を置くことがで**
**きる**（社会福祉法第18条第2項）。なお，福祉事務所を設置した都道
府県及び市町村（特別区を含む）は社会福祉主事は必置である。

〇 社会福祉主事については，生活保護法第21条において，「**都道府県**
**知事又は市町村長の事務の執行を補助する**」と規定されている。ま
た，社会福祉法第19条において，都道府県知事又は市町村長の補助機関
である職員として規定されている。

〇 福祉事務所の長は，**都道府県知事又は市町村長（特別区の区長を含**
**む）**の指揮監督を受けて，所務を掌理する（社会福祉法第15条第2
項）。

✕ 福祉事務所の長については，社会福祉士でなければならないという
決まりはない。

✕ 福祉事務所の長になるための，指導監督を行う所員の経験の条件は
ない。

✕ 自立支援プログラムは，支援対象者の同意と参加のもとに行われる。
提供されるプログラムを必ず「選択・決定」しなければならないわけ
ではない。

▶37
**自立支援プログラム**
「平成17年度における
自立支援プログラムの
基本方針について」（平
成17年3月31日社援
発第0331003号厚生
労働省社会・援護局長
通知）に基づくもので
ある。

〇 設問のとおり。**自立支援プログラム**は，経済的給付中心の生活保護
制度から，実施機関が組織的に**被保護世帯の自立を支援する制度へ**
の転換を目的としている。

✕ 自立支援プログラムは，管内の被保護世帯全体の状況を把握し，支
援の実施にあたっては地域の社会資源を活用するなど，**地域の実情**
に応じて設定される。

低所得者に対する支援と生活保護制度

**126**
30回68

生活保護の自立支援プログラムにおいて，民間事業者等への外部委託は想定されていない。

**127**
30回68

生活保護の自立支援プログラムでは，組織的支援ではなく，現業員の個人の努力や経験により支援を行うことにしている。

**128**
30回68

生活保護の自立支援プログラムは，就労による経済的自立のみならず，日常生活自立，社会生活自立など多様な課題に対応するものである。

**129**
30回68改変

生活保護の自立支援プログラムでは，被保護世帯の自立阻害要因の把握が求められている。

---

整理しておこう！

## 自立支援プログラムの概要

　2004年（平成16年）12月15日に「生活保護制度の在り方に関する専門委員会」が出した報告書を踏まえ，2005年（平成17年）4月1日より，自立支援プログラムを導入し，自立・就労支援施策の拡充を図ることとなっている。「自立支援プログラム」とは，①地方自治体が被保護世帯の問題を把握した上，自主性・独自性を生かして重層的かつ多様な支援メニューを整備し，問題に応じた自立支援プログラムを策定，②被保護者は状況に応じたプログラムに参加し，地方自治体はプログラムに沿った支援を実施，③地方自治体は被保護者の取組状況を定期的に評価し，必要に応じて参加すべきプログラムや支援内容の見直しを実施するというものである。

**✕** 自立支援プログラムでは，地域の適切な社会資源への外部委託（アウトソーシング）等により，個別支援プログラムの実施体制の充実を図ることが求められている。この社会資源として，民生委員，社会福祉協議会，社会福祉法人，民間事業者等が例示されている。

**✕** 自立支援プログラムは，担当職員（現業員）個人の努力や経験に依存した取組だけでは十分な支援が行えない状況を踏まえ，実施機関（福祉事務所）が組織的に支援する制度への転換を目的としている。

**◯** 自立支援プログラムでは，就労による経済的自立（就労自立）だけでなく，日常生活自立，社会生活自立の3つの自立が定義されている。自立支援プログラムは，これらの多様な課題に対応するものである。

**◯** 自立支援プログラムの策定手順において，管内の被保護世帯全体の状況を把握した上で，被保護者の状況や自立阻害要因を把握することが求められている。

▶38
3つの自立
就労による経済的自立（就労自立），身体や精神の健康を回復・維持し，自分で自分の健康・生活管理を行うなど日常生活において自立した生活を送る日常生活自立，社会的なつながりを回復・維持し，地域社会の一員として充実した生活を送る社会生活自立。

低所得者に対する支援と生活保護制度

---

**自立支援プログラムの概要**

① 実施機関が管内の被保護世帯全体の状況を把握
② 被保護者の状況や自立阻害要因について類型化を図り，それぞれの類型ごとに取り組むべき自立支援の具体的内容と実施手順を定めた個別の支援プログラムを策定
③ これに基づき個々の被保護者に必要な支援を組織的に実施

**自立の概念**

○経済的自立（就労自立）…就労による経済的自立
○日常生活自立…身体や精神の健康を回復・維持し，自分で自分の健康・生活管理を行うなど日常生活において自立した生活を送ること
○社会生活自立…社会的なつながりを回復・維持し，地域社会の一員として充実した生活を送ること

463

## 低所得者対策

## 生活福祉資金の概要

**130**
33回69
生活福祉資金貸付制度では，資金貸付けと併せて必要な相談支援を受ける。

**131**
33回69
生活福祉資金の借入れの申込先は，福祉事務所である。

**132**
33回69
生活福祉資金の借入れの申込みは，民生委員を介して行わなければならない。

**133**
33回69改変
生活福祉資金の総合支援資金は，連帯保証人を立てない場合でも，貸付けを受けることができる。

**134**
33回69
生活福祉資金は，償還の猶予はできない。

---

### 整 理 し て お こ う ！

### 生活福祉資金貸付制度

　生活福祉資金貸付制度は，低所得世帯などに対し，低利または無利子で資金の貸付けと民生委員による必要な援助指導を行うことにより，経済的自立や生活意欲の助長促進，在宅福祉や社会参加の促進を図り，その世帯の安定した生活を確保することを目的として，1955（昭和30）年から全国の都道府県社会福祉協議会において実施している。

貸付対象

| 低所得世帯 | 資金の貸付けにあわせて必要な支援を受けることにより独立自活でき，必要な資金を他から受けることが困難な世帯 |
|---|---|
| 障害者世帯 | 身体障害者手帳，療育手帳，精神障害者保健福祉手帳の交付を受けた者などの属する世帯 |
| 高齢者世帯 | 65歳以上の高齢者の属する世帯 |

○ 生活福祉資金貸付制度は，低所得者，障害者又は高齢者に対し，**資金の貸付けと必要な相談支援**を行うことにより，その経済的自立及び生活意欲の助長促進並びに在宅福祉及び社会参加の促進を図り，安定した生活を送れるようにすることを目的とする。

✕ 生活福祉資金貸付制度の実施主体は**都道府県社会福祉協議会**であり，借入れの申込先は**市区町村社会福祉協議会**である。

✕ 生活福祉資金の借入れの申込みに，民生委員を介す必要はない。

○ 借入申込者は，原則として**連帯保証人**を立てることが必要であるが，連帯保証人を立てない場合も資金の貸付けを受けることができる。

✕ 生活福祉資金の償還は，都道府県社会福祉協議会会長の判断により，一定の条件のもと猶予することができる。

　2009（平成21）年10月1日より，従来の10種類から4種類に整理・統合が行われた。新しい分類は，総合支援資金，福祉資金，教育支援資金，不動産担保型生活資金となる。理由や用途を限定せず，継続的な相談支援とあわせた貸付で生活の立て直しを支援する「総合支援資金」の創設や，連帯保証人要件の緩和，利子の引き下げなど，「借り易く，かつ貸し易く」が見直しの基本方針となっている。
　また，低所得者を対象とした貸付制度として，2009（平成21）年10月から，生活福祉資金とは別に，「臨時特例つなぎ資金」や「住宅支援給付事業」が実施されている。

### 貸付の種類

| 総合支援資金 | 教育支援資金 |
|---|---|
| 　生活支援費 | 　教育支援費 |
| 　住宅入居費 | 　就学支度費 |
| 　一時生活再建費 | 不動産担保型生活資金 |
| 福祉資金 | 　（低所得の高齢者世帯向け） |
| 　福祉費 | 　（要保護の高齢者世帯向け） |
| 　緊急小口資金 | |

**135**
26回69
生活福祉資金は重複貸付が禁止されているため，総合支援資金の貸付を受けた場合，教育支援資金の貸付を受けることはできない。

**136**
24回62
生活福祉資金貸付制度の一つである総合支援資金には，低所得世帯に属する者が高校等に入学するための教育支援費が含まれる。

**137**
24回62改変
生活福祉資金貸付制度の一つである不動産担保型生活資金は，65歳以上の高齢者世帯を対象としている。

## 低所得者に対する自立支援の実際

**138**
31回69
無料低額宿泊所は，第二種社会福祉事業である。

**139**
31回69
無料低額宿泊所を運営することができるのは，社会福祉法人及び NPO 法人に限定されている。

**140**
32回69
住宅を喪失した人への支援策として，無料低額宿泊所は全ての市町村が設置しなければならない。

**141**
31回69
無料低額宿泊所事業開始に当たっては，都道府県知事の許可を受けなければならない。

**142**
31回69改変
無料低額宿泊所では，食事を提供することができる。

**143**
31回69
無料低額宿泊所では，生活保護法の住宅扶助を利用することができない。

✕ 生活福祉資金貸付制度では，必要に応じて同一世帯に**重複貸付を行うことができる**。したがって，総合支援資金と教育支援資金についても，必要と判断されれば，重複貸付を受けることが可能である。

✕ 教育支援費は，**教育支援資金**のなかに含まれる。教育支援資金[▶39]は，月額で支給される教育支援費と一括で支給される就学支度費に区分される。

○ 設問のとおり。貸付対象には，担保となる不動産を借入申込者が単独で所有し，将来にわたって居住し続けることを希望することや当該不動産に賃借権や抵当権が設定されていないなどの条件がある。（関連キーワード▶40参照）

○ 社会福祉法第2条第3項第8号に規定される**第二種社会福祉事業**[▶41]である。

✕ 第二種社会福祉事業であるため，**運営主体に制限はなく，届け出を**[▶42]することで事業を運営することができる。

✕ **無料低額宿泊所**は，住宅喪失者への支援策ではなく，全ての市町村に設置義務があるものでもない。事業を行う場合は，都道府県知事に届け出をしなければならない。

✕ 市町村・社会福祉法人は，無料低額宿泊所（社会福祉住居施設）を設置して，事業を開始したときは，事業開始の日から1月以内に，施設設置地の都道府県知事に届け出なければならない（社会福祉法第68条の2第1項）。

○ 無料低額宿泊所事業は，宿泊の場所の提供だけでなく，食事の提供や入居者への相談対応や就労指導などのサービス（生活支援サービス）を提供することもできる。

✕ 無料低額宿泊所では，**生活扶助**と**住宅扶助**を利用することができる。

---

**▶39**
**教育支援資金**
教育支援費（高等学校，大学又は高等専門学校の就学費用）と就学支度費（高等学校，大学又は高等専門学校の入学費用）に区分され，無利子で連帯保証人が不要であるが，世帯内での連帯借受人が必要である。

**▶40**
**要保護世帯向け不動産担保型生活資金**
要保護の高齢者世帯向けの資金で，一定の居住用不動産を担保として生活資金を貸し付ける。貸付利子の設定はあるが，連帯保証人は不要である。

**▶41**
**無料低額宿泊所事業**
生活困窮者に無料又は低額な料金で，簡易住宅を貸し付け，又は宿泊所などの施設を利用させる事業（社会福祉法第2条第3項第8号）。

**▶42**
**無料低額宿泊所（社会福祉住居施設）の届け出**
国，都道府県，市町村，社会福祉法人以外の者が，無料低額宿泊所（社会福祉住居施設）を設置して，事業を経営しようとするときは，その事業の開始前に施設設置地の都道府県知事に届け出なければならない（社会福祉法第68条の2第2項）。

低所得者に対する支援と生活保護制度

## 低所得支援を行う組織

☐ **144**
☐ 32回69
福祉事務所未設置町村は，生活困窮者及びその家族等からの相談に応じ，生活困窮者自立相談支援事業の利用勧奨等を行う事業を行うことができる。

☐ **145**
☐ 32回69
生活困窮者自立相談支援事業の相談支援員は，社会福祉主事でなければならないと社会福祉法に定められている。

☐ **146**
☐ 32回69
民生委員は，地域の低所得者を発見し，福祉事務所につなぐために市長から委嘱され，社会奉仕の精神で住民の相談に応じる者である。

# ホームレス対策

## ホームレスの自立の支援等に関する特別措置法の概要

☐ **147**
☐ 28回69
「ホームレス自立支援法」による支援を受けている者は，生活保護法による保護を受けることはできない。

☐ **148**
☐ 28回69
「ホームレス自立支援基本方針」（厚生労働省，国土交通省）に基づき，国は，ホームレスの支援に向けて実施計画を策定しなければならない。

○ 生活困窮者自立支援法第11条第1項の規定に基づき，福祉事務所を設置していない町村（福祉事務所未設置町村）は，生活困窮者に対する自立の支援について，生活困窮者や家族その他の関係者からの相談に応じ，情報提供及び助言，都道府県との連絡調整，生活困窮者自立相談支援事業の利用の勧奨などの必要な援助を行う事業を行うことができる。

✕ 生活困窮者自立相談支援事業は，生活困窮者自立支援法に基づく事業である。相談支援員については，社会福祉法に資格要件の規定はない。

✕ 民生委員は，民生委員法第5条第1項に基づいて，厚生労働大臣の委嘱を受けて社会奉仕の精神で住民の相談に応じる者である。その職務は同法第14条に規定されており，地域の低所得者等を発見し，福祉事務所につなぐことも職務内容に含まれる。

✕ ホームレス自立支援法[43]による支援を受けている者が，生活保護を受けることができないという規定はない。ホームレス施策を利用した者で，就労による自立が困難な者等については福祉事務所につなぎ，生活保護等による自立を図ることとされている。

✕ 都道府県は，ホームレスに関する問題の実情に応じた施策を実施するため必要があると認められるとき，「ホームレス自立支援基本方針」に即し，実施計画を策定しなければならない（ホームレス自立支援法第9条第1項）。[44]

[43] ホームレス自立支援法
正式名称は，「ホームレスの自立の支援等に関する特別措置法」である。

[44] ホームレス自立支援基本方針
正式名称は，「ホームレスの自立の支援等に関する基本方針」（平成30年7月）である。

## 整理しておこう！

### 生活保護基準等体系図

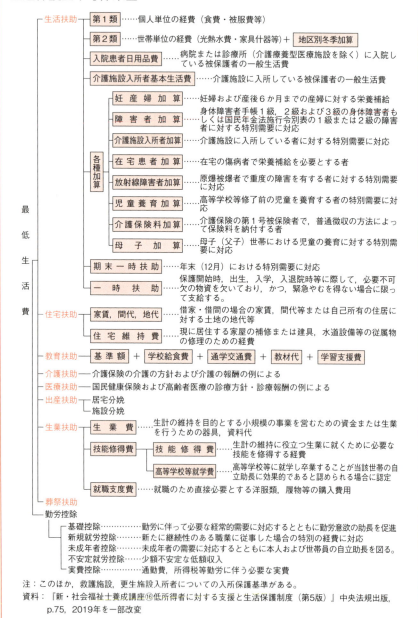

注：このほか，救護施設，更生施設入所者についての入所保護基準がある。

資料：『新・社会福祉士養成講座⑯低所得者に対する支援と生活保護制度（第5版）』中央法規出版，p.75，2019年を一部改変

# 保健医療サービス

# 医療保険制度

## 医療保険制度の概要

**1** 33回70
健康保険の保険者には，全国健康保険協会が含まれる。

**2** 33回70
船員保険の保険者は，健康保険組合である。

**3** 33回70
日雇特例被保険者の保険の保険者は，国民健康保険組合である。

**4** 33回70改変
国民健康保険の被保険者には，国家公務員共済組合の組合員は含まれない。

---

### 整理しておこう！

#### 日本の医療保険制度

　日本の医療保険制度は，1961年（昭和36年）に年金とともに国民皆保険の体制が整った。

　以来，医療保険は職業別の制度体系を維持してきたが，2008年（平成20年）4月に後期高齢者医療制度が創設されたのに伴い，年齢別・職業別の制度体系となった。ただし，75歳未満が対象となる従前からの医療保険は，職業別の体系を維持していて，民間企業のサラリーマンや公務員が加入する制度は被用者保険又は職域保険と，農業者や自営業者が加入する国民健康保険は地域保険と称されている。

472

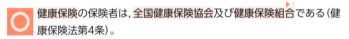

○ 健康保険の保険者は，**全国健康保険協会及び健康保険組合**である（健康保険法第4条）。

× 船員保険の保険者は，健康保険法による**全国健康保険協会**である（船員保険法第4条）。

× 日雇特例被保険者の保険の保険者は，**全国健康保険協会**である（健康保険法第123条）。

○ 国民健康保険の被保険者は，都道府県の区域内に住所を有する者である（国民健康保険法第5条）。ただし，健康保険法の規定による被保険者（日雇特例被保険者を除く），国家公務員共済組合法又は地方公務員等共済組合法に基づく共済組合の組合員等は，国民健康保険法における被保険者には含まれない（同法第6条）。

▶1
**健康保険組合設立の基準**
1つの企業による単一健康保険組合の場合は被保険者数が700人以上，同種の事業を行う2つ以上の事業所が共同設立する総合組合の場合は被保険者数が3000人以上である。

▶2
**船員保険**
船員又はその被扶養者の職務外の事由による疾病，負傷若しくは死亡又は出産に関して保険給付を行うとともに，労働者災害補償保険による保険給付と併せて船員の職務上の事由又は通勤による疾病，負傷，障害又は死亡に関して保険給付を行うこと等により，船員の生活の安定と福祉の向上に寄与することを目的としている（船員保険法第1条）。

**医療保険の種類と対象者**

| | | | | |
|---|---|---|---|---|
| 75歳未満 | 被用者保険 | 健康保険 | 協会けんぽ | 健保組合を設立していない事業所 |
| | | | 組合健保 | 健保組合を設立している事業所 |
| | | 船員保険 | | 大型船舶乗組員 |
| | | 国家公務員共済組合 | | 国家公務員 |
| | | 地方公務員等共済組合 | | 地方公務員 |
| | | 私立学校教職員共済 | | 私立学校の教職員 |
| | 地域保険 | 国民健康保険 | 市(区)町村 | 被用者保険と国民健康保険組合に該当しない国民 |
| | | | 国保組合 | 国民健康保険組合を設立している業種の自営業者 |
| 75歳以上 | | 後期高齢者医療制度 | | 75歳以上（障害者は65歳以上）の国民 |

注：「協会けんぽ」とは全国健康保険協会管掌健康保険のことであり，「組合健保」とは健康保険組合管掌健康保険のことであり，「国保組合」とは国民健康保険組合のことである。

☐ **5** 後期高齢者医療制度の被保険者は，75歳以上の者に限られる。
☐ 33回70

☐ **6** 医療保険の保険給付は，現物給付に限られる。
☐ 33回71

☐ **7** 療養の給付は，保険医の保険診療を受けた場合に受けられる。
☐ 33回71

---

### 整理しておこう！

## 保険外併用療養費制度

●**保険診療との併用が認められている療養**

① 評価療養  ┐
② 患者申出療養 ┘ → 保険導入のための評価を行うもの
③ 選定療養 ──→ 保険導入を前提としないもの

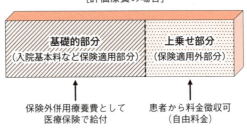

保険外併用療養費の仕組み
[評価療養の場合]

※ 保険外併用療養費においては，患者から料金徴収する際の要件（料金の掲示等）を明確に定めている。

✗ 後期高齢者医療制度の被保険者は，後期高齢者医療広域連合の区域内に住所を有する，75歳以上の者と，65歳以上75歳未満の者であって，一定の障害の状態にあり広域連合の認定を受けた者である（高齢者の医療の確保に関する法律第50条）。

✗ 医療保険の保険給付は，現物給付だけではなく現金給付もある。

◯ 療養の給付が受けられるのは，厚生労働大臣が指定した保険医療機関等で（健康保険法第63条第3項），保険医療機関において健康保険の診療に従事する医師若しくは歯科医師は，保険医でなければならない（同法第64条）。（関連キーワード▶3参照）

▶3
療養費
被保険者が保険医療機関等以外で診療等を受けた場合，保険者がやむを得ないものと認めるときは，療養の給付等に代えて療養費を支給することができる（健康保険法第87条）。

●評価療養
・先進医療
・医薬品，医療機器，再生医療等製品の治験に係る診療
・医薬品，医療機器等の品質，有効性及び安全性の確保等に関する法律承認後で保険収載前の医薬品，医療機器，再生医療等製品の使用
・薬価基準収載医薬品の適応外使用
　（用法・用量・効能・効果の一部変更の承認申請がなされたもの）
・保険適用医療機器，再生医療等製品の適応外使用
　（使用目的・効能・効果等の一部変更の承認申請がなされたもの）

●患者申出療養

●選定療養
・特別の療養環境（差額ベッド）
・歯科の金合金等
・金属床総義歯
・予約診療
・時間外診療
・大病院の初診
・大病院の再診
・小児う蝕の指導管理
・180日以上の入院
・制限回数を超える医療行為

| 8 33回71 | 入院時生活療養費は，特別の病室に入院した場合に限り支給される。 |

| 9 31回70 | 食事療養に要した費用については，入院時食事療養費が給付される。 |

| 10 31回70 | 傷病手当金は，被保険者が業務上のケガで労務不能となった場合に給付される。 |

| 11 33回71改変 | 出産手当金は，女子被保険者が出産した場合に支給される。 |

| 12 31回70 | 出産育児一時金は，被保険者の出産費用の7割が給付される。 |

| 13 31回72 | 特定健康診査の費用は，療養の給付の対象外となる。 |

| 14 31回70改変 | 療養の給付に係る一部負担金割合は，被保険者が75歳以上で，かつ，現役並み所得の場合には3割となる。 |

## ●高額療養費制度

| 15 33回71 | 高額療養費の給付は，国民健康保険を除く公的医療保険で受けられる。 |

| 16 31回70 | 高額療養費の自己負担限度額は，患者の年齢や所得にかかわらず，一律に同額である。 |

| 17 27回70 | 高額療養費の支給申請を忘れていても，消滅時効はなく，いつでも支給を申請できる。 |

| 18 32回70 | 食費，居住費，差額ベッド代は高額療養費制度の支給の対象とはならない。 |

| | | |
|---|---|---|
| × | 特別の病室に入院した場合に支給されるのは，**保険外併用療養費**である。(関連キーワード▶4参照) | ▶4<br>**入院時生活療養費**<br>入院中の食費及び光熱費にあたる居住費の合計であり，患者の標準負担額以外は医療保険から給付される。 |
| ○ | 食事療養に要した費用については，一般の場合1食当たり460円の標準負担額を支払い，残りは**入院時食事療養費**が給付される。 | |
| × | 傷病手当金は，業務外の事由による病気やケガの療養のため労務不能となった場合に給付される。 | ▶5<br>**傷病手当金**<br>傷病手当金の額は標準報酬日額の3分の2相当で，支給期間は同一傷病について1年6か月間，休業開始4日目から支給される。 |
| ○ | 被保険者が出産したとき，出産の日以前42日から出産の日後56日までの間において労務に服さなかった期間，**出産手当金**が支給される（健康保険法第102条）。 | |
| × | 出産育児一時金は，被保険者又はその被扶養者が出産した時，出産に要する経済的負担を軽減するため，**1児につき42万円**が給付される。 | |
| ○ | 特定健康診査の費用は，療養の給付の対象外であるため，患者の**全額自己負担**である。 | ▶6<br>**療養の給付の対象外**<br>健康診断を目的とする診察や検査，予防注射，妊娠・分娩で異常のないものなど。 |
| ○ | 療養の給付に係る一部負担金割合は，被保険者が75歳以上の場合**1割**であるが，現役並み所得の場合は**3割**となる。(関連キーワード▶7参照) | ▶7<br>**後期高齢者医療制度**<br>75歳になると，原則として，加入していた健康保険を脱退し，後期高齢者医療制度に加入する。 |
| × | **高額療養費**の給付は，被用者保険，国民健康保険，後期高齢者医療制度とすべての公的医療保険で受けられる。 | ▶8<br>**高額療養費制度**<br>家計に対する医療費の自己負担が過重なものとならないよう，月ごとの自己負担限度額を超えた場合，その超えた金額を支給する制度である。 |
| × | **高額療養費の自己負担限度額**は，70歳未満と70歳以上の**年齢**で分けられ，さらに**所得**でも分けられている。 | |
| × | 高額療養費の支給を受ける権利の消滅時効は，診療月の翌月の1日から（ただし診療費の自己負担分を診療月の翌月以降に支払ったときは支払った日の翌日から）**2年間**である。 | |
| ○ | 食費，居住費，差額ベッド代は**保険診療の対象**とならないため，高額療養費制度の支給対象から除外される。 | |

|  | **19** 32回70改変 | 医療保険加入者が70歳未満である場合，二人以上の同一世帯で合算した同一月内の医療費の自己負担限度額が定められている。 |

|  | **20** 32回70 | 医療保険加入者が70歳以上である場合，入院の費用に限り世帯単位での医療費の自己負担限度額が定められている。 |

|  | **21** 32回70 | 医療保険加入者が医療保険と介護保険を共に利用した場合，それらの費用を世帯で合算した月額の自己負担限度額が定められている。 |

|  | **22** 32回70 | 医療保険加入者が高額長期疾病（特定疾病）の患者である場合，医療費の自己負担を免除することが定められている。 |

## 医療費に関する政策動向

### ●国民医療費

|  | **23** 28回71 | 国民医療費には，特定健康診査・特定保健指導の費用が含まれる。 |

|  | **24** 29回70改変 | 平成30年度の国民医療費の総額をみると，初めて40兆円を超えた。 |

|  | **25** 30回70改変 | 2008年度（平成20年度）から2018年度（平成30年度）における国民医療費の国民所得に占める比率は，減少している。 |

|  | **26** 31回71改変 | 公費負担医療給付の割合は，国民医療費の70％を超えている。 |

|  | **27** 30回70改変 | 2008年度（平成20年度）から2018年度（平成30年度）における国民医療費に占める後期高齢者医療費の割合は，増加している。 |

○ 70歳未満の場合，同一月内に同一世帯の者に2万1000円以上の自己負担が複数ある場合にそれらを合算することができ，合算額が自己負担限度額を超えた分について高額療養費として支給される。

✕ 入院費用に限らず世帯内における外来の自己負担額も合算（世帯単位）した自己負担限度額が定められている。

✕ 高額医療・高額介護合算療養費における自己負担限度額は所得区分ごとに年額（毎年8月1日から始まり翌年7月31日までの1年間）で定められており，その自己負担限度額を超えた場合に支給される。

✕ 高額長期疾病（特定疾病）の患者の自己負担限度額は1万円（人工腎臓を実施している慢性腎不全の70歳未満の上位所得者は2万円）とされている。

✕ 国民医療費の範囲は，保険診療の対象となり得る傷病の治療費に限られており，健康の維持・増進を目的とした健康診断・予防接種等に要する費用は含まれない。

✕ 2018年度（平成30年度）の国民医療費は43兆3949億円であった。2013年度（平成25年度）の国民医療費の総額は40兆610億円であり，初めて40兆円を超えた。

✕ 国民医療費の国民所得に占める比率は，2008年度（平成20年度）9.56％，2013年度（平成25年度）10.70％，2018年度（平成30年度）10.73％である。

✕ 公費負担医療給付の割合は7.3％であり，国民医療費の70％を超えていない。

○ 国民医療費に占める後期高齢者医療費の割合は，2008年度（平成20年度）30.0％，2013年度（平成25年度）32.7％，2018年度（平成30年度）34.7％であり，年々増加している。

▶9
高額医療・高額介護合算療養費
医療保険と介護保険の自己負担額が著しく高額であった場合に，その負担を軽減することを目的としている。

▶10
高額長期疾病（特定疾病）にかかる高額療養費の支給特例
長期間にわたって継続しなければならず，著しく高額な医療費が必要となる疾病（血友病，人工腎臓を実施している慢性腎不全，抗ウイルス剤を投与している後天性免疫不全症候群）について，自己負担限度額を通常の場合より引き下げ，医療費の自己負担の軽減を図る特例制度である。

保健医療サービス

**28** 29回70改変　平成30年度の国民医療費を制度区分別に金額をみると，被用者保険の総額よりも国民健康保険の総額の方が少ない。

**29** 31回71改変　国庫と地方を合わせた公費の財源割合は，国民医療費の50％を超えている。

**30** 30回70改変　2008年度（平成20年度）から2018年度（平成30年度）における国民医療費の公費による財源別負担割合は，地方の負担割合よりも国庫の負担割合の方が高い。

**31** 31回71改変　入院と入院外を合わせた医科診療医療費の割合は，国民医療費の70％を超えている。

**32** 29回70改変　平成30年度の国民医療費において，医科診療医療費の診療種類別の割合をみると，入院医療費よりも入院外医療費の方が高い。

**33** 30回70改変　2008年度（平成20年度）から2018年度（平成30年度）における国民医療費に占める入院外医療費の割合は，増加している。

**34** 30回70改変　2008年度（平成20年度）から2018年度（平成30年度）における国民医療費に占める薬局調剤医療費の割合は，入院外医療費の割合よりも高い。

**35** 29回70改変　平成30年度の国民医療費の年齢階級別の割合をみると，65歳以上の医療費よりも65歳未満の医療費の方が高い。

**36** 31回71改変　65歳以上の国民医療費の割合は，国民医療費の70％を超えている。

**37** 31回71改変　人口一人当たりの国民医療費は，30万円を超えている。

**38** 29回70改変　平成30年度の国民医療費において，医科診療医療費の傷病分類別の割合をみると，呼吸器系の疾患が最も高い。

○ 制度区分別に金額をみると，国民健康保険の総額は9兆957億円で，被用者保険の総額10兆3110億円に比べて少ない。

✕ 公費の財源割合は38.1％であり，国民医療費の50％を超えていない。

○ 国庫の負担割合と地方の負担割合は，2008年度（平成20年度）は25.1％，12.0％，2013年度（平成25年度）は25.9％，12.9％，2018年度（平成30年度）は25.3％，12.9％であり，国庫の負担割合の方が高い。

○ 医科診療医療費の割合は72.2％であり，国民医療費の70％を超えている。

✕ 入院外医療費の構成割合は34.0％（14兆7716億円），入院医療費の構成割合は38.1％（16兆5535億円）であり，入院外医療費の方が低い。

✕ 国民医療費に占める入院外医療費の構成割合は，2008年度（平成20年度）37.7％，2013年度（平成25年度）34.4％，2018年度（平成30年度）34.0％であり，減少している。

✕ 国民医療費に占める薬局調剤医療費と入院外医療費の割合は，2008年度（平成20年度）は15.5％，37.7％，2013年度（平成25年度）は17.8％，34.4％，2018年度（平成30年度）は17.4％，34.0％であった。

✕ 年齢階級別における65歳以上の構成割合は60.6％，65歳未満の構成割合は39.4％であり，65歳未満の方が低い。

✕ 65歳以上の国民医療費の割合は60.6％であり，国民医療費の70％は超えていない。

○ 人口一人当たりの国民医療費は34万3949円であり，30万円を超えている。

✕ 「循環器系の疾患」が19.3％で最も多く，次いで「新生物〈腫瘍〉」が14.4％，「筋骨格系及び結合組織の疾患」が8.0％，「損傷，中毒及びその他の外因の影響」が7.8％となっている。

保健医療サービス

# 診療報酬

## 診療報酬制度の概要

**39**
31回72
保険医療機関が受け取る診療報酬は，審査支払機関の立替金によって賄われる。

**40**
31回72
被保険者でない患者の医療費は，医療機関の立替金によって賄われる。

**41**
31回72
社会保険診療報酬支払基金は，保険診療の審査支払機能を担う保険者である。

**42**
31回72改変
調剤薬局は，医療保険にかかる費用の請求機関である。

**43**
31回73
診療報酬の点数は，通常2年に一度改定される。

**44**
31回73
診療報酬の改定率は，中央社会保険医療協議会が決定する。

**45**
31回73
診療報酬点数には，医科，歯科，看護報酬が設けられている。

**46**
31回73
DPC／PDPS は，分類ごとに月ごとの入院費用を定めている。

**47**
31回73
外来診療報酬については，1日当たり包括払い制度がとられている。

**48**
30回71
一般病棟入院基本料で算定される一般病棟には，療養病床の病棟が含まれる。

**✕** 保険医療機関が受け取る診療報酬は，審査支払機関に請求し，審査支払機関の審査を受け，各保険者に審査済請求書が送付される。これをもとに，各保険者が請求金額を審査支払機関に支払い，審査支払機関はこれを各医療機関に支払う。

**✕** 被保険者でない，例えば被扶養者の医療費は，被扶養者が一部負担金を窓口で支払い，残りの医療費は保険者から審査支払機関を通じて医療機関へ支払われる。

**✕** 社会保険診療報酬支払基金は，保険者ではなく，審査支払機関である。

**◯** 調剤薬局は，保健医療サービスに対する対価として，審査支払機関の審査を経て，保険者から報酬を受け取る。

**◯** 診療報酬の点数は，通常2年に一度改定される。原則定期改定であるが，過去に消費税率引き上げ等に対応して不定期の改定が行われている。

**✕** 診療報酬の改定率は，予算編成過程で内閣が決定し，改定された診療報酬を厚生労働大臣が告示する。

**✕** 診療報酬点数表は，医科，歯科，調剤に分けられている。

**✕** DPC／PDPS とは，診断群分類別包括支払制度であり，治療内容にかかわらず，疾病別（診断群分類別）に入院1日当たりの金額が定められている。

**✕** 外来診療報酬は，診療行為ごとに決められた単価を積み上げて計算する出来高払い制度がとられている。

**✕** 療養病床は，療養病棟入院基本料により算定される。

▶11
診療報酬点数表
診療報酬点数表において，1点単価は10円とされている。

▶12
包括支払制度
包括評価部分（入院基本料，検査，投薬，注射，画像診断等）を基本として，出来高評価部分（医学管理，手術，放射線治療等）を組み合わせて算定する。

| 49 30回71 | 有床診療所入院基本料で算定される有床診療所には，20人の患者を入院させる医療施設が含まれる。 |
| 50 30回72 | 在宅療養支援病院は，在宅での療養を行う患者が緊急時を除いて入院できる病床を確保する病院である。 |
| 51 29回71 | 在宅療養支援診療所は，24時間，往診が可能な体制を確保することとされている。 |
| 52 30回73 | 保険薬局は，居宅における医学的管理，指導を行う。 |
| 53 30回73 | かかりつけ歯科医機能強化型歯科診療所は，口腔機能の管理を行う。 |
| 54 30回73 | 在宅医療専門の診療所は，訪問診療に特化しているため，外来応需体制を有していなくてもよい。 |
| 55 30回73 | 有料老人ホームは，公的医療保険における在宅医療の適用外となっている。 |
| 56 32回71 | 回復期リハビリテーション病棟の利用は，高度急性期医療を受けた後，終末期と判断された者を対象としている。 |
| 57 32回71 | 地域包括ケア病棟の利用は，病院で長期にわたり医療的ケアが必要である者を対象としている。 |
| 58 30回71 | 地域包括ケア病棟入院料で算定される病院には，特定機能病院が含まれる。 |
| 59 30回71 | 障害者施設等入院基本料で算定される障害者施設等には，医療型障害児入所施設が含まれる。 |

**✕** 有床診療所入院基本料で算定される**有床診療所**とは，**19人以下の**患者を入院させるための施設である（医療法第1条の5第2項）。

**✕** 在宅療養支援病院は，在宅療養を行う患者が緊急時に入院できる病床を確保する病院である。 ▶13

**◯** 在宅療養支援診療所は，24時間連絡を受ける体制を確保し，**24時間往診や訪問看護**が可能であることが求められている。

**✕** 保険薬局は，在宅で療養を行っている患者に対して，医師の指示に基づき，薬学的管理指導計画を策定し，**薬学的管理及び指導**を行う（「在宅患者訪問薬剤管理指導料」を算定）。 (関連キーワード▶14参照)

**◯** かかりつけ歯科医機能強化型歯科診療所は，歯科疾患の管理が必要な患者に対し，定期的かつ継続的な口腔の管理を行う診療所のことである。

**✕** 在宅医療専門診療所は，外来応需の体制を有していることが原則である。一定の要件等を満たす場合に，在宅医療を専門に実施する診療所の開設が認められる。 ▶15

**✕** 有料老人ホームの入所者への在宅医療を行う場合，**在宅患者訪問診療料**として診療報酬の算定が可能である。

**✕** 回復期リハビリテーション病棟は，**脳血管疾患又は大腿骨頸部骨折**等の患者に対して，ADL（日常生活動作）の向上による寝たきりの防止と家庭復帰を目的としたリハビリテーションを集中的に行うための病棟である。

**✕** 地域包括ケア病棟は，急性期治療を経過した患者及び在宅において療養を行っている患者等を受け入れ，患者の在宅・生活復帰支援を行う病棟である。

**✕** 地域包括ケア病棟入院料の施設基準には，**特定機能病院以外の保険医療機関**であることが示されている。 ▶16

**◯** 障害者施設等入院基本料で算定される障害者施設等は，児童福祉法第42条第2号に規定する**医療型障害児入所施設等**とされている。

---

▶13
**在宅療養支援病院の施設基準**
①24時間連絡を受ける体制を確保している，②24時間往診や訪問看護が可能である，③緊急時に入院できる病床を確保している，④連携する保険医療機関，訪問看護ステーションに適切に患者の情報提供をしていることなどがあげられる。

▶14
**医学的管理**
病院・診療所等が血液検査，レントゲン撮影等の諸検査を実施し患者の状態を把握，必要があれば医療処置を行うことである。

▶15
**在宅医療専門診療所の開設要件**
無床診療所であること，往診や訪問診療を求められた場合，医学的に正当な理由等なく断ることがないことなどが示されている。

▶16
**地域包括ケア病棟入院料**
地域包括ケア病棟入院料は，急性期治療を経過した患者及び在宅において療養を行っている患者等の受け入れ並びに患者の在宅復帰等を行う機能を有し，地域包括ケアシステムを支える役割を担う病棟又は病室が算定できる。

保健医療サービス

| 60 | 特定機能病院入院基本料で算定される病棟には，特定機能病院の療養病棟は含ま |
| 30回71改変 | れない。 |

# 保健医療サービスの概要

## 医療施設の概要

### ●医療提供施設

| 61 | 病院とは，医療法上，病床数20床以上を有する医業又は歯科医業を行う施設の |
| 26回73改変 | ことである。 |

| 62 | 医師が病院を開設しようとするときは，都道府県知事の許可は必要としない。 |
| 25回73 | |

| 63 | 療養病棟の利用は，急性期で医療的ケアが必要である者を対象としている。 |
| 32回71 | |

| 64 | 診療所は，最大20人の患者を入院させる施設であることとされている。 |
| 29回71 | |

| 65 | 有床診療所は，地域の患者が48時間以内に退院できるように努める義務を負う |
| 30回72 | 診療所である。 |

| 66 | 介護老人保健施設は，医療法上の医療提供施設である。 |
| 25回73 | |

| 67 | 介護老人保健施設の利用は，高度で濃密な医療と介護が必要である者を対象とし |
| 32回71 | ている。 |

⭕ 特定機能病院入院基本料で算定される病棟は，特定機能病院の**一般病棟**，結核病棟又は精神病棟とされているため，療養病棟は含まれない。

⭕ 病院は，医師又は歯科医師が公衆又は特定多数人のため医業又は歯科医業を行う場所であって，**20人以上の患者を入院させるための**施設を有するものである（医療法第1条の5第1項）。

❌ 病院の開設には**都道府県知事の許可**が必要である。（関連キーワード▶ 17参照）

❌ 療養病棟を意味する療養病床は，「**主として長期にわたり療養を必要とする患者を入院させるためのもの**」として位置づけられ，急性期を脱した慢性期に至る長期入院患者に対する医療サービスの提供を担っているといえる。

❌ 診療所は，医療法で「医師又は歯科医師が，公衆又は特定多数人のため医業又は歯科医業を行う場所であって，患者を入院させるための施設を有しないもの又は**19人以下**の患者を入院させるための施設を有するものをいう」と定義されている（医療法第1条の5第2項）。

❌ 有床診療所（一般病床）は，2006年（平成18年）の医療法改正により，48時間の入院時間の制限（いわゆる48時間制限）が廃止された。

⭕ 医療提供施設とは，病院，診療所，介護老人保健施設，介護医療院，調剤を実施する薬局その他の医療を提供する施設のことである。

❌ 介護保険法第8条第28項において「要介護者であって，主としてその心身の機能の維持回復を図り，居宅における生活を営むことができるようにするための支援が必要である者に対し，施設サービス計画に基づいて，看護，医学的管理の下における介護及び機能訓練その他必要な医療並びに日常生活上の世話を行うことを目的とする施設」と規定されている。

▶17
**開設許可**
病院の開設，医師，歯科医師以外の者による診療所の開設や，助産師でない者の助産所の開設には，開設地の都道府県知事（診療所と助産所にあっては，その開設地が保健所設置市又は特別区の区域にある場合は保健所設置市市長若しくは特別区区長）の許可が必要である（医療法第7条）。

保健医療サービス

| | 68 | 調剤薬局は，医療法上の医療提供施設には含まれない。 |
| | 24回65 | |

| | 69 | 介護医療院の利用は，主として長期にわたり療養が必要である要介護者を対象と |
| | 32回71 | している。 |

| | 70 | 病院又は診療所の管理者は，入院時の治療計画の書面の作成及び交付を口頭での |
| | 30回74 | 説明に代えることができる。 |

| | 71 | 病院，診療所又は助産所の管理者は，医療事故が発生した場合には，医療事故調 |
| | 30回74 | 査・支援センターに報告しなければならない。 |

## ●特定機能病院

| | 72 | 特定機能病院は，厚生労働大臣の承認を受けることとされている。 |
| | 29回71改変 | |

| | 73 | 特定機能病院は，400床以上の病床を有し，かつ高度の医療を提供する病院であ |
| | 30回72改変 | る。 |

---

## 整理しておこう！

### 地域医療支援病院と特定機能病院

　病院は，一般病院，地域医療支援病院，特定機能病院などに機能的に大きく分類される。地域医療支援病院と特定機能病院について，機能や設置要件などをまとめておこう。

#### 地域医療支援病院
　地域の第一線の医療機能を担うかかりつけ医等を支援し，地域医療の確保を図る病院として，都道府県知事が承認した病院である。設置のためには，次のような要件を満たす必要がある。

①紹介患者に対する医療提供体制の整備
②病床，医療機器等の共同利用のための体制の整備
③救急医療の提供
④地域の医療従事者の資質向上を図るための研修の実施
⑤200床以上の病床

✗ 調剤薬局は,2006(平成18)年の医療法改正により,2007(平成19)年4月より医療法上の医療提供施設の1つとなった。

○ 介護保険法第8条第29項において「要介護者であって,主として長期にわたり療養が必要である者に対し,施設サービス計画に基づいて,療養上の管理,看護,医学的管理の下における介護及び機能訓練その他必要な医療並びに日常生活上の世話を行うことを目的とする施設」と規定されている。

✗ 書面の作成及び交付が義務づけられているため,口頭での説明に代えることはできない(医療法第6条の4)。

○ 病院,診療所又は助産所の管理者は,医療事故が発生した場合には,遅滞なく,医療事故の日時,場所及び状況等を医療事故調査・支援センターに報告しなければならない(医療法第6条の10)。

○ 特定機能病院は,高度の医療の提供,高度の医療技術の開発及び高度の医療に関する研修を実施する能力等を備えた病院について,厚生労働大臣が承認する。

○ 特定機能病院の承認要件としては,その他に,高度の医療の提供,開発及び評価,並びに研修を実施する能力を有すること,ほかの病院又は診療所から紹介された患者に対し,医療を提供することなどがある。

---

**特定機能病院**
　大学病院,国立がん研究センター中央病院,国立循環器病研究センターなど,一般の医療機関では実施困難な手術や高度医療などを行う病院として,厚生労働大臣が承認した病院である。設置のためには,次のような要件を満たす必要がある。

①高度医療の提供
②高度医療技術の開発・評価
③高度医療に関する研修
④内科,外科,小児科等16の診療科名の標榜
⑤400床以上の病床
⑥医師,看護師,薬剤師等の一定数以上の配置

**74**
25回73改変
特定機能病院に要求される機能には，高度の医療に関する研修実施能力が含まれる。

## ●地域医療支援病院

**75**
29回71
地域医療支援病院は，100床以上の病床を有することとされている。

**76**
30回72
地域医療支援病院は，その所在地の市町村長の承認を得て救急医療を提供する病院である。

## ●訪問看護ステーション

**77**
33回75改変
訪問看護ステーションの訪問看護の対象は，65歳以上の高齢者である。

**78**
33回75改変
訪問看護ステーションの指定要件として，栄養士を配置していることが求められる。

**79**
33回75改変
訪問看護ステーションの指定要件として，特定行為研修を修了した看護師を配置していることが求められる。

**80**
33回75改変
訪問看護ステーション管理者は，医師でなければならない。

**81**
33回75改変
機能強化型訪問看護ステーションでは，利用者や家族からの連絡及び相談を24時間受ける体制を整備していなければならない。

⭕ 特定機能病院には，高度医療を提供する能力，高度医療技術の開発・評価を行う能力，高度の医療に関する研修実施能力を有すること等の承認基準が設けられている（医療法第4条の2）。

❌ 地域医療支援病院は，①原則として200床以上の病床を有し，②紹介患者中心の医療を提供していること，③救急医療を提供する能力を有すること，④地域医療従事者に対する研修を行っていることなど地域医療支援病院としてふさわしい施設を有することがあげられている。

❌ 地域医療支援病院は，その所在地の都道府県知事が承認するものである。

❌ 訪問看護の対象者は，居宅等において療養を必要とする状態にあり，訪問看護が必要と医師が判断した者であり，年齢，疾病や障害などの制限はない。

❌ 栄養士の配置は指定要件ではない。「指定訪問看護の事業の人員及び運営に関する基準」では，配置するものとして保健師，助産師，看護師又は准看護師等が規定されている。

❌ 特定行為研修▶18を修了した看護師の配置は指定要件ではない。

❌ 訪問看護ステーションの管理者は，保健師，助産師又は看護師でなければならないと定められている（「指定訪問看護の事業の人員及び運営に関する基準」第3条第2項）。

⭕ 機能強化型訪問看護ステーションは，より手厚い訪問看護の提供体制を推進するもので，利用者や家族からの連絡及び相談を24時間（休・祝日含む）受ける体制を整備している。

▶18
看護師の特定行為研修
看護師が手順書により特定行為を行う場合に特に必要とされる実践的な理解力，思考力及び判断力並びに高度かつ専門的な知識及び技能の向上を図るための研修であり，特定行為区分ごとに特定行為研修の基準に適合するものである。

保健医療サービス

# 保健医療対策の概要

## ●保健所

**82**
29回72
保健所が行うメンタルヘルスの相談では，精神障害者保健福祉手帳所持者は対象外である。

**83**
29回72
保健所における対人保健分野の業務として，エイズに関する個別カウンセリング事業がある。

**84**
29回72
保健所は，「感染症法」に基づき，結核患者の発生届を受理した場合には，治療に当たることが義務づけられている。

**85**
29回72改変
都道府県が設置する保健所の所管区域は，医療法に規定する二次医療圏と一致する。

**86**
29回72
保健所は，母子保健法に基づき母子健康手帳を交付する。

## ●医療計画

**87**
27回73
医療計画の策定主体は，都道府県である。

**88**
28回73改変
医療計画における医療の確保に必要な事業の中に，災害時における医療が含まれている。

## ●地域医療構想

**89**
30回/4
市町村は，地域における現在の医療提供体制の把握と将来の医療需要の推計を勘案し，地域医療構想を策定することができる。

× 保健所が行うメンタルヘルスの相談は，対人保健分野の業務では，「精神保健対策」に分類され，本対策では，精神保健福祉法を根拠法とする「精神保健に関する現状把握」「精神保健福祉相談」「精神保健訪問指導」などがあげられ，精神障害者保健福祉手帳所持者も対象となる。

▶19
**精神保健福祉法**
正式名称は，「精神保健及び精神障害者福祉に関する法律」である。

○ 保健所における対人保健分野の業務「エイズ・難病対策」では，「HIV・エイズに関する検査・相談」が実施されている。

× 感染症法に基づき，「健康診断，患者発生の報告等」「結核の定期外健康診断」「予防接種」「訪問指導」「管理検診等」などが実施されるが，結核患者への治療の義務はない。

▶20
**感染症法**
正式名称は，「感染症の予防及び感染症の患者に対する医療に関する法律」である。

○ 都道府県が設置する保健所の所管区域は，医療法に規定する二次医療圏とおおむね一致することが原則とされている。

× 母子保健法第16条で「市町村は，妊娠の届出をした者に対して，母子健康手帳を交付しなければならない」とされている。

○ 都道府県は，基本方針に即して，かつ，地域の実情に応じて，当該都道府県における医療提供体制の確保を図るための計画（医療計画）を定めるものとされている（医療法第30条の4）。

○ 医療計画における医療の確保に必要な事業は，①救急医療，②災害時における医療，③へき地の医療，④周産期医療，⑤小児医療（小児救急医療を含む），⑥都道府県知事が当該都道府県における疾病の発生の状況等に照らして特に必要と認める医療とされている（医療法第30条の4）。

▶21
**地域医療構想**
2014年（平成26年）の医療法改正により，2015年度（平成27年度）より都道府県は医療機関の病床機能報告等を活用し，医療計画の一部として二次医療圏単位で地域医療構想（地域の医療提供体制の将来のあるべき姿）を策定することになった。

地域医療構想は，都道府県ごとに策定される（医療法第30条の4）。

☐ **90** 地域医療構想では，地域における病床の機能分化と連携の推進が目指される。
33回73

☐ **91** 地域医療構想における構想区域の設定については，三次医療圏を原則とする。
33回73

☐ **92** 地域医療構想では，慢性期病床は，病床の必要量の推計の対象外とされている。
33回73改変

☐ **93** 地域医療構想では，在宅医療は，医療需要の推計の対象外とされている。
33回73改変

---

整理しておこう！

## 医療計画

医療機能の分化・連携を推進することを通じて，地域において切れ目のない医療の提供を実現し，良質かつ適切な医療を効率的に提供する体制の確保を図る。

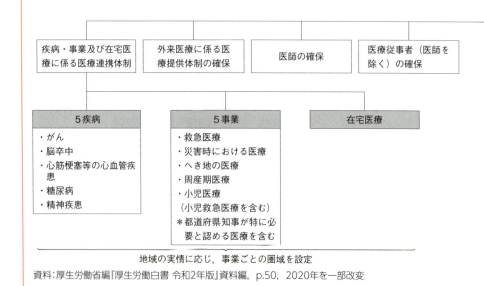

資料：厚生労働省編『厚生労働白書 令和2年版』資料編，p.50，2020年を一部改変

○ 地域医療構想は，医療法第30条の4第2項第7号で「地域における病床の機能の分化及び連携を推進するため（以下略）」と規定されている。

× 構想区域の設定については，二次医療圏を原則とする。

× 地域医療構想の中で医療機能は「高度急性期」「急性期」「回復期」「慢性期」の4つに分類されており，その医療機能ごとに将来の医療需要並びに病床の必要量を推計している。

× 地域医療構想では，在宅医療にかかる医療需要も推計の対象である。

▶22
構想区域
人口構造の変化の見通しその他の医療の需要の動向並びに医療従事者及び医療提供施設の配置の状況の見通しその他の事情を考慮して，一体の区域として地域における病床の機能の分化と連携を推進することが相当であると認められる区域とされている（医療法第30条の4第2項第7号）。

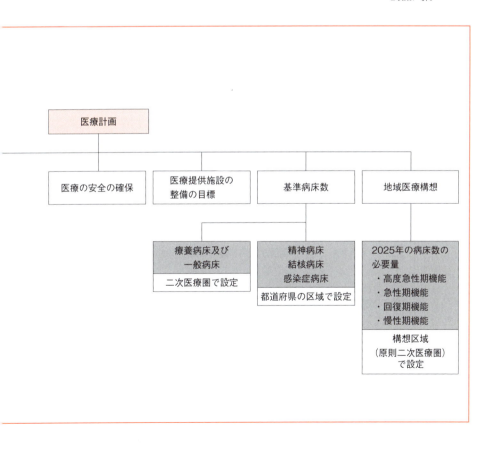

| | 94 33回73 | 都道府県は，構想区域等ごとに，診療に関する学識経験者の団体等（関係者）との協議の場を設けなければならない。 |

## ●病床機能報告制度

| | 95 30回74改変 | 病床機能報告制度に規定された病床の機能は，高度急性期機能，急性期機能，回復期機能，慢性期機能の四つである。 |

| | 96 30回74 | 一般病床，療養病床を有する病院又は診療所の管理者は，2年に1度，病床機能を報告しなければならない。 |

## ●へき地保健医療

| | 97 31回74 | へき地保健医療対策事業は，一次医療圏単位で実施している。 |

| | 98 31回74 | へき地医療拠点病院では，遠隔医療等の各種診療支援を実施している。 |

| | 99 31回74 | へき地医療拠点病院の指定要件には，薬剤師の派遣が含まれている。 |

| | 100 31回74 | へき地保健指導所では，保健師が訪問看護指示書の作成ができる。 |

| | 101 31回74改変 | 全国の無医地区数を近年の年次推移でみると，減少している。 |

## ●特定健康診査及び特定保健指導

| | 102 32回72 | 特定健康診査及び特定保健指導の対象年齢は，40歳以上60歳以下である。 |

⭕ 都道府県は，構想区域等ごとに協議の場（地域医療構想調整会議）を設け，関係者との連携を図りつつ，医療計画において定める将来の病床数の必要量を達成するための方策その他の地域医療構想の達成を推進するための必要な協議を行う（医療法第30条の14）。

⭕ 設問のとおり。一般病床，療養病床を有する病院又は診療所の管理者は，病床の担っている医療機能の現状と今後の方向を選択し，病棟単位で都道府県に報告しなければならない（医療法第30条の13）。

❌ 一般病床，療養病床を有する病院又は診療所の管理者は，毎年10月に病床機能について都道府県知事に報告しなければならない（医療法第30条の13）。

❌ へき地保健医療対策事業は，都道府県単位で実施されている。

⭕ へき地医療拠点病院は，へき地医療支援機構の指導・調整の下に各種事業を行い，へき地における住民の医療の確保を目的としている。

❌ 薬剤師の派遣は指定要件に含まれていない。へき地医療拠点病院は，無医地区及び無医地区に準じる地区を対象として，へき地医療支援機構の指導・調整の下に巡回診療，へき地診療所等への医師派遣などの事業を実施した実績を有する又はこれらの事業を当該年度に実施できると認められる病院を都道府県知事が指定している。

❌ 保健師は，専ら担当無医地区等の住民に対する保健指導にあたる。

⭕ 無医地区数は2009年（平成21年）705地区，2014年（平成26年）637地区，2019年（令和元年）601地区と，近年は減少傾向にある。

❌ 特定健康診査と特定保健指導の対象者はいずれも40～74歳である。

---

▶23
**関係者**
診療に関する学識経験者の団体その他の医療関係者，医療保険者その他の関係者とされている。

▶24
**へき地医療拠点病院の主な事業**
①巡回診療等によるへき地住民の医療確保に関すること，②へき地診療所等への代診医等の派遣及び技術指導，援助に関すること，③特例措置許可病院への医師の派遣に関すること，④派遣医師等の確保に関すること，⑤へき地の医療従事者に対する研修及び研究施設の提供に関すること，⑥遠隔医療等の各種診療支援に関すること，⑦総合的な診療能力を有し，プライマリ・ケアを実践できる医師の育成に関すること等である。

▶25
**無医地区**
原則として，医療機関のない地域で，当該地区の中心的な場所を起点として，おおむね半径4キロメートルの区域内に50人以上が居住している地区であって，かつ容易に医療機関を利用することができない地区。

保健医療サービス

**103** 32回72 特定健康診査の目的は，がんの早期発見である。

**104** 32回72 特定保健指導の目的は，糖尿病等の生活習慣病の予防である。

**105** 32回72 特定健康診査は，被用者が同じ内容の事業者健診を受けていても，改めて受けることが義務づけられている。

**106** 32回72改変 保険者は，特定健康診査の結果を受診者へ通知しなければならない。

## ●がん対策

**107** 33回72 都道府県は，健康増進法に基づき，がん検診を実施することが義務づけられている。

**108** 33回72 都道府県は，がん対策基本法に基づき，がん対策推進基本計画を策定することが義務づけられている。

**109** 33回72 地域がん診療連携拠点病院では，患者や家族に対して，必要に応じて，アドバンス・ケア・プランニング（ACP）を含めた意思決定支援を提供できる体制の整備が行われている。

**110** 33回72 がん診療連携拠点病院では，相談支援を行う部門としてがん相談支援センターが設置されている。

**111** 33回72 地域がん診療連携拠点病院では，社会福祉士がキャンサーボードと呼ばれるカンファレンスを開催することが義務づけられている。

✗ 特定健康診査の目的は，糖尿病等の生活習慣病の発症や重症化を予防することである。

◯ 特定保健指導は，内臓脂肪型肥満に着目し，糖尿病等の生活習慣病を予防することを目的として行われる。

✗ 高齢者医療確保法第21条において，「保険者は，加入者が，労働安全衛生法その他の法令に基づき行われる特定健康診査に相当する健康診断を受けた場合又は受けることができる場合は，(中略)特定健康診査の全部または一部を行ったものとする」と規定されている。　(関連キーワード
▶27参照)

◯ 高齢者医療確保法第23条において，「保険者は，(中略)特定健康診査を受けた加入者に対し，当該特定健康診査の結果を通知しなければならない」と規定されている。

▶26
高齢者医療確保法
「高齢者の医療の確保に関する法律」のことである。

▶27
特定健康診査の追加実施
事業者健診の内容に特定健康診査の項目が欠損している場合，欠損分については保険者が追加実施する必要がある。

✗ 健康増進法に基づき，がん検診を実施するのは，市町村である（健康増進法第19条の2）。

✗ がん対策基本法に基づき，がん対策推進基本計画を策定するのは，政府である（がん対策基本法第10条）。都道府県は，都道府県がん対策推進計画を策定しなければならない（同法第12条）。

◯ 地域がん診療連携拠点病院は，緩和ケアの提供体制として，患者や家族に対し，必要に応じて，アドバンス・ケア・プランニングを含めた意思決定支援を提供できる体制を整備する。

◯ がん診療連携拠点病院は，相談支援を行う機能を有する部門としてがん相談支援センターを設置し，がん患者の療養生活に関する相談等の業務を行う。

✗ 社会福祉士が開催することは義務づけられていない。地域がん診療連携拠点病院は，がん患者の病態に応じたより適切ながん医療を提供できるよう，キャンサーボードを設置し，その実施主体を明らかにした上で，月1回以上開催する。

▶28
キャンサーボード
手術，放射線診断，放射線治療，薬物療法，病理診断及び緩和ケアに携わる専門的な知識及び技能を有する医師その他の専門を異にする医師等によるがん患者の症状，状態及び治療方針等を意見交換・共有・検討・確認等するためのカンファレンスのこと。

保健医療サービス

# 保健医療サービスにおける専門職の役割と実際

## 医師の役割

**112**
30回75
医師の名称は独占ではないが，医師の業務は独占である。

**113**
30回75
医師は，時間外の診療治療の求めに対しては，診療を断る権利がある。

**114**
33回74
医師は診察治療の求めがあった場合には，事由のいかんにかかわらず，拒むことはできない。

**115**
30回75
医師は，処方せんの交付は薬剤師に委任できない。

**116**
30回75
患者の保健指導は医師の義務とはならない。

**117**
30回75改変
診療録の記載と保存は医師の義務である。

**118**
33回74
医師が正当な理由なく業務上知り得た秘密を漏らす行為は，刑法により罰せられる。

**119**
33回74
医師の養成機関に対する指定権者は，厚生労働大臣である。

**120**
33回74改変
医療施設に従事する医師の人口10万対の数を地域別にみると，近畿地方に比べて東北地方が少ない傾向にある。

✖ 医師は，業務独占及び名称独占の資格である。医師の業務独占については医師法第17条に，名称独占については同法第18条に定められている。

✖ 医師法第19条には「診療に従事する医師は，診察治療の求があった場合には，正当な事由がなければ，これを拒んではならない」と定められている。

✖ 医師法第19条において，「診療に従事する医師は，診察治療の求があった場合には，正当な事由がなければ，これを拒んではならない」と定めている。

⭕ 処方せんは，医師が患者を診察した上で交付しなければならず（医師法第20条），処方せんの交付は薬剤師に委任できない。

✖ 医師は，診療をしたときは，本人又はその保護者に対し，療養の方法その他保健の向上に必要な事項の指導をしなければならない（医師法第23条）。

⭕ 診療録の記載及び保存は，医師の義務である（医師法第24条）。

⭕ 医師の守秘義務については，刑法第134条第1項（秘密漏示）において「医師，（中略）が，正当な理由がないのに，その業務上取り扱ったことについて知り得た人の秘密を漏らしたときは，6月以下の懲役又は10万円以下の罰金に処する」と規定されている。

✖ 医師の養成機関に対する指定権者は，文部科学大臣である。養成形態は大学における6年を修業年限とする養成課程である。

⭕ 「平成30年（2018年）医師・歯科医師・薬剤師統計の概況」（厚生労働省）によると，近畿地方（滋賀，京都，大阪，兵庫，奈良，和歌山）に比べて東北地方（青森，岩手，宮城，秋田，山形，福島）が少ない傾向にある。

**121**
33回74
医療施設に従事する医師数を施設種別にみると，診療所に従事する医師が最も多い。

## インフォームドコンセントの意義と実際

**122**
24回68改変
医療法には，インフォームドコンセントに関する医師等の責務が明記されている。

**123**
24回68
医療提供者は，患者の入院時の入院診療計画書の作成や患者又は家族へ説明を行うよう医療法で求められている。

## 保健師，看護師等の役割

**124**
27回74改変
看護師とは，厚生労働大臣の免許を受けて，傷病者もしくはじょく婦に対する療養上の世話又は診療の補助を行うことを業とするものをいう。

**125**
29回73
看護師は，臨時応急の手当てを行う際にも，医師又は歯科医師の指示の下に実施しなければならない。

**126**
32回74改変
看護師は，中心静脈カテーテルが挿入された患者に対して，カテーテルを抜去する。

**127**
32回74改変
看護師は，人工呼吸器を装着した患者に対して，気管カニューレを交換する。

**128**
32回74改変
看護師は，高カロリー輸液を点滴中の患者に対して，輸液の投与量を調整する。

✕ 「平成30年（2018年）医師・歯科医師・薬剤師統計の概況」（厚生労働省）によると，病院（医育機関附属の病院を除く）に従事する医師が最も多い。

⭕ 医療法第1条の4第2項に，インフォームドコンセントに関する医師等の責務（努力義務）が明記されている。

⭕ 病院又は診療所の管理者は，患者を入院させたときは，診療を担当する医師の氏名や入院中に行われる治療に関する計画などを記載した書面（入院診療計画書）を作成して患者や家族に交付し，その適切な説明を行わなければならない（医療法第6条の4）。

⭕ 設問のとおり。保健師助産師看護師法第5条に規定されている。

✕ 看護師は，医師・歯科医師の指示がなければ行えない特定業務もあるが，医師・歯科医師の指示の下ではなくとも臨時応急の手当てを行うことは可能である（保健師助産師看護師法第37条）。

⭕ 中心静脈カテーテルの抜去は，特定行為の1つであり，指定研修機関において特定行為研修を受けた看護師が，医師の指示の下，手順書により行う（保健師助産師看護師法第37条の2）。

⭕ 気管カニューレの交換は，特定行為の1つであり，指定研修機関において特定行為研修を受けた看護師が，医師の指示の下，手順書により行う（保健師助産師看護師法第37条の2）。

⭕ 持続点滴中の高カロリー輸液の投与量の調整は，特定行為の1つであり，指定研修機関において特定行為研修を受けた看護師が，医師の指示の下，手順書により行うことができる（保健師助産師看護師法第37条の2）。

▶29
インフォームドコンセント
患者が病気について十分な説明を受け，了解した上で，医師とともに治療法などを決定していくこと。「説明と同意」「説明に基づく同意」などと訳される。

▶30
特定行為
特定行為とは，診療の補助であって，看護師が手順書により行う場合には，実践的な理解力，思考力，判断力，高度かつ専門的知識及び技能が特に必要とされる行為のことである（保健師助産師看護師法第37条の2第2項第1号）。

保健医療サービス

**129**
32回73改変
「地域における保健師の保健活動に関する指針」では，市町村に所属する保健師は，地域住民に対して，生活習慣病の一次予防に重点を置いた指導を行うとされている。

**130**
32回73改変
「地域における保健師の保健活動に関する指針」では，市町村に所属する保健師は，産後に抑うつ状態の可能性が高いと判断される養育者に対して，受療指示を行うとされている。

**131**
32回73
「地域における保健師の保健活動に関する指針」では，地域住民に対して，保健師が主体となって地域の健康づくりを促進するとされている。

**132**
32回73改変
「地域における保健師の保健活動に関する指針」では，保健師は，担当地域の市町村地域防災計画を策定するとされている。

**133**
32回73改変
「地域における保健師の保健活動に関する指針」では，保健師は，地域診断を実施し，取り組むべき健康課題を明らかにするとされている。

## 作業療法士，理学療法士，言語聴覚士等の役割

**134**
29回73
理学療法士は，在宅患者への訪問リハビリテーションについても，医師の指示の下に実施しなければならない。

**135**
30回73改変
介護老人保健施設の理学療法士は，医師の指示の下リハビリテーションを実施する。

**136**
32回74改変
訪問リハビリテーションを行う際，理学療法士は脳梗塞後遺症による筋麻痺の患者に対して，医師の指示の下にマッサージをする。

**137**
25回75
理学療法とは，身体又は精神に障害のある者に対し，主として応用的動作能力又は社会的適応能力の回復を図ることを目的としている。

〇 「地域における保健師の保健活動に関する指針[>31]」では，「生活習慣病の発症及び重症化を予防するため，**一次予防に重点をおいた保健活動**を実施するとともに，地域の健康課題に応じて，適切な対象者に対し，効果的な健康診査及び保健指導を実施すること」とされている。

✕ 指針では，保健師は，**適切な受療に関する指導**を行うこととされている。

✕ 指針では，保健師は「住民と協働し，住民の自助及び共助を支援して主体的かつ継続的な健康づくりを推進すること」とされている。

✕ 指針では，「保健師は地域の健康課題を解決するために，住民，関係者及び関係機関等と協働して各種保健医療福祉計画を策定する」とされている。　(関連キーワード▶32参照)

〇 地域診断を実施し，取り組むべき**健康課題**を明らかにするのは，保健師の保健活動の1つである。

〇 理学療法士は，**医師の指示の下に**，理学療法を行うことを業とする者である(理学療法士及び作業療法士法第2条第3項)。

〇 理学療法士は，**医師の指示の下に**，理学療法を行うことを業とする者である(理学療法士及び作業療法士法第2条第3項)。　(関連キーワード▶33参照)

〇 理学療法士は，医師の指示の下に，**理学療法**(身体に障害のある者に対して，主としてその基本的動作能力の回復を図るため，治療体操その他の運動を行わせ，及び電気刺激，**マッサージ**，温熱その他の物理的手段を加えること)を行う。

✕ 理学療法とは，身体に障害のある者に対し，主としてその基本的動作能力の回復を図るため，治療体操その他の運動を行わせ，及び電気刺激，マッサージ，温熱その他の物理的手段を加えることである。

▶31
**地域における保健師の保健活動に関する指針**
「地域における保健師の保健活動について」(平成25年4月19日健発0419第1号厚生労働省健康局長通知)で示された指針。

▶32
**市町村地域防災計画**
市町村防災会議又は市町村長が作成する(災害対策基本法第42条)。

▶33
**機能訓練**
介護老人保健施設の運営基準の中で，機能訓練は「入所者の心身の諸機能の維持回復を図り，日常生活の自立を助けるため，理学療法，作業療法その他必要なリハビリテーションを計画的に行わなければならない」とされている。

保健医療サービス

**138**
31回75
理学療法士の業務の範囲に，電気刺激，マッサージなどの物理的手段は含まれない。

**139**
31回75
作業療法士の業務の範囲に，両眼視機能の回復のための矯正訓練は含まれない。

**140**
29回73
言語聴覚士は，摂食機能に障害のある者への療法については，歯科衛生士の了承の下で実施しなければならない。

**141**
31回75
言語聴覚士の業務の範囲に，人工内耳の調整は含まれない。

**142**
31回75
臨床工学技士の業務の範囲に，生命維持管理装置の操作は含まれない。

**143**
31回75
義肢装具士の業務の範囲に，手術直後の患部の採型は含まれない。

**144**
29回73
社会福祉士は，要介護者に福祉用具に関する助言を提供する場合，医師からの助言の下で実施しなければならない。

**145**
32回74改変
薬剤師は，処方薬を服用する患者とその家族に対して，服用方法の指導をする。

## 医療ソーシャルワーカーの役割

### ●医療ソーシャルワーカーの業務指針

**146**
26回75
医療ソーシャルワーカーの業務における連携の対象には，他の保健医療スタッフだけでなく地域の関係機関も含まれる。

✕ 理学療法士は，医師の指示の下に理学療法（身体に障害のある者に対し，主として基本的動作能力の回復を図るため，治療体操その他の運動を行わせ，及び電気刺激，マッサージ，温熱その他の物理的手段を加えることをいう）を行うことを業とする者である。

◯ 両眼視機能の回復のための矯正訓練は，視能訓練士の業務である（視能訓練士法第2条）。

✕ 歯科衛生士の了承の下ではなく，医師又は歯科医師の指示の下で行われる（言語聴覚士法第42条）。

✕ 言語聴覚士は，保健師助産師看護師法第31条第1項及び第32条の規定にかかわらず，診療の補助として，医師又は歯科医師の指示の下に，嚥下訓練，人工内耳の調整など行うことを業とすることができる（言語聴覚士法第42条第1項）。

✕ 臨床工学技士は，医師の指示の下に，生命維持管理装置[▶34]の操作及び保守点検を行うことを業とする者である（臨床工学技士法第2条第2項）。

▶34
生命維持管理装置
人の呼吸，循環又は代謝の一部を代替し，又は補助することが目的とされている装置。

✕ 義肢装具士は，医師の指示の下に，義肢及び装具の装着部位の採型並びに義肢及び装具の製作及び身体への適合を行うことを業とする者である（義肢装具士法第2条第3項）。

✕ 社会福祉士が要介護者に福祉用具に関する助言を提供する場合，医師からの助言の下で実施しなければならないという規定はない。

◯ 薬剤師法第25条の2において，「薬剤師は，調剤した薬剤の適正な使用のため，販売又は授与の目的で調剤したときは，患者又は現にその看護に当たっている者に対し，必要な情報を提供し，及び必要な薬学的知見に基づく指導を行わなければならない」と規定されている。

◯ 設問のとおり。例えば，サービスの活用の援助，社会復帰の援助，地域の保健医療福祉システムづくり等で連携が求められている。

|  | **147**<br>28回75 | 医療ソーシャルワーカー業務指針では，患者が医療上の指導を受け入れない場合には，その理由となっている心理的・社会的問題の解決に向けて援助を行うこととされている。 |

## 保健医療サービス関係者との連携と実際

### 医師，保健師，看護師等との連携

|  | **148**<br>29回76改変 | 地域連携クリティカルパスにおいて，連携する機関に保険薬局は含まれる。 |

|  | **149**<br>29回76 | 地域連携クリティカルパスは，病院内のチーム医療の推進が目的である。 |

|  | **150**<br>29回76 | 地域連携クリティカルパスは，連携する機関の間で診療計画や診療情報を共有する。 |

|  | **151**<br>29回76 | 地域連携クリティカルパスにおいて，連携する機関に地域包括支援センターは含まれない。 |

---

**整理しておこう！**

### 医療ソーシャルワーカー業務指針

　日本最初の医療ソーシャルワーカーの業務指針は，1958年 (昭和33年) の保健所における医療社会事業の業務指針である。これは，当時アメリカで展開されていた医療ソーシャルワーカーの業務などに準拠し，日本の実情を踏まえて作成されたものであるが，日本の病院のソーシャルワーク業務にこの指針が活用されたとは言い難い状況であった。

　その後，医療ソーシャルワーカーの重要性が認識されるようになり，専門性を明確化するため，新たな指針の作成が必要となり，1989年 (平成元年)，医療ソーシャルワーカー業務指針が作成された。2002年 (平成14年) に改正され，現在のかたちとなった。

〇 医療ソーシャルワーカー業務指針[35]において，患者が診断や治療を拒否するなど医師等の医療上の指導を受け入れない場合，その理由となっている心理的・社会的問題について情報を収集し，問題の解決を援助する。

> [35]
> 医療ソーシャルワーカー業務指針
> 医療ソーシャルワーカー業務指針は，医療ソーシャルワーカーが行う標準的業務を定めたものであり，指針に盛り込まれていない業務を行うことを妨げるものではない。

〇 保険薬局が実践する地域連携の例として，複数の医療機関を利用する一人の患者の服薬情報を管理するために薬局が発行する「お薬手帳」があげられる。

✗ 地域連携クリティカルパスにおける連携は，その名称が示すとおり地域における連携であり，病院内のチーム医療の推進を指しているのではない。

〇 地域連携クリティカルパスは，急性期病院から回復期病院を経て早期に自宅に帰れるような診療計画を作成し，治療を受ける全ての医療機関で共有しているものである。

✗ 連携する機関として地域包括支援センターの役割は重要である。

保健医療サービス

### 医療ソーシャルワーカー業務指針の構成

| 1．趣旨 | （略） | |
|---|---|---|
| 2．業務の範囲 | (1)療養中の心理的・社会的問題の解決，調整援助<br>(2)退院援助<br>(3)社会復帰援助 | (4)受診・受療援助<br>(5)経済的問題の解決，調整援助<br>(6)地域活動 |
| 3．業務の方法等 | (1)個別援助に係る業務の具体的展開<br>(2)患者の主体性の尊重<br>(3)プライバシーの保護<br>(4)他の保健医療スタッフ及び地域の関係機関との連携 | (5)受診・受療援助と医師の指示<br>(6)問題の予測と計画的対応<br>(7)記録の作成等 |
| 4．その他 | (1)組織上の位置付け<br>(2)患者，家族等からの理解<br>(3)研修等 | |

509

| □ □ | **152**<br>29回76 | 地域連携クリティカルパスは，患者が退院する病院の専門職が決定した診療方針に従い，地域の医療機関が診療を行う。 |

## 地域の社会資源との連携

| □ □ | **153**<br>25回76 | 医療機関の機能分化に伴って，医療計画等に基づく医療機関完結型医療がますます求められている。 |

複数の医療機関から多職種が参加する**シームレスケア研究会**等で診療方針が検討・決定され共有される。

 医療機関の機能分化の推進は，医療機関完結型医療から，地域の医療機関が連携し，急性期，回復期，維持期まで切れ目のない医療提供を行う**地域完結型医療**への移行を狙ったものである。

権利擁護と
成年後見制度

# 相談援助活動と法との関わり

## 相談援助活動において想定される法律問題

### ●行政処分と不服申立て

□ **1** 32回79 　行政処分に対する不服申立てにおいて，処分庁に上級行政庁がない場合は，処分庁に対する異議申立てをすることができる。

□ **2** 32回79 　行政処分に対する不服申立てにおいて，審査請求をすることのできる期間は，原則として，処分があったことを知った日の翌日から起算して10日以内である。

□ **3** 32回79 　行政処分に対する不服申立てにおいて，審査請求に係る処分に関与した者は，審査請求の審理手続を主宰する審理員になることができない。

□ **4** 32回79 　行政処分に対する不服申立てにおいて，再調査の請求は，処分庁以外の行政庁が審査請求よりも厳格な手続によって処分を見直す手続である。

□ **5** 26回79 　介護保険の要介護認定の結果に不服がある場合，都道府県知事に審査請求を行う。

□ **6** 26回79 　障害福祉サービスの支給量の決定に不服がある場合，都道府県知事に審査請求を行う。

□ **7** 24回70改変 　介護保険法や障害者総合支援法における審査請求は，文書又は口頭で行う。

□ **8** 24回70改変 　介護保険法における介護保険給付に関する処分や障害者総合支援法における介護給付費等に係る処分の取消しを求める訴訟は，原則として審査請求に対する裁決を経た後でなければ提起できない。

### ●個人情報の取扱い

□ **9** 24回73 　福祉関係事業者は，利用者の同意がなければ，急病の場合でも医師に利用者の個人情報を伝えてはならない。

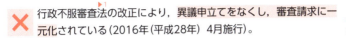

× 行政不服審査法の改正により，異議申立てをなくし，審査請求に一元化されている（2016年（平成28年）4月施行）。

× 審査請求をすることができる期間は，処分があったことを知った日の翌日から起算して3月以内である。

○ 審理員は，審査対象となっている処分に関与していない者が指名される。

× 再調査の請求は，その処分に不服がある者が処分庁に対してその処分の取消しや変更を求める手続のことである（行政不服審査法第5条）。

× 介護保険の要介護認定の結果に不服がある場合は，都道府県に設置されている介護保険審査会に審査請求を行うこととなっている。

○ 障害者総合支援法に基づき決定された介護給付や訓練等給付の内容や支給量等に不服がある場合は，都道府県知事に審査請求を行う。

○ 審査請求は，処分があったことを知った日の翌日から起算して3月以内に，文書又は口頭でしなければならない（介護保険法第192条，障害者総合支援法第101条）。

○ 設問のとおり。行政訴訟と審査請求との関係については，介護保険法第196条および障害者総合支援法第105条に規定されている。

× 急病など，人の生命，身体または財産の保護のために必要がある場合は，利用者の同意を得なくても，医師（第三者）に利用者の個人情報を提供することができる（個人情報の保護に関する法律第23条第1項第2号）。

▶1
**行政不服審査法**
行政庁の公権力の行使に対する不服申立てに関する一般法。

▶2
**障害者総合支援法**
正式名称は，「障害者の日常生活及び社会生活を総合的に支援するための法律」である。

▶3
**行政訴訟と審査請求との関係**
原則として，処分の取消しの訴えは，当該処分につき審査請求ができる場合も，直ちに提起することができる（行政事件訴訟法第8条第1項前段）。しかし，法律によっては，審査請求をして裁決を得た後でなければ，取消しの訴えを提起することができない旨が規定されていることがある（介護保険法第196条など）。これを不服申立て前置主義という。

▶4
**個人情報**
個人情報とは，生存する個人に関する情報であって，当該情報に含まれる氏名，生年月日などにより特定の個人を識別することができるものをいう。顧客情報だけでなく，従業員情報も含まれる。

権利擁護と成年後見制度

515

# 日本国憲法の基本原理の理解

**10**
30回77
憲法尊重は，日本国憲法に国民の義務として明記されている。

**11**
33回77
財産権は，条例によって制限することができない。

**12**
33回77
法律による財産権の制限は，立法府の判断が合理的裁量の範囲を超えていれば，憲法に違反し無効となる。

---

## 整理しておこう！

### 基本的人権と国民の義務

日本国憲法には，さまざまな基本的人権と国民の義務が規定されている。体系的に整理しておこう。

```
基本的人権 ─┬─ 包括的人権 ─┬─ ○基本的人権の永久不可侵性（11条）
            │              └─ ○個人の尊重（13条・24条）
            │
            │              ┌─ ○幸福追求権（13条）─ 新しい人権 ─┬─ ○プライバシーの権利
            │              │                                    ├─ ○自己決定権
            │              │                                    ├─ ○人格権
            │              │                                    ├─ ○名誉権
            │              │                                    ├─ ○アクセス権
            │              │                                    └─ ○環境権　等
            │
            └─ 個別的人権 ─

国民の義務 ─┬─ 一般的・基本的義務 ─┬─ ○自由・権利の保持義務・濫用禁止（12条）
            │                      ├─ ○自由・権利の公共の福祉のための利用義務（12条・97条）
            │                      └─ ○憲法尊重擁護義務（99条）
            │
            └─ 個別的・具体的義務 ─┬─ ○教育を受けさせる義務（26条）
                                    ├─ ○勤労の義務（27条）
                                    └─ ○納税の義務（30条）
```

※：（　）内は日本国憲法の規定条数を示す。

❌ 日本国憲法第99条に,「天皇又は摂政及び国務大臣,国会議員,裁判官その他の公務員は,この憲法を尊重し擁護する義務を負ふ」と規定されており,公務員には憲法尊重・擁護の義務が課せられるが,一般の国民には課せられていない。

❌ 財産権は条例によって制限することができる。日本国憲法第29条第1項において「財産権は,これを侵してはならない」と規定されているが,同条第2項において「財産権の内容は,公共の福祉に適合するやうに,法律でこれを定める」と規定されており,「公共の福祉」のために,財産権には一定の制限がかけられている。

⭕ 森林法違憲事件[5](最高裁昭和62年4月22日)において,財産権の制限が違憲とされた。

▶5
森林法違憲事件
この判決において,制限の目的が公共の福祉に合致しないことが明らかであるか,また,公共の福祉に合致するものであっても,手段が必要性もしくは合理性に欠けていることが明らかであって,そのため立法府の判断が合理的裁量の範囲を超えるものとなる場合に限り,憲法に違反し無効であるとされた。

権利擁護と成年後見制度

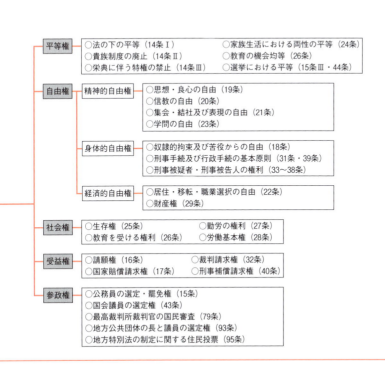

517

| 13 | 所有権は，法律によって制限することができる。 |
| --- | --- |
| 33回77改変 | |

| 14 | 私有財産を公共のために制限する場合には，所有権の相互の調整に必要な制約に |
| --- | --- |
| 33回77 | よるものであっても，損失を補償しなければならない。 |

| 15 | 法令上の補償規定に基づかない財産権への補償は，憲法に違反し無効となる。 |
| --- | --- |
| 33回77 | |

| 16 | 勤労は，日本国憲法に国民の義務として明記されている。 |
| --- | --- |
| 30回77 | |

| 17 | 納税は，日本国憲法に国民の義務として明記されている。 |
| --- | --- |
| 30回77 | |

| 18 | 投票は，日本国憲法に国民の義務として明記されている。 |
| --- | --- |
| 30回77 | |

| 19 | 扶養は，日本国憲法に国民の義務として明記されている。 |
| --- | --- |
| 30回77 | |

| 20 | 厚生労働大臣の裁量権の範囲を超えて設定された生活保護基準は，司法審査の対 |
| --- | --- |
| 31回77 | 象となる。 |

| 21 | 公的年金給付の併給調整規定の創設に対して，立法府の裁量は認められない。 |
| --- | --- |
| 31回77 | |

○ 民法第206条において「所有者は，法令の制限内において，自由にその所有物の使用，収益及び処分をする権利を有する」と規定されている。

× 日本国憲法第29条第3項において「私有財産は，正当な補償の下に，これを公共のために用ひることができる」と規定されている。しかし，公共の福祉のための私有財産の制限が，財産権に内在する社会的制約によるものであり，受忍すべきとされる限度を超えない程度であれば損失補償は不要であるとされている。

× 河川附近地制限令違反事件▶6（最高裁昭和43年11月27日）において，法令上の補償規定に基づかない財産権についても補償が認められた。

○ 日本国憲法第27条第1項に，「すべて国民は，勤労の権利を有し，義務を負ふ」と規定されている。

○ 日本国憲法第30条に，「国民は，法律の定めるところにより，納税の義務を負ふ」と規定されている。

× 日本国憲法第15条第1項に，「公務員を選定し，及びこれを罷免することは，国民固有の権利である」となっており，国民の権利とされているが，国民の義務とはされていない。（関連キーワード▶7参照）

× 扶養については，民法には規定はあるが，日本国憲法に国民の義務としては定められていない。扶養義務者については，民法第877条（扶養義務者）に，「直系血族及び兄弟姉妹は，互いに扶養をする義務がある」と規定されている。

○ 朝日訴訟▶8（最高裁昭和42年5月24日）は，生活扶助基準の認定判断は，厚生大臣（当時）の合目的的な裁量に委されているとしながらも，立法裁量権の著しい逸脱があれば，司法審査の可能性を認めるという判例である。

× 堀木訴訟▶9（最高裁昭和57年7月7日）では，「稼得能力の喪失又は低下の程度が必ずしも事故の数に比例して増加するとはいえない」として，「供給の調整を行うかは国会の裁量に委ねられている」という年金の併給調整は，立法府の裁量に委ねられるという判断が示されている。

▶6
**河川附近地制限令違反事件**
この判決において，財産上の犠牲が単に一般的に当然に受忍すべきものとされる制限の範囲を超え，特別の犠牲を課したものである場合には，これについて損失補償に関する規定がなくても，直接憲法第29条第3項を根拠にして，補償請求をする余地がないではないとされた。

▶7
**国民の三大義務**
日本国憲法では，教育（第26条），勤労（第27条），納税（第30条）が国民の義務として規定されている。

▶8
**朝日訴訟**
「生活保護法による保護の基準」をめぐって，憲法第25条に規定する生存権，生活保護法の内容について争ったもの。行政府の裁量について言及。

▶9
**堀木訴訟**
児童扶養手当と障害福祉年金の併給禁止規定の合憲性について争ったもの。立法府の裁量について言及。

権利擁護と成年後見制度

| □ □ | **22**<br>31回77 | 恒常的に生活が困窮している状態にある者を国民健康保険料減免の対象としない条例は，違憲である。 |

| □ □ | **23**<br>31回77改変 | 生活保護費の不服を争う訴訟係争中に，被保護者本人が死亡した場合は，相続人が訴訟を承継することはできない。 |

| □ □ | **24**<br>31回77 | 生活保護受給中に形成した預貯金は，原資や目的，金額にかかわらず収入認定しなければならない。 |

| □ □ | **25**<br>29回78 | 労働基準法は，就労目的での在留資格を有していない外国人労働者に適用されることはない。 |

| □ □ | **26**<br>29回78 | 労働者災害補償保険法は，就労目的での在留資格を有していない外国人労働者に適用されることはない。 |

| □ □ | **27**<br>29回78 | 生活保護法は，就労目的での在留資格で在留する外国人に適用されることはない。 |

| □ □ | **28**<br>29回78 | 国民年金法は，永住外国人に適用されることはない。 |

✕ 旭川市国保料訴訟（最高裁平成18年3月1日）では，市が条例で保険料率を定めず，これを告示に委任することが，憲法第84条の租税法律主義に反するものとして争われたが，生活保護法の医療扶助による保護の予定があること等から，恒常的な生活困窮者を国民健康保険料減免の対象としないのは，著しく合理性を欠くとはいえないとした。

⭕ 朝日訴訟の判例では，生活保護受給権の一身専属的な権利を理由として，本人の死亡により訴訟の終了を示した。

✕ 保護変更決定処分取消，損害賠償請求事件（最高裁平成16年3月16日）では，「生活保護法の趣旨にかなう貯蓄は，収入認定の対象とすべき資産には当たらない」として，条件付きで貯蓄を容認する判断を下している。

✕ 労働基準法第9条において，労働者は「職業の種類を問わず，事業又は事務所に使用される者で，賃金を支払われる者をいう」と規定されており，国籍の規定はない。また，「外国人の不法就労等に係る対応について」（昭和63年1月26日基発第50号・職発第31号）によれば，日本国内の労働であれば，国籍や不法就労であるか否かを問わず労働関連法令が適用される。

✕ 労働者災害補償保険法上，原則として一人でも労働者を使用する事業は労働者災害補償保険の適用となり，一般社員のみならず，アルバイトやパート等の短時間労働者も，国籍の如何にかかわらず，適用の対象となる。

⭕ 適法に日本に滞在し，活動の制限を受けない永住，定住等の在留資格を有する外国人について，国際道義上，人道上の観点から，予算措置として生活保護法が準用されている。しかし，就労目的での在留資格で在留する外国人は，これらの規定にあてはまらないため，生活保護法は適用されない。

✕ 日本国内に住所をもつ20歳以上60歳未満の者は，国民年金制度への強制加入者となる。永住外国人は，原則として日本国内に住所をもっており，国民年金法が適用される。

| | 29<br>29回78改変 | 国民健康保険法は，永住外国人にも適用される。 |
| --- | --- | --- |

| | 30<br>27回77 | 福祉施設・職員が「利用者の承諾なしに施設の案内パンフレットにその顔写真を掲載すること」の適否を考えるにあたって直接の根拠となるものは，憲法13条の人格権やプライバシー権である。 |
| --- | --- | --- |

## 民法の理解

### ●契約

| | 31<br>29回79 | 日常生活自立支援事業における日常的金銭管理は，民法上の典型契約のうち，「委任契約」にあたる。 |
| --- | --- | --- |

| | 32<br>29回79 | 日常生活自立支援事業における日常的金銭管理は，民法上の典型契約のうち，「雇用契約」にあたる。 |
| --- | --- | --- |

### ●親権

| | 33<br>27回78 | 親権者は，未成年者に代わって，労働契約を締結できる。 |
| --- | --- | --- |

| | 34<br>27回78 | 親権者は，子どもと利益が相反する法律行為であっても，自ら子どもを代理して行うことができる。 |
| --- | --- | --- |

○ 2012年（平成24年）の住民基本台帳法の改正に伴い，**3か月を超えて在留する外国人**が住民登録の対象になり，75歳未満の外国人も，原則として国民健康保険法に加入することとなった。したがって，永住外国人にも国民健康保険が適用される。

○ 情報化社会が進み，**プライバシーの権利，肖像権，環境権**等の権利性が重視されるようになり，「新しい権利」とも呼ばれている。設問のような行為はこの「新しい権利」の侵害となると考えられ，「新しい権利」の適否を考えるにあたり，憲法第13条（個人の尊重）が根拠とされるといわれている。

○ 「委任契約」とは，依頼者（委任者）が，受任者に対し，ある特定の法律行為をしてもらうように委託し，受任者がその委託を受けることを承諾することにより効力が生じる契約をいう（民法第643条）。日常生活自立支援事業における日常的金銭管理も，委任契約に基づき生活支援員が行うものである。

✕ 「雇用契約」とは，給料を支払って労働者を雇う契約である（民法第623条）。日常生活自立支援事業の実施主体とその職員との間には雇用契約が成立するものの，利用者と直接契約関係にない。

✕ 労働基準法第58条第1項に「親権者又は後見人は，未成年者に代つて労働契約を締結してはならない」と規定されている。未成年者の労働契約は未成年者が**親権者又は後見人の同意**を得て，自らが締結することとなる。

✕ 民法第826条第1項に「親権を行う父又は母とその子との利益が相反する行為については，親権を行う者は，その子のために**特別代理人を選任**することを家庭裁判所に請求しなければならない」と規定されている。

▶10
親権
未成年の子に対する身分上及び財産上の監督・保護を内容とする親の権利義務の総称。

## ●特別養子縁組

**35**
31回78
特別養子縁組制度では，縁組後も実親との親子関係は継続する。

**36**
31回78
特別養子縁組制度において，特別養子は，実親の法定相続人である。

**37**
31回78改変
特別養子縁組制度では，配偶者のない者は養親となることができない。

**38**
31回78
特別養子縁組制度では，養親には離縁請求権はない。

## ●扶養

**39**
25回81
直系血族及び同居の親族は，互いに扶養をする義務がある。

**40**
25回81
家庭裁判所は，特別の事情がある場合であっても，四親等の親族に扶養の義務を負わせることはできない。

**41**
25回81
扶養の程度又は方法については，当事者が協議で定めるものであり，家庭裁判所が定めることはできない。

**42**
25回81改変
扶養を受ける権利は，処分をすることができない。

✕ 民法第817条の2及び第817条の9において，家庭裁判所は，養親となる者の請求により，実方の血族との**親族関係が終了**する縁組を成立することができるという特別養子縁組の成立を明記している。 (関連キーワード▶11参照)

✕ 特別養子縁組の成立により，血族との**親族関係が終了**することになるため，「特別養子は，実親の法定相続人である」という考えにはあてはまらない。

◯ 民法第817条の3において，養親となる者は，配偶者のある者でなければならない，と養親の**夫婦共同縁組**を規定している。

◯ 民法第817条の10において，養子の利益のため特に必要があると認めるとき，家庭裁判所は，**養子，実父母又は検察官**の請求により，特別養子縁組の当事者を離縁することができる，と規定されている。この中の請求権者に養親は規定されていないことから，養親には離縁請求権はない。

✕ 直系血族及び**兄弟姉妹**は，互いに扶養をする義務がある（民法第877条第1項）。同居の親族ではない。

◯ **民法第877条**第2項において，「家庭裁判所は，特別な事情があるときは，〔中略〕**三親等**内の親族間においても扶養の義務を負わせることができる」と規定されている。

✕ 家庭裁判所が定めることはできる。**民法第879条**において，「当事者間に**協議**が調わないとき，又は協議をすることができないときは，〔中略〕**家庭裁判所が，これを定める**」と規定されている。

◯ 民法第881条において，設問のとおり規定されている（**扶養請求権の処分の禁止**）。

▶11
**特別養子縁組制度の見直し**
民法等の改正により，特別養子縁組の対象年齢は「原則6歳未満」から「原則15歳未満」に引き上げられたほか，2段階に分けた審判の導入や，手続の一部について児童相談所長が申立てをできるようになった（2020年（令和2年）4月施行）。

権利擁護と成年後見制度

## ●相続・遺言

**43**
33回79改変
公正証書遺言には，家庭裁判所の検認は必要ない。

**44**
33回79
聴覚・言語機能障害により遺言の趣旨を公証人に口授することができない場合は，公正証書遺言を作成することができない。

**45**
33回79
法定相続人の遺留分を侵害する内容の遺言は，その全部について無効となる。

**46**
33回79
前の遺言が後の遺言と抵触している場合，その抵触する部分について，後の遺言で前の遺言を撤回したものとはみなされない。

---

### 整理しておこう！

## 相続人と相続分

　相続人となるものの順位とその相続分は右表のとおりである。被相続人の配偶者は，常に相続人となる。配偶者以外に，被相続人の子がいれば，配偶者と子が2分の1ずつを相続する。相続開始のときに懐胎されていた胎児は，出生すれば相続時に遡って相続人となる。子がいない場合は，配偶者が3分の2を，直系尊属が3分の1を，子も直系尊属もいない場合は，配偶者が4分の3を，兄弟姉妹が4分の1を相続する。配偶者がいない場合は，各順位における血族相続人が全部を受けることとなる。直系尊属は親等の近いものが先順位の相続人となる。

　子，親等の同じ直系尊属，兄弟姉妹が複数いる場合は，相続分をその頭数で割ったものが，各自の相続分である。例えば被相続人の配偶者と子が3人いる場合は，配偶者が2分の1，3人の子はそれぞれ6分の1 $\left(\frac{1}{2} \times \frac{1}{3} = \frac{1}{6}\right)$ ずつ相続する。

　また，子，兄弟姉妹が相続をすることができない場合は，それらの直系卑属（被相続人からみた孫，曽孫，甥，姪など）が代わって相続人となる。これを代襲相続という。

　以上の解説は法定相続によるものであり，被相続人が遺言を残している場合は，遺言の内容により相続される（第1順位，第2順位の法定相続人に対し遺留分あり）。

⭕ 家庭裁判所による検認は必要ない。**公正証書遺言**は，公証役場の公証人が作成した遺言である（民法第969条）。そのため有効性の不備が考えにくいので，すぐに遺産を分ける手続きが始められる（民法第1004条）。

❌ 聴覚・言語機能障害により**口授**ができない場合でも，**ほかの方途により遺言者の意思が確認できる場合は公正証書遺言の作成はできる**（民法第969条の2）。

❌ 法定相続人の**遺留分**▶12を侵害する内容以外は有効である。遺留分を侵害された相続人は，遺留分侵害額請求権の行使により遺留分を確保することができるが，それ以外の内容の遺言まで全部無効となることはない（民法第1046条）。

❌ 前の**遺言**が後の遺言と抵触する場合は，その**抵触する部分**について，後の遺言で前の遺言を撤回したものとみなされる（民法第1023条）。遺言が複数ある場合には，遺言者の最終の意思を尊重するため，後の日付の遺言が遺言者の最終意思を示すと考えられることから，これを優先することとなる。

▶12
**遺留分**
相続人の最低限の生活を保障するために，配偶者・子は法定相続分の2分の1，子がいない場合の直系尊属は法定相続分の3分の1を遺留分として有している（民法第1042条）。

| 相続人 | | 相続分 |
|---|---|---|
| 第1順位 | 子（代襲相続人（子の直系卑属）を含む） | 2分の1 |
| | 配偶者 | 2分の1 |
| 第2順位 | 直系尊属 | 3分の1 |
| | 配偶者 | 3分の2 |
| 第3順位 | 兄弟姉妹（代襲相続人（兄弟姉妹の直系卑属）を含む）〔全血兄弟姉妹と半血兄弟姉妹のいる場合の半血兄弟姉妹〕 | 4分の1〔全血兄弟姉妹の2分の1〕 |
| | 配偶者 | 4分の3 |
| 配偶者のみ | | 1 |

☐ **47** 33回79　被保佐人が遺言を作成するには，保佐人の同意は不要である。

# 行政法の理解

## ●行政事件訴訟

☐ **48** 32回79　行政事件訴訟法によれば，特別の定めがあるときを除き，審査請求に対する裁決を経た後でなければ，処分の取消しの訴えを提起することができない。

☐ **49** 30回78　介護保険制度における「制度に関する一般的な情報の提供」は，行政事件訴訟法上の取消訴訟で争い得るものである。

☐ **50** 30回78　介護保険制度における「要介護認定の結果」については，行政事件訴訟法上の取消訴訟で争い得るものである。

☐ **51** 30回78　介護保険制度における「居宅介護支援計画の内容」については，行政事件訴訟法上の取消訴訟で争い得るものである。

---

**整理しておこう！**

### 行政事件訴訟

行政事件訴訟は，行政主体が違法に公権力を行使し，私人の権利や利益を侵害した場合に行われる，司法による救済の制度のことを指し，直接的な利害関係者のみに訴訟の提起を認めている主観的訴訟と，直接的な利害関係者以外の第三者による訴訟の提起を認めている客観的訴訟がある。主観的訴訟には，抗告訴訟，当事者訴訟，客観的訴訟には，民衆訴訟，機関訴訟がある。

**行政事件訴訟の体系**

○ 保佐人の同意は**不要**である（民法第962条）。被保佐人が遺言の内容を理解し，その結果を理解できる能力があれば遺言は作成できる。成年被後見人の場合は，判断能力を欠く状態にあると考えられるため，原則として遺言は作成できないと考えられる。

× 処分の取消しの訴えは，**審査請求ができる場合においても提起することを禁止してはいない**（行政事件訴訟法第8条）。ただし，特別の定めがあるときは，処分の取消しの訴えを提起することができない。

× 制度に関する一般的な情報の提供は，介護保険法第183条で審査請求の対象となる「保険給付に関する処分又は保険料その他この法律の規定による徴収金に関する処分」に該当しないため，取消訴訟で争い得ない。

○ 要介護認定や要支援認定に関する処分は，保険給付に関する処分に該当するため，**行政事件訴訟法上の取消訴訟で争い得る**。

× 居宅介護支援計画の内容は，介護保険法第183条で審査請求の対象となる「保険給付に関する処分又は保険料その他この法律の規定による徴収金に関する処分」に該当しないため，取消訴訟で争い得ない。

権利擁護と成年後見制度

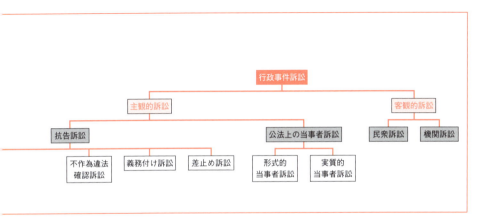

| 52 | 介護保険制度における「介護保険事業計画の内容」については，行政事件訴訟法上 |
|---|---|
| 30回78 | の取消訴訟で争い得るものである。 |

## ●行政手続法

| 53 | 行政手続法に基づく行政指導の内容は，相手方の任意の協力がなくても実現可能 |
|---|---|
| 27回79 | である。 |

| 54 | 行政手続法に基づく行政指導の担当者は，相手方に対し，指導内容以外を明らか |
|---|---|
| 27回79 | にする義務はない。 |

| 55 | 行政手続法に基づく行政指導に従わなかったことを理由に，相手方に不利益処分 |
|---|---|
| 27回79改変 | を行うことはできない。 |

## ●行政行為

| 56 | 公立の福祉施設の職員の過失により加えられた利用者への損害に対して，国家賠 |
|---|---|
| 29回80 | 償法に基づく損害賠償請求はできない。 |

| 57 | 公務員の違法な公権力行使により損害を被った者は，国家賠償責任に加えて，公 |
|---|---|
| 29回80 | 務員個人の民法上の不法行為責任も問うことができる。 |

| 58 | 公務員が適切に公権力を行使しなかったことによる損害に対して，国家賠償法に |
|---|---|
| 29回80改変 | 基づく損害賠償請求はできる。 |

| 59 | 公務員が家族旅行に行った先で，誤って器物を損壊したことに対して，国家賠償 |
|---|---|
| 29回80 | 法に基づく損害賠償請求はできない。 |

**✕** 介護保険事業計画の内容は，介護保険法第183条で審査請求の対象となる「保険給付に関する処分又は保険料その他この法律の規定による徴収金に関する処分」に該当しないため，取消訴訟で争い得ない。

**✕** 行政手続法第32条第1項に「行政指導の内容があくまでも相手方の任意の協力によってのみ実現されるものであることに留意しなければならない」と規定されている。

**✕** 指導内容以外にも，その行政指導が行政機関のどの部署等の判断によるものであるのかという責任の所在（責任者）を明確に示さなければならない（行政手続法第35条）。

**◯** 行政手続法第32条に「行政指導に携わる者は，その相手方が行政指導に従わなかったことを理由として，不利益な取扱いをしてはならない」と規定されている。

**✕** 公立の福祉施設職員は公務員であり，かつ，過失によるものであるので，国家賠償法第1条に基づき，国又は公共団体が賠償する責任があり，損害賠償請求はできる。

**✕** 公務員の違法な公権力行使による損害は，国家賠償法第1条に基づき，国又は公共団体がこれを賠償する責任を負うとされており，公務員個人の民法上の不法行為責任は問わないこととされている。

**◯** 公務員が適切に公権力を行使しなかった場合の損害においても，国家賠償法第1条に基づく損害賠償請求はできる。

**◯** 家族旅行をする場合は休日であり，休日期間中の旅行において器物損壊をした場合は，その身分が公務員であっても，国家賠償法第1条に規定される「その職務を行うについて」の職務とは当然にみなされず，個人の責任であり，国家賠償法に基づく損害賠償請求はできない。

531

# 成年後見制度

## 成年後見の概要

### ●法定後見

**60**
33回81
成年後見制度において，成年後見人には本人の居所指定権が付与され得る。

**61**
33回81
成年後見制度において，成年後見監督人には本人への懲戒権が付与され得る。

**62**
33回81
成年後見制度において，保佐人には本人の営業許可権が付与され得る。

**63**
33回81
成年後見制度において，補助人には本人の代理権が付与され得る。

**64**
33回81改変
成年後見制度において，任意後見監督人に本人の行為の取消権は付与されない。

**65**
32回77改変
本人の孫の配偶者は，成年後見開始審判の申立てを行うことができる。

**66**
32回77改変
本人の叔母は，成年後見開始審判の申立てを行うことができる。

**67**
32回77改変
本人の甥は，成年後見開始審判の申立てを行うことができる。

✕ 民法第821条では、「子は、親権を行う者が指定した場所に、その居所を定めなければならない」と規定されている。未成年後見人は居所指定権を有するが、成年後見人等に関しての規定はない。

▶13
居所指定権
親権の一つであって、親権者が未成年の子に対し監護・教育のためにその居所を指定する権利である。

✕ 懲戒権は、民法第822条で「親権を行う者は、第820条の規定による監護及び教育に必要な範囲内でその子を懲戒することができる」と規定されている。成年後見人等には懲戒権の規定はない。

✕ 営業許可権とは、事業を行おうとする者に対する、質の担保や安全性の保障のため所轄の行政部署が有する権利をいう。営業許可権について、保佐人は直接その権限にかかわるものではない。

◯ 民法第876条の9に基づく代理権の付与の申立てにより、特定の法律行為に対する代理権付与の審判が家庭裁判所によってなされた場合、補助人は、その審判で定められた法律行為を、被補助人に代わって行うことができる。

◯ 家庭裁判所が任意後見監督人を選任したときから、任意後見契約の効力が発生する。任意後見人には同意権、取消権はなく、代理権のみが与えられる。したがって、任意後見監督人にも、本人の行為に対する取消権はない。

◯ 申立権者は、「本人、配偶者、4親等内の親族、検察官等」と規定されている。本人の孫の配偶者は、「2親等の姻族」にあたるので、申立権者である。

▶14
4親等内の親族
4親等内の血族、配偶者、3親等内の姻族をいう。

◯ 本人の叔母は、「3親等の血族」にあたるので、申立権者である。

◯ 本人の甥は、「3親等の血族」にあたるので、申立権者である。

**68**
32回77改変
本人の子は，成年後見開始審判の申立てを行うことができる。

**69**
32回77改変
本人のいとこの配偶者は，成年後見開始審判の申立てを行うことができる。

**70**
32回80
子が自分を成年後見人候補者として，親に対する後見開始の審判を申し立てた後，家庭裁判所から第三者を成年後見人とする意向が示された場合，審判前であれば，家庭裁判所の許可がなくても，その子は申立てを取り下げることができる。

**71**
32回80
財産上の利益を不当に得る目的での取引の被害を受けるおそれのある高齢者について，被害を防止するため，市町村長はその高齢者のために後見開始の審判の請求をすることができる。

**72**
32回80改変
成年被後見人である責任無能力者が他人に損害を加えた場合，その者の成年後見人は，法定の監督義務者に準ずるような場合であっても，被害者に対する損害賠償責任を負うこととなる。

---

## 整理しておこう！

### 後見・保佐・補助の制度概要

　成年後見の開始は，本人，配偶者，4親等内の親族，検察官等の申立てにより，家庭裁判所が審判をする。対象者(本人)の判断能力の程度に応じて，後見，保佐，補助の3つの類型がある。それぞれ保護者の行う法律行為などに違いがあるので，まとめておきたい。

　なお，表中の同意権とは，成年被後見人等が行う法律行為に対し，保護者が同意(不同意)する権利のことであり，取消権とは，保護者の同意なしに行われた法律行為を取り消すことができる権利のことである。代理権とは，保護者が本人に代わって法律行為を行う権利のことである。

| 類型 | 後見 | 保佐 | 補助 |
|---|---|---|---|
| 対象者 | 判断能力が欠けているのが通常の状態 | 判断能力が著しく不十分 | 判断能力が不十分 |
| 申立権者と手続きの流れ | 本人，配偶者，4親等内の親族，市町村長，検察官等の申立てにより，家庭裁判所が審判，認容し後見等開始 | | |
| 後見等開始時の本人の同意 | 不要 | 不要 | 必要 |

○ 本人の子は,「1親等の血族」にあたるので,申立権者である。

× 本人のいとこの配偶者は,「4親等の姻族」にあたるので,申立権者に含まれない。

× 成年後見制度において,後見開始を申し立てた場合には,**審判がされる前であっても,家庭裁判所の許可を得なければ,取り下げることはできない**(家事事件手続法第121条第1号)。

▶15
成年後見制度
認知症高齢者,知的障害者,精神障害者などの判断能力が不十分な成年者を保護するための制度。本人の判断能力の程度によって,補助,保佐,後見の3類型がある。

○ **市町村長による後見開始の申立てはできる**。親族等の他の申立権者の有無にかかわらず,市町村行政として成年後見制度の利用が必要と判断した場合には責任をもって申立てすることが求められる。

○ 成年被後見人が他人に与えた損害の責任は,**成年被後見人自身は負う必要はないが**(民法第713条),成年被後見人を監督する立場である成年後見人が成年被後見人に代わって損害を賠償する責任を負うこととなる(民法第714条)。

| 類型 | 後見 | 保佐 | 補助 |
|---|---|---|---|
| 審判を受けた本人 | 成年被後見人 | 被保佐人 | 被補助人 |
| 保護者 | 成年後見人 | 保佐人 | 補助人 |
| | 後見等開始の申立てに基づいて家庭裁判所が選任<br>保護者は複数あってもよいし,また法人でもよい | | |
| 同意権の対象となる行為 | ― | 民法第13条第1項に規定された行為※1※2※3 | 申立ての範囲内で家庭裁判所が認める「特定の法律行為」(民法第13条第1項に規定された行為の一部に限られる)※1※3※4 |
| 取消権の対象となる行為 | 日常生活に関する行為以外の行為 | 同上※1※2※3 | 同上※1※3 |
| 取消権者 | 本人・成年後見人 | 本人・保佐人 | 本人・補助人 |
| 代理権の対象となる行為 | 財産に関するすべての法律行為 | 申立ての範囲内で家庭裁判所が認める「特定の法律行為」※4 | 同左※4 |

※1 民法第13条第1項では,借金,訴訟行為,相続の承認・放棄,新築・改築・増築などの行為があげられている。
※2 家庭裁判所の審判により,範囲を広げることが可能。
※3 日常生活に関する行為は除かれる。
※4 本人の同意が必要。

**73**
32回80

判断能力が低下した状況で自己所有の土地を安価で売却してしまった高齢者のため，その後に後見開始の審判を申し立てて成年後見人が選任された場合，行為能力の制限を理由に，その成年後見人はこの土地の売買契約を取り消すことができる。

**74**
30回82

「成年被後見人宛ての信書等の郵便物の転送」は，民法上，許可の取得などの家庭裁判所に対する特別な手続を必要とせずに，成年後見人が単独でできる行為である。

**75**
30回82

「成年被後見人が相続人である遺産相続の放棄」は，民法上，許可の取得などの家庭裁判所に対する特別な手続を必要とせずに，成年後見人が単独でできる行為である。

**76**
30回82

「成年被後見人の遺体の火葬に関する契約の締結」は，民法上，許可の取得などの家庭裁判所に対する特別な手続を必要とせずに，成年後見人が単独でできる行為である。

**77**
30回82

「成年被後見人の居住用不動産の売却」は，民法上，許可の取得などの家庭裁判所に対する特別な手続を必要とせずに，成年後見人が単独でできる行為である。

**78**
30回82

「成年被後見人のための特別代理人の選任」は，民法上，許可の取得などの家庭裁判所に対する特別な手続を必要とせずに，成年後見人が単独でできる行為である。

**79**
29回82

法務局は，成年後見登記事項証明書の交付事務を取り扱う。

**80**
29回82

家庭裁判所は，成年後見登記事項証明書の交付事務を取り扱う。

**81**
29回82

都道府県は，成年後見登記事項証明書の交付事務を取り扱う。

× 後見開始の審判前に成年被後見人が行った財産処分については，成年後見人の取消権が及ばない。

× 成年後見人が郵便転送を必要とする場合には，家庭裁判所に対して「成年被後見人に宛てた郵便物等の配達（転送）の嘱託の審判」を申立て，家庭裁判所により転送嘱託の審判がされれば，審判確定後に家庭裁判所から日本郵便に対し，郵便転送の通知が行われる（民法第860条の2）。

○ 相続放棄の申述自体は，家庭裁判所の許可を受けるものではなく，後見人が単独で手続き可能である。 ▶16

▶16
相続
法定相続（民法の定める相続の原則）と遺言による相続があり，遺言は法定相続に優先する。相続の対象となる財産を遺産といい，所有権はもちろん，損害賠償請求権や借地権等の諸権利が広く含まれる。

× 民法第873条の2（成年被後見人の死亡後の成年後見人の権限）において，死体の火葬又は埋葬に関する契約の締結その他相続財産の保存に必要な行為については，家庭裁判所の許可を得なければならないとされている。

× 民法第859条の3において，「成年後見人は，成年被後見人に代わって，その居住の用に供する建物又はその敷地について，売却，賃貸，賃貸借の解除又は抵当権の設定その他これらに準ずる処分をするには，家庭裁判所の許可を得なければならない」と規定されている。

× 民法第860条の利益相反行為の規定で，同法第826条の親権上の親子間の利益が相反する行為について，親権者はその子のために特別代理人を選任することを家庭裁判所に請求しなければならず，この規定が，後見人にも準用されることになる。

○ 後見登記に関する法律第2条に「後見登記等に関する事務は，法務大臣の指定する法務局若しくは地方法務局若しくはこれらの支局又はこれらの出張所が，登記所としてつかさどる」と規定されている。

× 家庭裁判所は，成年後見制度においては，成年後見人等の選任，解任，成年後見等にかかわる事務の監督等の役割を担っている。

× 都道府県は，成年後見制度の利用の促進に関する施策に関し，国との連携を図りつつ，自主的かつ主体的に，その地域の特性に応じた施策の策定・実施等の役割を担っている。

| | 82 | 市町村は，成年後見登記事項証明書の交付事務を取り扱う。 |
| --- | --- | --- |
| | 29回82 | |

| | 83 | 日本司法支援センター（法テラス）は，成年後見登記事項証明書の交付事務を取 |
| --- | --- | --- |
| | 29回82 | り扱う。 |

## 保佐の概要

| | 84 | 浪費者が有する財産を保全するため，保佐開始の審判を経て保佐人を付すること |
| --- | --- | --- |
| | 32回80 | ができる。 |

| | 85 | 保佐開始後，被保佐人が保佐人の同意を得ずに高額の借金をした場合，被保佐人 |
| --- | --- | --- |
| | 29回81 | 及び保佐人いずれからも取り消すことができる。 |

| | 86 | 保佐及び補助における判断能力の判定に際して，いずれも原則として医師等の専 |
| --- | --- | --- |
| | 29回81 | 門家による鑑定が必要である。 |

| | 87 | 保佐開始及び補助開始の申立てにおいては，いずれの場合も本人の同意が必要で |
| --- | --- | --- |
| | 29回81 | ある。 |

| | 88 | 保佐開始又は補助開始後，保佐人又は補助人はいずれも被保佐人又は被補助人が |
| --- | --- | --- |
| | 29回81改変 | した日用品の購入など日常生活に関する行為の取消しを行うことはできない。 |

❌ 市町村は，成年後見制度においては，老人福祉法，知的障害者福祉法，精神保健福祉法を根拠とする市町村長申立て，また，介護保険法，障害者総合支援法に基づく成年後見制度利用支援事業の実施等の役割を担っている。

❌ 日本司法支援センター（法テラス）は，成年後見制度においては，制度利用や申立ての相談に必要な費用の立替え等の役割を担っている。

❌ 保佐の対象者は，精神上の障害により事理を弁識する能力が著しく不十分な人が対象であり，その能力を問わずに浪費という事実にだけ目を向けた対象認識は不十分である。

⭕ 被保佐人が「借財又は保障」などの行為をするには，その保佐人の同意を得なければならず，その同意又はこれに代わる許可を得ないでしたものは，取り消すことができる（民法第13条）。また，行為能力の制限によって取り消すことができる行為は，制限行為能力者又はその代理人に限り，取り消すことができる（同法第120条）。（関連キーワード▶17参照）

❌ 後見及び保佐においては，「精神の状況につき鑑定をしなければ，開始の審判をすることができない。ただし，明らかにその必要がないと認めるときは，この限りでない」と規定されている（家事事件手続法第119条，第133条）。また，補助においては，「精神の状況につき医師その他適当な者の意見を聴かなければ，補助開始の審判をすることができない」と規定されており，意見の聴取は必要であるとされている（同法第138条）。

❌ 本人の同意については，保佐開始には必要とされていないが，補助開始においては，本人以外の者の請求により補助開始の審判をするには，本人の同意がなければならないと規定されている（民法第11条，第15条）。

⭕ 日用品の購入など日常生活に関する行為の取消しはできない（民法第9条ただし書き）。

▶17
保佐監督人の職務
①保佐人の事務を監督する。②保佐人が欠けた場合に，遅滞なくその選任を家庭裁判所に請求する。③急迫の事情がある場合に，必要な処分をする。④保佐人又はその代表する者と被保佐人との利益が相反する行為について，被保佐人を代表し，又は被保佐人がこれをすることに同意する。

## 補助の概要

**89** 29回81 補助人に同意権を付与するには，被補助人の同意は不要である。

**90** 27回80改変 法定後見制度における補助開始の審判には，本人の同意が必要である。

**91** 27回80 法定後見制度における補助の開始には，精神の状況につき鑑定が必要とされている。

## 任意後見

**92** 33回82 任意後見契約に関する証書の作成後，公証人は家庭裁判所に任意後見契約の届出をしなければならない。

**93** 33回82 任意後見制度において，本人は，任意後見監督人選任の請求を家庭裁判所に行うことはできない。

**94** 33回82 任意後見契約では，代理権目録に記載された代理権が付与される。

✕ 民法第17条第1項に「家庭裁判所は，（中略）請求により，被補助人が特定の法律行為をするにはその補助人の同意を得なければならない旨の審判をすることができる」，さらに，同条第2項に「本人以外の者の請求により前項の審判をするには，本人の同意がなければならない」と規定されており，本人（被補助人）の同意が必要であるとされている。

⭕ 民法第15条第2項において「本人以外の者の請求により補助開始の審判をするには，本人の同意がなければならない」と規定されている。

✕ 家事事件手続法第138条において「家庭裁判所は，被補助人となるべき者の精神の状況につき医師その他適当な者の意見を聴かなければ，補助開始の審判をすることができない」と規定されており，鑑定が必要とはされていない。

✕ 任意後見契約に関する法律第3条には，「任意後見契約は，法務省令で定める様式の公正証書によってしなければならない」と規定されている。任意後見契約に関する証書の作成は，公証人が行い，その後公証人の嘱託により，法務局で登記されることになる。家庭裁判所に届出をする必要はない。

✕ 任意後見契約に関する法律第4条には，「任意後見契約が登記されている場合において，精神上の障害により本人の事理を弁識する能力が不十分な状況にあるときは，家庭裁判所は，本人，配偶者，四親等内の親族又は任意後見受任者の請求により，任意後見監督人を選任する」と規定されている。本人も，任意後見監督人選任の請求を家庭裁判所に行うことができる。

⭕ 任意後見契約では，任意後見人による代理が可能な行為，すなわち任意後見人に与えられる代理権の範囲が，任意後見契約によって定められた行為として代理権目録に記載され，代理権が付与されることになる。

権利擁護と成年後見制度

541

| | 95 33回82 | 任意後見監督人が選任される前において，任意後見受任者は，家庭裁判所の許可を得て任意後見契約を解除することができる。 |

| | 96 33回82改変 | 任意後見監督人が選任された後において，本人が後見開始の審判を受けた場合，任意後見契約は終了する。 |

| | 97 30回79改変 | 任意後見契約は，任意後見契約の締結によって直ちに効力が生じるわけではない。 |

| | 98 30回79 | 任意後見契約の締結は，法務局において行う必要がある。 |

| | 99 30回79 | 任意後見契約の解除は，任意後見監督人の選任後も，公証人の認証を受けた書面によってできる。 |

| | 100 30回79 | 任意後見人と本人との利益が相反する場合は，特別代理人を選任する必要がある。 |

| | 101 30回79 | 任意後見人の配偶者であることは，任意後見監督人の欠格事由に該当する。 |

## 成年後見制度の最近の動向

| | 102 33回83改変 | 「成年後見関係事件の概況（令和2年1月～12月）」（最高裁判所事務総局家庭局）によると，「成年後見関係事件」の「終局事件」において，主な申立ての動機として最も多いのは，預貯金等の管理・解約であった。 |

**✗** 任意後見契約に関する法律第9条には，「任意後見監督人が選任される前においては，本人又は任意後見受任者は，いつでも，公証人の認証を受けた書面によって，任意後見契約を解除することができる」と規定されている。

**○** 任意後見契約に関する法律第10条第3項には，「任意後見監督人が選任された後において本人が後見開始の審判等を受けたときは，任意後見契約は終了する」と規定されている。

**○** 任意後見契約の効力を発生させるためには，任意後見契約を締結するだけでなく，その後に任意後見監督人の選任を家庭裁判所が行う必要がある。

**✗** 任意後見契約の締結は，公正証書により締結することが必要であり，その締結は法務局ではなく，公証人役場にて行うこととなる。

**✗** 任意後見監督人が選任された後においては，本人や任意後見人は，正当な事由がある場合に限り，家庭裁判所の許可を得て，任意後見契約を解除することができる。なお，任意後見監督人の選任前であれば，本人や任意後見受任者は公証人の認証を受けた書面によりいつでも任意後見契約を解除することができる。

**✗** 任意後見契約は，その効力が発効される要件として必ず任意後見監督人が選任されることとなっているので，任意後見人と本人との利益が相反する行為について，任意後見監督人が本人を代表する役割を果たすことになる。そのため，特別代理人を選任する必要はない。

**○** 任意後見契約に関する法律第5条において，「任意後見受任者又は任意後見人の配偶者，直系血族及び兄弟姉妹は，任意後見監督人となることができない」とされている。

**○** 「成年後見関係事件」の「終局事件」において，主な申立ての動機として最も多いのは，預貯金等の管理・解約で全体の37.1％，次いで，身上保護23.7％，介護保険契約12.0％，不動産の処分10.4％，相続手続8.0％という順であった。

権利擁護と成年後見制度

543

**103** 33回83改変
「成年後見関係事件の概況(令和2年1月〜12月)」(最高裁判所事務総局家庭局)によると,「成年後見関係事件」の「終局事件」において,市区町村長が申立人となったものの割合は,全体の約5割であった。

**104** 33回83改変
「成年後見関係事件の概況(令和2年1月〜12月)」(最高裁判所事務総局家庭局)によると,後見開始,保佐開始,補助開始事件のうち「認容で終局した事件」において,親族以外の成年後見人等の選任では,司法書士が最も多い。

**105** 33回83改変
「成年後見関係事件の概況(令和2年1月〜12月)」(最高裁判所事務総局家庭局)によると,「成年後見関係事件」のうち「認容で終局した事件」において,開始原因として最も多いのは,統合失調症であった。

**106** 33回83改変
「成年後見関係事件の概況(令和2年1月〜12月)」(最高裁判所事務総局家庭局)によると,「成年後見関係事件」の申立件数に占める保佐開始の審判の割合は,全体の約7割であった。

**107** 31回80改変
「成年後見関係事件の概況(令和2年1月〜12月)」によると,鑑定期間として最も多かったのは,2か月超え3か月以内である。

**108** 30回81改変
「成年後見関係事件の概況(令和2年1月〜12月)」によると,成年後見制度(成年後見・保佐・補助・任意後見)の利用者数は,20万人を超えている。

**109** 30回81改変
「成年後見関係事件の概況(令和2年1月〜12月)」によると,「成年後見関係事件」の申立件数は,3万件を超えている。

**110** 30回81改変
「成年後見関係事件の概況(令和2年1月〜12月)」によると,「成年後見人等」と本人との関係をみると,親族が「成年後見人等」に選任されたものが全体の約60%である。

**111** 30回81改変
「成年後見関係事件の概況(令和2年1月〜12月)」によると,「成年後見関係事件」の「終局事件」のうち,鑑定を実施したものは,全体の約半数であった。

✕ 「成年後見関係事件」の「終局事件」において，市区町村長が申立人となったものの割合は，全体の約23.9％で最も多かった。僅差で本人の子が2番目に多く21.3％，3番目が本人で約20.2％となっている。

◯ 後見開始，保佐開始，補助開始事件のうち「認容で終局した事件」において，親族以外の成年後見人等の選任では，司法書士が37.9％と最も多い。次いで，弁護士が26.2％で，社会福祉士が3番目の18.4％となっている。

✕ 「成年後見関係事件」のうち「認容で終局した事件」において，開始原因として最も多いのは，認知症で全体の約64.1％，次いで知的障害が約9.9％，統合失調症は3番目で約9.0％となっている。

✕ 「成年後見関係事件」の申立件数に占める保佐開始の審判の割合は，全体の約20.2％であった。ちなみに，成年後見開始の審判が約70.8％，補助開始の審判は約7.0％である。

✕ 鑑定期間として最も多かったのは，1か月以内で，全体の約56.1％である。次いで1か月超え2か月以内の約33.2％，2か月超え3か月以内の約7.4％の順となっている。

◯ 成年後見制度（成年後見・保佐・補助・任意後見）の利用者数は合計で23万2287人（前年は22万4442人）である。

◯ 成年後見関係事件の申立件数は合計で3万7235件（前年は3万5959件）である。

▶18
成年後見関係事件
後見開始，保佐開始，補助開始，任意後見監督人選任事件のこと。

✕ 成年後見人等と本人との関係をみると，配偶者，親，子，兄弟姉妹及びその他の親族が成年後見人等に選任されたものが全体の約19.7％となっている。親族のなかでは，子が3911件と最も多い。また，親族以外の第三者が成年後見人等に選任されたものは全体の約80.3％であり，司法書士が1万1184件，弁護士が7731件となっている。

✕ 「成年後見関係事件」の「終局事件」のうち，鑑定を実施したものは，全体の約6.1％であった。

権利擁護と成年後見制度

545

## 日常生活自立支援事業

**112**
31回81
成年後見人による日常生活自立支援事業の利用契約の締結は，法律で禁じられている。

**113**
31回81
法定後見のいずれかの類型に該当する程度に判断能力が低下した本人が日常生活自立支援事業の利用契約を締結することは，法律で禁じられている。

**114**
31回81
日常生活自立支援事業の実施主体である都道府県社会福祉協議会は，事業の一部を市区町村社会福祉協議会に委託することができる。

**115**
31回81改変
日常生活自立支援事業の実施主体である都道府県社会福祉協議会は，職権により本人の利用を開始することはできない。

**116**
31回81
日常生活自立支援事業の契約締結に当たって，本人の判断能力に疑義がある場合は，市町村が利用の可否を判断する。

**117**
27回82
福祉サービスについての苦情解決制度の利用援助を行うことは，日常生活自立支援事業の対象となる。

## 成年後見制度利用支援事業

**118**
26回82
成年後見制度利用支援事業では，「後見」を対象とし，「保佐」「補助」を対象とすることはできない。

**119**
26回82改変
成年後見制度利用支援事業では，高齢者ではない知的障害者及び精神障害者も対象となっている。

× 法定代理人である成年後見人との利用契約の締結はできる。

× 法定後見の類型は「後見」「保佐」「補助」の3類型に分類される。そのうち、「保佐」「補助」に該当する場合であっても、本人に契約能力がある場合は契約ができる。

○ 日常生活自立支援事業実施要領において、「実施主体は、都道府県社会福祉協議会又は指定都市社会福祉協議会とする。ただし、実施主体は、本事業の一部を委託できるものとする」と明記されている。主な委託先としては、「市区町村社会福祉協議会、社会福祉法人、特定非営利活動法人、福祉サービス利用援助事業の対象者の当事者団体、家族会等で法人格を有するもの」とされている。

○ 日常生活自立支援事業による援助は、要援護者本人からの申請に基づき開始されるとされており、実施主体である都道府県社会福祉協議会等の職権により開始することはできない。

× 契約締結にあたって、本人の判断能力に疑義がある場合は「契約締結審査会」に諮り、その意見をふまえて利用の可否を判断することとされている。

○ 本事業の援助内容の1つとして、福祉サービスの利用援助があり、「苦情解決制度の利用援助」が規定されている。

× 成年後見制度利用支援事業は、「保佐」「補助」であっても対象とすることができる。

○ 知的障害者及び精神障害者については、市町村地域生活支援事業のなかで、成年後見制度の申立てに要する経費(登記手数料、鑑定費用等)及び後見人等の報酬等の全部又は一部の補助が行われる。

▶19
**日常生活自立支援事業**
判断能力が不十分な者が、地域において自立した生活が送れるように、福祉サービスの利用援助等を行うもの。

▶20
**成年後見制度利用支援事業**
成年後見制度の申立てに要する経費や成年後見人等の報酬の助成等を行う。本事業は、高齢者分野では介護保険制度の地域支援事業のなかで任意事業として位置づけられている。一方、知的障害者及び精神障害者の分野では、障害者総合支援法に基づく市町村地域生活支援事業の必須事業として位置づけられている。

| | **120**<br>26回82 | 成年後見制度利用支援事業では，市町村長申立て以外の場合を，対象とすることはできない。 |

| | **121**<br>26回82 | 成年後見制度利用支援事業では，申立て費用だけでなく，成年後見人等の報酬も対象とすることができる。 |

## ●成年後見制度利用促進法

| | **122**<br>32回81改変 | 成年後見制度利用促進基本計画の対象期間は，おおむね5年程度とされている。 |

| | **123**<br>32回81 | 市町村は，成年後見制度利用促進基本計画を勘案して，成年後見制度の利用の促進に関する施策についての基本的な計画を定めなければならない。 |

| | **124**<br>32回81 | 成年後見制度利用促進基本計画においては，利用のしやすさよりも不正防止の徹底が優先課題とされている。 |

| | **125**<br>32回81 | 政府は，成年後見制度の利用の促進に関する施策の総合的かつ計画的な推進を図るため，成年後見制度利用促進会議を設けることとされている。 |

| | **126**<br>32回81 | 「成年後見制度利用促進法」でいう成年後見等実施機関とは，介護，医療又は金融に係る事業その他の成年後見制度の利用に関連する事業を行うものをいう。 |

# 権利擁護に係る組織，団体の役割と実際

## 家庭裁判所の役割

| | **127**<br>28回81 | 成年後見人に不正な行為，著しい不行跡などの事実がある場合，家庭裁判所は，職権で成年後見人を解任できる。 |

✕ 市町村の定める条例により対象が規定されるため，一律に対象とすることはできないというわけではない。

◯ 本事業では，申立て費用（登記手数料，鑑定費用等）だけではなく，成年後見人等の報酬も補助の対象に含まれる。

◯ 2017年（平成29年）3月に閣議決定された成年後見制度利用促進基本計画では，対象期間はおおむね5年間を念頭におかれている。

✕ 成年後見制度利用促進法第14条において，市町村は，「基本的な計画を定めるよう努める」と規定されており，努力義務となっている。

▶21
成年後見制度利用促進法
正式名称は，「成年後見制度の利用の促進に関する法律」である。

✕ 成年後見制度利用促進基本計画のポイントの1つとして，「不正防止の徹底と利用しやすさとの調和」が示されているが，利用のしやすさも不正防止の徹底も同じレベルで重視されており，どちらかが優先されるというものではない。

◯ 政府は，成年後見制度の利用の促進に関する施策の総合的かつ計画的な推進を図るため，成年後見制度利用促進会議を設けることとされている。

✕ 成年後見等実施機関とは，自ら成年後見人等となり，又は成年後見人等若しくはその候補者の育成及び支援等に関する活動を行う団体をいう。

◯ 民法第846条で，「後見人に不正な行為，著しい不行跡その他後見の任務に適しない事由があるときは，家庭裁判所は，後見監督人，被後見人若しくはその親族若しくは検察官の請求により又は職権で，これを解任することができる」とされている。

権利擁護と成年後見制度

549

## 市町村の役割

**128**
28回82改変
65歳未満の者を対象として，成年後見制度の市町村長申立てをすることはできる。

# 権利擁護活動の実際

## ●虐待防止

**129**
32回83
「児童虐待防止法」において，母子健康包括支援センター（子育て世代包括支援センター）の長は，職員に臨検及び捜索をさせることができる。

**130**
32回83
「障害者虐待防止法」において，基幹相談支援センターの長は，養護者による障害者虐待により障害者の生命または身体に重大な危険が生じているおそれがあると認めるときは，職員に立入調査をさせることができる。

**131**
32回83
「DV防止法」において，警視総監もしくは道府県警察本部長は，保護命令を発することができる。

---

### 整理しておこう！

#### 虐待防止関連法

　虐待防止に関連する法律としては，以下の3つが制定されている。各々の対象者や虐待の定義について，しっかり理解しておこう。

- ●児童虐待の防止等に関する法律（児童虐待防止法）……2000（平成12）年11月施行
- ●高齢者虐待の防止,高齢者の養護者に対する支援等に関する法律（高齢者虐待防止法）……2006（平成18）年4月施行
- ●障害者虐待の防止,障害者の養護者に対する支援等に関する法律（障害者虐待防止法）……2012（平成24）年10月施行

⭕ 65歳未満であっても，精神障害者や知的障害者で，その福祉を図るため特に必要があると認めるときは，民法に規定する審判の請求をすることができる（精神保健及び精神障害者福祉に関する法律第51条の11の2，知的障害者福祉法第28条）。

❌ 児童虐待防止法第9条の3において，児童の保護者が，正当な理由なく児童委員や児童の福祉に関する職員の立入や調査を拒んだり妨げたりした場合，**都道府県知事は地方裁判所や家庭裁判所の裁判官が発行する許可状により，職員に居所の臨検，児童の捜索をさせることができる**とされている。

▶22
児童虐待防止法
正式名称は，「児童虐待の防止等に関する法律」である。

❌ 障害者虐待防止法第11条において，基幹型相談支援センターの長ではなく，**市町村長**が職員に必要な立入調査または質問をさせることができるとされている。

▶23
障害者虐待防止法
正式名称は，「障害者虐待の防止，障害者の養護者に対する支援等に関する法律」である。

❌ DV防止法第10条において，保護命令を発するのは，警視総監や道府県警察本部長ではなく，**裁判所**とされている。

▶24
DV防止法
正式名称は，「配偶者からの暴力の防止及び被害者の保護等に関する法律」である。

| | | 児童虐待防止法 | 高齢者虐待防止法 | 障害者虐待防止法 | （参考）DV防止法 |
|---|---|---|---|---|---|
| 対象者 | | 保護者が監護する児童（18歳未満） | 65歳以上の高齢者 | 身体障害者，知的障害者，精神障害者（発達障害を含む） | 配偶者（内縁関係を含む）あるいは配偶者だった者等 |
| 虐待の定義 | 身体的虐待 | ○ | ○ | ○ | ○（身体への暴力） |
| | 心理的虐待 | ○ | ○ | ○ | ○（心身に有害な言動） |
| | 性的虐待 | ○ | ○ | ○ | ― |
| | ネグレクト | ○ | ○ | ○ | ― |
| | 経済的虐待 | ― | ○ | ○ | ― |
| | 施設内虐待 | ― | ○ | ○ | ― |

注　「DV防止法」は「配偶者からの暴力の防止及び被害者の保護等に関する法律」の略。

**132**
32回83
「高齢者虐待防止法」において，市町村は，養護者による高齢者虐待を受けた高齢者について，老人福祉法の規定による措置を採るために必要な居室を確保するための措置を講ずるものとする。

**133**
32回83
「高齢者虐待防止法」において，市町村が施設内虐待の通報を受けたときは，市町村長は，速やかに警察に強制捜査を要請しなければならない。

**134**
31回83
児童虐待の通告義務に違反すると刑罰の対象となる。

**135**
31回83
「児童虐待防止法」に基づく立入調査には，裁判所の令状が必要である。

**136**
31回83
児童福祉法において，親権者の意に反し，2か月を超えて一時保護を行うには，家庭裁判所の承認が必要である。

**137**
31回83
児童福祉法又は「児童虐待防止法」において，本人と同居していない者が保護者に該当することはない。

**138**
31回83改変
児童虐待には，保護者がわいせつな行為をさせることは含まれる。

**139**
29回77
「高齢者虐待防止法」「障害者虐待防止法」「児童虐待防止法」の虐待の定義には，いずれも，いわゆる経済的虐待が含まれている。

**140**
29回77
「高齢者虐待防止法」「障害者虐待防止法」「児童虐待防止法」の虐待の定義には，いずれも，いわゆるネグレクト（放置・放任等）が含まれている。

**141**
29回77
「障害者虐待防止法」における「障害者虐待」の定義には，特別支援学級教職員による障害者虐待が含まれている。

⭕ 高齢者虐待防止法第10条において，養護者による虐待を受けた高齢者の居室の確保が規定されており，関連して老人福祉法第10条の4の市町村の措置が明確化されている。

❌ 高齢者虐待防止法第9条において，高齢者の安全の確認，高齢者虐待対応協力者との協議が規定されている。「速やかに警察に強制捜査を要請する」というのは，法律にない記述である。

❌ 児童虐待防止法では，虐待を受けたと思われる児童を発見した場合は速やかに通告することを義務づけているが，その違反に対する罰則規定はない。

❌ 児童虐待が行われているおそれがあると認められる場合は，都道府県知事は児童委員や児童相談所の職員などに児童の住居に立ち入り，調査や質問をさせることができる。

⭕ 親権者の意に反し，2か月を超えて一時保護を行うには，児童相談所長又は都道府県知事は，家庭裁判所の承認を得なければならない。

❌ 児童虐待防止法第2条において，保護者とは「親権を行う者，未成年後見人その他の者で，児童を現に監護するもの」と規定されており，保護者としての条件に同居の要因は含まれていない。なお，児童福祉法第6条でも同様に規定されている。

⭕ 児童虐待防止法第2条第2号において，保護者がその監護する児童に対し，わいせつな行為をすること又はさせることは児童虐待（性的虐待）であると規定している。

❌ いわゆる「経済的虐待」が規定されているのは，高齢者虐待防止法と障害者虐待防止法であり，児童虐待防止法には規定されていない。

⭕ いわゆるネグレクト（放置・放任等）は，設問に掲げた三法のいずれにも，虐待の定義として規定されている。

❌ 障害者虐待防止法における「障害者虐待」の定義には，「養護者による障害者虐待，障害者福祉施設従事者等による障害者虐待及び使用者による障害者虐待をいう」と規定されており，「特別支援学級教職員」による虐待の規定はない。

▶25
高齢者虐待防止法
正式名称は，「高齢者虐待の防止，高齢者の養護者に対する支援等に関する法律」である。

権利擁護と成年後見制度

**142** 29回77改変 「児童虐待防止法」における「児童虐待」の定義には，保育士による児童虐待は含まれていない。

**143** 29回77改変 「高齢者虐待防止法」における「高齢者虐待」の定義には，使用者による高齢者虐待は含まれていない。

⭕ 児童虐待防止法において，「児童虐待」とは，「保護者（親権を行う者，未成年後見人その他の者で，児童を現に監護するものをいう。）がその監護する児童（18歳に満たない者をいう。）について行う」行為であるとされており，「保育士」による虐待の規定はない。

⭕ 高齢者虐待防止法における「高齢者虐待」の定義には，「養護者による高齢者虐待及び養介護施設従事者等による高齢者虐待をいう」と規定されており，「使用者」の虐待に関する規定はない。

権利擁護と成年後見制度

## ■本書に関する訂正情報等について

本書に関する訂正情報等については，弊社ホームページにて随時お知らせいたします。
下記URLでご確認ください。
https://www.chuohoki.co.jp/foruser/

## ■本書へのご質問について

本書の内容に関するご質問については，下記URLから「お問い合わせフォーム」にご入力いただきますようお願いいたします。
https://www.chuohoki.co.jp/contact/

## 2022社会福祉士・精神保健福祉士国家試験
## 過去問 一問一答＋α〔共通科目編〕

2021年7月30日　発行

| 監　　　　修 | 一般社団法人日本ソーシャルワーク教育学校連盟 |
|---|---|
| 発 行 者 | 荘村 明彦 |
| 発 行 所 | 中央法規出版株式会社 |

〒110-0016　東京都台東区台東3-29-1 中央法規ビル
営　業　　　　Tel 03-3834-5817 ／ Fax 03-3837-8037
取次・書店担当　Tel 03-3834-5815 ／ Fax 03-3837-8035
https://www.chuohoki.co.jp/

| 印 刷 ・ 製 本 | 株式会社アルキャスト |
|---|---|
| 本文デザイン | ケイ・アイ・エス |
| 装幀デザイン | 株式会社ジャパンマテリアル |

定価はカバーに表示してあります。
ISBN978-4-8058-8320-4

本書のコピー，スキャン，デジタル化等の無断複製は，著作権法上での例外を除き禁じられています。また，本書を代行業者等の第三者に依頼してコピー，スキャン，デジタル化することは，たとえ個人や家庭内での利用であっても著作権法違反です。

落丁本・乱丁本はお取り替えいたします。